Dieter Drewitz

Kennwort „Alpenveilchen”

Zwischen Stasiknast und Kaltem Krieg
Erinnerungen eines Unbequemen

Inhalt

Vorwort

Wir alle neigen dazu, vergangene Jahrzehnte ganz gezielt mit Attributen zu versehen, die diese Dekaden kennzeichnen: als einen Zeitabschnitt, der später in der kollektiven Erinnerung oftmals nur für ein einziges Ereignis oder eine bestimmte Epoche steht. Die 1950er Jahre sind in der westdeutschen Nachkriegsgeschichte untrennbar mit dem Wirtschaftswunder verbunden. In der Berliner Geschichte steht dasselbe Jahrzehnt vor allem für den Kalten Krieg.

In keinem der folgenden drei Jahrzehnte war die Auseinandersetzung der beiden Weltblöcke in Berlin unbarmherziger als in den Fünfzigern. Die weltweit dichteste Geheimdienstkonzentration, hunderte politischer Entführungen von West nach Ost, der Volksaufstand am 17. Juni 1953 in Ost-Berlin und in der DDR, der ideologische Krieg im Äther und schließlich riesige Flüchtlingsmassen aus der DDR bestimmten dieses Nachkriegsjahrzehnt. Der Bau von Mauer und Stacheldraht mitten durch Berlin und durch Deutschland am 13. August 1961 bildete schließlich den menschenverachtenden Höhepunkt dieser feindseligen Auseinandersetzungen zweier ideologischer Systeme. In dieser Zeit wurde meine Generation sozialisiert, ich noch dazu in diesem zerrissenen und vom Krieg zerbombten Berlin.

Daraus erklärt sich vielleicht, dass ich bereits lange Zeit, bevor ich 1961 als 18-Jähriger das erste Mal von der Stasi verhaftet wurde, die DDR schon als das ansah, was sie vom ersten bis zum letzten Tag ihrer Existenz war: eine Diktatur. Ich wusste, dass dieser Staat seinen Bürgern keinerlei Freiheitsrechte zugestand und Menschen aus politischen Gründen oftmals für viele Jahre, manchmal sogar lebenslang einsperrte, ja sogar hinrichtete. Mir war auch bekannt, dass Stalin ein Massenmörder war und Walter Ulbricht, was den Personenkult und viele andere Auswüchse des Stalinismus betraf, ihm nacheiferte.

All das wusste ich schon als Kind. Wie konnte das angehen? Wie konnte ein Zehnjähriger ein derart entwickeltes politisches Bewusstsein haben? Wer heute einem Zehnjährigen eine beliebige politische Frage stellte, würde wahrscheinlich nur Unverständnis ernten, zumindest aber keine Antwort bekommen, die darauf schließen ließe, dass sich dieses Kind schon einmal Gedanken über Politik gemacht hätte. Was machte uns damals so anders als die heutigen Kindergenerationen?

Das Sein wird vom Bewusstsein bestimmt, wie wir von den Philosophen wissen. Wenn man das Sein – nicht ganz korrekt – mit dem Vorhanden s e i n bestimmter Voraussetzungen oder Gegebenheiten erklärt, so unterscheidet sich das Sein heute von jenem vor mehr als 50 Jahren. Heute wird das Sein trotz Hartz IV und Arbeitslosigkeit von Wohlstand, Markenkleidung und „Partymachen" bestimmt, ist also überwiegend unpolitisch. In meiner Kindheit und Jugend interessierten sich die Jugendlichen in Berlin zwar auch für Dinge wie Nietenhosen, wie die Jeans damals hießen und vor allem für Rock´n Roll und Elvis Presley, aber das damalige Sein war vor allem Kalter Krieg, der die Menschen im geteilten Berlin der Nachkriegszeit täglich in Atem hielt.

Was bedeutete das Aufwachsen in einer geteilten, von gegensätzlichen Weltanschauungen geprägten Stadt für einen jungen Menschen, der gerade eingeschult wurde und in der kurz zuvor gegründeten DDR seine Prägung erhalten sollte? Vor allem erst einmal, dass die Sozialisation nicht widerspruchsvoller hätte sein können. Denn obwohl Bürger der DDR, war ich als Randberliner durch die Berliner Herkunft meiner Eltern und durch die übrige Berliner Verwandtschaft selbst Gesamt-Berliner genug, um einen Teil meiner Freizeit in West-Berlin zu verbringen. Zumal in Neukölln mein gleichaltriger Großcousin wohnte. Wir klebten fast ständig aneinander. Wenn er uns nicht am Stadtrand in Schulzendorf/Eichwalde besuchte, hielt ich mich bei ihm und seinen Freunden in Neukölln auf.

Je älter wir wurden, desto mehr verbrachten wir unsere Freizeit in West-Berlin. Dort war es für uns halbwüchsige Kinder sehr viel spannender und aufregender als im langweiligen Schulzendorf, wo es zwar einen großen Garten und einen Wald gab, die aber immer weniger Reiz auf uns ausübten. Uns zog die Großstadt West-Berlin mehr an, das Quirlige, die tollen Autos, die verrückten Dinge, die wir im Schaufenster vom „Zauberkönig" in der Hermannstraße sahen und manchmal auch kaufen konnten.

Dass es diesen Laden heute noch gibt, noch dazu in demselben winzigen Primitivbau der ersten Nachkriegsjahre, grenzt an ein

Wunder. Mir wird immer ganz warm ums Herz, wenn ich dort mit dem Auto vorbeifahre. Wie oft war ich schon versucht anzuhalten und mich drinnen als ehemaligen Kunden erkennen zu geben, der beim „Zauberkönig" schon vor mehr als einem halben Jahrhundert als Kind seine Kaufbedürfnisse befriedigte.

Auch die alljährliche Industrieausstellung am Funkturm begeisterte mich. Ganz besonders die neuesten Autos und Fernseher, aber auch die Mopeds, Kofferradios und später die Stereoanlagen.

Ich besuchte Veranstaltungen wie das Polizeisportfest im Olympiastadion, auf dem die Polizisten akrobatische Höchstleistungen vollbrachten: Sie fuhren mit fünfzehn Mann auf einem Motorrad, in Pyramiden übereinander stehend, teilweise sogar im Hand- oder Kopfstand. Als Fünfzehnjähriger faszinierte mich das gewaltig. Spektakuläre Kinofilme wie „Die Brücke am Kwai", „20 000 Meilen unter dem Meer" mit Kirk Douglas, aber auch „Carmen Jones", die Verfilmung der Oper „Carmen" mit Sammy Davis jr. sind mir unvergesslich. Zwei oder drei Mal besuchte ich am 1. Mai die SPD-Veranstaltungen in der Waldbühne. Alles das interessierte mich sehr viel mehr als die langweiligen Propagandaveranstaltungen und Aufmärsche im Osten, bei denen die uniformierten Menschenmassen mit Fackeln, Fahnen und überlebensgroßen Porträts der kommunistischen Führer einschließlich des Massenmörders Stalin Kampflieder singend durch die Straßen paradierten. Für mich war das abstoßend. Ich merkte wohl damals schon, dass aus mir kein Kollektivmensch werden konnte.

Mich hat also nicht nur die DDR beeinflusst, sondern auch der Westen. So erklärt sich vielleicht auch die innere Zerrissenheit, die ich jahrzehntelang empfand. Ich habe mich in der DDR nie als Bürger dieses Staates gefühlt, auch nicht als Bundesbürger, sondern als Bürger eines fiktiven demokratischen, gesamtdeutschen Staates, den es gar nicht gab. Erst seit 1990 ist er existent, meine Utopie ist Realität geworden. Die Grundlagen für dieses Deutschlandbild wurden bei mir in den fünfziger Jahren vor allem in West-Berlin gelegt.

Dieses Berlin der fünfziger Jahre war bereits sehr widersprüchlich. Obwohl das Straßenbild mit seinen Ruinen und Brachen in beiden Stadthälften trostlos wirkte, war das Leben im Westen doch viel bunter, spannender, interessanter, vielfältiger, weltläufiger und vor allem frei. Der Eindruck von der Freiheit im Westen kam ja nicht von ungefähr. Im Osten erlebte ich immer wieder, wie Menschen über Nacht verschwanden und erst nach Jahren wieder auftauchten, manchmal auch gar nicht mehr. So erzählten Bekannte oder Nachbarn, diesen oder jenen hätten „sie" abgeholt. Mit „sie" war die Stasi gemeint, „abholen" bedeutete verhaften.

Der Staatsterror war während der gesamten DDR-Geschichte allgegenwärtig. Doch in den fünfziger Jahren war er unverhohlen brutal und unberechenbar: Haftstrafen von acht, zehn, fünfzehn Jahren oder lebenslänglich waren normal, Todesstrafen nichts Ungewöhnliches. „Spionage" war einer der beliebtesten Anklagepunkte. Das Regime sah sich in den fünfziger Jahren permanent und überall von Spionen im Innern bedroht und von außen umgeben. Besuchte etwa ein früherer Sozialdemokrat nach der Zwangsvereinigung von KPD und SPD ein West-Berliner SPD-Büro oder traf sich mit West-Berliner Sozialdemokraten zum Plausch bei Kaffee und Kuchen, konnte das schon eine mehrjährige Zuchthausstrafe wegen Spionage nach sich ziehen. Es gab in der DDR noch eine recht große Anzahl ehemaliger SPD-Mitglieder, die den von den Kommunisten betriebenen Zusammenschluss beider Parteien zur SED im Jahre 1946 nicht akzeptierten und sich nach wie vor der SPD zugehörig fühlten. Diese Haltung, besonders wenn sie sich in Besuchen von SPD-Büros in West-Berlin manifestierte, war für die Machthaber ein Angriff auf die in Wahrheit gar nicht vorhandene Souveränität des ostdeutschen Staates und wurde hart bestraft. Aber auch ein politischer Witz in der Kneipe konnte schon den Weg ins Zuchthaus ebnen. Häufig gab es auch Verurteilungen wegen tatsächlicher oder vermeintlicher Sabotage und so genannter Boykotthetze.

Viele Menschen wurden wegen angeblicher Wirtschaftsverbrechen inhaftiert. Ich kann mich an die Inhaberin eines Kurzwarengeschäfts erinnern, die in meinem Heimatort Schulzendorf bei Eichwalde zu zehn Jahren Zuchthaus verurteilt wurde, nur weil sie das kärgliche Angebot durch Zukäufe in West-Berlin etwas auffrischte. Bei ihr bekam man Dinge, die es woanders nicht gab. Wie sie das im Einzelnen – auch in finanzieller Hinsicht – abwickelte, weiß ich nicht mehr. Sie wollte nur das Beste für ihre Kunden. Als ich sie nach ihrer Haft wieder sah, war sie eine gebrochene Frau.

Eine flüchtige Bekannte meiner Mutter aus der Nachbarschaft, die uns immer frische Eier und andere Dinge von ihrem Hof verkaufte, lieferte diese Erzeugnisse auch gelegentlich an Abnehmer in West-Berlin. Wegen der Kontrollen versteckte sie diese Waren an ihrem Körper. Einmal wurde sie aber geschnappt und wanderte wegen Wirtschaftsverbrechen für mehrere Jahre ins Zuchthaus.

Der S-Bahnhof Eichwalde, in dessen Nähe wir wohnten, war Grenzbahnhof zwischen Ost-Berlin und der DDR. Eine schwer bewachte Grenze trennte das gesamte Berlin – also auch Ost-Berlin – von der es umgebenden DDR ab. Kein Erwachsener konnte, weder auf der Straße noch auf der Schiene, von der DDR nach Ost- oder West-Berlin fahren, ohne eine Grenzkontrolle zu passieren. Ein DDR-Bürger musste also, wenn er seine eigene Hauptstadt besuchen oder verlassen wollte, durch eine Grenzkontrolle. Demgegenüber war die Grenze zwischen Ost- und West-Berlin kaum sichtbar, nur durch einige Hinweisschilder gekennzeichnet und konnte meist ohne Kontrolle passiert werden. Diese kuriose Situation hing mit dem Viermächtestatus Berlins zusammen.

Besonders verhasst war den DDR-Machthabern der RIAS. Das wusste ich bereits in den fünfziger Jahren, konnte aber nicht ahnen, dass ich etliche Jahre später selbst ein Opfer dieses Hasses werden sollte. Der RIAS (Rundfunk Im Amerikanischen Sektor) als amerikanisch finanzierter und geleiteter, aber von Deutschen betriebener Rundfunksender, war damals vor allem in Ost-Berlin und der gesamten DDR der beliebteste Sender. Wer sich informieren wollte, hörte keine DDR-Sender, die nur Lügen und verlogene Propaganda ausstrahlten. Der RIAS dagegen berichtete wahrheitsgemäß. Selbst SED-Genossen und Funktionäre hörten ihn. RIAS-Hören war offiziell nicht verboten, aber auch nicht erlaubt. Jedenfalls war es verboten, Inhalte aus RIAS-Sendungen zu verbreiten, anderen mitzuteilen oder andere zum RIAS-Hören anzustiften. Es war auch verboten, in Gegenwart anderer RIAS zu hören. Der RIAS wurde von der DDR stets als feindliche, ja als verbrecherische Organisation bezeichnet, da der Staat die Wahrheit wie der Teufel das Weihwasser scheute. Man kann den RIAS durchaus mit dem Londoner Rundfunk in der Nazizeit vergleichen. Er hielt sich an die Fakten und vermittelte gleichzeitig das Bild einer freien und demokratischen Gesellschaft. Im Gegensatz zu den DDR-Sendern war der

RIAS erfolgreich, weil die Ostsender mit den anderen Massenmedien gleichgeschaltet waren und nur die Regierungspropaganda verbreiteten. Der Erfolg des RIAS lässt sich auf einen Punkt bringen: die Wahrheit ist letztlich die wirkungsvollste Propaganda.

Natürlich war der RIAS auch ein Instrument des Westens im Kalten Krieg. Aber anders als die stumpfe Propagandawaffe des Ostens hatte er eine enorme Wirkung in der DDR. Nicht umsonst versuchte die DDR, den RIAS in der Bevölkerung zu diskreditieren. Der Slogan „Wer RIAS hört, den Frieden stört" ist wahrscheinlich nicht nur mir bis heute im Gedächtnis geblieben. Solche Sprüche lösten damals nur Heiterkeit aus. Wirkungsvoller war da schon der enorme technische Aufwand, der betrieben wurde, um den Empfang des RIAS in der DDR-Provinz zu vereiteln. In allen Landesteilen wurden starke Störsender installiert. In Berlin und Umgebung war er allerdings bestens zu empfangen. Hätte die DDR auch das verhindert, wäre davon ebenso West-Berlin betroffen gewesen. Mit der amerikanischen Siegermacht wollte sich die DDR nicht anlegen.

Legendär ist noch heute die politische Kabarettsendung „Die Insulaner", die damals stets ein Straßenfeger war. Da nahmen der „Funzionär" und „Professor Quatschni" regelmäßig Walter Ulbricht und die Ost-Propaganda sehr gekonnt und wirksam auf die Schippe, die Damen vom Kurfürstendamm trafen sich, um den neuesten Klatsch auszutauschen und Edith Schollwer sang jedes Mal das Lied vom Insulaner, der hofft, „dass seine Insel wieder'n schönes Festland wird". Auch Sendungen wie „Es geschah in Berlin", die „Schlager der Woche", die „Stimme der Kritik" mit dem legendären Friedrich Luft oder die Kindersendung „Onkel Tobias" versammelte die Hörerschaft in Ost und West regelmäßig am Radio. Dem hatten die Ostsender nichts auch nur annähernd Ebenbürtiges entgegenzusetzen.

Aber in den sechziger Jahren hatten auch die RIAS-Sendungen „Aus der Zone für die Zone" und die „Mittwochrunde" gewaltigen Zuspruch im Osten. Das waren Sendungen, die auf die Osthörer zugeschnitten waren und ihnen ein willkommenes Forum boten. Gerade diese Sendungen wurden mir später zum Verhängnis. Einen Vorgeschmack davon, wie groß der Hass der DDR-Oberen auf den RIAS war, bekam ich schon als Kind in den fünfziger

Jahren: Der Inhaber unserer Fahrradaufbewahrung am Bahnhof Eichwalde hörte in seinem Kabuff, aus dem er sein „Reich" überwachte, oft in voller Lautstärke RIAS. Der Sender schallte manchmal über den gesamten Platz, was mich immer sehr gewundert hat. Eines Tages fiel uns auf, dass plötzlich nicht mehr der Chef dort saß, sondern seine Frau. Als meine Mutter fragte, wo denn ihr Mann sei, brach sie in Tränen aus: sie wisse es nicht, die Stasi habe ihn abgeholt. Sie wusste weder warum, noch wo er war.

Einige Wochen später, als sich meine Mutter wieder einmal mitfühlend nach ihm erkundigt hatte, berichtete ihr die Frau, sie habe von der Stasi die Mitteilung bekommen, dass ihr Mann in der Untersuchungshaft gestorben sei. Die Bitte, ihn noch einmal sehen zu dürfen, wurde abgelehnt. Sie vermutete, dass die Stasi ihn totgeschlagen hat und die schweren Verletzungen vor ihr kaschieren wollte. Und das alles nur, weil ihr Mann RIAS gehört habe.

Unfassbar ist dieser Fall: 1955 wurde der 29-jährige Ost-Berliner Joachim Wiebach wegen „Verbindungsaufnahme" zum RIAS als „RIAS-Agent" zum Tode verurteilt. Er gehörte zu einer Gruppe von Angeklagten, die in einem Schauprozess zu sehr hohen Freiheitsstrafen verurteilt wurden. Das Furchtbare ist: das Gericht wollte Wiebach zu lebenslanger Haft verurteilen, Walter Ulbricht, der wie üblich vorab informiert werden musste, wollte ein Exempel statuieren und ersetzte das vorgeschlagene „lebenslänglich" durch „Vorschlag: Todesstrafe". Natürlich gehorchte das Oberste Gericht der DDR prompt. Wiebach wurde zum Tode verurteilt und kurze Zeit später in Dresden geköpft. Weil hier ein Schauprozess inszeniert wurde, ist vom Prozessverlauf sogar ein Tonbandmitschnitt vorhanden. Wer diese Hasstiraden hören würde, die Ausfälle von Richter und Staatsanwalt, dem liefe es vermutlich heute noch eiskalt den Rücken herunter. All das weckt fatal Erinnerungen an Freislers Verhandlungsstil am Volksgerichtshof der Nazis.

Der RIAS war für die DDR-Bürger jedenfalls eine unentbehrliche Informationsquelle. Erfuhren sie doch über diesen Sender nicht nur wichtige Dinge des Weltgeschehens, sondern vor allem auch Ereignisse aus ihrem eigenen Land, die die DDR-Sender verschwiegen. So waren die RIAS-Nachrichten vom Aufstand am 16./17. Juni 1953 wichtigste Informationsquelle der Ostdeutschen. Auch Meldungen über durchgesickerte politische Strafprozesse und -urteile in der DDR gelangten so in die „Zone", wie die DDR in den fünfziger Jahren nicht nur im Westen genannt wurde.

Außerdem erfuhr ich – und natürlich die ganze DDR – auf diesem Weg zum ersten Mal etwas über die unfassbaren Stalinverbrechen. Schon Anfang und Mitte der fünfziger Jahre gab es Berichte über den Terror. Aber die wirklichen Dimensionen der Verbrechen, die alles bisher Dagewesene noch übertrafen, enthüllte der sowjetische Parteichef Nikita Chruschtschow in einer Geheimrede erst 1956 auf dem XX. Parteitag der KPdSU. Natürlich wollte man diese Ungeheuerlichkeiten dem Normalbürger in der Sowjetunion und erst recht in der DDR vorenthalten. Dort sickerten zunächst nur gerüchteweise die Gräuel durch. Die bei weitem noch nicht vollständigen Enthüllungen, die aus der Sowjetunion in den Westen geschmuggelt wurden, erreichten dann im Laufe der Zeit über den RIAS auch die DDR-Bürger. Trotzdem dauerte es noch fünf weitere Jahre, bis 1961 das gewaltige Stalin-Denkmal in der Stalinallee (heute Karl-Marx-Allee) in einer Nacht-und-Nebel-Aktion verschwand.

Erst dem sowjetischen Schriftsteller Alexander Solchenyzin war es vorbehalten, in seinem bekanntesten Werk „Der Archipel Gulag" die wahren Ausmaße des Stalinschen Terrors auch in den Details sichtbar zu machen. Wer sollte es auch besser wissen, war er doch selbst viele Jahre diesem Terror ausgesetzt, war zehn Jahre lang in jenen schrecklichen Lagern unter menschenunwürdigen Bedingungen eingesperrt und zur Zwangsarbeit verpflichtet. Lesungen aus diesem Buch verfolgte ich in den siebziger Jahren atemlos vor dem Radio. Sollte dies tatsächlich alles wahr sein? Natürlich wusste ich, dass es so war, aber der Verstand weigerte sich, das Unfassbare zu verarbeiten. Diese Verbrechen, von denen kaum eine russische Familie verschont blieb, machten auch vor den zahlreichen Kommunisten aus der ganzen Welt, die sich in den dreißiger Jahren für längere Zeit in der Sowjetunion aufhielten, nicht halt. Gerade auch viele deutsche Kommunisten, die während der Nazi-Zeit in die Sowjetunion emigrierten, waren unter den Opfern.

Man muss sich das vorstellen: diese Idealisten, die dem Nazi-Terror entkommen wollten, indem sie in das Vaterland aller Werktätigen, wie sie selbst die Sowjetunion bezeichneten, geflohen waren, wurden schließlich Opfer ihrer Gesinnungsgenossen. Das Unfassbare für mich ist bis heute der unerschütterliche Glaube, mit dem viele dieser Kommunisten, die den Terror in der Sowjetunion überlebten, an „Väterchen Stalin" festhielten und später in der DDR zum Teil selbst stalinistische Strukturen aufbauten oder diese zumindest duldeten. Alles das und noch viel mehr erfuhr ich durch den RIAS, der so von frühester Kindheit an mein demokratisches Weltbild weitgehend prägte.

Ich habe nie begriffen, dass sich die DDR selbst als „Diktatur des Proletariats" bezeichnete. Für mich ist eine Diktatur etwas Schreckliches, bedeutet Unterdrückung, Leid und Unfreiheit. Wusste ich doch, dass der Nazi-Staat eine Diktatur war. Diktatur ist für mich das Gegenteil von Demokratie und Rechtsstaatlichkeit. Die DDR war offensichtlich stolz darauf, eine Diktatur zu sein.

Andererseits war das sogar irgendwie schlüssig. Merkte ich doch selbst jeden Tag, wie Unterdrückung und Unfreiheit das Leben der DDR-Bürger überschattete. Völlig unverständlich war mir aber, wie sich ein Staat mit dem Aushängeschild „Diktatur" selbst verunstaltete. Wie gern hätte ich in der Schule solche oder ähnliche Fragen gestellt. Selbst wenn es jemandem mal gelang, eine entsprechende Frage anzubringen, bekam er keine befriedigende Antwort. Indoktrination war von Anfang an ein wichtiger Bestandteil des Schulsystems und der gesamten Informationspolitik der SED.

Jenseits der Grenze wurde dagegen Demokratie versucht. Auch im Westen musste Demokratie erst „erlernt" werden. Manche Menschen hatten der Nazi-Ideologie noch nicht abgeschworen. Man mag über die amerikanische Politik der letzten 60 Jahre durchaus unterschiedlicher Meinung sein, aber die Demokratisierung Westdeutschlands nach dem 2. Weltkrieg war eine großartige Leistung. Offensichtlich stand das auch in ursächlichem Zusammenhang mit den vollen Schaufenstern im Westen – im Gegensatz zur Mangelwirtschaft der DDR, die stets nur eine armselige Versorgung gewährleisten konnte und entsprechende Warteschlangen produzierte. Selbst für sandpapierähnliches Toilettenpapier mussten die Menschen lange anstehen.

Wie waren diese Tatsachen zu vereinbaren mit dem, was mir im Osten in der Schule eingetrichtert wurde? Der kapitalistische Westen sei eine absterbende und verfaulende Gesellschaft, geprägt von

Armut, Not und Ausbeutung. Demgegenüber werde in der DDR das Paradies errichtet, mit Waren im Überfluss, wo jeder nach seinen Bedürfnissen alles bekomme, was er wolle, noch dazu ohne zu bezahlen. Denn das kommunistische System mache Geld überflüssig.

Ich verstand als Kind diese Argumente überhaupt nicht, musste ich doch feststellen, dass die Realität eher umgekehrt war. Bei meinen ständigen Besuchen in West-Berlin sah ich dort die riesige Warenvielfalt, sah statt Verfall Aufbau. Statt Armut bekam ich mit, dass sich dort auch schon einfache Menschen Fernseher, Waschmaschinen und Kühlschränke kaufen konnten. Selbst meine Cousine in West-Berlin, die nur von einer Witwenrente lebte, konnte sich Dinge leisten, die sich meine Eltern, obwohl sie beide arbeiteten, im Osten nicht kaufen konnten.

Wie passte das alles zusammen mit dem, was mir in der Schule erzählt wurde? Diese eigenen Erfahrungen vor dem Mauerbau und danach die Informationen über den RIAS und das West-Fernsehen bewirkten bei mir, dass ich allmählich immer klarer erkannte, in der DDR nur belogen und betrogen zu werden, dass der Westen glaubwürdiger war, dass Demokratie offensichtlich besser für die Menschen ist als eine Diktatur, ob nun die des Proletariats oder eine andere.

Obwohl meine Eltern Arbeiter waren, also der in der DDR angeblich privilegierten Schicht angehörten, fühlten sie sich ausgebeutet, anders als unsere Westverwandten, die für vergleichbare Tätigkeiten mehr bezahlt bekamen und sich auch mehr leisten konnten. Diese Widersprüche verlangten nach Klärung, sie drohten mich zu zerreißen. Aber es gab außerhalb der Familie nicht die geringste Möglichkeit, solche Fragen zu erörtern. Alle diese Dinge, die ein wissensdurstiger Schüler der ersten Klassen so nebenbei aufschnappte, formten mein Bewusstsein.

Das Schlüsselerlebnis hatte ich als knapp Zehnjähriger beim Volksaufstand am 17. Juni 1953, ein Datum, das bei mir die Weichen endgültig gestellt haben dürfte. Dieser von sowjetischen Panzern niedergewalzte Aufstand zeigte mir, dass die DDR keine historische Notwendigkeit war, schon gar nicht auf dem Willen des Volkes beruhte, sondern ohne die gewaltige Macht der Truppen und Panzer der Sowjetarmee wie ein Kartenhaus zusammengebrochen wäre. Was das Volk wirklich wollte, artikulierte es am 16. und 17. Juni unmissverständlich: Abschaffung der Einparteienherrschaft der SED, freie und geheime Wahlen, Demokratie, Freiheit, Selbstbestimmung, Wiedervereinigung und vieles mehr. Ich habe die Vorgänge zu Hause mit Spannung am Radio verfolgt.

Mein Vater war zwar nicht dabei, zeigte sich aber solidarisch mit den Streikenden, indem er am 17. Juni nicht arbeiten ging. Davon, dass er als Arbeiter angeblich zur herrschenden Klasse zählte, merkten wir nichts. Er hatte sehr früh erkannt, dass all diese Phrasen nichts als Demagogie waren. So tanzte er am 17. Juni vergnügt mit meiner Mutter in der Stube und rief euphorisch: „Mutter, ab jetzt wird alles besser". Seine Enttäuschung am nächsten Tag war gewaltig. Mein 14 Jahre älterer Bruder, der in West-Berlin studierte, kam an diesem Tage erst spät nachts nach Hause. Er hatte sich zeitweise einer Demonstrationskolonne angeschlossen, die aber von mit Maschinengewehren bewaffneten Volkspolizisten aufgelöst wurde. Den Weg nach Hause ins Berliner Randgebiet musste er dann stundenlang zu Fuß zurücklegen, da alle Verkehrsmittel stillstanden.

Wenige Monate zuvor hatte es einen Vorfall gegeben, der mir zeigte, wie scharfsichtig mein Vater in politischer Hinsicht war. Am 5. März 1953 spät abends – ich schlief schon – wurde ich durch die laute Stimme meines Vaters geweckt. Zuerst verstand ich nichts. Schließlich konnte ich heraushören, dass er immer wieder den gleichen Satz rief: „Endlich ist die Mistsau tot, endlich ist die Mistsau tot ..." Offensichtlich tanzte er dabei durchs Zimmer. Im Radio wurde die Nachricht von Stalins Tod gemeldet.

Obwohl in den nächsten Tagen offiziell Trauer zur Schau getragen werden musste, waren die meisten Menschen erleichtert, dass der Despot endlich tot war. Wussten doch die politisch aufgeklärten Menschen auch schon Jahre vor den Enthüllungen Chruschtschows, dass Stalin nicht der weise und gütige Menschenfreund war, sondern ein blutrünstiger Diktator, der Millionen auf dem Gewissen hatte. Alle aufkeimenden Hoffnungen wurden dann aber endgültig durch die Niederschlagung des Aufstands am 17. Juni zunichte gemacht. In der Bevölkerung machte sich Depression breit, auch bei uns in der Familie. Da half es auch nichts, dass Ulbricht, der sich während des Aufstandes feige im sowjetischen KGB-Hauptquartier in Berlin-Karlshorst verkrochen hatte, erst einmal einige

Zugeständnisse an die Bevölkerung machte. Je sicherer er sich aber wieder auf seinem Thron fühlte, desto mehr ging alles im alten Trott weiter. Weder Stalins Tod noch der 17. Juni veränderten irgendetwas zum Positiven.

Aber immerhin, es gab ja im Ernstfall immer noch eine Notbremse. Sollten die Zustände in der DDR noch unerträglicher werden, konnte man ohne Risiko jederzeit nach West-Berlin flüchten. Diese Möglichkeit ließ viele DDR-Bürger die nächsten Jahre ertragen. Ich denke, auch meine Eltern spielten mit dem Gedanken. Aber dazu hätte es wohl schon sehr schlimm kommen müssen, denn immerhin hatten sie sich als einfache Arbeiter noch vor dem Kriege mit eigenen Händen ein Häuschen gebaut, auf das sie sehr stolz waren. So etwas verlässt man nicht ohne existentielle Not.

Bei mir hat der 17. Juni endgültig bewirkt, dass ich den Staat kategorisch ablehnte. Ich war auch unter keinen Umständen bereit, den „Jungen Pionieren", der Kinderorganisation der DDR, beizutreten. Wohlgemerkt, das war mein eigener Entschluss, nicht der meiner Eltern. Und ich war noch nicht einmal zehn Jahre alt. Diese politische Haltung, nicht einfach blind von den Eltern übernommen, war damals typisch für unsere Generation, vor allem in Berlin.

Durch einen absurden Anlass wurde ich aber doch noch ein „Junger Pionier". Er war so skurril und widersprüchlich, dass ich ihn erzähle. Da ja bei jeder Fahrt nach Berlin am Grenzbahnhof Eichwalde eine Ausweiskontrolle vorgenommen wurde, brauchte ich als noch nicht Vierzehnjähriger bis etwa Mitte der fünfziger Jahre keinen Ausweis zu zeigen, ich hatte noch keinen. Das änderte sich erst um das Jahr 1956. Da wurde eine Anordnung erlassen, nach der auch Kinder, wenn sie nicht in Begleitung ihrer Eltern waren, sich ausweisen mussten. Ich war todunglücklich, konnte ich doch nicht mehr allein nach Berlin fahren, eben auch nicht zu meinem Großcousin im Westen.

Aber dann sickerte durch, dass als Kinderausweis auch der Mitgliedsausweis der Pionierorganisation anerkannt werde. Nachdem das einige Klassenkameraden erfolgreich ausprobiert hatten, entschloss ich mich schweren Herzens, nun doch Mitglied der „Jungen Pioniere" zu werden. Es war eine schizophrene Situation. Nur weil ich weiterhin ins kapitalistische West-Berlin fahren wollte, trat ich der kommunistischen Pionierorganisation bei. Aber bereits nach wenigen Wochen bereute ich diesen Schritt. Denn die Anordnung wurde wieder zurückgenommen, es war alles wieder wie vorher. Nur mit dem Unterschied, dass ich Mitglied der „Jungen Pioniere" war, einer Organisation, die ich zutiefst verachtete. Ein Austritt war nicht möglich. Allerdings war die Mitgliedschaft damals noch eine rein formale Angelegenheit, praktische Konsequenzen hatte das keine. Ich kann mich nicht erinnern, jemals auch nur eine einzige Versammlung oder irgendeine Veranstaltung besucht zu haben, ich wurde auch nie dazu aufgefordert.

Bis zum Sommer 1961 lebte ich gewissermaßen zwischen den Fronten des Kalten Krieges, wechselte mit Hilfe der S-Bahn oder des Fahrrads ständig die Seiten, hatte mich an die Absurdität der Situation gewöhnt, lebte in zwei Welten mit zwei Währungen. Für vier bis fünf Ostmark konnte ich in den West-Berliner Wechselstuben 1 DM erhalten. Die DDR hat dieses Umrechnungsverhältnis immer als „Schwindelkurs" bezeichnet und als illegal eingestuft. Trotzdem tauschten Bürger aus der gesamten DDR, die täglich zigtausendfach die Grenze überquerten, ihre ungeliebte Ostmark gegen die heiß begehrte DM ein. Was sollte der Ostler auch tun, bestimmte Dinge gab es in der DDR einfach nicht. Und wenn, dann nicht ausreichend und in schlechter Qualität. Gerade bei Bekleidung sah es erbärmlich aus. Fast alles, Hosen, Jacken, Schuhe, Pullis, Hemden kaufte ich mir im Westen. Als Jugendlicher wollte ich natürlich in der Mode auf dem neuesten Stand sein. Was heute die Markensachen sind, waren früher für uns Ostler Textilien aus dem Westen. Vor allem Jeans, natürlich Levis, waren ein Muss, für viele aber trotzdem nicht realisierbar. Der Hass der DDR-Oberen auf die westliche Lebens- und Bekleidungskultur ging Ende der fünfziger Jahre so weit, dass es verboten wurde, in Jeans zur Schule zu kommen. Wer die „westlich-dekadenten Nietenhosen" trotzdem anhatte, konnte mit einem Eintrag gleich wieder nach Hause gehen.

Natürlich war es für die meisten DDR-Bürger stets ein finanzieller Kraftakt, wenn sie sich im Westen die erträumten Sachen kauften. Sie mussten immerhin den fünffachen Preis bezahlen. Hinzu kam, dass der Verdienst schon damals im Osten sehr viel geringer war als im Westen. Der Leidensdruck musste schon gewaltig sein, wenn sich jemand trotzdem das Westgeld eintauschte.

Im Gegenzug strömten die West-Berliner in den Osten, weil sie dort für den gleichen Umtauschkurs in umgekehrter Richtung günstig Grundnahrungsmittel einkaufen konnten. Für sie kostete alles nur ein Fünftel, noch dazu bei den vom Staat subventionierten und somit ohnehin billigen Lebensmitteln, von denen es allerdings bis 1958 einige nur auf Marken gab.

Vor allem Dienstleistungen waren in Ost-Berlin günstig. So konnten die West-Berliner im Osten spottbillig zum Friseur oder in ein Restaurant gehen. In einer Marktwirtschaft hätte sich jedes Unternehmen über so viel Kundschaft gefreut. Aber in einer Mangelwirtschaft, in der zudem der Grundbedarf subventioniert wurde, konnten die vielen Westkunden zu einem großen Problem werden. Also musste man etwas dagegen tun.

So wurde verfügt, dass Waren und Dienstleistungen nur noch für DDR-Bürger bestimmt sein sollten. Das bedeutete, dass jeder DDR-Bürger beim Einkaufen in Ost-Berlin seinen Personalausweis vorlegen musste. Das war schon ein mühseliges Einkaufen, die Personalausweise waren härtesten Anforderungen ausgesetzt und dürften die kürzeste Lebensdauer der Welt gehabt haben. In den Läden außerhalb Berlins war das nicht erforderlich, da die West-Berliner seit 1952 nicht mehr in die DDR einreisen durften.

Viele Ost-Berliner hatten ihren Arbeitsplatz in West-Berlin, verdienten also Westgeld. Obwohl sie einen Teil in Ostmark ausgezahlt bekamen, konnten sie im Osten wie die Fürsten leben, wenn sie das verbliebene Westgeld in den West-Berliner Wechselstuben in Ostmark umtauschten. Das diente den DDR-Behörden unter anderem als Rechtfertigung für den Mauerbau, indem sie vorgaben, dadurch auch die „Schiebergeschäfte" der „Grenzgänger" und „Spekulanten" eingedämmt zu haben.

Ein anderes Propaganda-Argument war, den „kriminellen Menschenhändlern im Westen" das Handwerk gelegt zu haben. Die ohnehin hohen Flüchtlingszahlen waren seit 1960 nochmals gestiegen und erreichten im Sommer 1961 ihren Höhepunkt. Gut ausgebildete Facharbeiter und Akademiker verließen in Scharen die DDR; sie drohte auszubluten. Wie bei ihrem Ende Jahrzehnte später schob man auch damals schon die Schuld für alle Probleme auf den Westen. Wenn also die Menschen zu Tausenden ihren Staat verließen, waren natürlich nie die Zustände in der DDR schuld, sondern die „verbrecherischen Machenschaften professioneller Menschenhändler", die die naiven DDR-Bürger mit unhaltbaren Versprechungen in den Westen lockten, wo sie dann in ihr unvermeidliches Verderben liefen. Kein Wort über die wahren Ursachen dieser „Abstimmung mit den Füßen", wie Willy Brandt die Fluchtbewegung einmal genannt hatte.

Grund für die steigenden Flüchtlingszahlen war vor allem die Kollektivierung der Landwirtschaft. Die selbstständigen Bauern, denen man im Rahmen der Bodenreform nach dem Kriege die Möglichkeit gab, eigenes Land zu bewirtschaften, sollten nun gewissermaßen durch die Hintertür wieder enteignet werden. Man zwang sie, ihr Land in eine Landwirtschaftliche Produktionsgenossenschaft (LPG) einzubringen. Wenn gutes Zureden nicht half, reagierte der Staat mit Zwangsmaßnahmen Das ging bis zu offenem Terror. Viele Bauern sahen nur noch einen Ausweg in der Flucht. Viele, die sich von ihrem Grund und Boden nicht trennen wollten, nahmen sich das Leben. Aber auch die immer schlechter werdende Versorgungslage ließ die Flüchtlingszahlen ebenso wachsen, wie der ständig steigende politische Druck.

Einen absurden Höhepunkt erreichte die Bevormundung der DDR-Bürger um 1960/61 herum. Es ging um das verbotene Westfernsehen. Wir Oberschüler mussten Verpflichtungserklärungen unterschreiben, niemals Westfernsehen zu gucken. Natürlich hielt sich niemand daran. Es gab zu dieser Zeit nur ein Westprogramm und ein Ostprogramm. Da die Hochantennen auf den Dächern immer nach der Sendequelle ausgerichtet werden mussten, konnte jeder Westgucker schnell identifiziert werden. Nun war es zum Leidwesen der DDR-Machthaber so, dass die mit Abstand meisten Antennen gen Westen gerichtet waren. Wie löst ein sozialistischer Staat solche Probleme? Natürlich mit Gewalt. Die FDJ (Freie Deutsche Jugend), die Kampfreserve der SED, wurde zur Problemlösung herangezogen: FDJ-ler mussten auf die Dächer, um die Antennen nach Osten auszurichten. Da jeder Fernsehteilnehmer seine eigene Antenne hatte, war das sehr zeitaufwändig. Andererseits gab es zu dieser Zeit erst sehr wenig Haushalte mit Fernsehapparaten.

Wir hatten allerdings schon einen Fernseher, den mein Bruder – er studierte Nachrichtentechnik – selbst gebaut hatte. Da wir aber unser Einfamilienhaus auf unserem eigenen Grundstück bewohnten, wagte es der FDJ-Mob nicht, dort einzudringen. Deren Aktion lief aber ohnehin nur eine kurze Zeit und war räumlich begrenzt. Sie zeigte aber exemplarisch, was der Staat wollte und wozu er fähig war. In so einem Staat wollte ich nicht mein Leben verbringen. Für mich stand fest, dass ich nur noch meine Volljährigkeit abwarten und mein Abitur machen wollte und dann nichts wie weg in den Westen … Dazu genügte damals noch eine S-Bahn-Fahrkarte für 30 Pfennige (ohne Rückfahrschein). So preiswert war damals die Flucht von einer Welt in die andere. Aber es sollte anders kommen.

Berlin, im Juni 2011 Dieter Drewitz

Erster Teil

Verfolgt, verhaftet, verurteilt

Erste Inhaftierung – zur falschen Zeit am falschen Platz

Ein Jahr vor dem Abitur, in den Sommerferien des Jahres 1961 zwischen der 11. und der 12. Klasse der Erweiterten Oberschule, wie die Gymnasien in der DDR genannt wurden, verbrachte ich mit meinen Schulfreunden Horst und Rainer einen Zelturlaub auf dem Campingplatz in Bansin auf der Insel Usedom. Am 2. August – sechs Tage vor meinem 18. Geburtstag – hatten wir ein Erlebnis, das sehr nachhaltig mein gesamtes weiteres Leben beeinflussen sollte.

Horst, Rainer und ich waren eines Abends gegen 22 Uhr zu Fuß auf dem Heimweg von Heringsdorf zum Zeltplatz in Bansin. Auf der Bansiner Promenade erregte eine Gruppe Jugendlicher unsere Aufmerksamkeit, die vor der Milchbar mit einem kleinen Tonbandgerät westliche Rock'n Roll-Musik abspielte. Wir blieben stehen, um eine Weile zuzuhören. Diese Musik übte damals auf die Jugendlichen der ganzen Welt eine derartige Faszination aus, dass selbst die Verbote in der DDR oder den anderen Ländern des damaligen Ostblocks ihre Verbreitung nicht verhindern konnten. Es hatte schon etwas Prickelndes, hier inmitten der DDR-Öffentlichkeit plötzlich Lieder von Elvis Presley und Bill Haley zu hören. Diese Gruppe junger Menschen, die es sich auf der Außenterrasse der schon geschlossenen Milchbar bequem gemacht hatte, bestand aus etwa 15 bis 20 Personen. Wir drei blieben jedoch auf der Promenade stehen, weil wir uns nur einige Minuten dort aufhalten wollten.

Die Serviererin der Milchbar kam einige Male heraus und forderte die Jugendlichen auf, Stühle und Tische frei zu machen, damit sie hereingeholt werden konnten. Sie reagierten aber nicht. Auch die Warnung, man werde sonst die Polizei rufen, wurde nicht ernst genommen. Ansonsten waren die jungen Leute weder frech noch randalierten sie.

Nachdem wir etwa zehn Minuten stehend zugehört hatten, sah ich plötzlich aus der Dunkelheit von beiden Seiten lautlose Schatten auf uns zustürzen. Im nächsten Moment stimmten diese Schatten ein mächtiges Gebrüll an, auch Hundegebell war zu vernehmen. Ehe ich richtig mitbekam, dass es sich um Polizei handelte, wurde ich schon von einem dieser Uniformierten ergriffen und bekam einige Schläge mit dem Gummiknüppel über Kopf und Rücken, so dass ich ziemlich benommen war.

Ähnlich erging es einem jungen Mann, der hilflos am Boden lag und von einem Uniformierten mit dem Schlagstock traktiert wurde, während sich ein Polizeihund in einem Bein festgebissen hatte. Als ich unter den Schlägen auf den Kopf benommen zusammenzusacken drohte, zerrte mich ein Uniformierter brutal wieder hoch, wobei meine Jacke riss. „Den Hänfling schaffe ich schon allein", ließ er einen Kollegen wissen, der ihm zu Hilfe kommen wollte. Tatsächlich hatte ich als schmächtiger junger Mann von gerade einmal 50 kg keinerlei Chance gegen den großen, kräftigen Mann, der zudem noch bestens ausgebildet zu sein schien. Denn er packte mich gekonnt an der Jacke und zerrte mich über die Stufen zur Straße hinunter. Dabei wollte er mich ganz offensichtlich zu Fall bringen. Ich aber nahm immer gleich drei, vier Stufen auf einmal und konnte das so verhindern.

Auf der Straße stand ein Lkw, den wir unter wüsten Beschimpfungen und Knüppelschlägen besteigen mussten. Einige Polizisten kletterten ebenfalls hinauf, um uns zu bewachen. So saßen wir zusammengepfercht wie Ölsardinen. Jeder, der es wagte, den Mund aufzumachen, bekam den Knüppel zu spüren. Ich sah noch, dass Horst völlig verängstigt auf der anderen Seite saß, aber Rainer war verschwunden. Er hatte sich, wie ich später erfuhr, in der Dunkelheit geistesgegenwärtig mit einem Satz über die Hecke am Strand in Sicherheit bringen können.

Die ganze Aktion hatte sich blitzschnell abgespielt, es dürften kaum drei, vier Minuten vergangen sein, als ich mich inmitten der anderen auf der Ladefläche des Lkw wieder fand. Die meisten standen wie ich unter Schock. Ich war überhaupt nicht fähig, zu begreifen, was ich gerade erlebt hatte. War das ein böser Traum? Die Schmerzen schienen dem zu widersprechen.

Was hatte das nur alles zu bedeuten? Derart brutale Polizisten. Sollte es in der DDR so etwas tatsächlich geben? Die offizielle Propaganda zeichnete doch immer das Bild vom freundlichen Volkspolizisten, vor dem sich nur der Böse zu fürchten hatte. Aber was war am 17. Juni 1953? Hatte es nicht auch da brutale Polizeiausschreitungen gegenüber den Demonstranten gegeben? Aber ich war doch kein Demonstrant, kein Böser, keiner, der die DDR gewaltsam beseitigen wollte. Genauso wenig, wie all die anderen traurigen Gestalten, die nun mit mir auf dem Mannschaftswagen kauerten. Das waren doch alles junge hoffnungsfrohe Menschen, die nur ein bisschen Spaß haben wollten beim Hören ihrer Musik.

Die Fahrt ging um wenige Ecken bis zur nächsten Polizeidienststelle im Nachbarort Heringsdorf. Obwohl der Lkw schon überfüllt war, wurde noch einmal eine Gruppe Jugendlicher aufgeladen, einige von ihnen trugen Glatze. Erstaunt stellte ich fest, dass ich sie vom Sehen kannte. Sie zelteten ebenfalls auf dem Bansiner Campingplatz und waren uns schon durch ihre kahlen Köpfe und ihr halbstarkes Imponiergehabe aufgefallen. Aber warum waren sie nun mit uns auf dem Lkw? Die Fahrt ging weiter und endete schließlich im VPKA (Volkspolizeikreisamt) in der Kreisstadt Wolgast.

Dort mussten wir uns alle breitbeinig hinstellen, die Arme an der Wand abgestützt. Nach eingehender Durchsuchung und Abliefern aller persönlichen Gegenstände einschließlich Schnürsenkeln und Gürtel, kam ich in eine Zelle. Einen Grund für die Festnahme nannte man mir nicht. In der Zelle befand sich schon ein Gefangener, es war einer der Glatzköpfigen. Diese später in die DDR-Geschichte als „Glatzkopfbande" eingegangene Gruppe, die der DEFA als Vorlage für einen gleichnamigen Spielfilm diente, hatte die Polizei komplett in Gewahrsam genommen, wie ich von meinem Zellengenossen hörte. Er erzählte weiter, dass sie am Abend auf dem Zeltplatz im Bierzelt etwas Stimmung gemacht, Rock'n Roll-Musik auf zwei Gitarren gespielt und getanzt hätten, natürlich nicht ohne den nötigen Alkoholkonsum. Solch „westlich dekadentes Verhalten" wollte der Zeltplatz-Volkspolizist pflichtgemäß verhindern, zog sich aber dabei den Zorn auch vieler anderer Camper zu, die froh waren, dass endlich mal etwas los war auf dem trostlosen Zeltplatz. Die Situation eskalierte, und schließlich sah sich der arme Polizist in seiner kleinen Baracke einer Übermacht von mehreren hundert Urlaubern gegenüber, die lautstark ihren Unmut über ihn, aber vereinzelt auch über die allgemeinen Zustände in der DDR äußerten. In seiner Not telefonierte er Verstärkung herbei, die zur Festnahme der Glatzköpfigen führte, weil man in ihnen die Anstifter sah.

Wir alle wurden einzeln verhört. Dabei erfuhr ich, dass man uns, also alle Jugendlichen von der Milchbar, verdächtigte, mit den Glatzköpfigen unter einer Decke zu stecken, um konterrevolutionäre Aktionen in Gang zu setzen. Der Polizei reichte es offenbar, dass die meisten der Glatzköpfigen und die Jugendlichen von der Milchbar aus Berlin und Umgebung stammten und dass beide Gruppen zur gleichen Zeit in der Öffentlichkeit verbotene Westmusik hörten. Dass Milchbar und Zeltplatz mindestens zwei bis drei Kilometer auseinander lagen, schien sie nicht zu stören. Sie vermuteten in beiden Vorkommnissen gewissermaßen eine konzertierte Aktion.

Ich konnte nur die Wahrheit sagen und meine Angaben stimmten offenbar mit denen der anderen Jugendlichen von der Milchbar nicht nur überein, sie waren noch dazu so harmlos, dass die Uniformierten zur Überzeugung kamen, dass wir mit den Glatzköpfigen nichts zu tun hatten. Obwohl das schon nach wenigen Stunden feststand, ließ man uns nicht frei, sondern sperrte uns am nächsten Morgen alle zusammen in eine große Zelle. Die Glatzköpfigen haben wir nicht mehr gesehen.

Bis zum Abend ließen sie uns noch in der Zelle schmoren. Erst dann begannen sie, uns einzeln in Abständen von 10 bis 15 Minuten frei zu lassen. Wahrscheinlich wollten sie damit verhindern, dass wir aus lauter Wut über diese schikanöse Behandlung vor dem Polizeigebäude unserem Unmut freien Lauf ließen. Aber diese Furcht der Polizei war völlig unbegründet, denn die meisten dieser Jugendlichen waren Studenten oder Oberschüler wie wir, gut situierte, gut erzogene junge Menschen, denen nichts ferner lag als Randale zu machen. Auch der junge Mann, der bei dem nächtlichen Polizeiüberfall vom Polizeihund gebissen wurde, war darunter. Wie sich herausstellte, war er ein Student aus Berlin. Aber genauso wenig wie bei uns, hatten sich die Polizisten bei ihm für das unverhältnismäßige und brutale Vorgehen entschuldigt.

Horst und ich kamen erst nach Mitternacht frei und hatten Mühe, um diese Zeit mit öffentlichen Verkehrsmitteln auf den Zeltplatz zurückzukommen. Mehr als 24 Stunden später als geplant und um einige Erfahrungen reicher, kamen wir schließlich von unserem ursprünglichen Ausflug nach Heringsdorf zum Zeltplatz zurück, wo der sichtlich erleichterte Rainer uns begrüßte.

Sieben der elf Mitglieder der so genannten „Glatzkopfbande" wurden schon wenige Tage später am 11. August 1961, zwei Tage vor dem Mauerbau in Berlin, von einem Schnellgericht zu Freiheitsstrafen zwischen 16 und 18 Monaten verurteilt. Den SED-

Genossen war das zu milde und so wurde der Richter wegen seiner „nicht klassengemäßen und unparteiischen" Haltung aus dem Amt entfernt Allerdings war hier hauptsächlich wohl vor allem die mangelnde Parteilichkeit im Sinne der Staatspartei SED gemeint. Trotzdem eine merkwürdige Rechtsauffassung.

Die restlichen vier Angeklagten, die vollkommen zu Unrecht als Rädelsführer angesehen wurden, hatten ihre Gerichtsverhandlung in Form eines Schauprozesses erst im September 1961. Sie wurden nun nach dem Mauerbau zu ungleich härteren Strafen verurteilt. Wegen „staatsgefährdender Gewaltakte" bekamen sie zwischen vier und acht Jahren Zuchthaus. Der Hauptangeklagte erhielt seine acht Jahre in Wirklichkeit dafür, dass er als Ost-Berliner an der West-Berliner Freien Universität studierte. Da war er in den Augen der DDR-Justiz von vornherein ein Agent des Imperialismus.

Im Übrigen waren die Glatzen damals keinerlei Ausdruck rechtsradikaler Gesinnung, sie entstanden vielmehr aus Übermut, waren ein Urlaubsjux auf Grund einer verlorenen Wette. Rechtsradikale Ansichten bei Jugendlichen waren damals in der DDR noch unbekannt. Ein oder zwei Jahre später drehte die DEFA den Film „Die Glatzkopfbande". Mit den tatsächlichen Geschehnissen hatte der Film allerdings nicht viel gemein, wenn man mal von Nebensächlichkeiten absieht. Im Film wurden aus den harmlosen jungen Menschen kriminelle Schwerverbrecher, die nicht nur ein Menschenleben auf dem Gewissen hatten, sondern durch Terroraktionen die Staatsordnung der DDR beseitigen wollten. Da der Film entgegen der Wirklichkeit nach dem Mauerbau spielte, hatte die Glatzkopfbande im Film bei ihrem Fluchtversuch auch keine Chance mehr, den Häschern des Sozialismus zu entgehen. Die Botschaft dieses Films war deshalb: Nach dem Bau der Mauer haben solch verbrecherischen Elemente keine Chance mehr, durch Flucht in den Westen ihrer gerechten Strafe zu entgehen. Der Film sollte damit den Mauerbau legitimieren.

Zum Leidwesen der DDR-Mächtigen kam diese Botschaft beim Publikum nicht so recht an. Die meisten Kinobesucher waren Jugendliche. Die sahen sich den Film sowieso nicht wegen der SED-Botschaft an, sondern weil die Jugendlichen dort ihren eigenen Sehnsüchten entsprachen, weil sie in coolen Lederjacken auf schnellen Motorrädern und mit Rock'n Roll-Musik die heißesten Bräute abschleppten. Aus den Bösen im Film wurden plötzlich Idole. Der Propagandaschuss ging derart nach hinten los, dass der Film schließlich verboten wurde.

Der Vollständigkeit halber sei bemerkt, dass alle Verurteilten nach etwa zwei Jahren vorzeitig entlassen wurden. Über die Geschichte der Glatzkopfbande wurde 40 Jahre später, also nach der Wiedervereinigung, eine Fernsehdokumentation produziert, die die damaligen Geschehnisse wieder gerade rückt.*

Wir verlebten noch zehn unbeschwerte Tage an der Ostsee, wenn auch die Begleitumstände aus heutiger Sicht katastrophal waren. Es herrschte das schrecklichste Ostseewetter, das man sich überhaupt nur vorstellen kann: Ungemütliche Temperaturen, an manchen Tagen wurde es nicht wärmer als 12 Grad. Dazu viel Regen, die Kleidung wurde überhaupt nicht mehr trocken, im Zelt war alles feucht und klamm.

Wie auf fast allen dieser Zeltplätze waren die Toiletten extrem entwürdigend und unhygienisch: Eine tiefe, lange Grube in der Erde. Darüber ein ebenso langer Holzverschlag mit fünf „Donnerbalken" nebeneinander, durch Bretterwände voneinander getrennt. Nach vorn zum langen Gang waren allerdings keine Türen vorhanden. Das hieß, dass ein Toilettengänger alle anderen wie die Hühner auf der Stange sitzen sah und sich ein leeres Kabuff aussuchen konnte. Toilettenpapier gab es nicht. Wenn überhaupt, dann lagen Zeitungen herum. In diesen Abtritten stank es zudem entsetzlich nach Kot, Urin und Ätzkalk, der zur Desinfektion in großen Mengen in die Grube geschüttet wurde. Trotzdem kam es nicht selten vor, dass große Ruhrepidemien auf den Zeltplätzen ausbrachen, so dass die Plätze innerhalb kürzester Zeit geräumt werden mussten.

Die Versorgung in den Geschäften und vor allen Dingen in den Restaurants war miserabel. Die einfachsten Lebensmittel waren oft nicht zu haben. So herrschte genereller Mangel an Kartoffeln. Auch Milch und Butter gab es nicht ausreichend. Selbst Getränke wie Bier oder Brause wurde in den Geschäften oft nur rationiert abgegeben. An Restaurantplätzen herrschte ohnehin permanenter Mangel, so dass sich zu Mittagszeiten lange Schlangen bildeten. Wenn es einem dann nach langer Wartezeit tatsächlich gelungen war, einen Platz zu ergattern, musste er feststellen, dass zwischen Spei-

* DVD über die „Bundesstiftung zur Aufarbeitung der SED-Diktatur" erhältlich.

sekarte und Wirklichkeit Welten lagen. Statt Salzkartoffeln wurden meistens Nudeln gebracht, bestimmte Gerichte auf der Karte waren gar nicht zu bekommen, weil die entsprechenden Fleisch- oder Fischsorten gerade nicht aufzutreiben waren.

Es war für die Ostseeurlauber kein einfaches Leben. Hier potenzierten sich die allgemeinen DDR-Probleme. Trotzdem genoss jeder Urlauber seine schönste Zeit des Jahres. Die Unzulänglichkeiten trafen ihn ja auch nicht wie der Blitz aus heiterem Himmel, er wusste das vorher, stellte sich darauf ein, so wurde er nie enttäuscht. Erfahrene Camper brachten sich ohnehin alles, was sie zur Selbstverpflegung brauchten, von zu Hause mit. Einschließlich der Kartoffeln, der Butter und der Getränke. So waren sie autark, mussten ihre wertvolle Urlaubszeit nicht mit Anstehen vergeuden.

Auch wir nahmen diese Dinge gelassen hin, wir kannten es schließlich nicht anders. Geld für Restaurants hatten wir ohnehin kaum. Und wenn, dann sparten wir es uns für einen Kneipenbesuch am Abend auf, um uns einmal richtig aufzuwärmen. Natürlich wärmten wir uns auch innerlich auf durch den Genuss von Hochprozentigem. Denn an Schnaps litt die DDR niemals Mangel. Ich nehme an, die Verantwortlichen wussten, dass das Leben in der DDR oft nur im Suff zu ertragen war. So verbrachten wir also die Tage, lernten auch ein paar nette Mädels kennen, mit denen wir am 8. August meinen 18. Geburtstag, also meine Volljährigkeit, feierten.

13. August 1961 – der schrecklichste Tag meines Lebens

Am 13. August, es war ein Sonntag, wollten wir nach Hause fahren. Wie immer weckte uns auch an diesem Morgen der nervige Zeltplatzfunk mit den üblichen Nachrichten und Durchsagen. Aus den Lautsprechern tönte immer nur Propaganda, so dass man nicht mehr hinhörte. Uns interessierte das an diesem Tag noch weniger, da wir genug mit dem Packen zu tun hatten. Trotzdem merkten wir sehr schnell, dass die Sprecherstimme heute anders klang. Sie war aufgeregter und wiederholte immer das Gleiche. Wir konnten es kaum glauben, was wir da hörten: die DDR, so hieß es, habe in Berlin die Grenzen zu den Westsektoren dichtgemacht. Bürger der DDR könnten ab sofort nur noch mit amtlicher Genehmigung nach West-Berlin fahren. All das konnten wir uns überhaupt nicht vorstellen. Wie sollte es möglich sein, innerhalb dieser komplizierten Stadtstruktur eine Grenze zu errichten. Dieser Gedanke erschien uns aberwitzig.

An einigen Stellen gehörten die Mietshäuser zu Ost-Berlin, der Bürgersteig davor aber zu West-Berlin; andernorts war es genau umgekehrt. Wenn diese Rundfunkmeldung tatsächlich stimmen sollte, dauerte der Spuk gewiss nur einige Tage. Das hatte es schon einige Male in der Nachkriegszeit gegeben. Sollte es doch länger dauern, würden wir eben für Fahrten nach West-Berlin die Genehmigung, von der im offiziellen Text die Rede war, beantragen. So lange, bis wieder normale Zustände herrschen. Unsere Naivität war nicht zu überbieten.

Nicht alle waren so blauäugig wie wir. Zum Beispiel die Taxifahrerin, die wir auf den Zeltplatz bestellt hatten, um uns zum Bahnhof zu fahren. Sie nahm uns völlig unsere Illusionen, indem sie meinte, kein normaler DDR-Bürger könne mehr nach West-Berlin fahren, und das Ganze würde sich auf lange Zeit auch nicht ändern. Die DDR habe Ost-Berlin dauerhaft abgeriegelt, um den gerade in den letzten Monaten täglich anschwellenden Flüchtlingsstrom einzudämmen. Seit der Teilung Deutschlands gelangten Hunderttausende über das Schlupfloch Berlin in den Westen. Fast drei Millionen Menschen hatten seit 1945 den Osten Deutschlands bereits verlassen.

Wie sehr diese Frau Recht hatte, begriffen wir damals in unserer jugendlichen Unerfahrenheit überhaupt nicht. Allerdings kamen mir die Worte von Walter Ulbricht in den Sinn, die er wenige Wochen zuvor in einer internationalen Pressekonferenz gesagt hatte: „Niemand hat die Absicht, eine Mauer zu errichten”. Wenn unsere Taxifahrerin Recht hätte, wäre doch der Repräsentant des ersten deutschen Arbeiter- und Bauernstaates auf der ganzen Welt der Lüge überführt. Sollte die DDR ganz bewusst diesen Imageschaden in Kauf genommen haben? Ich konnte mir das schwer vorstellen.

Etwas nachdenklicher waren wir nach den Worten der Taxifahrerin aber schon geworden, als wir in den Bummelzug nach Wolgast einstiegen. Der Endbahnhof der Usedom-Bimmelbahn lag auf der Insel, während sich der Wolgaster Fernbahnhof, von dem auch unser Zug nach Berlin abfuhr, auf dem Festland befand, gut zehn Minuten Fußweg entfernt. Seit dem Jahre 2000 bleibt dem Reisenden diese Umsteigeprozedur erspart, mit dem Neubau der Autobrücke über die Peene wurde gleich ein Gleis für die Usedomer Bäderbahn mit verlegt. Wir mussten unsere Koffer aber noch über die Brücke zum Festlandsbahnhof schleppen. Bis zur Abfahrt hatten wir noch eine gute Stunde Zeit. Was tun? Da lag es nahe, sich einmal in der Stadt umzusehen. Wolgast war für uns unerforschtes Gebiet. Da wir nicht wussten, wo wir während dieser Zeit unsere Koffer lassen sollten, erklärte sich Rainer bereit, dazubleiben und auf die Koffer aufzupassen. Horst und mir war es recht. So spazierten wir los, um die Stadt zu erkunden.

Für Erinnerungsfotos hatte Horst seinen Fotoapparat dabei. Während wir so die Straßen entlang liefen, kam uns spontan die Idee, doch einmal nach dem Volkspolizeikreisamt Ausschau zu halten, in dem wir vor elf Tagen unfreiwillig eine Nacht verbringen mussten. Die Aussicht, das Gebäude tatsächlich zu finden, schien gering. Herrschte doch damals bei der Einlieferung wie bei der Entlassung Dunkelheit. Aber in einer Kleinstadt kann sich ein so markantes wilhelminisches Backsteingebäude nicht so leicht verstekken. Wir fanden es schnell.

Der Bau wirkte bei strahlendem Sonnenschein weit weniger bedrohlich als in der Dunkelheit. Vor dem Haus sonnten sich einige Polizisten. Wir gingen auf der gegenüber liegenden Straßenseite vorbei, als Horst die Idee hatte, ein Erinnerungsfoto zu machen. Uns störte nicht, dass die Polizisten interessiert herüber sahen, wir hatten nichts zu verbergen. Plötzlich rief uns einer der Polizisten zu, doch mal herüberzukommen. Wir taten das, nicht ahnend, was uns erwarten sollte. Sie fragten, warum wir die Fotos gemacht hätten. Wir antworteten: „Zur Erinnerung!". Dazu mussten wir erklären, dass wir in dem Gebäude schon einmal eine Nacht zugebracht hatten. Dann ging alles sehr schnell. Sie nahmen uns den Fotoapparat ab, ich wurde von Horst getrennt, in das Innere des Gebäudes gebracht, musste unter Bewachung in einem Zimmer Platz nehmen, bis nach einiger Zeit zwei offenbar höhere Dienstgrade erschienen und ein Verhör begannen. Sie wollten alles über mich wissen, wo ich zu Hause bin, was ich mache, wer meine Eltern sind und was die machen, ob ich Geschwister habe. Auch über meine gesamte Westverwandtschaft musste ich genau Auskunft geben. Besonders interessierte sie, ob und wie oft ich nach West-Berlin fahre und was ich dort täte.

Ansonsten stellten sie immer wieder nur eine einzige Frage, nämlich die nach dem Grund für das Foto. Ich gab immer die gleiche Antwort, konnte mir nicht vorstellen, warum sie mir nicht glauben wollten. War es denn nicht plausibel, nach unserem Knastabenteuer – nichts anderes war es inzwischen für uns – ein Erinnerungsfoto zu machen? Bei den Verhören kam auch zur Sprache, dass Rainer mit unseren Koffern am Bahnhof auf uns wartete. Natürlich schickte man sofort einen Polizeiwagen hin, um ihn samt unserem Gepäck abzuholen. Wie ich erst nach meiner Freilassung erfuhr, ließ man ihn nach ausführlichen Vernehmungen am nächsten Tag wieder frei, da er ja weder mit den Fotos noch mit unserer ersten Festnahme etwas zu tun hatte.

Nach einiger Zeit – war es eine Stunde, waren es zwei oder gar drei Stunden? – kam ein anderer Uniformierter in den Raum und zeigte den beiden anderen triumphierend einige Fotos. Bis dahin waren die beiden Polizisten zu mir einigermaßen höflich und korrekt, nun änderte sich das schlagartig. Sie schlugen eine andere Gangart ein. Ihre ewig gleiche Frage stellten sie nun immer aggressiver, meine gleich lautende Antwort quittierten sie mit Hohn und Spott. Sie brüllten mich an, nannten mich einen unverfrorenen Lügner. Ich musste mir gefallen lassen, dass sie mich als Berliner pauschal „Grenzgänger", „Handlanger der Bonner Ultras", „Verräter an der Arbeiterklasse" nannten. Berliner machten durch ihr „Grenzgängertum" und den „Schwindelkurs" die „heldenhaften Aufbauleistungen der Werktätigen" der DDR zunichte und sabotierten so böswillig den Aufbau des Sozialismus. Die meisten Berliner seien Verbrecher, die die Volkswirtschaft der DDR bewusst schädigten. Triumphierend ließen sie mich wissen, dass es mit diesen Machenschaften von heute an ein Ende habe. Die „heldenhaften Maßnahmen der Arbeiterklasse an der Staatsgrenze" in Berlin verhinderten künftig Abwerbung, Menschenhandel und Spionage, aber auch die Überschwemmung der DDR mit Hetzschriften und Schundliteratur. Der gebündelte Hass auf alle Berliner schlug mir massiv entgegen. Den Grund für diesen Verhaltenswandel präsentierten sie mir wenig später. Sie hatten nach unserer Festnahme gleich den Film entwickelt und Bilder gemacht. Das Ergebnis schien sie zufrieden zu stellen. Auf dem Film war – ich hatte das fast vergessen – neben dem Polizeigebäude auch anderes zu sehen: das Bansiner Gästehaus der Regierung und das Ferienhaus des Vorzeigewissenschaftlers der DDR, Manfred von Ardenne. Wir fanden die Bauten architektonisch bemerkenswert. Das Gästehaus war eine wunderschöne Gründerzeitvilla, die als einzige schon damals herrlich restauriert war. Eine seltene Augenweide in der damaligen DDR. Dieses Gebäude war deshalb auch auf den meisten Bansiner Ansichtskarten abgebildet.

Als ich mir Ardennes Ferienhaus nach der Wiedervereinigung erneut anschaute, konnte ich meine damalige Begeisterung nicht mehr nachvollziehen. Natürlich waren inzwischen 40 Jahre vergangen, aber als DDR-Bürger war man so sehr die langweilige sozialistische Einheitsarchitektur gewöhnt, dass schon ein etwas individuellerer Bau Begeisterung erzeugen konnte. Über diese Fotos regten sich die Uniformierten nun auf. Was war daran so verwerflich? Ein Postkartenmotiv und ein privates Wohnhaus, etwas Gewöhnlicheres gab es doch kaum.

Bezeichnend war während des mehrstündigen Verhörs, dass sie nie sagten, wessen sie mich beschuldigten. Sie wollten immer nur wissen, warum wir das fotografiert hatten. Meine Antwort taten sie als Lüge ab. Auf meine wiederholte Frage, was sie mir denn vorzuwerfen hätten, antworteten sie immer wieder: ich wüsste es selbst am besten, ich solle nun endlich die Wahrheit sagen und alles zugeben.

Albtraum Folterkeller

Das Verhör zog sich Stunde um Stunde hin. Inzwischen war es längst dunkel, da wurde es plötzlich abgebrochen. Die Polizisten legten mir Handschellen an, und einer stieß mich mit seinem Karabiner auf den Hof. Dort stand ein mit Gardinen verhängter dunkler Pkw „Sachsenring", besetzt mit einigen Herren, die sich als MfS (Ministerium für Staatssicherheit)-Mitarbeiter ausgaben. Vorn zwei in Zivil, hinten zwei Uniformierte. Zwischen den beiden hinten Sitzenden musste ich Platz nehmen, wobei einer der beiden mit einer Pistole vor meinem Gesicht herumfuchtelte und mir drohte, von ihr Gebrauch zu machen, sollte ich Widerstand leisten. Es war skurril, was sollte ich Hänfling mit meinen Handschellen wohl ausrichten können gegen vier bewaffnete kräftige Männer.

Die Fahrt ging nur um einige Ecken und endete auf einem festungsartig umzäunten Grundstück hinter einer alten Gründerzeitvilla, deren Fenster alle vergittert waren. Wie ich später erfuhr, handelte es sich um die Wolgaster Kreisdienststelle des MfS. Ich wurde in einen Raum gestoßen, wo sich auch gleich ein Kerl in Zivil, Mitte bis Ende zwanzig, auf mich stürzte, mich mit beiden Händen am Kragen packte, unablässig schüttelte und brüllte. Zuerst konnte ich nicht verstehen, was er schrie. Dann erst merkte ich, dass es immer die gleiche Frage war: „Bei welcher West-Berliner Zeitung wolltest du die Fotos verkaufen, für welchen Geheimdienst arbeitest du?" Da war es also raus. Schlagartig wurde mir erst jetzt klar, was sie von mir wollten, was sie mir vorwarfen – irgendetwas wie Spionage oder Nachrichtenübermittlung.

Ich ahnte, was auf mich zukommen könnte und bekam furchtbare Angst. Besonders im Angesicht dieses wild gewordenen Stasimannes, der mich auf einen Stuhl schleuderte, mich immer wieder packte, hochriss, schüttelte und mir ins Gesicht schlug. Dabei wiederholte er seine Anschuldigungen, beschimpfte mich und drohte mit noch viel Schlimmerem, wenn ich nicht alles zugäbe. Ich war wie gelähmt, konnte gar nicht denken, wähnte mich in einem schrecklichen Traum. Allerdings bemerkte ich, dass dieser Typ stark nach Alkohol roch. Ein uniformierter Stasimann brachte mich schließlich in den Keller, wo ich zwei nebeneinander liegende Zellentüren erkennen konnte. In eine dieser Zellen wurde ich gesperrt und war allein.

Der Albtraum währte nun schon fast zwölf Stunden, ich fühlte mich am Ende – und ahnte nicht, dass es erst der Anfang war. Schon nach kurzer Zeit holten sie mich wieder nach oben und verhörten mich erneut. Diesmal hatte ich es also mit der Stasi zu tun, der gefürchteten Geheimpolizei, von deren Tun man immer nur gerüchteweise erfuhr. Nun war ich diesem Terrorapparat selber ausgeliefert. Die Verhöre schienen nicht enden zu wollen. Sie erstreckten sich über die ganze Nacht, den nächsten Tag und Abend. Irgendwann verlor ich das Zeitgefühl. Des Nachts musste ich ständig in das grelle Licht einer Schreibtischlampe blicken, die der Vernehmer auf mein Gesicht richtete. Das entsprach dem Klischee, das ich aus unzähligen Filmen über die Nazis und die Gestapo kannte. Konnte das alles wahr sein, was ich hier erlebte? Auch der Angetrunkene, der mich so brutal empfangen hatte, war dabei. Er saß direkt vor mir und schlug mir immer mit einem schweren Buch ins Gesicht, wenn ich bestritt, Agent eines westlichen Geheimdienstes zu sein. Nach einiger Zeit blutete ich aus Mund und Nase. Einige Male unterbrachen sie das Verhör und brachten mich in die Kellerzelle zurück. In diesen Pausen, die jeweils ungefähr eine halbe bis eine Stunde dauerten, zitterte ich vor Angst. Obwohl ich seit mehr als 24 Stunden verhört wurde, konnte ich keine Ruhe finden, schon gar nicht schlafen: ich achtete auf jedes Geräusch, fürchtete zum nächsten Verhör geholt zu werden. Sackte beim Verhör einmal mein Kopf vor Müdigkeit nach unten oder zog ich ihn aus dem Lichtkegel, riss mich der Angetrunkene gewaltsam in das Licht zurück und half jedes Mal mit kräftigen Schlägen nach.

Irgendwann änderten sie die Verhörtaktik: mein Freund Horst habe alles zugegeben; nun sei es zwecklos weiter zu leugnen. Natürlich verlangte ich dieses Geständnis zu sehen, was sie mir verwehrten. Ich war verzweifelt, wusste nicht, was ich davon halten sollte. Dann probierten sie es anders: ich sollte ein schon formuliertes Geständnis unterschreiben. Da standen all die haarsträubenden Dinge drin, die sie mir mündlich vorgeworfen hatten: Wir hätten uns wegen der eintägigen Festnahme in Wolgast Rache geschworen und deshalb vorgehabt, die Fotos mit verleumderischen Berichten an westliche Geheimdienste in West-Berlin oder an dortige Zeitungen zu verkaufen. Mein Einwand, dass wir doch zum Zeitpunkt der Fotoaufnahme schon wussten, dass wir gar nicht mehr nach West-Berlin fahren können, zählte nicht. Im „Geständnis" stand auch, dass wir uns bei unseren häufigen West-Berlin-Besuchen zur Zusammenarbeit mit einem westlichen Geheimdienst verpflichtet hätten, um ihm Informationen aller Art über die DDR zukommen zu lassen. Die ganze Geschichte war mit vielen Details ausgeschmückt, wahrscheinlich, um sie bei ihren Vorgesetzten glaubwürdiger wirken zu lassen. Wenn sie mich doch nur einmal hätten schlafen lassen. Ich wusste nicht mehr, was ich glauben sollte. Noch schlimmer war es, als sie mir Horsts unterschriebenes Geständnis vorlegten. Kein Zweifel, das war seine Unterschrift. Ich kannte sie genau, schließlich waren wir in der Schule Banknachbarn. Dort stand der gleiche Unsinn, den auch ich unterschreiben sollte.

Glücklicherweise beendeten sie bald die Vernehmung und sperrten mich wieder in meine Zelle. Ich nahm an, sie brächten mich gleich wieder nach oben und konnte trotz großer Müdigkeit nicht schlafen. Mich quälte der Gedanke an Horsts Geständnis. Anstatt darin ein durch Folter erzwungenes falsches Schuldanerkenntnis zu sehen – schließlich hatte man es ja bei mir auch versucht – begann ich an mir zu zweifeln, ausgelöst durch den Schlafentzug und durch die ständig gleichen Anschuldigungen. Ich bildete mir zuweilen ein, die Anschuldigungen entsprächen womöglich der Wahrheit. Ich könne mich nur nicht mehr daran erinnern, weil ich vielleicht geisteskrank sei. Dieser Gedanke quälte mich ständig.

Einmal hörte ich die Schritte des Wächters; mein Herz raste vor Angst. Aber zu meiner Überraschung öffnete er die Zelle neben mir. Einige Worte wurden gewechselt, die ich nicht verstehen konnte, aber ich glaubte Horsts Stimme zu erkennen. Das elektrisierte mich. Danach wurde auch meine Tür geöffnet, meine Anspannung löste sich schnell, denn es gab endlich etwas zu essen.

Nachdem der Wächter verschwunden war, versuchte ich herauszufinden, ob es sich nebenan tatsächlich um Horst handelte. Zuerst klopfte ich einfach gegen die Wand – mein Nachbar klopfte zurück. Mit der unsystematischen Klopferei war noch nichts erreicht. Wie sollte ich nur eine konkrete Frage formulieren? Doch plötzlich kam mir eine Idee: Einmal Klopfen = A, zweimal Klopfen = B und so weiter. Eine mühselige Angelegenheit. Meine Frage: „Bist du Horst?" war kurz genug, um sie zu bewältigen. Aber mein Nachbar schien sie nicht zu verstehen, seine Antwort entsprach offenbar nicht meiner „Sprache". Weitere Versuche blieben ergebnislos, ein System war nicht erkennbar.

Also probierte ich eine andere Methode. Mit meinen Händen formte ich einen Schalltrichter an der Tür und rief laut hinein: „Horst, bist du es?" Zu meiner großen Freude antwortete eine Stimme nebenan mit „ja". Nun endlich konnten wir uns seit unserer Verhaftung das erste Mal verständigen. Dabei mussten wir höllisch aufpassen, oben nicht gehört zu werden. Denn über mir befand sich ein Arbeitszimmer, aus dem häufig Schritte und auch dumpfe Stimmen zu hören waren. Also durfte ich nicht zu laut rufen. Andererseits musste Horst mich verstehen können. Eine gefährliche Gratwanderung.

Meine erste Frage, ob er das Geständnis tatsächlich unterschrieben habe, bejahte er erwartungsgemäß. Vor der Antwort auf meine zweite Frage nach dem „Warum?" hatte ich große Angst. Als er mir erklärte, dass er die Unterschrift nur geleistet hatte, um endlich in Ruhe gelassen zu werden, fiel mir ein Stein vom Herzen. Nun war klar, dass alles von der Stasi erfunden war und ich meine Sinne noch beisammen hatte. Abschließend flehte ich ihn an, das Geständnis schnell zu widerrufen, andernfalls brächte er uns in Teufels Küche. Das sah er ein und versprach es.

Als der Wärter dann noch einmal kam und die Nachbarzelle öffnete, presste ich mein Ohr an die Tür und konnte hören, wie Horst nach seinem Vernehmer verlangte. Was er denn von ihm wolle, fragte der Wärter. Darauf antwortete Horst, dass er sein Geständnis widerrufen wolle. Rums, die Tür war zu. Solange wir in Wolgast blieben, bekam er keine Gelegenheit mehr zu seinem Vorhaben. Auch mich ließen sie für den Rest des Abends in Ruhe, endlich konnte ich in der Nacht wieder einmal schlafen.

Stasi-U-Haft Rostock – Schreie in der Nacht

Am nächsten Tag ging ich „auf Transport". In meinen Stasiakten steht, dass es der 15. August 1961 war. Seit meiner Festnahme waren gerade zwei Tage vergangen, für mich waren es mindestens gefühlte vier Tage. Schlafentzug lässt jegliches Zeitgefühl verlieren. Tatsächlich wurde ich, wenn man von den kurzen Pausen absieht, etwa 30 Stunden ununterbrochen verhört.

Am 15. August legte man mir schon früh morgens Handschellen an, ich wurde auf den Hof geführt und musste in einen zum Gefangenentransportwagen umgerüsteten Lkw steigen. Eine kleine Leiter führte zu einem engen Mittelgang mit vier oder fünf Türen auf jeder Seite. Sie stießen mich durch die erste Tür in ein schwarzes Loch. Krachend fiel die Tür ins Schloss. Ich stand zu meiner Verblüffung in einem Raum mit den Ausmaßen eines Besenschranks, in dem ich nicht einmal aufrecht stehen konnte. Es gab auch keine Beleuchtung, nur durch ein paar winzige Luftlöcher drangen einige Lichtstrahlen. In der Dunkelheit ertastete ich ein schmales Brett und setzte mich. Nach mir kamen noch weitere Leute in den Wagen, ich vermutete, dass auch Horst unter ihnen war. Leider durfte ich zu den anderen keinen Kontakt aufnehmen, musste mich völlig ruhig verhalten. Ein Wärter im Gang überwachte uns.

Schnell wurde es unbequem, denn die enge Zelle ließ kaum eine Bewegung zu. Mit den Schultern berührte ich die Seitenwände und mit den Knien die Tür. Dazu die engen Handschellen. Ich wusste nicht, wohin die Fahrt ging. Meine Hoffnung war Berlin. Ich versuchte durch die kleinen Luftlöcher und das hintere Gangfenster zu schauen. Das war anstrengend, ging es doch nur in gebückter Haltung. Aber immerhin konnte ich einen winzigen Teil der Straße sehen. Ich wollte über die Nummernschilder Hinweise erhalten, wo wir ungefähr waren. Während der dreistündigen Fahrt entdeckte ich zu meiner Enttäuschung immer nur Autos mit dem „A" als ersten Buchstaben – Bezirk Rostock. Damit war die Hoffnung erloschen, dass ein Widerruf von Horst unsere Lage verbessern würde.

Bei einer Verlegung nach Rostock sah es eher nach einer Verschlechterung aus. Endlich hatte die quälende Fahrt ein Ende, meine Beine versagten fast den Dienst, als ich aussteigen sollte. Wieder sah ich einen Hof mit hohen Mauern und ein Gebäude mit vergitterten Fenstern. Der Bau war viel größer als die Villa in Wolgast. Offensichtlich ein richtiges Gefängnis. Es wirkte fast neu und modern. 32 Jahre später las ich in meinen Stasiakten, dass es gerade ein Jahr zuvor erbaut worden war.

Die Aufnahmeformalitäten in Rostock waren demütigend. Hatte ich außer Armbanduhr, Gürtel und Schnürsenkel bisher alle meine Sachen behalten dürfen, so musste ich nun alles abgeben, was ich bei mir trug. Sämtliche Dinge wurden akribisch aufgelistet, sogar meine abgebrochene Zigarettenspitze. Danach sollte ich mich vollständig ausziehen. Ich wollte wenigstens meine Unterhose anbehalten, doch ein Wächter brüllte: „Alles ausziehen". Dann musste ich eine Untersuchung aller Körperöffnungen über mich ergehen lassen. Ich musste eine Grätsche machen und mich nach vorn beugen. Am liebsten wäre ich vor Scham im Boden versunken. Nach

BStU
000019

12

Regierung der
Deutschen Demokratischen Republik
Ministerium für Staatssicherheit

Verwaltung/Bezirksverwaltung Rostock

Wolgast, den 14.8. 1961

Kopie
Der Bundesbeauftragte für die Unterlagen des Staatssicherheitsdienstes der ehemaligen Deutschen Demokratischen Republik
Postfach 1199, O-1086 Berlin

Einlieferungsanzeige

I.

Am 13.8.61 gegen 20.00 Uhr

wurde in Wolgast

Bezirk Rostock

wegen § 19 STEG

festgenommen:

Name: D r e w i t z
(auch Deck- und Beinamen)

Vornamen: Dieter Richard
(Rufnamen unterstreichen)

geboren am 8.8.43 in Schulzendorf

Beruf und letzte Tätigkeit: Oberschüler

Familienstand: ledig

Staatsangehörigkeit und Nationalität: DDR

Wohnung: Schulzendorf Kr.Königswusterhausen Waldstr.30
(bei Jugendlichen auch Anschrift des Erziehungsberechtigten)

Name und Anschrift der nächsten Angehörigen:

Vater: Max D r e w i t z,Schulzendorf Krs. Königswusterhausen

Name und Dienstgrad des Einliefernden

Das Kreisgericht
Rostock/Stadt

Rostock, den 15. 8. 1961
Fernruf

Aktenzeichen:
(Bei Eingaben stets anführen)

Haftbefehl

Der Drewitz, Dieter, geb. am: 8. 8. 1943 in Schulzendorf, wohnhaft Schulzendorf, Waldstr. 30,

ist in Untersuchungshaft zu nehmen

Er wird beschuldigt, im Jahre 1961 Nachrichten, die geeignet sind, die imperialistischen Spionagedienststellen zu unterstützen, gesammelt zu haben, indem er mit dem [redacted] Bildmaterial vom Gebäude des VPKA in Wolgast anfertigte, um dieses Material mit einem entsprechenden Bericht an den Westberliner Spionagedienst zu übersenden.

Verbrechen gemäß § 15 StEG in Verbindung mit § 24 JGG.

Er ist dieser Tat dringend verdächtig.
Haftbefehl ist geboten, da das Verbrechen den Gegenstand des Verfahrens bildet, mit einer Freiheitsentziehung von mehr als 2 Jahren bedroht ist und der Beschuldigte auch im konkreten Fall mit einer erheblichen Freiheitsentziehung zu rechnen hat, woraus sich gesetzlicher Fluchtverdacht ergibt.

Gegen diesen Haftbefehl ist binnen einer Woche das Rechtsmittel der Beschwerde zulässig

Ausgefertigt:

.... 19 ....

Deutsche Demokratische Republik ... Rostock

- Kreisgerichtsdirektor -

Best.-Nr. 220 16 Haftbefehl - Kreisgericht - (§§ 14 I ff. StPO)
Vordruck-Leitverlag Spremberg

Ag 310 60 DDR 105,6/30 11 60 4157 — V 19 13 1960

dieser entwürdigenden Prozedur händigte mir ein hagerer, etwas älterer uniformierter Stasiwächter Gefängniswäsche aus. Dann wurde meine eigene Oberbekleidung sehr gründlich untersucht, bevor ich sie wieder anziehen durfte. Als sich der Wärter meine Hose griff, hörte ich es leise klimpern. Mir fuhr der Schreck in die Glieder, denn ich hatte nach der Festnahme in Wolgast einige Westgeldmünzen in der Gürtelführung meiner Hose versteckt. DDR-Bürgern war damals der Besitz von Westgeld verboten. Der Alte war zu meinem Glück wohl schwerhörig, jedenfalls gab er mir die Hose ohne Beanstandung zurück.

Ich kam in eine Einzelzelle. Aus meinen Stasiakten weiß ich, dass es Zelle 322 war. Im Raum gab es ein WC-Becken und eine Pritsche mit einer Matratze, einem Laken und einer bezogenen Decke. Tisch und Stuhl fehlten. Das Fenster war mit Glasbausteinen zugemauert, ich konnte nur erkennen, ob draußen Tag oder Nacht war. Persönliche Dinge haben sie mir nicht gelassen, nicht einmal Kamm und Taschentuch. Die Nase schnäuzte ich mir mit Toilettenpapier. Wenigstens das war vorhanden, aber keine Waschmöglichkeit in der Zelle. Ich wurde morgens in eine Waschzelle gebracht. Unter Aufsicht konnte ich mich an einem Waschbecken mit kaltem Wasser oberflächlich reinigen.

Tagsüber durfte ich mich nicht auf die Pritsche legen, sondern nur setzen. Und das auch nur in unbequemer Haltung. Anlehnen war verboten. Nach der ersten Nacht wusste ich das noch nicht. Nach dem Aufstehen machte ich es mir auf der Pritsche so bequem wie möglich. Der Wächter bekam es sehr schnell mit, dass ich mich an die Wand lehnte. Er schrie mich an und verbot mir zur Strafe das Sitzen. Ich musste bis zum frühen Nachmittag – über sieben Stunden lang – ununterbrochen stehen. Als ich einmal versuchte mich dabei an die Wand zu lehnen, verbot er mir auch das. Es war eine Tortur. Immerhin war es mir gelungen, die Westgeldmünzen aus meinem Hosenbund im Zellenklo hinunterzuspülen. Diese Last war ich los.

Als mir der Haftrichter den Haftbefehl verlas, musste ich etwas unterschreiben, was ich nicht selbst lesen durfte. Er las mir vor, ich sei dringend verdächtig, zusammen mit Horst „Nachrichtenübermittlung für westliche Geheimdienste" geplant zu haben. Ob das Vorgelesene mit dem identisch war, was ich unterschrieben habe, weiß ich nicht. Der Haftrichter wies mich ausdrücklich darauf hin, dass dar-

Rostock, den 16.8.61

BStU 000025

Haftbeschwerde

Möchte mich hiermit gegen meine Verhaftung am 15.8.61 beschweren. Der erste Grund hierfür ist, daß mir der Haftbefehl zu spät vorgelegt wurde. Nach meiner Kenntnis darf ich nicht länger als 24 Stunden ohne Haftbefehl festgehalten werden. Ich wurde am 13.8.61 um 15°° festgenommen, bekam aber erst am 15.8.61 gegen 18°° den Haftbefehl vorgelegt.

Der zweite Grund für meine Beschwerde ist der, daß ich unschuldig bin. Man wirft mir vor, ein Bild von der Polizeidienststelle in Wolgast mit entsprechendem Bericht an die Westberliner Zeitungen oder an den amerikanischen Geheimdienst zu verkaufen.

Wahrheit ist aber nur, daß [redacted] und ich auf der Durchreise nach Hause in Wolgast waren und dort die Polizeidienststelle fotografierten. Die Gründe hierfür waren:

1. 2 Wochen vorher waren wir einen Tag unschuldig dort eingesperrt worden. Unsere Schuldlosigkeit stellte sich durch verschiedene Nachforschungen restlos heraus.
   Deshalb gingen wir, als wir in Wolgast noch eine Stunde Zeit hatten nocheinmal dort hin, um uns alles mal bei Tag anzusehen. Wir waren damals nachts dort. Dabei kamen wir auf die Idee ein Erinnerungsfoto zu knipsen. Dieses geschah mehr aus Übermut und Jux, und außerdem hatten wir den halben Film noch frei. [redacted] fotografierte ganz frei und offen. Jeder konnte uns sehen, auch die Polizisten.
2. Wir hatten keine Ahnung, daß es verboten ist, Polizeidienststellen zu fotografieren. Wir dachten, daß eine Polizeidienststelle nichts Geheimes ist, jeder kann sie sehen, also auch fotografieren. Außerdem wußten wir zum Zeitpunkt der Aufnahme schon, daß wir gar nicht nach Westberlin fahren können ohne Genehmigung.

Ich bitte deshalb den Haftbefehl aufzuheben und mich freizulassen. Ich habe noch eine Menge für die Schule zu tun. Ich mache dieses Schuljahr Abitur. Einmal muß sich unsere Unschuld herausstellen, dann ist es vielleicht zu spät und ich komme in der Schule nicht mehr mit.

Hochachtungsvoll

[redacted]

auf eine Strafe bis zu zehn Jahren Haft stehe, mindestens aber drei Jahre. Darauf sollte ich mich schon einmal einstellen. Ich konnte nicht glauben, was ich hier erlebte. Was war mit Horst? Hat er nicht widerrufen? Ich beteuerte dem Haftrichter meine Unschuld, fing sogar an zu weinen. Das ließ ihn kalt. Aber immerhin wies er mich darauf hin, dass ich ja eine Haftbeschwerde schreiben könne.

Das ließ ich mir nicht zweimal sagen. Kaum in der Zelle, verlangte ich nach Schreibzeug. Der Stasiwärter lachte mich aus. Als ich mich aber vehement auf den Haftrichter berief, brachte er mir mürrisch ein Blatt Papier und einen Bleistift. Es gelang mir, alles was mir wichtig schien, auf diese eine Seite zu quetschen.

Dann war für ein paar Tage erst einmal Ruhe. Ich hörte nichts vom Haftrichter und wurde auch nicht vernommen. Stattdessen bekam ich wenig später einen Zellenkameraden. Er brachte seine Matratzenteile mit, die er sich auf den Fußboden legen musste, weil es nur eine einzige Pritsche in der Zelle gab. Zuerst war ich misstrauisch, befürchtete, er könne ein Spitzel sein. Aber nach einiger Zeit fasste ich Vertrauen. Er hieß Manfred, stammte aus Hamburg und war in die DDR gekommen, um den Osten kennenzulernen. Er schlug sich hier genauso mit Gelegenheitsarbeiten durch, wie er es schon in vielen anderen – westlichen – europäischen Ländern gemacht hatte. Anfang August 1961 sagte er einmal in einer Kneipe, dass es ihm in der DDR nicht gefalle und er überlege, wieder in den Westen zurückzukehren. Der Fluchtweg über West-Berlin war ja noch offen. Jemand musste ihn verpfiffen haben: er wurde verhaftet und in die Rostocker Stasi-U-Haft gebracht. Sein Schlupfloch West-Berlin war mit dem Mauerbau inzwischen versperrt. Mit seinem offenen und humorvollen Wesen zog manchmal gar eine heitere Stimmung in unsere Zelle ein. Daran konnte ich mich wieder aufrichten.

Es waren die kleinen Freuden, die uns halfen, den Knastalltag etwas vergessen zu lassen. Dazu gehörte auch das „Fernsehen", was eher eine Art Fernsehersatz war, den wir aber genossen. Zufällig entdeckten wir in den Fugen der Glasbausteine eine Stelle, an der der Mörtel herausgekratzt und durch Toilettenpapier ersetzt war. Farblich fiel das nicht auf. Wenn draußen auf dem Gang alles ruhig war, entfernten wir diesen Pfropfen und konnten durch die winzige Öffnung in die Freiheit blicken. Der Bildausschnitt war recht klein, doch hatten wir drei Fenster eines Neubaublocks außerhalb der Gefängnismauer im Blickfeld. Häufig beobachteten wir dort eine Frau bei der Küchenarbeit. Damals dachte ich in meiner Naivität, dass da ganz normale Menschen wohnten. Heute weiß ich, dass die Mieter alle Angehörige des MfS waren und meistens im Gefängnis arbeiteten.

Beim „Fernsehen" mussten wir höllisch Acht geben, dass unsere Bewacher das nicht mitbekamen. Deshalb stand immer einer an der Tür, um den anderen rechtzeitig zu warnen, wenn sich draußen Schritte näherten. Konnten wir nicht fernsehen, erzählten wir uns Geschichten. Manchmal waren die so lustig, dass wir laut lachten. Und das, obwohl unsere Lage alles andere als komisch war. Denn uns erwarteten mehrere Jahre Haft. Auch die Bedingungen, unter denen wir lebten, waren ganz und gar nicht lustig. Wir kamen nicht ein einziges Mal an die frische Luft. Das Essen war so knapp, dass wir regelrecht hungerten. Dort habe ich das allererste Mal – und zum Glück das einzige Mal im Leben – erfahren, was Hunger bedeutet.

1961 wenige Monate vor der ersten Verhaftung

Wir waren manchmal nahe daran, unsere Schuhe anzuknabbern. Es war so schlimm, dass wir bald nur noch ans Essen denken konnten. Morgens und abends gab gab es nur zwei Scheiben vom entsetzlich blähenden Gefängnisbrot. Das Mittagessen bestand aus Wassersuppe, ab und zu auch mal aus ein paar Pellkartoffeln. Manchmal konnten wir einige Pellkartoffeln oder Brotscheiben extra ergattern. Die versteckten wir unter der Matratze als eiserne Reserve, an die wir nur rangingen, wenn wir es gar nicht mehr aushielten.

Katastrophal war auch die Hygiene: In der Waschzelle bekamen wir jedes Mal eine Zahnbürste für uns beide. Sie hatte erkennbar bereits einige Vorbesitzer. Es war einfach nur eklig. Zum Zähneputzen gaben sie uns nicht Zahnpasta, sondern Zahnstein, wie den Soldaten in den beiden Weltkriegen. Mir ist das Zähneputzen dort jedenfalls vergangen.

Alles das, so schlimm es auch war, ließ sich noch ertragen gegen das, was wir in manchen Nächten erlebten. Dann wurde es in den Gängen laut. Wir hörten, wie andere Zellentüren aufgeschlossen und die Häftlinge herausgeholt oder zurückgebracht wurden. Und zwischendurch waren – immer wenn irgendeine entfernte Tür geöffnet wurde – markerschütternde Schreie eines gequälten Menschen zu hören. Ich werde das in meinem Leben nicht vergessen. Jedes Mal wenn sich Schritte unserer Zelle näherten, zitterten wir vor Angst. Aber glücklicherweise blieben wir verschont. Seit nach 1990 die Machenschaften der Stasi aufgedeckt wurden, vor allem die verschiedenen Formen psychologischer Folter, glaube ich, die Schreie könnten auch inszeniert worden sein als makabre Form der Psychofolter. An Schlaf war in diesen Nächten nicht zu denken. Trotzdem mussten wir jeden Morgen um 5 Uhr aufstehen. Nachtruhe war erst wieder um 22 Uhr.

Das Wunder – Entlassung aus einer Stasi-U-Haft

Am 22. August 1961, eine Woche nach meiner Ankunft in Rostock, wurde ich aus der Zelle geholt. In mir krampfte sich alles zusammen, weil ich annahm, zur Vernehmung zu müssen. Doch ich wurde in einen Raum geführt, in dem zu meiner Überraschung mein Schulfreund Horst saß und ein unbekannter Mann in Zivil. Horst rauchte vergnügt eine Zigarette. Mein erster Gedanke war: Was haben sie sich nun wieder ausgedacht? Will man uns gegenüberstellen, uns gegeneinander ausspielen? Ich war auf der Hut.

Meine Befürchtung war unbegründet. Der Unbekannte meinte ziemlich unfreundlich, dass man uns leider (!) freilassen müsse. Ich könne von Glück sagen, so gute Beziehungen zu haben, eine Bemerkung, die mir erst zu Hause verständlich wurde. Horst habe zudem sein Geständnis widerrufen. Sein Gesicht verriet, wie sehr ihm das alles gegen den Strich ging. Bedingung für die Freilassung war eine Schweigeerklärung, die er uns diktierte und die wir, jeder für sich, selbst schreiben und unterschreiben mussten. Darin ver-

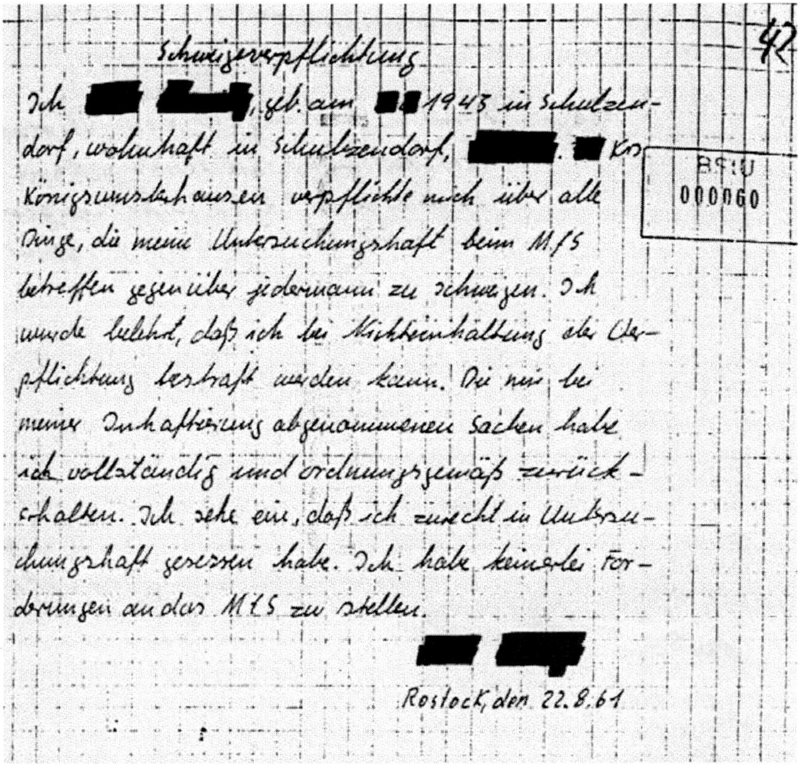
42

BStU
000060

Schweigeverpflichtung

Ich [redacted], geb. am [redacted] 1943 in Schulzendorf, wohnhaft in Schulzendorf, [redacted] Krs. Königswusterhausen verpflichte mich über alle Dinge, die meine Untersuchungshaft beim MfS betreffen gegenüber jedermann zu schweigen. Ich wurde belehrt, daß ich bei Nichteinhaltung der Verpflichtung bestraft werden kann. Die mir bei meiner Inhaftierung abgenommenen Sachen habe ich vollständig und ordnungsgemäß zurückerhalten. Ich sehe ein, daß ich zurecht in Untersuchungshaft gesessen habe. Ich habe keinerlei Forderungen an das MfS zu stellen.

[redacted]

Rostock, den 22.8.61

pflichteten wir uns, mit keinem Menschen über unsere Erlebnisse zu reden. Wir erkannten an, dass wir erneut in Haft genommen werden könnten, sollten wir dagegen verstoßen. Ich erinnere mich noch genau, wie er hasserfüllt hinzufügte: „Und wenn wir Sie dann noch einmal hier haben, dann kommen Sie hier nicht mehr raus und wenn sie noch so unschuldig sind."

Auf unsere Frage, was wir denn unseren Eltern erzählen sollten, meinte er, dass ihnen gegenüber die Erklärung nicht gelte. Wir unterschrieben willig, nur um dieser Hölle schnell zu entrinnen. Die Entlassungsprozedur dauerte einige Stunden, bis wir schließlich halb verhungert aber frei auf der Straße standen. Bei der Entlassung gab es auch kein Wort des Bedauerns oder gar der Entschuldigung. Die Bahnfahrt nach Hause mussten wir noch einmal bezahlen, weil die Fahrkarte inzwischen verfallen war. Erst im Zug kam ich dazu, über meine Erlebnisse nachzudenken. Alles erschien mir wie ein böser Traum. Ich stellte nüchtern fest, dass dieser angeblich so humanistische und sozialistische Staat mit brutalen Schlägen, Blendlampe beim Verhör, Nahrungs- und Schlafentzug ein falsches Geständnis von mir erzwingen wollte. Das war nichts anderes als Folter.

Was der Stasimann mit „guten Beziehungen" gemeint hatte, konnte ich mir zu Hause zusammenreimen. Meine Eltern erzählten, dass sie von unserer Verhaftung nicht unterrichtet wurden, obwohl man uns das Gegenteil versichert hatte. Für sie waren wir verschollen. Schulfreund Rainer wurde am zweiten Tag aus der Stasihaft entlassen. So hörten unsere Eltern wenigstens von ihm, was passiert war. Mein 14 Jahre älterer Bruder fuhr daraufhin zur Polizei und zur Stasi nach Wolgast, erhielt aber die Auskunft, dass man uns nicht kenne. Er erfuhr nichts über uns, rannte gegen Wände. In ihrer Verzweiflung wandten sich meine Eltern an unseren Nachbarn, einen Oberstleutnant der Nationalen Volksarmee, der ganz in Ordnung war und mit dem wir gute Nachbarschaft pflegten. Er stellte Nachforschungen über seine Dienststelle an. Kein Dokument gibt darüber Auskunft und unser Nachbar hat nie darüber gesprochen, ich glaube aber, dass die Stasi wegen seiner Nachforschungen kalte Füße bekommen und uns freigelassen hat.

Erst heute weiß ich, in welcher Gefahr wir schwebten. Seit dem 18. August 1961 waren im gleichen Gefängnis zwölf Schüler aus der Jungen Gemeinde eines Berliner Vororts. Sie wurden beschuldigt, die Entführung eines Fahrgastschiffes der Weißen Flotte von Wolgast nach Schweden geplant zu haben. Sie waren unschuldig wie wir. Trotzdem wurden zwei von ihnen zu acht Jahren, fünf weitere zu Strafen zwischen neun und 24 Monaten, die übrigen zu Bewährungsstrafen verurteilt. Hintergrund dieser ungerechtfertigten und überaus harten Verurteilungen war der gewaltige Hass, den die DDR-Machthaber damals der Kirche entgegen brachten.

Mit uns warteten im gleichen Stasiknast die letzten vier Jugendlichen der Glatzkopfbande auf ihre Verurteilung. Genauso unschuldig! Ausgerechnet Horst und ich konnten diesen systematischen Verfolgungen entkommen. Aber für wie lange? Bei mir dauerte es genau fünf Jahre und 23 Tage, bis die Stasi erneut zuschlug.

Nach der Haft – Leben mit dem Trauma

Zunächst verlief mein Leben in DDR-typischen Bahnen, mit all den Problemen und Schwierigkeiten, denen sich ein unangepasster Mensch ausgesetzt sah. Als ich nach Berlin zurückkehrte, musste ich erkennen, dass der Mauerbau alle meine Befürchtungen übertraf. Kein Schlupfloch gab es mehr. Meine Stimmung war entsprechend. Ich schaute mir die S-Bahn-Gleise an, die vom S-Bahnhof Baumschulenweg nach West-Berlin abzweigten. Aber sie waren schon leicht angerostet, weil seit zehn Tagen kein Zug mehr darüber fuhr. Wie oft hatte ich hier die Bahnhofsdurchsage „Achtung, letzter Bahnhof im Demokratischen Sektor" gehört, wenn ich auf dem Weg nach Neukölln war. Die vertrauten riesigen Gasbehälter am Bahnhof Neukölln schienen von der S-Bahn aus zum Greifen nah zu sein und dennoch waren sie nun unerreichbar. So manches Mal traten mir Tränen in die Augen, wenn ich dort entlang fuhr.

Schlimmer noch war das Trauma nach der Haft. Wegen der Schweigeverpflichtung durfte ich nicht darüber reden, musste allein damit fertig werden. Das Wort „Trauma" kannte ich damals allerdings noch nicht, wusste nicht, dass meine Depressionen auf diese Erlebnisse zurückzuführen waren. Daher versuchte ich auch, meine depressiven Schübe einfach zu verbergen, selbst vor meinen Eltern, mit denen ich natürlich über meine Erlebnisse gesprochen hatte. Meine Mutter ließ sich allerdings nicht täuschen, ihre inneren Antennen, die Mütter nun einmal besitzen, sagten ihr wahrscheinlich, dass ich sehr unglücklich war. Aber sie behielt es für sich. Sie ahnte bestimmt auch, womit das alles zusammenhing, wusste aber, dass sie mir nicht helfen konnte, denn Psychotherapie war zu dieser Zeit in der DDR ein Fremdwort.

Die Depressionen nahmen in den folgenden Jahren nur langsam ab. Ich war oft in mich gekehrt, selten ausgelassen fröhlich. Einer Besserung standen auch die Verhältnisse in der DDR im Wege. Mir fehlte die Freiheit, meine Gedanken zu äußern, mit anderen zu diskutieren. Ich wollte Menschen anderer Länder kennen lernen. Auf Lebenszeit sah ich mich in diesem kleinkarierten, miefigen Land eingesperrt.

Fünf Jahre später – als ich erneut verhaftet wurde – war ich wohl noch immer nicht geheilt. An einen Zwischenfall wenige Tage zuvor erinnere ich mich. Es war Anfang September 1966. Ich befand mich bereits am Beginn des dritten Studienjahres. Ein Dozent bat mich nach dem Seminar zu einem Gespräch. Er war ein älterer Mann, ein Kommunist. In der Zeit des Nationalsozialismus gehörte er zum Widerstand und kämpfte in den Internationalen Brigaden gegen Franco-Spanien. Anders als seine früheren Kampfgefährten war er sehr tolerant und ging einfühlsam mit uns jungen Menschen um. Er wollte wissen, was mich bedrückte. Das erstaunte mich, glaubte ich doch, das gut verbergen zu können. Wie gern hätte ich ihm damals mein Herz ausgeschüttet, aber ich wagte nicht, die Wahrheit zu sagen. Ich hätte sonst eingestehen müssen, dass ich mich mit Fluchtgedanken trug. Mit allen Mitteln suchte ich nach einem Weg, diesen Staat zu verlassen. Das hätte wahrscheinlich seine Toleranzgrenze überschritten. Ich redete mich mit Floskeln heraus. Nach meiner Haftentlassung profitierte ich doch noch von seiner Toleranz. Denn er setzte durch, dass ich mein Studium weiterführen und beenden konnte.

„Das Vaterland ruft" – Erpressung durch den Staat

Bis zum Beginn des Studiums war aber erst einmal das zwölfte Schuljahr zu absolvieren. Das erste große Problem kam dann auch gleich in den ersten Tagen des neuen – meines letzten – Schuljahres auf mich zu. Wenige Tage nach dem Mauerbau und meiner Haftentlassung startete eine der größten Propagandakampagnen in der DDR-Geschichte, um den Mauerbau zu rechtfertigen – als Rettung des Weltfriedens, als Heldentat. Die Mauer selbst priesen ihre Erbauer als „antifaschistischen Schutzwall". Dabei wusste jeder DDR-Bürger, dass sie einzig und allein nur den Zweck zu erfüllen hatte, das eigene Volk einzusperren. Anfang September 1961 behauptete die DDR mit ihrer Kampagne unter dem Motto „Das Vaterland ruft – schützt unsere sozialistische Republik", die Bundesrepublik stehe kurz davor, sich die DDR einzuverleiben. Man behauptete allen Ernstes, der Verteidigungsminister Franz-Josef Strauß wolle die Bundeswehr „mit klingendem Spiel" durch das Brandenburger Tor schicken, um die DDR zu erobern. Jeder junge Mann wurde aufgerufen, sich mit seiner Unterschrift bereit zu erklären, in der Nationalen Volksarmee unter Einsatz seines Lebens das Vaterland vor den imperialistischen Eroberern zu schützen. Die Volksarmee war zu dieser Zeit noch ein Freiwilligenheer. Natürlich richtete sich dieser Appell ganz besonders an Oberschüler und Studenten, konnte man diese doch am leichtesten erpressen.

In den Erweiterten Oberschulen, den Kaderschmieden der künftigen DDR-Elite, warb der Staat systematisch für die freiwillige Verpflichtung zum „Dienst an der Waffe". Zuerst noch nett und freundlich. Nachdem sich die Spreu vom Weizen getrennt hatte, als also feststand, wer dazu bereit war und wer nicht, schlugen sie andere Töne an. Jeden Verweigerer bearbeiteten sie einzeln. Natürlich gehörte auch ich zu den Widerspenstigen. Aber ich musste vorsichtig sein, konnte meine Verweigerung nicht einmal mit meiner Haft begründen, da ich die Schweigeverpflichtung unterschrieben hatte.

Also schob ich gesundheitliche und familiäre Gründe vor. Das brachte mir aber nur wenige Tage Aufschub. Schließlich ließ man bei einem Gespräch beim Schuldirektor alle Freundlichkeit fallen und stellte mich vor die Wahl: Unterschreiben oder von der Schule fliegen. Immerhin gab man mir noch einige Tage Bedenkzeit, in der ich mich sehr schwer tat, zu einer Entscheidung zu gelangen, die mein Gewissen und meinen Verstand gleichermaßen beruhigte. Dabei wusste ich, dass es diese Lösung nicht gab. Es war eine knallharte Erpressung, der ich hier ausgesetzt war. Ich hatte also die Wahl, mit den Wölfen zu heulen und dafür eine gewisse berufliche Perspektive zu haben oder aber mit einem guten Gewissen einer ungewissen Zukunft entgegen zu steuern, mit der Lebensperspektive „Staatsfeind" und dem Beruf „Hilfsarbeiter".

In mir siegte der Pragmatiker und ich unterschrieb die Verpflichtung. Was sollte ich tun, ich hatte nur ein Leben, sollte ich es verschwenden? Mit diesem Argument versuchte ich mein schlechtes Gewissen zu beruhigen. Da half mir nicht sonderlich, dass einige Monate später, im Januar 1962, die Allgemeine Wehrpflicht beschlossen wurde und meine Verpflichtung Makulatur war. Dennoch musste ich niemals in der NVA dienen, weil ich wegen der weiteren Ereignisse als „wehrunwürdig" galt. Trotzdem hat mich mein Leben lang diese Niederlage beschäftigt. Es war das einzige Mal, dass ich vor der DDR-Diktatur gekuscht habe.

Am Heinitzsee bei Rüdersdorf, 1964

Ich machte also im Sommer 1962 mein Abitur und stand vor der Frage: Was nun? Grafik wollte ich studieren, musste aber wieder einmal die Willkür des Staates schlucken, der anordnete, dass der Abiturjahrgang 1962 vor dem Studium eine Lehre zu absolvieren habe. Ausgenommen waren nur Abiturienten, die ein Lehrer- oder Landwirtschaftsstudium aufnehmen wollten. Ich wollte nun wenigstens einen zum Studium passenden künstlerischen Beruf finden. So entschied ich mich für eine Ausbildung zum Gebrauchswerber, wie Dekorateure und Plakatmaler in der DDR genannt wurden. Da die neue Regelung alle Abiturienten betraf, ergab es sich, dass ich in eine Ausbildungsklasse kam, die ausschließlich aus Abiturienten bestand. Das hatte den Vorteil, dass die Ausbildungszeit um ein halbes Jahr auf zwei Jahre reduziert wurde.

Danach begann ich mein Studium an der Berliner Fachschule für Angewandte Kunst, später Fachschule für Werbung und Gestaltung. Fachschulen in der DDR entsprachen den heutigen Fachhochschulen mit vollwertigen Studiengängen. Auch bei diesem künstlerischen Studium standen die Fächer Marxismus-Leninismus, Politische Ökonomie des Sozialismus und marxistische Philosophie auf dem Stundenplan. Nach Kindergarten, Schule und Lehre setzte sich auch an Universitäten, Hochschulen und Fachschulen die Indoktrination fort. In diesen Fächern blieb Widerspruch kaum folgenlos, nicht einmal der Hauch eines Zweifels durfte geäußert, Alternativen sollten nicht diskutiert werden. Alles war als reine Wahrheit hinzunehmen gemäß dem SED-Parteilied „Die Partei, die Partei, die hat immer Recht".

All das war mir zwar klar. Aber als politisch denkender Mensch, der während der Ausbildung nie heikle Fragen stellen konnte, glaubte ich, zumindest in einer kleinen studentischen Gruppe müsse es möglich sein, über politische Widersprüche in der DDR kontrovers zu diskutieren. Deshalb nutzte ich die Chance, im Fach Marxismus-Leninismus ein Referat zu erarbeiten. Thema: „Der Begriff der persönlichen Freiheit in der marxistischen Philosophie und seine praktische Verwirklichung in der DDR." Unser Dozent war gleichzeitig der stellvertretende Rektor, ein Dogmatiker reinsten Wassers.

Als ich im ersten Teil meines Vortrags die theoretischen Grundlagen herunterbetete, döste er auf seinem Stuhl träge vor sich hin. Wie oft ihm das wohl Studenten schon vorgetragen haben? Aber als ich im zweiten Teil mit Beispielen die Grenzen der persönlichen Freiheit in der DDR-Wirklichkeit erläuterte, war er plötzlich hellwach. Er warf mir vor, ich wolle nur provozieren und verbot mir das Wort. Ich aber war so in Fahrt, dass ich einfach weitersprach. Nichts war einfacher als fehlende persönliche Freiheit mit Beispielen zu belegen. Dann war es ihm zu bunt. In höchster Erregung verbot er mir erneut das Wort und verwies mich des Raumes. Was sollte ich tun? Meine Hoffnung, dass mir meine Kommilitonen beistehen würden, war vergebens. Sie kauerten alle auf ihren Stühlen und schienen im Fußboden versinken zu wollen. Die Situation war ihnen höchst unangenehm. Dabei wusste ich doch, dass sie genauso dachten wie ich. Ihre Haltung war bis zum Machtantritt Gorbatschows typisch für viele: Nur nicht negativ auffallen. Man konnte alles denken, aber doch nicht alles sagen. Indoktrination, Einschüchterung, Erpressung waren einige bewährte Rezepte für den Machterhalt der SED. Mir blieb nichts anderes übrig als klein beizugeben. Allerdings nicht ohne mir noch einen ordentlichen Abgang zu verschaffen: Mit den Worten „Dieser Vorfall ist nach meinen genannten Beispielen wohl der überzeugendste Beweis für das Fehlen jeglicher persönlicher Freiheit in der DDR" verließ ich wütend den Raum und knallte die Tür zu. Fortan wechselte ich mit diesem Dozenten kein Wort mehr. Und er auch nicht mit mir. Wir waren Luft füreinander. Dieser Vorfall hatte erstaunlicherweise keinerlei direkte Folgen für mich. Dass ich einige Monate später verhaftet wurde, hatte andere Ursachen.

Die zweite Inhaftierung – Festnahme mit Legende

Am Vormittag des 15. September 1966 war ich wie üblich in der Fachschule für Angewandte Kunst in Berlin-Schöneweide. Im Fach Gestaltung arbeiteten wir selbstständig an eigenen Themen, als unsere Dozentin völlig aufgelöst den Raum betrat und mir sagte, sie müsse mich ins Direktorenzimmer holen; ein Herr wünsche mich zu sprechen. Arglos ging ich mit. Während sie das Direktorenzimmer betreten durfte, musste ich im Vorzimmer warten. Nach einigen Minuten kam sie, ohne mich anzusehen, verstört wieder heraus. Ihr folgte ein großer, kräftiger, sympathisch wirkender Mann, der sich als Angehöriger des Ministeriums für Staatssicherheit in Potsdam vorstellte, allerdings ohne seinen Namen zu nennen. Er bat mich höflich, ihn nach Potsdam zu begleiten. Man habe dort jemanden inhaftiert, den ich kenne und über den ich eine Aussage machen solle. Da diese Befragung vermutlich den ganzen Tag dauere, habe man den Direktor gebeten, mich für den Rest des Tages freizustellen.

Ich war zwar ein wenig erschrocken, glaubte aber dem netten Menschen. Während ich aus dem Unterrichtsraum meine Sachen holte, erzählte ich den anderen, was geschehen war. Dabei wollte ich noch witzig sein und bemerkte, ich sollte vielleicht eine Zahnbürste mitnehmen und falls ich morgen nicht erschiene, müsse ich wohl im finsteren MfS-Kerker schmoren. Ich ahnte nicht, dass es tatsächlich der Auftakt zu meiner zweiten Verhaftung war.

Im Flur wartete der Mann auf mich; wir gingen die Treppe hinunter. Dabei plauderte er freundlich über belanglose Dinge. Auf dem Hof parkte ein „Wartburg". Der Fahrer, ein weiterer Mann und eine Frau – alle in Zivil – standen neben dem Wagen. Sie zeigten kalte, abweisende Gesichter, grüßten mich nicht. Wir stiegen ins Auto, ich musste hinten zwischen dem Mann und der Frau sitzen, was mir etwas merkwürdig vorkam. Der nette Herr setzte sich auf den Beifahrersitz. Nach einer Viertelstunde – kein Wort wurde gewechselt – hielt ich es nicht länger aus und fragte, über wen ich Auskunft geben solle. Ich hätte keine Idee, wer das sein könne. Der freundliche Mann drehte sich zu mir um und sagte mehrdeutig: „Ja, ja, anfangs kann man sich immer gar nichts vorstellen und hinterher klärt sich dann alles auf". Jetzt erschien mir alles noch rätselhafter. Weitere Worte wurden während der Fahrt nach Potsdam nicht mehr gesprochen. Die Szene wirkte auf mich gespenstisch.

Die schon herbstlich gefärbten Bäume und die schöne Landschaft sah ich bewusst an, weil ich instinktiv ahnte, dass es für mich bald damit ein Ende haben könnte. Und doch war ich immer noch eher arglos. In Potsdam ging es in die Otto-Nuschke-Str. 54, die heutige Lindenstraße. Der Wagen hielt vor einem riesigen, unheimlich wirkenden Eisentor, das sich gleich darauf öffnete. Wir fuhren hindurch und hielten in der Einfahrt. Vor uns ein weiteres verschlossenes Eisentor, das vermutlich in den Hof führte. Hinter uns ging das Tor wieder zu, mit Getöse senkte sich ein Eisengitter. Nun wurde es mir unheimlich. Ich fühlte mich wie in einer Falle.

Der nette Mann drehte sich um und war plötzlich gar nicht mehr freundlich, als er mir eröffnete, dass ich nicht hier sei, um über jemand anderes auszusagen, sondern ich solle ausschließlich Angaben zu mir selbst machen. Ich stünde im dringenden Verdacht, schwere Staatsverbrechen begangen zu haben und sei aus diesem Grunde festgenommen. Legendierte Festnahme nannte die Stasi das. Was ich in den nun folgenden Momenten empfand, war fürchterlich. Eine Mischung aus Verzweiflung, Entsetzen und Panik erfasste mich. Vor allem hatte ich Angst, dass sich die Erlebnisse von 1961 wiederholen könnten. Obwohl ich nicht die geringste Ahnung hatte, weshalb ich verhaftet wurde, ahnte ich, dass jetzt alles aus sein musste: Studium, Heiraten, Zukunft und alles, was man sich als junger Mensch erträumt.

Trotz aller Panik bat ich darum, meine Eltern zu benachrichtigen, was man mir zusagte. Erst später erfuhr ich, dass damit auch eine Durchsuchung meines Zimmers verbunden war. Die „Greifer" sah ich nie wieder, ihre Aufgabe war erfüllt. Von nun an kümmerten sich andere um mich. Draußen am Gebäude oder am Tor hatte ich kein Schild gesehen, das auf die Staatssicherheit hinwies, aber ich war sicher, dass es ein Stasiuntersuchungsgefängnis war, denn ich hatte damit ja in Rostock schon meine Erfahrungen gemacht.

Ich wurde in einen zellenartigen Raum geführt, in dem mir alle persönlichen Sachen abgenommen wurden. Wieder musste ich mich splitternackt ausziehen. Die gleiche Prozedur wie fünf Jahre zuvor. Wieder fühlte ich mich gedemütigt und ausgeliefert. Diesmal bekam ich Gefängnisbekleidung: Eine verschlissene lange Armeeunterhose, nicht nur viel zu weit, auch ohne Gummi, sodass ich mir die Hose um den Bauch wickeln und verknoten musste. Dazu gab es ein Armeeunterhemd. Als Oberbekleidung dienten abgetragene Uniformteile der Nationalen Volksarmee, ohne alle Abzeichen und schwarz eingefärbt. Auch die Hose war sehr weit, ich musste sie am Bund ständig festhalten, damit sie nicht herunterrutschte. Natürlich gab es weder Gürtel noch Hosenträger, damit hätte man sich ja etwas antun können. Auch die Jacke war viele Nummern zu groß, alles schlotterte um den Körper herum. Ich konnte mir vorstellen, was für eine Jammergestalt ich abgab.

Von meinen persönlichen Habseligkeiten durfte ich nur den Kamm behalten. Dazu erhielt ich ein Nachthemd, Handtuch, zwei Decken, Laken, Decken- und Kopfkissenbezug, Zahnputzbecher, Zahnbürste und ein Stück Kernseife. Für die Mahlzeiten wurde mir eine Plastikschüssel, ein emaillierter Kaffeetopf und ein „Besteck" – Alulöffel, eine Art Gabel ohne Spitzen und ein Aluspachtel als Messerersatz ausgehändigt.

Der Anblick der dreieinhalb mal zwei Meter großen Zelle, die für lange Zeit mein neues Zuhause sein sollte, entsetzte mich. Es war wie vor fünf Jahren in Rostock, sogar noch etwas schlimmer. Hier gab es zwei Reihen Glasbausteine hintereinander im Fenster, so dass es in der Zelle niemals hell werden konnte, selbst wenn die Sonne draußen schien. Noch nicht einmal ein WC war vorhanden, in der Ecke gleich neben der Tür stand nur ein Kübel mit Deckel, unter dem Fenster ein winziger Holztisch, daneben rechts und links ein Hocker; an den beiden Seitenwänden jeweils eine Holzpritsche mit übereinander gestapelten Matratzenteilen. Sämtliche Möbel – auch die Hocker – waren am Fußboden festgeschraubt. Ich war allein in der Zelle. Was hatte ich getan, dass man mich einer derart entwürdigenden Behandlung aussetzte? Oder war alles nur ein Traum? Bestimmt, das konnte nur ein böser Traum sein. Aber leider war es, dämmerte es mir so langsam, die Wirklichkeit.

Die Vernehmungen – Zuckerbrot und Peitsche

Noch am Tag der Verhaftung holte man mich zur ersten Vernehmung. Zwei Männer in Zivil erwarteten mich in einem Vernehmerzimmer. Sie begannen ihr Verhör mit den Worten „Nun erzählen Sie uns mal, was Sie alles für Staatsverbrechen begangen haben!" Was sollte ich darauf antworten? Ich wusste nicht einmal, was ein Staatsverbrechen war. Auf meinen Einwand, dass ich mir nicht bewusst sei, irgendwelche Verbrechen begangen zu haben, entgegneten sie: „Wir wissen ganz genau, was Sie alles getan haben, aber wir möchten es von Ihnen hören." Was wollten die von mir? Was wussten sie? Ich hatte keine Ahnung, was da auf mich zukam. Dieses Katz-und-Maus-Spiel war nervig und dauerte viele Stunden. Während des Verhörs musste ich auf einem harten Hocker sitzen, ohne mich mit dem Rücken irgendwo anlehnen zu dürfen. Das war auf die Dauer ziemlich quälend. Immer wieder die gleichen Fragen nach meinen Verbrechen, immer wieder die gleiche Antwort, dass ich keinerlei Verbrechen begangen habe. Sie schrien mich an, brüllten, beschimpften und beleidigten mich, drohten mir zehn Jahre Haft an, wenn ich nicht endlich „alles auf den Tisch packen" würde. Das alles konnte ich nicht fassen. Zehn Jahre Haft, eine unvorstellbar lange Zeit.

Es gab auch immer wieder Momente, in denen sie mir schmeichelten, an meine Intelligenz appellierten und Entgegenkommen signalisierten, wenn ich „reinen Tisch" machte. Die Erinnerungen an meine Erlebnisse 1961 verursachten Ängste in mir. Anfangs glaubte ich noch, sie würden mich wieder schlagen, tatsächlich beließen sie es dabei, mich verbal – und das nicht eben zimperlich – zu attackieren. Als sie aber nach vielen Stunden schließlich feststellten, dass sie so nicht weiter kamen, sahen sie sich gezwungen, etwas mehr von ihrem Wissen preiszugeben. Ihre Andeutungen ließen nun keine Zweifel mehr offen, worauf sie hinaus wollten. Sie bezichtigten mich unmissverständlich, Vorbereitungen zum illegalen Verlassen der DDR getroffen zu haben. Und das stimmte sogar. Natürlich leugnete ich erst einmal alles, weil ich glaubte, dass sie mir das niemals nachweisen könnten. Aber da hatte ich sie das erste Mal unterschätzt. Sie hielten mir nun vor, dass ich in einigen Briefen an meinen Freund Udo, der noch ein Jahr vor dem Mauerbau nach West-Berlin geflüchtet war, angefragt habe, wie es im Westen mit Arbeitsmöglichkeiten in meinem Beruf aussähe. Außerdem zitierten sie andere Briefabschnitte, aus denen eindeutig zu erkennen war, dass ich mich mit Fluchtabsichten trug. Sie hielten mir sogar aus dem Gedächtnis wortwörtliche Formulierungen vor, die ich tatsächlich in meinen Briefen benutzt hatte. Jeder Zweifel war ausgeschlossen, sie hatten die Briefe gelesen. Deshalb war es sinnlos, ihre Beschuldigungen länger zu bestreiten.

Ich wollte diesem Staat damals tatsächlich den Rücken kehren. Es war auch so, dass ich wegen der sehr harten Studienbedingungen an der Fachschule nervlich am Ende war. Hinzu kam das Trauma der ersten Stasihaft, meine Unzufriedenheit mit den politischen Verhältnissen in der DDR und die damit verbundenen trüben Aussichten für mein Leben. Mir war jetzt erst so richtig bewusst, dass ich für diesen Staat nicht gemacht war, dass ich hier niemals glücklich werden würde, dass ich auch weiterhin immer Schwierigkeiten hätte. Nicht zuletzt, weil ich kein Kollektivmensch war, der sich als winziges Rädchen ins riesige sozialistische Staatsgetriebe einfügen konnte. Alles das brachte das Fass zum Überlaufen und mich in eine fast ausweglose Situation.

Ich wollte weg, einfach nur noch weg, egal wie und war bereit, fast jedes Risiko einzugehen. Zusammen mit meinem Freund Wolfgang, der als Seemann auf einem Schiff der Handelsmarine fuhr, wollte ich es schaffen. Er sollte mich im Hafen von Szczecin (dem früheren Stettin) auf seinem Schiff verstecken und nach Schweden schmuggeln. Der Plan scheiterte allerdings daran, dass es für mich keine Möglichkeit gab, auf das Hafengelände zu gelangen.

So verabschiedete ich mich im Laufe des Jahres 1965 endgültig von den Fluchtgedanken, nicht zuletzt weil ich inzwischen ein nettes Mädchen aus Thüringen kennen gelernt und lieb gewonnen hatte. Meine Liebe wurde von Helga, so hieß meine neue Freundin, erwidert. Plötzlich hellte sich mein Leben auf, und je fester unsere Beziehung wurde, desto unvorstellbarer wurde es für mich, Helga durch eine Flucht zu verlieren. Anfangs versuchte ich noch, sie auch zum Verlassen der DDR zu bewegen, aber diesen Gedanken wies sie energisch zurück, das kam für sie nicht in Frage, ein viel zu großes Risiko. Das konnte ich natürlich verstehen. Wenn ich sie also behalten wollte, musste ich mich mit einem Leben in der DDR anfreunden, was ich dann auch widerstrebend tat. Bestärkt wurde ich in meiner Entscheidung dadurch, dass Helga schwanger wurde. In einem meiner Briefe, die täglich von Berlin nach Thüringen gingen, schrieb ich ihr, dass sie sich nicht mehr sorgen müsse, ich hätte meine Fluchtabsichten endgültig aufgegeben, um mit ihr eine Zukunft aufzubauen. In der Hoffnung, dass sie mir das glauben, erklärte ich das alles auch meinen Vernehmern. Es war inzwischen außerdem fast ein Dreivierteljahr vergangen, ohne dass ich weitere Fluchtvorbereitungen unternahm. Aber die Vernehmer blieben dabei, meinten, dass ich überhaupt nicht beweisen könne, dass ich meine Pläne aufgegeben hätte. Und selbst wenn es stimmen sollte, so sei der Umstand, dass ich detaillierte Vorbereitungshandlungen getroffen hätte, allein schon strafbar.

Mit meinem Geständnis waren sie aber immer noch nicht zufrieden, sie wollten weitere Verbrechen von mir hören. Das Katz-und-Maus-Spiel begann von neuem. Die beiden Vernehmer, gelegentlich kam noch ein dritter hinzu, löcherten mich mit Fragen. Und immer wieder die Aufforderung, nun auch endlich alle anderen Verbrechen zuzugeben. Wieder Brüllen, Schmeicheln und Drohungen, aber ich wusste beim besten Willen nicht, was sie von mir hören wollten. Schließlich blieb ihnen wie bereits zuvor nichts anderes übrig, als Schritt für Schritt deutlicher zu werden. Das Katz-und-Maus-Spiel erstreckte sich über einen langen Zeitraum. Sie machten auch stets nur Andeutungen. Endlich begriff ich irgendwann mit Schrecken, worauf sie abzielten: Eine Geschichte, die schon neun Monate zurück lag und an die ich deshalb schon gar nicht mehr gedacht hatte.

Im November 1965 hatte ich mich mit einem Brief an den RIAS an einer Hörerdiskussion zum Thema „Möglichkeiten einer deutschen Wiedervereinigung" beteiligt. Das Thema war damals im Westen durchaus noch aktuell, anders als in den siebziger und achtziger Jahren, als auch in der Bundesrepublik die Forderung nach Wiedervereinigung überholt zu sein schien. Wenn auch in der DDR von Wiedervereinigung niemand mehr sprechen durfte, so war das Wort „Deutschland" damals noch gebräuchlich. Ich hatte meine Meinung zu einer Wiedervereinigung in dem Brief an den RIAS formuliert. Dieser Brief wurde in der Sendung „Die Zone spricht für die Zone" verlesen. Die Bezeichnung DDR war zu jener Zeit im Westen überhaupt noch nicht üblich, selbst die meisten DDR-Bürger benutzten den Ausdruck „Zone", der als Kürzel aus der ehemaligen Bezeichnung „Sowjetische Besatzungszone Deutschlands" herrührte.

In dieser Sendung, die sich hauptsächlich an Hörer in der DDR richtete, kamen DDR-Bürger zu Wort, die sich zu bestimmten Themen äußern wollten. Weil sie das in ihrem eigenen Land nicht konnten, versuchten viele, sich über das Medium RIAS Gehör zu verschaffen. Die Sendung war ein Forum der freien Meinungsäußerung zu aktuell-politischen Themen, die in der DDR tabu waren oder deren Bewertung und Einschätzung staatlicherseits vorgegeben war und die niemand anzweifeln durfte. Hier hatten nun also DDR-Bürger die Möglichkeit, ihre Meinung zu sagen, die in ihrem Staat nicht gefragt war. Selbstverständlich war das Meinungsspektrum breit gefächert. Auch und gerade zum Thema Wiedervereinigung. Neben sehr vernünftigen Meinungen gab es auch radikale, unbesonnene Äußerungen.

Unmittelbarer Anlass zu meinem ersten Schreiben war der Brief eines jungen DDR-Bürgers, der gefordert hatte, dass der Westen uns Waffen zur Verfügung stellen sollte, dann würden wir uns selbst befreien. Als Gegner jeglicher Gewalt lehnte ich diesen Weg ganz entschieden ab. Dies wollte ich mit meinem Brief deutlich machen. Ich vertrat darin die Meinung, dass eine Wiedervereinigung nur auf friedlichem Wege erreicht werden könne. Zum Beispiel durch Verhandlungen zwischen beiden deutschen Staaten und den Alliierten. Noch besser erschien mir die Möglichkeit freier Wahlen in beiden deutschen Staaten unter UNO-Kontrolle, um auf dieser Basis eine Vereinigung Deutschlands zu erreichen. Mein Ideal-Deutschland sollte die besten Eigenschaften beider Staaten zusammenführen. Eine sehr naive Vorstellung von mir. An negativen Erscheinungen Westdeutschlands, die im wiedervereinigten Deutschland keinen Platz haben sollten, führte ich beispielsweise den damaligen „Bildungsnotstand" an und auch die relative Freiheit der alten und der neuen Nazis. Als erstrebenswert erschien mir in meiner Blauäugigkeit damals die Schaffung eines neutralen deutschen Staates, der auf jeden Fall sozialistisch sein müsse (!!), allerdings mit der Einschränkung, dass ich sozialistisch nicht im Sinne von kommunistisch verstanden wissen wollte.

Andererseits setzte ich mich kritisch mit negativen Erscheinungen in der DDR auseinander, vor allem mit den zwar in der Verfassung verankerten, aber in der Praxis außer Kraft gesetzten Freiheitsrechten. Verantwortlich machte ich dafür den damaligen Partei- und Regierungschef Walter Ulbricht. Auch wandte ich mich gegen den Personenkult, der nach stalinistischem Vorbild um ihn gemacht wurde. Diesen Brief schickte ich im November 1965 mit falschem Absender ab. Ich hatte ihn mit dem Kennwort „Alpenveilchen" unterzeichnet, da ich als studentische Übungsaufgabe gerade kurz zuvor versucht hatte, die Blüten eines Alpenveilchens in einer Pastelltechnik zu malen. Die Blume auf dem Schreibtisch vor mir inspirierte mich dazu, ihren Namen zu meinem Kennwort zu machen.

Der Brief kam tatsächlich an und sein erster Teil wurde in der nächsten Sendung verlesen. So wusste ich also, dass er sein Ziel erreicht hatte. Im zweiten Teil des Briefes, der eine Woche später auszugsweise verlesen wurde, hatte ich mich nach Fluchtmöglichkeiten über Jugoslawien erkundigt. Drei Monate später, im Februar 1966, schickte ich den zweiten Brief an den RIAS. Dazu hatte mich die Hörerzuschrift eines jungen Mädchens aus der DDR angeregt. Die Hörerin beklagte sich darüber, dass es ihr schwer falle, sich eine eigene politische Meinung zu bilden, weil sie nicht wisse, ob sie dem Osten oder dem Westen mehr glauben sollte. Ich jedenfalls hielt mich mit meinen gerade mal 22 Jahren schon für so klug und abgeklärt, um ihr eine passende Antwort zu geben. Dabei schrieb ich über „unhaltbare Zustände in der DDR" und über den „Spitzbart", der weg müsse. Spitzbart war die heimliche und respektlose Bezeichnung für den damaligen Staatschef Walter Ulbricht. Dem Mädchen riet ich auch, die Klassiker des Marxismus/Leninismus zu lesen, um die Kommunisten mit ihren eigenen Waffen schlagen zu können. Ich empfahl ihr, bei den „Volkswahlen", die sie angesprochen hatte, einfach zu Hause zu bleiben, wenn sie von deren Richtigkeit nicht überzeugt sei. Nur so könne man deutlich machen, dass man das System ablehne. Die Wahlen ließen kaum eine Möglichkeit der Gegenstimme. Aber ein Verweigern werde stets als Willensbekundung gegen den Staat gewertet und natürlich oft auch in den Akten festgehalten. Ich thematisierte noch viele andere Dinge, die dem Mädchen die Augen öffnen sollten. In meinem sehr langen Brief gab es viele solcher und ähnlicher Bemerkungen, die an meiner Einstellung zur DDR keinen Zweifel ließen. All diese Argumente belasteten mich in den Augen der Stasi erheblich, wie ich dann in den nächsten Wochen erfahren konnte. Dieser zweite Brief ist allerdings nie beim RIAS angekommen, sondern wurde von der Stasi abgefangen.

Natürlich war mir von vornherein klar, dass ein Brief an den RIAS eine strafbare Handlung darstellte und dass ich dafür ins Gefängnis gehen konnte. Aber ich wähnte mich trotzdem ziemlich sicher, da ich die Briefe nicht an die offizielle RIAS-Adresse schickte, sondern an eine der neutralen Deckadressen, die der RIAS in seinen Sendungen bekannt gab und die wöchentlich wechselten. Weil ich mir natürlich denken konnte, dass auch die Stasi diese Adressen kennt und gezielt nach Briefen mit diesen Anschriften fahndet, benutzte ich einen falschen Absender und mein Kennwort „Alpenveilchen". Was sollte mir also schon passieren? Selbst wenn die Stasi meinen Brief abfängt, weiß sie ja nicht, wer ihn geschrieben hat – dachte ich jedenfalls. Da hatte ich die Stasi das zweite Mal unterschätzt.

Mehr als 25 Jahre habe ich gerätselt, wie die Stasi mich als Briefeschreiber ermitteln konnte. Dass sie nach den Briefen mit den RIAS-Deckadressen fahndete, war mir klar. Die hörten schließlich auch Radio. Aber wie sie darauf kamen, dass ich der Verfasser war, obwohl ich einen falschen Absender und ein Kennwort benutzte, blieb im Dunkeln. Eine Möglichkeit wäre gewesen, dass mich einer meiner zwei oder drei Freunde, die davon wussten, verpfiffen haben könnte. Eine weitere Möglichkeit war, dass sie mich anhand meiner Fingerabdrücke, die es sicherlich auf dem konfiszierten Brief gab, identifiziert hatten.

Meine Fingerabdrücke hatten sie seit meiner ersten Verhaftung im Jahre 1961. Aus dem abgefangenen Brief ging zudem hervor, dass ich schon einmal Bekanntschaft mit der Stasi gemacht hatte. Daraus hätten sie schließen können, dass auch meine Fingerabdrücke bei ihnen erfasst waren. Da sie aber keinerlei Anhaltspunkte dafür hatten, in welcher ihrer vielen Dienststellen ich meine Fingerabdrücke „abgegeben" hatte, schien mir diese Variante kaum realistisch. Hätten sie doch in diesem Falle sämtliche Fingerabdrücke in allen ihren 15 Bezirksverwaltungen mit jenen auf meinem Brief vergleichen müssen. Da es noch keine Computer gab und damit wahrscheinlich auch keine zentrale Speicherung und erst recht keine automatisierte Erkennung, wären sie ausschließlich auf den visuellen Vergleich angewiesen. Eine schier unmögliche Aufgabe, wie ich meinte.

Als ich 1992 meine erste Akteneinsicht hatte, löste sich das Rätsel. Erleichtert konnte ich feststellen, dass mich kein Freund verraten hatte. Ein Stein fiel von meinem Herzen. Hatte ich doch zu diesen Freunden noch immer beste Kontakte. Die Stasi hatte es tatsächlich selbst herausgefunden. Ich stellte fest, dass die Stasi meine Post seit meinem 17. Lebensjahr überwachte. Seitdem mein Freund Udo 1960 in den Westen geflüchtet war, war ich in der „Abteilung M" registriert, die Stasi las also jeden einzelnen Brief, zumindest jene, die ich in den Westen schickte und aus dem Westen erhielt. Gleichzeitig wurde meine Handschrift in ihre Handschriftenkartei aufgenommen, die vermutlich zentral geführt wurde.

Nun hielten sie also meinen anonymen Brief an die Deckadresse des RIAS in den Händen. Die Vermutung, dass so einer wie ich, der sich staatsfeindlich äußerte, schon unter Briefüberwachung stand und demzufolge in ihrer Handschriftenkartei erfasst war, lag nahe. Also setzten sie Heerscharen von Stasileuten ein, um durch tausendfache Schriftvergleiche in neunmonatiger Arbeit mich als Verfasser des Briefes zu ermitteln.

Für mich war diese Erkenntnis übrigens auch ein Argument für die Akteneinsicht. Viele Menschen verzichten darauf, weil sie Angst haben, einen guten Freund als Spitzel zu entdecken. Mein Beispiel zeigt aber, dass man aus den Akten auch ersehen kann, wer einen nicht bespitzelt hat. So konnte ich mein latentes Misstrauen diesen Freunden gegenüber begraben. Ich schämte mich, dass ich sie so lange Zeit im Verdacht hatte.

Warum hatte ich diese Briefe überhaupt geschrieben, da ich doch wusste, dass ich dafür ins Gefängnis kommen konnte? Seinen Grund hatte das in der Unterdrückung der Meinungsfreiheit. Ich dagegen wollte mich politisch artikulieren, mich mit anderen austauschen, wollte diskutieren, hören, wie andere dachten, wollte durch stichhaltige Argumente meine Meinung gegebenenfalls auch revidieren. Aber alles das war nicht möglich. Selbst mein Versuch, während des Studiums ein paar Probleme anzustoßen, war im Keim erstickt worden. Auch ich erstickte fast an all den Verboten, denen man permanent ausgesetzt war. Da war es nicht verwunderlich, dass mein Bedürfnis nach Meinungsäußerung derart zugenommen hatte, dass ich die unzureichende Möglichkeit über den RIAS nutzte, um meinem Herzen endlich einmal Luft machen zu können.

Mein zweiter Brief kam mir nun wieder in den Sinn, als die Vernehmer auf ihr neues Ziel zusteuerten. Sie zitierten aus diesem Brief Passagen, von denen ich wusste, dass ich sie genauso formuliert hatte. Da war mir natürlich klar, dass sie auch den Brief haben mussten. Leugnen war zwecklos. Ich gab also zu, diesen Brief geschrieben zu haben. Beim Zitieren brauchten sie noch nicht einmal einen Spickzettel, sie hatten alles im Kopf. Mir fiel aber auf, dass sie immer nur aus dem zweiten Brief zitierten. Langsam kam ich zu der Überzeugung, dass sie nur diesen einen kannten. Auch das Wissen, dass mein erster Brief den RIAS erreicht hatte, bestärkte mich darin.

Da aber aus dem zweiten Brief hervorging, dass ich davor schon einmal geschrieben hatte, wollten sie nun von mir wissen, was im ersten gestanden hatte. Dabei ermahnten sie mich, bei der Wahrheit zu bleiben. Tatsächlich befand ich mich nun in einer Zwickmühle. Ich hätte jetzt die Möglichkeit gehabt, den Text des Briefs zu verharmlosen. Aber was, wenn sie tatsächlich den Inhalt des ersten Briefes ermitteln würden? Die Chance dafür schien mir sehr groß zu sein. Denn ich ging davon aus, dass diese Art der RIAS-Sendungen generell mitgeschnitten wurden. Da ich in beiden Briefen das Kennwort „Alpenveilchen" benutzt hatte, wäre es nicht schwer, den Wortlaut der verlesenen Briefteile herauszubekommen. Jetzt verfluchte ich es, dass der Brief im Radio verlesen worden war.

Also blieb ich weitgehend bei der Wahrheit. Natürlich „vergaß" ich das eine oder andere, auch schwächte ich bestimmte Aussagen ab. Hätte ich hier insgesamt gelogen, wäre das ohnehin unglaubwürdig gewesen, da der vorliegende zweite Brief einen ganz anderen Eindruck vermittelte. Außerdem hatte ich Angst vor der Reaktion dieser skrupellosen Vernehmer, wenn sie den tatsächlichen Wortlaut mit meinen Lügengeschichten verglichen hätten. Ich wollte schon einigermaßen glaubwürdig wirken. Einem Beschuldigten wurde ohnehin nicht das Recht eingeräumt, zu lügen und zu bestreiten, ohne dass ihm das zum Nachteil ausgelegt wurde. Im Gegenteil, sie drohten sogar damit, dass ich durch Leugnen und Lügen eine noch höhere Strafe zu erwarten hätte. Und daran zweifelte ich keinen Augenblick.

Die Erstvernehmung hatte am Vormittag begonnen. Inzwischen war es spät in der Nacht, als ich die ersten handschriftlichen Protokolle unterschreiben musste. Zwischendurch hatte ich gerade einmal eine kurze Pause, in der mir ein paar belegte Brote gereicht wurden. Es war so gegen vier Uhr früh, als mich der „Läufer" wieder in die Zelle brachte. Die Uhrzeit wusste ich deshalb, weil ich hin und wieder die Armbanduhr eines Vernehmers sehen konnte, wenn sein Jackettärmel nach oben rutschte.

An Schlafen war jetzt überhaupt nicht mehr zu denken, obwohl ich todmüde war. Aber durch die Vernehmung war ich sehr aufgewühlt und beunruhigt. Was hatte ich für eine Strafe zu erwarten, ein, zwei, drei Jahre? Oder etwa noch länger? Vielleicht bekam ich ja auch Bewährung. In der DDR-Presse wurde doch schließlich immer propagiert, wie human die sozialistische Justiz war, wie straffällige Jugendliche ihre Chancen bekamen. Um fünf Uhr wurde ich bereits wieder von der Pritsche gescheucht, schlafen konnte ich in dieser kurzen Zeit natürlich nicht, so müde ich auch war. Ich fühlte mich zerschlagen.

Meine Vernehmer, die ja auch so lange durchgehalten hatten, würden sich jetzt bestimmt gründlich ausschlafen können. In den nächsten Tagen passierte nichts. Ich war allein, hatte nichts zum Lesen, nichts zum Schreiben, stellte fest, wie unendlich lang ein Tag sein konnte, wenn man ausschließlich mit Nichtstun beschäftigt ist. Dazu die Einsamkeit, die Ungewissheit, das Gefühl des hilflosen Ausgeliefertseins, mit keinem Menschen sprechen zu können, keinen um Rat fragen zu können.

Das Zeitgefühl blieb völlig auf der Strecke, deshalb weiß ich auch nicht, nach wie viel Tagen ich wieder zur Vernehmung geholt wurde. Diesmal war es nur ein Vernehmer. Er teilte mir mit, dass seine Kollegen am Tag nach meiner Verhaftung in meinem Elternhaus mein Zimmer durchsucht und viele Dinge – hauptsächlich Papiere – beschlagnahmt hätten. Und genau um diese Dokumente ging es in der Vernehmung. Zu jedem einzelnen Stück Papier musste ich Erklärungen abgeben. Jeden Namen, jede Adresse sollte ich genauestens erklären, bei jeder Ansichtskarte musste ich penibel beschreiben, wer der Absender war. Mir fiel auf, dass man sich besonders für meine drei Tagebücher aus den Jahren 1960, 1961 und 1962 interessierte. Später bemerkte ich, dass sie akribisch gelesen wurden, bestimmte Stellen waren unterstrichen. Obwohl ich in diesen Tagebüchern zum Glück weniger meine Gedanken und Gefühle niedergeschrieben hatte als viel mehr meine Tagesabläufe, so war es mir trotzdem höchst unangenehm, dass nun diese fremden Menschen in meinem privaten Lebensbereich herumschnüffelten.

Natürlich wurden sie auch fündig, weil in diesen Aufzeichnungen zu lesen war, wie oft ich vor dem Mauerbau in West-Berlin war, welche Filme ich dort gesehen hatte und was ich sonst so mit meinem West-Berliner Großcousin und dessen Freunden, die inzwischen auch meine Freunde waren, angestellt hatte. Genauso wie die von mir zu Hause bei meinen Eltern konsumierten Fernsehsendungen, die ich häufig in den Tagebüchern erwähnte. Es war damit klar, dass bei uns nur Westfernsehen geschaut wurde. Das alles war natürlich Wasser auf die Mühlen der Stasi. Über die „Wandgestaltung" in meinem Zimmer hat sich mein Vernehmer besonders aufgeregt, denn ich hatte alle Wände vom Fußboden bis zur Decke mit Westreklame – hauptsächlich Zigarettenwerbung und Autowerbung – tapeziert. Ausnahmslos ganzseitige bunte Zeitschrifteninserate. Obwohl die eifrigen Tschekisten alles fotografierten, um diesen Exzess meiner westlichen Verkommenheit zu dokumentieren, sind die Fotos nichts geworden, wie mir mein Vernehmer später kleinlaut eingestand.

Übrigens bezeichnete sich jeder Stasimitarbeiter mit Stolz als Tschekist, nach der von Lenin ins Leben gerufenen ersten sowjetischen Geheimpolizei, der Tscheka. Sie war die Urform aller späteren Geheimdienste bis hin zum KGB am Ende der UDSSR. Die Tscheka war der erste, äußerst schlagkräftige Terrorapparat der Sowjets zum Zwecke ihrer Machterhaltung. Ausgerechnet diese Organisation des Staatsterrorismus, die Millionen von Menschenleben auf dem Gewissen hatte, war das heldenhafte Vorbild aller Stasimitarbeiter und wurde glorifiziert. Dass diese Haltung bei der Bevölkerung nicht gerade Vertrauen schaffte, lag auf der Hand.

In den weiteren Vernehmungen ging es hauptsächlich um den Inhalt des ersten Briefes. Ich merkte, wie scharf mein Vernehmer darauf war. Bisher musste er sich ja mit meinen Aussagen über den Briefinhalt begnügen. Er wusste noch nicht einmal, dass dieser Brief im Radio verlesen wurde. Er wusste nur, dass es den anderen Brief gab. Es konnte eigentlich nur eine Frage der Zeit sein, bis man in den Besitz des Wortlautes dieses Briefes kam – wenn auch nur über die verlesenen Teile. Aber ich ahnte, dass das vollkommen ausreicht, um mir eine saftige Strafe einzufangen. Die Ungewissheit, ob sie nun tatsächlich in den Besitz des ersten Briefinhaltes gelangen würden, machte mich fast krank.

Nach einer längeren Pause ohne Vernehmung war es dann irgendwann wieder einmal so weit, ich wurde zum Vernehmer geführt. Meine schlimmsten Befürchtungen bewahrheiteten sich, als er mir mitteilte, dass er vom Staatlichen Rundfunkkomitee der DDR die im RIAS verlesenen Teile meines ersten Briefes erhalten habe. Es war ein furchtbarer Moment für mich. Alle Hoffnungen der letzten Wochen zerschlugen sich. Wie sehr verfluchte ich es nun, dass dieser Brief, noch dazu in dieser Ausführlichkeit, verlesen worden war.

Jeden Satz wollte er von mir interpretiert haben, alles wurde hundertmal durchgekaut. Und jedes Mal das quälend langsame Schreiben der Protokolle, die der Vernehmer auf einer Schreibmaschine aus der Kaiserzeit im Zwei-Finger-Such-System tippte. Ich musste alles durchlesen, bevor ich es unterschrieb. Ja, er bat mich sogar darum, seine Schreibfehler zu verbessern, wovon ich auch ausgiebig Gebrauch machte. Hierbei handelte es sich nicht etwa nur um Tippfehler, sondern vermutlich um eine Rechtschreibschwäche. Da konnte ich dann jedes Mal meine Überlegenheit – zumindest auf diesem Gebiet – ausspielen. Es war deutlich, wie unwohl er sich fühlte.

Seinen Minderwertigkeitskomplex versuchte er aber häufig mit der Forschheit seiner Vernehmungen zu überspielen, obwohl ich mich im Großen und Ganzen nicht über ihn beschweren konnte. Seine Freundlichkeit, die er in manchen Stadien der Vernehmung zeigte, war allerdings nur Taktik und pure Heuchelei, um mich gesprächiger zu machen. Solange ich in der Zelle allein war, blieb er für viele Wochen meine einzige Bezugsperson, der einzige, der mit mir sprach. Auch die Wärter hatten die strenge Anweisung, kein Wort mit den Gefangenen zu reden. Mein Vernehmer verfügte also über ein „Redemonopol". In seiner Gegenwart sprudelten die Worte nur so aus mir hervor. Ich musste mich in meinem Redefluss immer bremsen, um nicht mehr zu sagen als gut für mich war. Das fiel mir besonders schwer, wenn er sich betont freundlich zeigte und mir vielleicht sogar einen Riegel Schokolade gab, den meine Mutter für mich abgegeben hatte. Normalerweise wurden solche Mitbringsel nicht ausgehändigt. Nur der Vernehmer durfte das, er konnte es gleich in sein taktisches Spiel einbeziehen.

„Zuckerbrot und Peitsche" war sein Prinzip, denn manchmal konnte er auch wieder sehr ungemütlich werden. So etwa, als er mir triumphierend den Wortlaut meines ersten Briefes aus dem Mitschnitt des DDR-Rundfunks präsentierte. Da fühlte er sich wie ein Feldherr, der eine Schlacht gewonnen hatte, gab sich zornig, erbost, drohte, bezichtigte mich, ein abgefeimter Lügner zu sein, der nun endgültig seine gerechte Strafe bekommen werde. Dabei wich meine Version des Briefes von dem Original nicht erheblich ab. Wie hätte er sich wohl erst aufgeführt, wenn ich eine völlig andere, verharmlosende Version meines Briefes geliefert hätte?

Sein Minderwertigkeitsgefühl zeigte sich auch, wenn er über Intellektuelle herzog, die sich vor dem Mauerbau nicht den Verlockungen des Westens widersetzten und ihr in der DDR erlangtes Wissen dem Klassenfeind zur Verfügung gestellt hatten. Da lobte er den klassenbewussten einfachen Arbeiter, der in der DDR geblieben war und nun als Symbol des „friedlichen sozialistischen Aufbaus" herhalten musste, mit kämpferischer Miene und stahlharter Faust auf jedem Wahlplakat. Dabei waren es gerade die Arbeiter, die den Aufstand am 17. Juni 1953 auslösten. Auch unter den tausenden Flüchtlingen, die vor dem Mauerbau westwärts geströmt waren, bestand der mit Abstand größte Anteil aus Arbeitern, die sich offensichtlich im Arbeiter- und Bauernparadies nicht mehr wohl fühlten.

In seiner Eitelkeit, aber auch aus seinem Minderwertigkeitskomplex heraus, schwadronierte er gelegentlich über seine angeblich tolle Nahkampfausbildung, die er bei der Stasi gemacht haben will. Schießen wie der Teufel habe er gelernt und sogar das Fallschirmspringen. Sein größter Wunsch war es – so verriet er mir – als

Kundschafter im Feindesland zu arbeiten, gerade so wie sein Idol im Defa-Film „For Eyes Only". Der glänzte in James-Bond-Manier mit spektakulären Heldentaten im Westen und brachte dort als „Kundschafter des Friedens" den Klassenfeind zur Strecke.

Immerhin schien mein Vernehmer, will man ihm Glauben schenken, auf konspirative Inlandsseinsätze jeder Art bestens vorbereitet: denn in seinem Kleiderschrank hätten alle gängigen Uniformen der DDR-Staatsdiener gehangen. Von der Post-, Eisenbahner-, Rot-Kreuz- und Feuerwehruniform bis zu den Dienstanzügen der Armee, Polizei, Kampfgruppen und des Zolls war bei ihm angeblich alles einsatzbereit. Er meinte dazu, jeder Tschekist müsse bei jeder Gelegenheit (z.B. bei großen Propagandaveranstaltungen) in jede Rolle schlüpfen können, wenn es die Einsatzstrategie erfordere.

Bei gelegentlichen Diskussionen mit ihm über ideologische oder wirtschaftspolitische Fragen entlockte ich ihm manchmal sogar ein Eingeständnis. So meinte er, dass das neu erbaute Braunkohlekombinat „Schwarze Pumpe" in Spremberg unwirtschaftlich arbeite und demzufolge eine Katastrophe sei. Ich ahnte damals nicht, dass ich wenige Monate später in dieser „Katastrophe" Zwangsarbeit leisten würde.

Bei den Vernehmungen deprimierte mich aber nun die Tatsache, dass er jetzt auch über den Wortlaut des ersten Briefes verfügte. Aber mein Gemüt hellte sich bald wieder etwas auf. Mein Vernehmer teilte mir nämlich mit, dass er unter Umständen gewillt sei, die Anklage wegen der „Vorbereitung zum illegalen Verlassen der DDR" fallen zu lassen, wenn ich nachweisen könne, dass ich das Vorhaben freiwillig aufgegeben hätte. Diesen Beweis konnte ich nur durch den Brief an meine Freundin führen, in dem ich ihr ganz unmissverständlich versichert hatte, meine Fluchtabsichten aufgegeben zu haben. Da Helga nicht erfahren sollte, worum es ging, konnte ich sie nicht gezielt um die Herausgabe dieses Briefes bitten. Ich selbst wusste auch nur noch den ungefähren Zeitraum, in dem ich ihn geschrieben hatte. Die Herausgabe sämtlicher Briefe aus dieser Zeit konnte von ihr natürlich nicht erzwungen werden. Also bat ich sie in einem Schreiben, dem MfS diese Briefe zur Verfügung zu stellen. Natürlich hatte ich mir das ganz genau überlegt, aber ich war sicher, dass in den Briefen nichts stehen konnte, was sie oder mich in anderer Weise belastete. Natürlich war es mir unangenehm, dass diese Leute nun Einblick in unsere intimsten Gefühle bekommen. Aber der Zweck schien das zu rechtfertigen.

Die besagte Passage wurde tatsächlich gefunden, und mein Vernehmer teilte mir mit, dass das Verfahren insoweit eingestellt werde. Aber er sagte auch, dass das nur geschehe, weil diese Beschuldigung gegenüber dem Hauptanklagepunkt ohnehin relativ geringfügig sei.

Meine Freundin hatte mir übrigens gleich in einem der ersten Briefe nach meiner Verhaftung erklärt, sie betrachte sich von jetzt an als meine Verlobte. Das gab mir neue Kraft, meine Haft durchzustehen. Wenn Helga zu mir stand, würde ich das alles ertragen, von dieser Gewissheit war ich erfüllt.

Schließlich erfuhr ich, wie die Anklage lauten würde: „Verbindungsaufnahme zu einer verbrecherischen Organisation und staatsgefährdende Hetze". Der RIAS war für die DDR eine „amerikanische Agenten- und Diversantenzentrale" und damit eine verbrecherische Organisation. Jegliche Kontaktaufnahme war strafbar, unabhängig vom Inhalt des Briefs. Bei mir kam hinzu, dass man in den beiden Briefen den Tatbestand der staatsgefährdenden Hetze als gegeben sah. Als ich meinen Vernehmer später darauf ansprach, dass meine Briefe vor meiner Verhaftung kontrolliert worden waren, bestritt er das. Nur der Brief an den RIAS sei konfisziert worden, weil dieses Schreiben an eine der DDR „feindlich gesonnene Organisation" gerichtet gewesen sei. Aber meine privaten Briefe dürften gar nicht kontrolliert werden, schließlich gäbe es in der DDR das Briefgeheimnis. Ich war sprachlos. Auf solch eine Unverfrorenheit war ich nicht vorbereitet. Als ich ihn darauf hinwies, dass er ja bei der ersten Vernehmung Inhalte aus diesen Briefen selbst zitiert habe, entgegnete er, dass man den bei der Durchsuchung meines Zimmers gefundenen Antwortbriefen habe entnehmen können, was ich in meinen Briefen geschrieben hatte. Diese Behauptung ließ sich von mir sehr leicht widerlegen, vor allem, weil es zur Zeit meiner ersten Vernehmung überhaupt noch keine Hausdurchsuchung gegeben hatte.

Auch nach meiner späteren Ausreise 1988 in den Westen bis zum Zusammenbruch der DDR wurde meine Post kontrolliert. Ich fand in meinen Stasiakten Kopien zahlreicher Briefe, die ich in die DDR geschickt oder von dort erhalten hatte, darunter vor allem viele von meiner Tochter. Die Stasi hat also 29 Jahre lang, von meinem 17. bis zum 46. Lebensjahr, ohne Unterbrechung alle meine Briefe gelesen. Wie man heute weiß, gab es kaum ein Postamt in der DDR, in dem die Stasi nicht wenigstens einen eigenen Raum für ihre ungesetzlichen Kontrollen hatte. Denn auch in der DDR gab es, wie mein Vernehmer zutreffend erwähnte, tatsächlich ein gesetzlich verankertes Briefgeheimnis. Dessen ungeachtet arbeitete in großen Postämtern, wie zum Beispiel in der Berliner Invalidenstraße, gleich eine größere Anzahl von Stasileuten in einem abgeschotteten Bereich. Zur Verschleierung wurden sie als offizielle Postmitarbeiter geführt. Für das Öffnen und Verschließen der Briefe hatte die Abteilung OTS (Operativ-technischer Sektor) der Stasi sogar eigene Maschinen entwickelt. Jeden Tag wurden so rund 90.000 Briefe kontrolliert. Nicht etwa nach dem Zufallsprinzip, sondern ganz gezielt nach vorgegebenen Namen und Adressen. Und ich gehörte dazu, war in der Abteilung M registriert, der Briefüberwachung. Über die Briefkontrolle hinaus stahl die Stasi in großem Stil beigelegtes Westgeld aus Briefen und Paketen. Das waren nicht etwa private Entgleisungen einiger Mitarbeiter, sondern offiziell angewiesene Diebstähle, um den Devisenhaushalt des Staates aufzubessern.

Dass die Stasi meine Briefe schon sehr früh las, hing wohl mit der Flucht meines Freundes Udo im Jahre 1960 in den Westen zusammen. Denn sie vermutete, dass auch ich den Arbeiter- und Bauern-Staat verlassen wolle. Schließlich war das damals noch kein Problem, da die Mauer noch nicht gebaut war und man mit einer 20-Pfennig-S-Bahnkarte ein komplettes Weltsystem für immer hinter sich lassen konnte. Und genau das hatte ich auch vor. Allerdings erst zwei Jahre später, wenn ich das Abitur in der Tasche hatte. Leider durchkreuzte der Mauerbau 1961 diesen Plan. Weil das Verlassen der DDR davor aber ohne weiteres möglich war, hätte eine Flucht mit Sicherheit in meinem Briefwechsel mit Udo auch keine Rolle gespielt. Abgesehen davon, gab es zunächst überhaupt keinen Briefwechsel zwischen uns. Denn die Stasi ging auf Nummer sicher. Es gelang ihr, jeglichen Kontakt für Jahre zu verhindern. Und das durch einen ganz simplen Trick. Sie hat einfach den ersten Brief konfisziert, den er mir nach seiner Flucht aus Ulm schickte, wo er Unterschlupf bei seinem Bruder gefunden hatte. Nach dem Ende der DDR fand ich ihn im Original in meinen Stasiakten.

Ich hatte deshalb keine Adresse von Udo und er schrieb keinen zweiten Brief – zumindest vorerst nicht. Er dachte wohl, ich sei sauer, weil er mir von seinem Fluchtvorhaben nichts gesagt hatte. Natürlich war ich sauer, aber nicht, weil er mich nicht eingeweiht hatte, das gebot schließlich die Vorsicht. Ich war vielmehr enttäuscht darüber, dass er – wie ich meinte – kaum im Westen, schon seinen alten Freund vergessen hatte. Keiner ahnte damals, dass die Stasi dahinter steckte. Erst einige Jahre später kam wieder ein Briefkontakt zustande, der von der Stasi argwöhnisch beobachtet wurde, wie ich dann bei meinen Vernehmungen feststellen konnte.

Heute weiß ich, dass die Stasi die aus Brief- oder Telefonüberwachung illegal erlangten Erkenntnisse nicht als Beweismittel vor Gericht verwenden durfte. Sie musste sie erst „legalisieren". Meistens geschah das dadurch, dass der Verdächtige mit den illegalen „Beweisen" konfrontiert wurde, um ihn zu einem Geständnis zu bewegen. Vor Gericht tauchte dann nur dieses noch auf. Die meisten Gefangenen kannten diese Zusammenhänge nicht. Auch ich hatte davon keine Ahnung.

Mit meinem Vernehmer konnte ich noch einigermaßen zufrieden sein, er allerdings auch mit mir. Denn ich war ziemlich schnell geständig, da die Beweise erdrückend waren. Bestimmt hätte er ganz anders reagiert, wenn ich mich störrischer verhalten hätte. Schon allein mit den Haftbedingungen übte die Stasi einen enormen Druck auf jeden Verhafteten aus.

Die Haftbedingungen – Isolation und Reizentzug

Die psychische Folter war ein wirksames Mittel, die Persönlichkeit der Gefangenen zu brechen. Dazu gehörte vor allem deren Isolation, der Reizentzug und die fehlende Möglichkeit jeglichen Zeitvertreibs. Hinzu kamen ständige Demütigungen und die Rund-um-die-Uhr-Beobachtung: Tag und Nacht, wochenlang, monatelang. Das Versprechen von Hafterleichterungen bei Kooperation des Gefangenen verstärkte den psychischen Druck noch. So hatte es scheinbar jeder Gefangene selbst in der Hand, seine Lage zu verbessern. In der ersten Zeit war ich in Einzelhaft. Als mein Schock, den der Anblick meiner Zelle beim erstmaligen Betreten ausgelöst hatte, etwas abgeklungen war, begann ich mich auf meine neue Umgebung einzustellen. Merkwürdige Klopfgeräusche waren es, die meine Lebensgeister wieder weckten. Was hatte das zu bedeuten? Und plötzlich war die Erinnerung wieder da: Wolgast vor fünf Jahren, als wir versucht hatten, mit Klopfzeichen miteinander Verbindung aufzunehmen, mein Schulfreund Horst in der Nachbarzelle und ich. Aber leider kannten wir das ABC des Klopfens nicht, Buchstabe a = 1 x klopfen, b = 2 x klopfen usw. Damals war ich zwar intuitiv auf dieses System gekommen, aber Horst hatte mich nicht verstanden. Nun versuchte ich es hier aufs Neue.

Es war allerdings mein Nachbar, der den ersten Kontakt aufnahm und bei mir „anklopfte". Ich versuchte, ihn nach meinem System zu verstehen. Siehe da, es klappte, er fragte nach meinem Namen und ich begann zu antworten. So ging es weiter, ich noch sehr behutsam, er wie ein Schnellfeuergewehr, so dass ich seinen Zeichen kaum folgen konnte. Aber auch meine Klopffrequenz sollte sich in den nächsten Tagen rasant erhöhen.

Mit der Zeit erweiterte ich meine „Sprachkenntnisse" zunehmend: kurzes Doppelklopfen als Reaktion auf der anderen Seite bedeutete, er hatte verstanden. Häufig kam das Doppelklopfen noch bevor das Wort zu Ende geklopft war, so dass man seine Energien sparen und schon mit dem neuen Wort beginnen konnte. Hatte man sozusagen den „Aufschlag", signalisierte ein kurzes Doppelklopfen das Wortende und den Beginn eines neuen Wortes. Wer nicht verstanden hatte, raschelte mit den Fingernägeln schnell über die Wand hinweg und der andere wiederholte das Wort.

Auch diese Art der Kommunikation war natürlich streng verboten. Das bekam ich sehr schnell zu spüren, als mich ein Schließer bei einem Klopfgespräch überraschte und mich unmissverständlich auf mein „Fehlverhalten" hinwies. Das nächste Mal würde ich nicht mehr folgenlos davon kommen. Daran zweifelte ich keinen Augenblick. Also musste ich mich höllisch vorsehen. Am besten klopfte es sich abends nach Ausrufen der Nachtruhe, wenn ich unter meiner Decke auf der Pritsche lag. Das Klopfen war für die psychische Verfassung sehr wichtig, denn ich erlebte dabei, dass ich trotz Isolation nicht allein in meiner Verzweiflung war. Es gab rechts und links Menschen, und jeder teilte das Schicksal des anderen. Dafür lohnte es sich, eine harte Strafe zu riskieren.

Zwei bis drei Tage nach meiner Festnahme wurde mir der Haftbefehl verkündet. An einem der nächsten Tage gab es eine oberflächliche ärztliche Untersuchung: Ein bisschen Abklopfen, Abhören, die Frage nach chronischen Krankheiten und schwups war ich wieder draußen. Irgendwann folgten die obligatorischen Verbrecherfotos. In einer besonders dafür eingerichteten Zelle musste ich mich auf einen Holzstuhl setzen, vor meiner Brust ein Schild mit der Gefangenennummer. Foto von vorn, im Halbprofil und im Profil. Dazu wurde ich gedreht, mit dem Stuhl, der von einem großen Hebel über ein Gestänge bewegt wurde. Eine Konstruktion, die aus der Erbauungszeit des Gefängnisses am Anfang des 20. Jahrhunderts stammte. Bis zum Zusammenbruch der DDR war das seltsame Gerät in Betrieb und ist noch heute in der Gedenkstätte in der Potsdamer Lindenstraße zu sehen.

Die Prozedur des Fotografierens und der Abnahme der Fingerabdrücke empfand ich als Demütigung, ich hatte das Gefühl, einem Verbrecher gleichgesetzt zu werden. Und doch war dies die einzige Abwechslung der ersten Knasttage. Es war nicht nur die Isolation, die mir zu schaffen machte, sondern auch die fehlende Zerstreuung. Es gab nichts in der Zelle, nichts zum Lesen, nichts zum Schreiben. Persönliche Gegenstände waren mir abgenommen worden. Die fehlende Uhr bedeutete, kein Zeitgefühl mehr zu haben. Da die Glasbausteine nur wenig Licht durchließen, war es stets nur dämmrig.

Im Knast galt eine andere Zeitrechnung. Die ewig wiederkehrenden Ereignisse des Haftalltags ersetzten das Zifferblatt: Wecken früh um fünf Uhr. Waschen …. Einmal am Tag gab es in der Zelle frisches Wasser in die Wasserkanne, als Waschbecken diente eine Blechschüssel. Nach der Körperpflege (Kämmen natürlich ohne Spiegel) wurde die Pritsche gebaut. Dazu mussten die Matratzenteile übereinander gestapelt, Laken und Decke zusammengelegt und in vorgeschriebener Art und Weise platziert werden. Tagsüber war das Benutzen des Bettes also nicht möglich, es war sogar verboten. Sitzen durfte ich nur auf dem Hocker. Aber auch hier war eine etwas bequemere Sitzhaltung verboten. Ich durfte mich nicht mit dem Rücken an die Wand lehnen, durfte nicht den Kopf auf den Tisch legen, wenn ich müde war, ja es war sogar verboten, den Kopf auch nur auf die Arme zu stützen. Es war auch nicht ratsam, diese Verbote zu ignorieren, da die uniformierten Stasileute des Wachregiments, die hier die Aufsicht hatten, ständig im Flur auf und ab liefen und in kurzen Abständen durch die Spione der Türen in die Zellen schauten. Ich war immer unter Beobachtung, Tag und Nacht, selbst wenn ich auf dem Kübel saß. Besonders demütigend war das, wenn die einzige weibliche Aufsichtsperson Dienst hatte.

Zuwiderhandlungen gegen die Verbote konnten sofort geahndet werden, im Wiederholungsfalle mit harter Bestrafung. Ungefähr eine Stunde nach dem Aufstehen kam das Frühstück, das von den Wachleuten durch die Türklappe geschoben wurde: in der Regel eine Blechkanne Muckefuck, einige Scheiben blähendes Knastbrot und ein Klacks billigste Marmelade.

Im Laufe des Vormittags musste ich unter Aufsicht den Kübel in eine besondere Zelle tragen und dort in einen riesigen Trichter entleeren. Der Gestank war kaum auszuhalten. Auch das Rasieren gehörte zum Vormittagsprogramm. Dazu wurde ich in eine Zelle geführt, in der es ein Waschbecken und sogar einen kleinen Spiegel gab. Zur Rasur – unter Aufsicht des Wächters – bekam ich einen verschraubten Klingenrasierer. Da die Klinge schon von etlichen Gefangenen benutzt worden und entsprechend stumpf war, blutete ich danach regelmäßig, wobei die Bartstoppeln nur unzureichend entfernt waren.

Ebenfalls vormittags: Reinigung der Zelle, Aushändigung von Handfeger und Müllschippe. Dreck? Fehlanzeige, woher auch? Zum

Freigangzellen

Freigangzelle innen

Mittagessen: meist eine Eintopf-Wassersuppe, sehr häufig Kohleintopf. Deshalb stank auch das gesamte Gefängnis stets nach Kohlsuppe. Manchmal war auch schon mal so etwas Ähnliches wie Fleisch darin, meist dieses fette Wellfleisch. Sonntags gelegentlich Salzkartoffeln mit einem kleinen Stück Fleisch. Nachmittags, mitunter auch schon vormittags, manchmal auch gar nicht, war die Freistunde angesetzt, für mich der Höhepunkt des Tages, so schlimm die Begleitumstände auch waren. Es gab auf dem Hof fünf winzige Zellen, noch viel kleiner als die Zellen oben, nur mit dem Unterschied, dass die Decken fehlten. So konnte ich also zwischen den drei Meter hohen Mauern oben ein rechteckiges Stück Himmel sehen. Zu meiner Zeit waren diese Freigangzellen oben noch nicht mit Maschendraht abgedeckt, wie es wenige Jahre später – genau wie in allen anderen 16 Stasi-U-Haftanstalten – der Fall war. Ich sah also dennoch ein Stückchen Himmel, die einzige „Freiheit", die mir blieb. Die Wände dieser Zellen waren mit grauem, sehr grobem Rauputz versehen und vermittelten den Eindruck einer Folterzelle. Alle Zellen lagen direkt aneinander. Auf der Mittelmauer war ein Laufgitter angebracht, von dem ein bewaffneter Posten in jede Zelle hinuntersehen konnte. Er musste dafür sorgen, dass die Gefangenen während der Freistunde keinen Kontakt untereinander aufnahmen, etwa durch Rufen. Andernfalls hätten sie hart bestraft werden können.

Dieses Kontaktverbot gehörte zum Prinzip der Isolation, das kompromisslos durchgesetzt wurde. Da kein Häftling einen anderen Häftling zu Gesicht bekommen durfte, wurde jeder Gefangene einzeln in die Freizelle gebracht. Erst wenn die Zellentür wieder verriegelt war, durfte der nächste geholt werden. Deshalb mussten sich die Wärter durch Rufen untereinander abstimmen, bevor sie eine Zelle aufschlossen. Eigentlich gab es eine Art Ampelanlage aus roten Lampen, die das regeln sollte, aber zu meiner Zeit wurde die nicht benutzt. Da die Potsdamer Anstalt nicht allzu groß war, kam man mit Rufen aus.

Später, als ich dann einen Zellengenossen hatte, isolierten sie uns zu zweit, wir sahen nur uns, niemanden sonst. Dann ging es eben auch zu zweit zur Freistunde. Der ohnehin winzige Käfig wurde noch enger. Die Wachmannschaften nutzten unseren Freigang häufig dazu, unsere Zelle zu filzen. Es sah danach immer wie nach einem Bombeneinschlag aus, das reinste Chaos, das Unterste war nach oben gekehrt. Jedes Mal war das ein neuer Schock für mich. Was sie damit bezweckten, ist mir bis heute unklar, denn unter den strengen Haftbedingungen gab es nichts, was ein Häftling hätte verstecken können. Wahrscheinlich war auch das nichts als Schikane.

Nachmittags wurde bereits das Abendbrot ausgegeben: ein paar Scheiben Brot, ein Klacks fast ungenießbare Bratenmargarine und ein Stückchen Wurst, die ich als Zementwurst bezeichnete. Um 21 Uhr war Nachtruhe, der Gefangene durfte sich endlich hinlegen. Ich musste ein langes, weißes Nachthemd (!) anziehen und alle ausgezogenen Kleidungsstücke sorgfältig zusammengefaltet auf den Hocker legen. Vom Spion konnten sie somit auf einen Blick sehen, ob etwas fehlte. Wer im Winter die lange Unterhose einfach anbehielt, wurde sehr schnell überführt und musste die Hose ausziehen. Die einzige weibliche Aufseherin nutzte ürigens ihre Spätschicht häufig, um die abendlichen Bettvorbereitungen durch den Spion zu beobachten. Mein athletisch gebauter Zellengenosse führte dann einen regelrechten Striptease auf.

Während der Nachtruhe war zwar das Licht gelöscht, da aber weiter in Abständen von 10 bis 15 Minuten durch den Spion geschaut wurde, musste jedes Mal das Licht kurz angeschaltet werden. Die Krönung: sogar die Schlafhaltung war vorgeschrieben. Der Häftling musste auf dem Rücken liegen, Arme und Hände auf der Bettdecke, und selbst das Gesicht musste zu sehen sein. Hielt er sich nicht daran, wurde er durch lautes Pochen an die Tür aufgefordert, sofort wieder die vorgeschriebene Schlafhaltung einzunehmen. Selten gelang es mir, unter diesen Bedingungen richtig zu schlafen, meistens war es eher ein Dahindösen mit vielen Unterbrechungen. Entsprechend müde war ich tagsüber.

Aber es war nicht nur die Müdigkeit, die mich am Tage quälte, sondern auch die Langeweile. Ich hatte das Gefühl, mein Gehirn trocknet aus. Immer wieder versuchte ich, mir Gedichte aus der Schulzeit ins Gedächtnis zurückzurufen, ja sogar selbst zu reimen, machte mich zum Quizmaster, führte Selbstgespräche, alles, um meinen Geist zu beschäftigen. Sogar meine Augen wollte ich trainieren, weil ich befürchtete kurzsichtig zu werden. Da sie in der Zelle nur im Nahbereich gefordert waren, versuchte ich, sie beim

Freigang durch Blicke in den Himmel auch im Fernbereich stärker zu beanspruchen.

Auch unter dem permanenten Reizentzug litt ich. Meine Sinne, die im normalen Leben bisher eher mit Reizen überflutet wurden, waren hier unterbeschäftigt; was blieb, war das: Die verschmutzte Wand, die ich anstarrte, die Geräusche anderer Türen, der übel riechende Kübel in der Ecke und dreimal am Tag das Essen. Das war es schon. Von allen anderen Sinnesreizen dieser Welt war ich abgeschnitten. Kein Vogelzwitschern, kein Blätterrauschen, kein Kinderlachen, keine Musik, schlimmer noch, keine menschliche Seele, um sich auszutauschen.

Eingesperrt, verbarrikadiert, die verfluchten Glasbausteine ließen nicht einmal einen Blick nach draußen zu: Sonne, Wolken oder Regen sehen zu können, wären Balsam für meine Seele gewesen. Auch alle Farben um mich herum waren trist, grau, braun – trostlos. Keine Helligkeit: Das Tageslicht quälte sich nur durch die dicken Glasbausteine und ließ die Zelle düster erscheinen. Da war es jedes Mal geradezu ein Fest für mich, wenn sich die Sonne beim Freigang über der Freizelle zeigte. Sah ich zwischen den hohen, grauen Wänden ein Stückchen leuchtend blauen Himmel, empfand ich selbst an diesem tristen Ort noch eine ungeahnte Heiterkeit.

Musik – sechs Monate musste ich sie entbehren, und als ich sie im Haftarbeitslager „Schwarze Pumpe" wieder hörte, unterdrückte ich die Tränen. Es war, als ob in mir alles auftaute, alles begann in mir zu fließen. Bis dahin hatte ich das Gefühl, meine Seele würde jeden Tag ein klein wenig sterben. Diese Psychofolter trug – wie ich heute weiß – wesentlich dazu bei, dass ich mich unbewusst anpasste. Eine Vernehmung war schon etwas Besonderes, eine Abwechslung. Ich sah einen anderen Raum, sah Tapete, Gardinen, Möbel ... ich merkte unwillkürlich, wie bescheiden ich geworden war. Da wollte ich mir – ohne dass es mir bewusst war – die Gunst meines Vernehmers, meiner einzigen Bezugsperson, meines einzigen Gesprächspartners erhalten. Er sollte mir diese Zerstreuung nicht verderben, indem er böse auf mich war. Also war ich nett zu ihm, sagte ihm, was er hören wollte, zumal er stets betonte, dass er die Macht habe, meine Haftbedingungen erträglicher zu gestalten, wenn ich kooperativ wäre. Also war ich kooperativ und gab alle meine „Verbrechen" zu. Unter diesen Bedingungen wollte ich nicht Wochen und Monate zubringen. Ich wusste im Grunde, dass er ein Schwein war und doch klammerte ich mich an ihn, er war der Schlüssel. Ich, mein Leben, alles schien von ihm abhängig zu sein.

Warum nur hatte die Stasi die Menschen noch 10 oder 15 Jahre zuvor geschlagen und in Wasserzellen gesteckt, wenn sie auf diese so elegante Art und Weise das gleiche erreichen konnte? Und auch für den Vernehmer war es angenehm, für sich und sein Gewissen in Anspruch nehmen zu können, keinen Menschen geschlagen zu haben, worauf viele sich heute noch berufen. Sie wussten natürlich, dass psychische Folter keine sichtbaren Narben hinterlässt. Der Häftling ist in einer ungleich schwierigeren Lage, wenn er später diese Art von Folter beweisen will.

Denn das, was der Häftling, in diesem Falle also ich, behaupten könnte, habe doch nichts mit Folter zu tun. Na gut, ich war mal einige Zeit allein. Ist doch nicht schlimm, konnte ich mich mal richtig ausruhen, musste kein Geschwätz eines Mitgefangenen ertragen. Jeder ist doch froh, wenn er mal nicht seine Familie um sich hat, wenn er keine Zeitung lesen, keine Briefe schreiben muss. Und überhaupt, Reizentzug. Was soll das? Schont die Nerven. Das ist eben in einem Gefängnis so. Ich solle doch mal darüber nachdenken, was ich der DDR angetan habe. Ich habe sie verleumdet, habe über westliche Medien tausende anständige DDR-Bürger gegen ihren Staat aufgehetzt. Durch meine verbrecherischen Handlungen habe ich die Grundlagen für die Bildung einer fünften Kolonne geschaffen, habe letztlich Bedingungen schaffen wollen, die einen dritten Weltkrieg hätten auslösen können. Da kann ich doch nicht allen Ernstes fordern, wie ein vollwertiger Mensch behandelt zu werden. Das war, etwas überspitzt zusammengefasst, die zynische Argumentation meines Vernehmers.

Aber ich war ja nun „kooperativ", indem ich alles zugegeben hatte. Natürlich auch, weil die Beweise erdrückend waren. Der Erfolg ließ dann auch nicht lange auf sich warten. Nach etwa drei Wochen kam die Belohnung. Als ich von einer Vernehmung in meine Zelle zurückgebracht wurde, fand ich plötzlich einen Mitgefangenen darin vor. Damit aber noch nicht genug. Ab sofort bekamen wir sogar jeder wöchentlich ein Buch zum Lesen. Natürlich konnten wir uns die Lektüre nicht aussuchen. Ich las mit Hingabe alles. Wie viel einfacher war es nun, den eintönigen Zellenalltag zu überstehen. Ich kann mich aber erinnern, dass unter diesen Büchern viele stalinistische Schwarten waren. Mir war es egal, Hauptsache lesen, lesen … .

Dabei fielen mir an manchen Stellen Markierungen auf, die offensichtlich Gefangene mit ihren Fingernägeln eingeritzt hatten. Häufig waren es Textstellen, die ihrer Gefühlslage entsprachen oder die sich mit der Idee von Freiheit befassten. Es war immer ein erhebendes Gefühl, wenn ich auf so eine Stelle stieß und wusste, da hat beim Lesen dieser Worte schon einmal jemand die gleichen Gedanken und Gefühle gehabt, hat jemand gedacht und empfunden wie ich selbst.

Es war jetzt auch möglich, etwas einzukaufen. Wer Geld bei seinen Effekten hatte, durfte eine Tageszeitung abonnieren und sogar Tabakwaren und einige wenige Lebensmittel kaufen. Monatlich konnte ich nun aus einer bescheidenen Warenliste eine Bestellung für 20 Mark aufgeben, die mir dann einige Tage später in die Zelle „geliefert" wurde. Da ich damals noch starker Raucher war, bestellte ich natürlich hauptsächlich Billigtabak und Zigarettenpapier; das Zigarettendrehen hatte ich sehr schnell gelernt. Aber auch Wurst, Obst und ein paar Süßigkeiten standen auf meinem Bestellzettel. Trotz des ohnehin eingeschränkten „Knastsortiments" wurden nicht immer alle Wünsche erfüllt.

Die Zeitung verschaffte mir wieder einen kleinen Einblick in die Außenwelt. Mit den neuen Vergünstigungen war das Gefängnisleben etwas erträglicher geworden. Aber eines war offensichtlich gar nicht möglich: Schreibutensilien zu erhalten. Die Kreuzworträtselfelder in der Zeitung füllte ich mit verkohlten Streichhölzern aus.

Einmal monatlich konnten mein Zellengefährte und ich das Rätselfeld allerdings mit einem Bleistift ausfüllen. Denn wir kamen nun auch in den Genuss einer Schreiberlaubnis, alle vier Wochen durften wir einen Brief schreiben. Dazu gaben sie uns für ein bis zwei Stunden jeweils ein DIN-A-4-Blatt und einen Bleistift in die Zelle. Dieses eine Blatt beschrieb ich nun stets mit winzigen Buchstaben, engzeilig und ohne Rand. Aber nur eine einzige Schreibadresse war zugelassen, in der Regel die der Eltern oder der Ehepartner. Deshalb richtete ich die Hälfte des Briefes, den ich an meine Eltern schreiben durfte, immer an Helga.

Dennoch fiel es mir nicht leicht, mich unter den Knastbedingungen mitzuteilen. Alles was mich bewegte, durfte ich nicht schreiben. Haftthemen waren tabu, genauso der Haftgrund, also die so genannte Straftat. Was blieb da noch übrig? Natürlich Helgas Schwangerschaft, unser Kind, Helgas Berufsperspektiven – sie war noch in der Ausbildung – aber auch die Verwandtschaft, die Nachbarn oder was im Garten meiner Eltern inzwischen an Obst und Gemüse reif war. Diese Briefe wurden natürlich auch kontrolliert. Nicht nur mein Vernehmer las sie, sondern vor allem auch der Staatsanwalt. So manchen Brief bekam ich zurück, weil ich angeblich Verbotenes geschrieben hatte. Ich merkte, dass sie hinter jedem Satz eine verborgene Nachricht witterten. Dieses Misstrauen, das mich während meiner gesamten Haftzeit, auch später in der Strafhaft, verfolgte, belastete mich. Von meiner „Schreibadresse" durfte ich natürlich auch nur einen Brief pro Monat erhalten. Dieser Tag war immer ein Festtag für die Sinne!

Die Zellentür wurde stets mit ohrenbetäubendem Lärm geöffnet. Zwei eiserne Riegel wurden betätigt, dann das riesige Schloss aufgeschlossen. Sobald der Häftling diese Schließgeräusche hörte, musste er aufspringen, das Gesicht der hinteren Wand zuwenden und die Hände auf dem Rücken verschränken. Erst wenn er mit seiner Nummer aufgerufen wurde – denn zu einer Nummer war er degra-

Blick in den Gefängnishof

Zellentrakt innen

diert – durfte er sich umdrehen. Auch wenn es irgendwohin ging, zum Vernehmer oder zur Freistunde, musste er die Hände auf dem Rücken verschränken und den Blick – selbst beim Laufen – unablässig zum Fußboden richten. In anderen Situationen hieß es: Gesicht zur Wand, Hände auf den Rücken, etwa wenn auf das Auf- und Zuschließen von Gittertüren auf den Gängen gewartet werden musste. Diese „Dressur" war Demütigung, darauf zielend, die Persönlichkeit des Gefangenen zu brechen. All das, wie auch die viel zu großen Schlabberuniformen, diente dazu, den Gefangenen langsam aber sicher seines Selbstbewusstseins zu berauben.

Zelle mit Kübel

Allerdings habe ich auch einige positive Erfahrungen gemacht, die ich offensichtlich meinem Vernehmer zu verdanken habe. Nach einem Verhör, bei dem er mit mir so richtig zufrieden sein konnte, fasste ich mir ein Herz und fragte ihn, ob ich meinen Fallbleistift und meinen Zeichenblock bekommen könnte. Ich versuchte, ihm eine positive Antwort auch gleich schmackhaft zu machen: Als Kunststudent hätte ich die Befürchtung, in der Haft meine zeichnerische Lockerheit und Fingerfertigkeit zu verlieren, da wollte ich etwas trainieren. Und tatsächlich, ich konnte es kaum glauben, er wies die Effektenkammer an und befahl, dass man mir meine „Arbeitsgeräte" in die Zelle bringen solle. Als sie mir der Wachhabende aushändigte, merkte ich, dass ihm das überhaupt nicht passte. Aber was sollte er machen, der Vernehmer hatte alle Macht.

Von meinem Privileg profitierten nun natürlich auch alle künftigen Zellengenossen. Da ich einen Fallbleistift mit gesonderter Mine hatte, konnte ich jedem ein kleines Stück abgeben. Aber das musste natürlich jeder besonders gut verstecken, damit es beim Filzen nicht zu finden war. Selbst einer Mitinsassin, die eine Zeit lang in der Nebenzelle saß und die, wie ich durch Klopfen herausbekam, wegen angeblicher Spionage mit ihrem Mann verhaftet worden war, warf ich während der Freistunde ein Stück Mine über die Mauer.

Später erfuhr ich, dass ich mit dem Zeichenstift in den Genuss einer ganz besonderen und vor allen Dingen äußerst seltenen Vergünstigung gekommen war. Viele befragte Häftlinge sagten mir später, dass sie so etwas nie gehört hätten. Vielleicht war ich tatsächlich ein Einzelfall. War mein Vernehmer womöglich doch nicht so schlecht? Genau das wollte ich nach der Wiedervereinigung herausfinden.

Mein Vernehmer heute – wenig Unrechtsbewusstsein

Der Gedanke, mit diesem Menschen unter den neuen Bedingungen eines wiedervereinigten Deutschlands ein Gespräch zu führen, kam mir bereits kurz nach der Wende. Aber es dauerte noch zwanzig Jahre, bis ich dieses Vorhaben endlich im Jahre 2010 in die Tat umsetzte. Das lag nicht zuletzt daran, dass ich es mir schwer vorstellte, seine Adresse herauszufinden. Zumal in meinen Stasi-Akten nur sein Nachnahme, zudem ein Allerweltsname, stand. Wie sollte ich das schaffen? Noch dazu in einem Land, das dem Datenschutz Priorität einräumt. Ich rechnete mir keine großen Chancen aus und legte das Vorhaben jahrelang auf Eis. Erst mein Buchprojekt ließ mich Nachforschungen aufnehmen, anfangs zögerlich, dann intensiver. Immerhin dauerte es fast zwei Jahre, bis ich über eine Reihe von Informationen über ihn, vor allem aber über seine aktuelle Adresse, verfügte.

Er war inzwischen 75 Jahre alt. Seine Adresse erwies sich bei einer „In-Augenscheinnahme" als beste Potsdamer Innenstadtlage mit herrlichem Blick über die Havelbucht. Er hatte die Wohnung schon zu DDR-Zeiten als privilegierter Stasimitarbeiter erhalten, wie ich dann später von ihm erfuhr. Mehrere Etagen des Hochhauses waren damals für Mitarbeiter der „Organe", wie er sich ausdrückte, reserviert.

In diesem Platten-Hochhaus der siebziger Jahre fand ich nun tatsächlich seinen Namen auf einem Klingelschild. Um ihn nicht zu überrumpeln, entschloss ich mich, nicht zu klingeln. Die Chancen, mit ihm unter diesen Umständen ins Gespräch zu kommen, wären gewiss gering gewesen. Anrufen konnte ich aber auch nicht, denn im Telefonbuch war er erwartungsgemäß nicht eingetragen. Diese Leute leben noch immer nach den alten Regeln der Konspiration.

Deshalb schrieb ich einen freundlichen Brief, um ihn davon zu überzeugen, sich mit mir zu treffen. Ich begründete den Wunsch mit meinem Buchprojekt und sicherte ihm zu, seine Identität nicht preiszugeben. Das Unglaubliche geschah, er rief mich an. Allerdings nur, um mir zu sagen, dass er keinen Sinn in einem Gespräch sähe, er habe damals schließlich nur seine Pflicht erfüllt und Befehle befolgt. Aber hatte er angerufen, nur um mir das mitzuteilen? Ich vermutete eher, dass er überzeugt werden wollte. Und wirklich, es gelang mir, ihm durch behutsame Wortwahl seine Angst zu nehmen, die seine Stimme verriet. Allerdings musste ich versprechen, mich nicht an der, wie er meinte, „üblichen Hexenjagd" auf ehemalige Stasi-Mitarbeiter zu beteiligen.

Das Treffen fand einige Tage später auf seinem Wochenendgrundstück am Potsdamer Pfingstberg statt. Ich war etwas aufgeregt, nach 44 Jahren einem meiner Peiniger zu begegnen. Vor mir stand ein weißhaariger Mann, dem man sein Alter durchaus ansah. Da ich sein junges Gesicht von 1966 noch gut in Erinnerung hatte, konnte ich – wenn auch mit einiger Mühe – einige Ähnlichkeiten entdecken. Er aber erkannte mich nicht wieder, selbst als ich ihm zwei alte Fotos zeigte. Ich wollte ihn nicht mit vorbereiteten Fragen löchern, vielmehr ein freundliches und lockeres Gespräch führen, aus dem sich meine Fragen ergeben sollten.

Zu meiner Überraschung willigte er sogar ein, das Gespräch aufzuzeichnen. Vorsorglich hatte ich mein Diktiergerät mitgenommen. Nach einigen „Small-Talk-Lockerungsübungen" leitete ich zum Thema über. Ich hatte in meinem Brief ein paar Stichpunkte genannt, von denen ich mir erhoffte, bei ihm Erinnerungen an meinen Fall zu wecken. Dazu gehörten auch die Zeichenutensilien, die er mir genehmigt hatte. Er erinnerte sich tatsächlich noch daran, ohne aber eine bestimmte Person damit zu verbinden. Immerhin löste er das Rätsel, warum er damals diese großzügige Geste gezeigt hatte. Er hätte mir auf diese Weise eine gewisse Dankbarkeit zeigen wollen, weil ich ihm für die Gestaltung einer Wandzeitung ein paar nützliche Ratschläge gegeben hätte. Er habe für „sein Werk" von seinem Chef sogar eine „Eins" bekommen. Hier hatte ihn seine Erinnerung also nicht verlassen.

An meine „Straftat" hingegen hatte er keine Erinnerung. Auch nicht, als ich ihm die wesentlichen Fakten nannte. Oder wollte er sich nur nicht erinnern, um Detailfragen aus dem Wege zu gehen? Aber bei der Vielzahl der Delinquenten, mit denen er es in den vielen Jahren zu tun hatte, wäre diese „Amnesie" durchaus auch plausibel. Das Gespräch verlief langatmig. Durch seinen Hang zum Schwafeln blieben mir viele seiner Äußerungen unverständlich. Nur selten kamen präzise Aussagen, meist scheute er sich, Dinge auszusprechen, die ihm unangenehm waren. Eingeständnisse verpackte er in ausufernde Betrachtungen. Offenbar fiel es ihm schwer, eigene Schandtaten, die des MfS oder seines Staates, klar zu benennen.

Besondere Genugtuung empfand ich, wenn ich scheinbar beiläufig Details aus seinen Personalunterlagen ansprach, z.B. erwähnte ich auch seine drei Verfehlungen, die jeweils mit „Verweisen" (heute würde man von Abmahnungen reden) geahndet wurden. Dazu bemerkte er, seine eigene Kaderakte habe er nie gesehen, vermutete aber, dass ich sie wohl in allen Einzelheiten kenne. Er schien das trotz Datenschutzes für selbstverständlich zu halten. Ich ließ ihn in dem Glauben. Es war eine bizarre Situation: Vor 44 Jahren wusste er alles über mich und stellte mir die Fragen, heute wusste ich scheinbar alles über ihn und stellte ihm die Fragen. Vielleicht auch eine subtile Form der Rache, obwohl ich in den vergangenen 44 Jahren nie Rachegefühle entwickelt oder gar Hass empfunden hatte. Hass und Rache schienen mir stets viel zu große und starke Gefühle zu sein, die solche Leute in ihrer Armseligkeit nicht verdienten.

Die Schulzeit in einem Internat, in dem er im Sinne der DDR sozialistisch erzogen wurde, prägte seine Weltanschauung. Mit anderen Meinungen und Argumenten sei er nie in Berührung gekommen. Sein unerschütterliches Weltbild sei gewesen, dass dem Sozialismus die Zukunft gehöre und die Bösen im Westen zu bekämpfen seien. Schwarz-Weiß-Denken habe seine Weltsicht bestimmt. Er habe in der DDR nie etwas vermisst, Reisebeschränkungen hätten ihn nicht gestört, Fernweh habe er nicht gekannt, die Stasi habe doch in den schönsten Landstrichen der Republik Ferienheime gehabt. So habe er billig Urlaub machen können. Immerhin konnte er sich vorstellen, dass weniger Privilegierte unter den Reisebeschränkungen gelitten haben könnten.

Im Laufe der Zeit, besonders in den achtziger Jahren, schlichen sich Zweifel ein, ob die Politik der SED noch 100-prozentig richtig sei. Es fiel ihm auf, dass immer mehr DDR-Produkte exportiert wurden, die eigentlich dringend im eigenen Land gebraucht wurden. Das hätte er noch in Ordnung gefunden, wenn dafür andere attraktive Erzeugnisse importiert worden wären. Die paar Bananen und Apfelsinen zu Weihnachten hätten ihm nicht mehr gereicht. Als in den achtziger Jahren Ausreiseanträge und Inhaftierungen zunahmen, habe er sehr viele Menschen vernehmen müssen. Da die Häftlingszahlen in kurzer Zeit nie gekannte Höhen erreichten, habe er sich schon manchmal gefragt, was den Westen so anziehend mache. Seine Zweifel an der SED-Politik habe er aber ganz bewusst unterdrückt.

Entlarvend war in dem Zusammenhang seine Antwort auf meine Frage, ob er denn nicht manchmal Westfernsehen geschaut habe. Er meinte dazu, dass er schon mal rübergelinst habe, und er habe dabei bemerkt, dass die da drüben auch überzeugende politische Argumente hatten. So überzeugend, dass sie sein Weltbild hätten erschüttern können. Grund genug für ihn, sich das nicht mehr anzuschauen. Er wäre sich sonst wie ein Verräter an seiner Partei vorgekommen, der er so viel zu verdanken glaubte. Das schockierte mich einigermaßen. Es war wie bei Bertolt Brecht, der in seinem Theaterstück „Das Leben des Galilei" der Titelperson den Satz in den Mund legt: „Wer die Wahrheit kennt und sie dennoch eine Lüge nennt, der ist ein Verbrecher". Dieses Zitat hatte ich mit dem – vom Vernehmer genehmigten – Zeichenstift in einer kunstvollen Schrift zu Papier gebracht. Darunter hatte ich ganz klein den Namen des Autors gesetzt. Als ein Wächter das Papier wie erwartet beim Blick durch den Spion entdeckte, verlangte er sofort, es zu zerreißen. Grinsend forderte ich ihn auf, doch näher zu treten und auch zu lesen, von wem das Zitat stamme. Da dämmerte ihm wohl, was er von mir verlangte und gab zähneknirschend nach.

Diese Episode fiel mir wieder ein. Ich wollte mit ihm aber nicht darüber diskutieren, weil ich seine Antwort ohnehin kannte. Als willfähriger Parteigänger der SED war er einer von Tausenden, die wussten, was sie taten und dennoch jeden Befehl und jeden Auftrag zuverlässig erledigten, ohne darüber nachzudenken. Schließlich hatte die Partei immer Recht. Kritik grenzte schon an Verrat. Mein Vernehmer war das beste Beispiel dafür, wie die DDR-Diktatur und auch andere Diktaturen funktionieren.

Kein Wunder also, dass er meinte, dass das DDR-Volk zur Aufrechterhaltung der inneren Sicherheit überwacht werden musste. Wenn die Stasi sich dabei bewusst über Gesetze hinwegsetzte, sei das für ihn gerechtfertigt gewesen, weil sich der Sicherheit des Staates alles unterzuordnen hatte. Seine Rolle in diesem System war es, die durch Spitzelei, Brief- und Telefonkontrollen illegal erlangten Erkenntnisse zu legalisieren. Das hieß, die Gefangenen zu Geständnissen zu bewegen. Jeder Gefangene wurde so lange „bearbeitet", bis er meist völlig entnervt und psychisch am Ende sein Geständnis unterschrieb. Dafür war ihm jedes Mittel recht, wie er eingestand.

Mit dem Zusammenbruch der DDR brach für meinen Vernehmer auch eine Welt in ihm selbst zusammen. Von seiner geliebten Partei, an die er so unerschütterlich geglaubt hatte und die er nie verraten konnte, fühlte er sich nun selbst verraten. Dennoch hat er sich nie mit seiner Vergangenheit und seinen Verbrechen auseinandergesetzt. Die heutige Gedenkstätte in der Lindenstraße, seinen ehemaligen Arbeitsplatz, hat er bisher nicht besucht. Dort höre man doch nur Lügen, hätten ihm ehemalige Kollegen gesagt. Als ich ihm offenbarte, dass auch ich dort Führungen mache und ihn gern einmal in der Gedenkstätte begrüßte, schwieg er. Zum heutigen Staat meinte er, Verfassungsschutz und BND machten heute das gleiche, was die Stasi auch getan hatte, nämlich den Staat zu schützen. Auch diese Dienste seien nach innen gerichtet. Er fand das sogar in Ordnung. Einen wesentlichen Unterschied zwischen einer Geheimpolizei wie der Stasi, die dem Machterhalt einer Staatspartei dient, und einem vom Parlament kontrollierten Geheimdienst zur Verteidigung eines Rechtsstaats sah er nicht.

Eine seiner Bemerkungen löste bei mir aber großes Erstaunen aus: der einstige Vernehmer fühlt sich richtig wohl im neuen Staat, keineswegs wie im „Feindesland", wie es der TV-Chefideologe der DDR, Karl-Eduard von Schnitzler einmal in einem Interview geäußert hatte. Er könne sich vieles kaufen, wovon er früher nicht einmal geträumt habe, freue sich, dass seine Kinder im neuen Staat so schnell Fuß gefasst hätten, sich erfolgreich entwickelten und gut verdienten. Er empfinde sogar so etwas wie Geborgenheit, habe nichts gegen die Bundesrepublik vorzubringen. Bei dem Wort Geborgenheit aus seinem Munde blieb mir fast die Spucke weg. Wir müssen wohl etwas falsch gemacht haben, ging es mir durch den Kopf. So schlimm, wie es ihm früher immer eingetrichtert wurde, könne der Kapitalismus dann wohl nicht sein, gab ich zu bedenken. Dem stimmte er zu.

Was könnte den guten Eindruck von der neuen Heimat trüben? Nichts, wäre da nicht die Altersversorgung. Seine Rente von knapp 1.000 € hält er gemessen am Verdienst in der DDR für allzu bescheiden. Die anderen „Organe" wie Armee, Polizei, Zoll hätten inzwischen ihre volle Rente erstritten, nur die Stasi habe noch nicht gleichgezogen. Dann müsste er nämlich 2.600 € erhalten. Das war an Frechheit und Unverschämtheit nicht mehr zu überbieten.

Auf meine Frage, ob das angesichts der bedeutend niedrigeren Renten seiner Opfer gerecht sei, entgegnete er, schließlich habe er sein Leben lang gearbeitet und seine Pflicht getan, so wie die anderen „bewaffneten Organe" auch. In der alten Bundesrepublik seien die Führungsgrößen des Dritten Reichs doch damals auch sehr schnell integriert und mit ihren Renten und Pensionen den anderen nicht belasteten Menschen gleichgestellt worden. Ich konnte es kaum fassen, hier saß ein Mensch vor mir, der sich vor 44 Jahren mir gegenüber als erklärter Nazigegner bezeichnet und damit seinen Hass auf den „imperialistischen Feind" erklärt hatte, sich aber nun mit den Naziverbrechern auf eine Stufe stellte. Ob ihm die Tragweite seiner Bemerkung überhaupt bewusst war, wollte ich nicht mehr wissen, ich wollte nur noch weg. Die begrenzte Einsicht in sein verbrecherisches Tun hat aber nicht bewirkt, dass er sich weder direkt noch indirekt bei mir entschuldigt oder auch nur ein Minimum an persönlicher Schuld eingestanden oder gar Reue gezeigt hätte.

Zellengenossen und Nachbarn

Die Isolation in der Einzelhaft hatte mich sehr belastet. Das erste und einzige Mal in meinem Leben dachte ich an Selbstmord. Nicht ernstlich zwar, aber ich beschäftigte mich gedanklich mit dieser Thematik. Das nüchterne Ergebnis meiner Überlegungen: selbst wenn es mir ernst gewesen wäre, hätte ich in diesem Knast nicht einmal die Möglichkeit dazu gehabt. Womit auch? Das einzige Hilfsmittel, das mir einfiel, war ein Laken zum Erdrosseln. Aber wo befestigen? Auch hätte der Wachmann, der alle paar Minuten durch den Spion sah, das Vorhaben schnell beendet.

Glücklicherweise hielt diese Phase nicht allzu lange an. Dazu trug auch bei, dass ich als Belohnung für die Offenlegung meiner „Verbrechen" bald meinen ersten Zellengenossen bekam. Er hieß Peter und stammte aus Teltow. Ein Achtzehnjähriger, der zusammen mit zwei oder drei, meist noch minderjährigen Freunden – darunter auch ein Mädchen – die Grenze nach West-Berlin überwinden wollte. Bald darauf war der Prozess. Da sie die „Straftat" nicht allein, sondern mit anderen begehen wollten und sie eine alte Pistole vom Schrottplatz dabei hatten (die überhaupt nicht funktionsfähig war), erhielten sie sehr hohe Freiheitsstrafen, nach meiner Erinnerung zwischen drei und fünf Jahren. Die Krönung dieses skandalösen Urteils: Auf die Minderjährigen wurde wegen der „Schwere der Straftat" gar Erwachsenenstrafrecht angewendet. Welch seltsame Rechtsauffassung offenbarte sich in diesem Richterspruch. Ich war bestürzt.

Erzählungen meines Zellengenossen von der Verhandlung gaben mir einen Vorgeschmack auf meinen Prozess. Der Richter hieß ausgerechnet Wohlgethan und war ausnahmslos mit politischen Prozessen befasst. Nach Peters Schilderungen musste er ein Monster sein. Ich konnte mich also schon seelisch auf ihn einstellen. Einige Wochen nach seiner Verurteilung kam Peter „auf Transport", er wurde in ein Strafvollzugsgefängnis verlegt.

Mein nächster Zellengenosse war ein eher einfacher Mensch, der im Zuchthaus Brandenburg eine langjährige Strafe verbüßte und jetzt hier mit mehreren seiner Knastgenossen aus Brandenburg wegen Vorbereitung eines Ausbruchsversuchs auf „Nachschlag" wartete. Er machte mich mit seinem unentwegten Reden von den Zuständen in Brandenburg und mit seinem ruhelosen Herumlaufen derart nervös, dass ich ihn nicht länger ertragen konnte. Ich bat meinen Vernehmer, mich von ihm zu erlösen. Und wirklich, als ich eines Tages von einer Vernehmung zurückkam, befand sich bereits ein Nachfolger in meiner Zelle. Ein junger, sympathischer Bursche von 19 Jahren. Er hieß Eberhard, stammte aus Brandenburg und war ein intelligenter, gutmütiger, etwas versponnener Idealist, der unbedingt nach Kanada wollte. Sehr schnell merkte ich, dass er mit seinen Vorstellungen von Freiheit und Menschenrechten noch weniger als ich für ein Leben in der DDR geeignet war. Weil auch er das wusste, hatte er von der CSSR aus über die Grenze nach Österreich gelangen wollen. Er irrte tagelang durch Wälder, scheiterte an der zu gut gesicherten Grenze und schlug sich dann illegal bis nach Polen durch. Der Plan, von Stettin aus auf einem Schiff zu flüchten, ging ebenso wenig auf. Ohne Geld, übermüdet und abgekämpft vom Herumirren in den Wäldern nahm Eberhard den nächst besten Zug nach Frankfurt/Oder und stellte sich den Grenzern.

Natürlich merkten die Grenzer sehr schnell, dass er gar nicht „offiziell" nach Polen eingereist sein konnte. Sein Pass ließ nur die Fahrt in die CSSR erkennen. Von dort konnten DDR-Bürger nicht legal nach Polen fahren. Er musste also erklären, weshalb er über Polen zurückkam. Da ihm keine plausible Geschichte einfiel, erzählte er einfach die Wahrheit – in der Hoffnung, mit einem blauen Auge davon zu kommen. Er hatte sich getäuscht. Wie ich später erfuhr, bekam er dafür vom Kreisgericht Brandenburg zweieinhalb Jahre Haft. Im Haftarbeitslager Schwarze Pumpe sahen wir uns wieder.

Der nächste und zugleich auch letzte Zellengenosse in Potsdam war ein junger, lebhafter, fröhlicher junger Mann von 22 Jahren. Mit ihm teilte ich länger als mit allen anderen „Mitbewohnern" die Zelle und stritt mich mit ihm häufiger als mit den anderen. Das lag vielleicht auch am langen Zusammenwohnen, vor allem aber an seiner radikalen, nationalsozialistisch angehauchten Weltsicht. Seit dem 15. Lebensjahr war er nur zwei oder drei Jahre in Freiheit. Schon als Jugendlicher kam er ins Gefängnis, weil er Kurierdienste für die berüchtigte „Schlossteichbande"* in Karl-Marx-Stadt (heute wieder Chemnitz) geleistet hatte.

* Anfang der sechziger Jahre war das die größte und gefährlichste aller Banden, die es in den Großstädten der DDR damals gab. Die Straftaten reichten von Diebstahl, Raub, Erpressung, Körperverletzung bis zum Mord.

Zuletzt war mein Zellengenosse wegen „Verherrlichung des Faschismus" – er hatte sich unter anderem ein Hakenkreuz in die Hand tätowiert – zu dreieinhalb Jahren Haft verurteilt worden, die er in Brandenburg verbüßte. Ein Ausbruchsversuch mit anderen Gefangenen hatte ihm dann noch einen „Nachschlag" von 15 Jahren eingebracht. Einige Zeit später versuchten er und andere findige Köpfe es noch einmal. Sehr lange und sorgfältig trafen sie ihre Vorbereitungen. Sie hatten außerdem vor, sich mit Deckendurchbrüchen Zugang zum Verwaltungstrakt zu verschaffen, um ihre und andere Akten zu vernichten. Weil sie nichts mehr zu verlieren hatten, wollten sie mit einer größeren Anzahl von Lebenslänglichen ausbrechen und selbst vor Gewalt nicht zurückschrecken. Sie hatten Waffen gebastelt und rechneten sogar mit Toten unter den Wachmannschaften. Der weitere Plan sah eine Flucht bis zur Grenze nach West-Deutschland vor, die sie ebenfalls gewaltsam durchbrechen wollten. Dass sie auf der anderen Seite nicht gerade als Helden begrüßt, sondern mit Sicherheit auch gleich wieder eingelocht worden wären, hatten sie anscheinend nicht bedacht. Doch ihr Vorhaben wurde verraten, bevor sie es begonnen hatten. Schon der Plan stand unter Strafe: die vier oder fünf führenden Köpfe dieser Bande wurden in die Stasi-U-Haft nach Potsdam verlegt, wo sie ein weiterer Prozess erwartete. Außer meinem Zellengenossen gehörte zu den Anführern der Bande auch der Häftling, von dem ich mich einige Zeit zuvor hatte „befreien" lassen.

Ein weiteres Mitglied der Bande war ein Mann, dessen Werdegang aus einem Spionagefilm stammen könnte: Ursprünglich Stasi-Offizier, war er später als Doppelagent auch für den Militärischen Abschirmdienst der Bundesrepublik tätig. Er wurde in der DDR enttarnt, aber vorher noch gewarnt. Bei einem Fluchtversuch über die Grüne Grenze erschoss er seinen Fahrer, der ihn an der Flucht hindern wollte. Ein Geheimprozess endete mit einem Todesurteil, drei Monate später wurde er zu lebenslanger Haft begnadigt, die er in Brandenburg verbüßen sollte. Bei seiner Biografie der passende Mann, um beim Ausbruch dabei zu sein.

Die brutalen Details des geplanten Ausbruchs konnte ich haarklein in der Anklageschrift nachlesen, die mein junger Nazi für kurze Zeit in die Zelle bekam. Das war ein Wälzer, bei dessen Lektüre mir die Haare zu Berge standen. Mein Zellengenosse war – wie alle anderen Beteiligten – sehr stolz auf den Ausbruchsplan. In der Gerichtsverhandlung bekannten sie sich sogar zu Tatplanungen, die ihnen gar nicht zu beweisen gewesen wären.

Die Gerichtsverhandlung unter strengsten Sicherheitsvorkehrungen zog sich über mehrere Tage hin. Nach den Berichten meines Zellengenossen wimmelte es im Gerichtsgebäude in Treppenhäusern, Gängen und Räumen nur so von schwer bewaffneten Stasi-Einheiten. Der „Nachschlag" war für alle gleich: 12 Jahre Haft. Mein 22-jähriger Zellenkumpel hatte nun alles in allem etwa 30 Jahre Knast zu verbüßen, von denen er erst 3 oder 4 hinter sich hatte. Verbohrt wie er war, schien ihm das nichts auszumachen. Er wirkte so fröhlich, als würde er in der nächsten Woche entlassen.

Das Urteil mit ausführlicher Begründung bekam er einige Tage später für ein paar Stunden in die Zelle. So konnte ich es auch lesen und mich davon überzeugen, dass er keineswegs übertrieben hatte. Er und seine Mittäter hatten ihren Fanatismus vor Gericht so konsequent aufrecht erhalten, dass sie nicht nur nicht versuchten, ihren Plan zu beschönigen oder herunter zu spielen, sondern im Gegenteil alles taten, um die Anwesenden von der Ernsthaftigkeit ihres Vorhabens und ihrer Gefährlichkeit zu überzeugen.

Auch in unseren Streitgesprächen verteidigte er seine Gesinnung. Er war ein glühender Anhänger Skorzenys, Hitlers Geheimdienstmann. Dessen Operationen kannte er bis ins Detail. Ich habe mich immer gefragt, wie dieser junge Mensch, der in der sich so antinationalsozialistisch gebenden DDR aufwuchs und der von einem Vater erzogen wurde, der Parteisekretär eines volkseigenen Betriebes war, zu so einer rechtsradikalen Einstellung gelangen konnte. Viele Jahre später, als in der Bundesrepublik die RAF den Staat terrorisierte, fiel mir dieser Zellengenosse wieder ein. Er war aus dem gleichen Holz geschnitzt, nur eben nicht links-, sondern rechtsradikal. Aber ich denke, bei diesem Radikalismus ist dieser Unterschied unerheblich.

Mir ist noch ein weiterer Häftling in Erinnerung, der eine Zeit lang mein Zellennachbar war, den ich aber nie zu Gesicht bekam. Mit ihm unterhielt ich mich häufig in der Klopfsprache. Er war Italiener aus Turin und hieß Angelo. Als Gastarbeiter in West-Berlin hatte er versucht, seine Freundin aus Schulzendorf – meinem Heimatort – im Auto in den Westen zu schmuggeln. Leider wurde er erwischt. Manchmal ging sein südländisches Temperament mit ihm durch. Wenn gerade ein Wachhabender durch den Spion blickte, schleuderte er nicht selten die volle Essenschüssel gegen die Tür, so zuwider war ihm der Fraß. Deshalb wurde er einmal in einer Zwangsjacke abgeführt und musste einen Tag und eine Nacht in einer Spezialzelle, angekettet an einem Eisengitter, verbringen. Das erzählte er mir per Klopfzeichen. Leider erfuhr ich nicht mehr sein Urteil.

Verbindungen nach draußen

Nur einmal im Monat durfte ich eine Briefseite nach Hause schreiben, für meine Eltern galt dieselbe Beschränkung. In ihren Briefen schrieb oft auch Helga ein paar Zeilen. Eigentlich war das nicht erlaubt, doch waren sie bei Helga nicht ganz so streng. Einmal erreichte mich sogar ein Brief meines Bruders und später der eines Freundes.

Natürlich las zunächst der Staatsanwalt alle meine Briefe, bevor sie mein Vernehmer aufmerksam studierte. Meine Angehörigen konnten mir Geld schicken, das ich für Einkäufe verwenden durfte. Pakete waren nicht erlaubt, Besuche nur in Ausnahmefällen. Wegen so eines Ausnahmefalles kam ich am 24. November 1966 in den Genuss des einzigen Besuches von Helga während meiner U-Haft. Die Erlaubnis hatte sie nur erhalten, weil sie dem Vernehmer jene Briefe geben sollte, mit denen bewiesen werden konnte, dass ich meine Fluchtabsichten ein für alle mal aufgegeben hatte. Bei dieser Gelegenheit durfte sie mich wenige Minuten sehen, allerdings nur in Gegenwart des Vernehmers. Natürlich war es wieder verboten, über Haftbedingungen, die bevorstehende Gerichtsverhandlung oder über mein „Delikt" zu sprechen. Helga hatte noch immer keine Ahnung, was mir vorgeworfen wurde. Helgas Schwangerschaft war schon deutlich fortgeschritten. Bis zur Geburt unserer Tochter waren es nur noch fünf Wochen.

Da das Baby einen Namen haben musste, machte ich Helga in meinen Briefen Namensvorschläge. Unter anderem schlug ich den Namen Grit vor, falls das Kind ein Mädchen werden sollte. Die Idee kam mir in der Zelle bei der Lektüre des Romans „Beschreibung eines Sommers". Grit, sie war die Hauptperson des Buches, hatte mich nicht nur ziemlich beeindruckt, ich fand ihren Namen außerdem hübsch und prägnant. Helga dachte auch so, und so waren wir uns einig.

Unsere Tochter wurde am 29. Dezember 1966 geboren, fünf Tage vor meinem Prozess. Meine Mutter durfte mich wegen des denkwürdigen Ereignisses am nächsten Tag kurz besuchen und mir die Nachricht überbringen. Meine Gefühle waren zwiespältig. Einerseits empfand ich einen gewissen Stolz, andererseits war ich unendlich traurig, dass ich nicht bei Helga sein und mit ihr zusammen diese wunderbare Zeit genießen konnte. Ich stellte mir vor, wie ihre Zimmergefährtinnen in der Klinik täglich Besuch von den Vätern ihrer Kinder bekamen, sie aber allein blieb.

Am nächsten Tag, es war Silvester, ließ mich mein Vernehmer noch ein letztes Mal holen, um sich von mir zu verabschieden. Da er behauptete, gerade sechs Tage vorher Vater geworden zu sein, schuf er damit eine Art Vertrautheit. Für den Gerichtstermin am 3. Januar gab er mir noch einige Ratschläge mit auf den Weg. Selbst er vermittelte mir nun den Eindruck, dass der Oberrichter Wohlgethan ein ziemliches Ekelpaket sein musste. Er bestätigte also, was ich von den Mithäftlingen schon wusste. Ich solle mich von Wohlgethans unsachlicher Verhandlungsführung nicht provozieren lassen, sondern seine Tiraden ruhig über mich ergehen lassen; dann hätte ich eine Chance, relativ milde davonzukommen. Das konnte natürlich auch nur ein Trick sein, um mich bei Gericht ruhig zu stellen.

Mit dieser etwas tröstlichen Einschätzung klang für mich das Jahr 1966 aus. Um Mitternacht wurde ich einmal vom Silvesterfeuerwerk wach. Der Heiligabend, der mir sehr viel mehr bedeutete, ist mir eine Woche zuvor so richtig an die Nieren gegangen. Ein solcher Tag, noch dazu in der Einsamkeit des Knastes, löst immer Erinnerungen und starke Emotionen aus. Hinzu kam der bevorstehende Prozess. Und doch stellte ich selbst in dieser verzweifelten Lage fest, dass ich nicht mehr weinen konnte. Obwohl mir oftmals danach zu Mute war und es mir in meinem Zustand wohl auch Linderung gebracht hätte, war ich dazu nicht fähig. Das war eine überraschende und bittere Erkenntnis.

Die Gerichtsverhandlung – Freisler lässt grüßen

Gleich nach meiner Verhaftung bemühte sich meine Mutter um einen Anwalt für mich. Natürlich wollte sie als Mutter den besten für ihren Sohn und sprach deshalb im Büro von Professor Karl Kaul vor. Der damalige DDR-Staranwalt, der auch bei Gerichten in der Bundesrepublik zugelassen war, tat sich als Handlanger der DDR-Propaganda hervor, indem er im Westen versuchte, angebliche politische Angeklagte vor der so genannten Klassenjustiz zu schützen. Sein Blick für Humanität war aber eher einseitig, denn als nach den Angaben meiner Mutter klar zu sein schien, dass es sich bei mir um einen politischen Fall aus dem eigenen Staat handelte, lehnte das Büro ein Mandat sofort und ohne Begründung ab.

Auch die vielen anderen Anwälte, die meine Mutter aufsuchte, winkten ab, wenn sie hörten, dass mein Fall offenbar politischer Natur war. Dabei wusste meine Mutter selbst nicht einmal genau, worum es bei mir ging. Die Stasi hatte es ihr nicht mitgeteilt, und ich durfte es ihr auch nicht sagen. Aber allein die Tatsache, dass ich mich in einer U-Haft der Stasi befand, ließ die Verteidiger wahrscheinlich kalte Füße bekommen. Welcher Verteidiger wollte sich seine Karriere kaputt machen, indem er einen politischen Straftäter verteidigte?

Schließlich fand meine Mutter in Adlershof mit der Rechtsanwältin Erna B. doch noch eine Verteidigerin. Obwohl sie sich überwiegend mit Ehescheidungen beschäftigte, in Strafsachen fast keine, in politischen überhaupt keine Erfahrungen hatte, erklärte sie sich aus Mitgefühl für meine verzweifelte Mutter bereit, die undankbare Aufgabe zu übernehmen. Aktiv werden durfte sie aber erst nach Abschluss der Ermittlungen, also nachdem die Vernehmungen beendet waren und ich alles zugegeben und unterschrieben hatte. Es war Mitte November, als sie mich endlich besuchen durfte. Ich konnte mit ihr sogar unter vier Augen sprechen. Heute weiß ich allerdings, dass wir uns zwar unter vier Augen, nicht aber unter vier Ohren unterhalten hatten. Die Stasi hörte immer mit.

Die Anwältin hatte vor dem Besuch Akteneinsicht erhalten, wenn man das als solche bezeichnen will. Denn man gab ihr nur die Möglichkeit, unter Stasiaufsicht innerhalb von vielleicht einer Stunde die Akten durchzublättern. Sie gründlich durchzuarbeiten, Überprüfungen vorzunehmen oder gar eigene Recherchen anzustellen, wurde ihr nicht gestattet. Sie wusste gerade einmal grob, worum es ging. Aber sie gab mir sofort unmissverständlich zu verstehen, dass sie nicht viel tun könne. Es sei ihr nicht einmal möglich, meine „Straftat" herunterzuspielen oder gar mit dem „verfassungsmäßigen Recht auf Meinungsfreiheit" zu rechtfertigen, wie es 24 Jahre später in meinem Rehabilitationsurteil geschah.

Ich konnte ihren Worten indirekt entnehmen, dass sie das Risiko eines Berufsverbots oder von Behinderungen ihrer Karriere natürlich nicht eingehen wollte. Sie war bereit, auf mildernde Umstände zu plädieren, weil mich meine Eltern nicht „klassenbewusst" erzogen hätten, mich vor dem Mauerbau häufig nach West-Berlin fahren ließen und so in Kauf genommen hätten, dass ich vom Klassenfeind angeblich negativ beeinflusst wurde. Ich lehnte es aber ab, meinen Eltern diesen Schwarzen Peter zuzuschieben.

Es war demnach völlig sinnlos, einen Anwalt zu nehmen, nichts als rausgeworfenes Geld. Aber da sie es nun einmal angefangen hatte, sollte sie es auch zu Ende bringen. Irgendwann im Dezember bekam ich für ein oder zwei Stunden die Anklageschrift in die Zelle. Sie enthielt das, was zu erwarten war, nämlich den Vorwurf, Verbindung zu einer verbrecherischen Dienststelle – dem RIAS – aufgenommen und mich der „staatsgefährdenden Hetze" schuldig gemacht zu haben. Der Vorwurf der Vorbereitung zum illegalen Verlassen der DDR war wie erwartet fallen gelassen worden. Das mir laut Strafprozessordnung zustehende Recht, ein Strafgesetzbuch zur Einsicht zu bekommen, um die Anklagevorwürfe wenigstens formal verstehen zu können, wurde mir verwehrt. Wie eben alles, was zu einer sorgfältigen Prozessvorbereitung erforderlich ist. Auch ein zweiter Besprechungstermin mit meiner Anwältin wurde abgelehnt. Die stasigelenkte DDR-Justiz verstieß permanent gegen ihr eigenes Recht

Am 3. Januar, dem ersten Arbeitstag des Jahres 1967, war es soweit. In einer besonderen Zelle konnte ich meine Zivilkleidung anziehen, Sachen, die meine Mutter für mich abgegeben hatte. Dann folgte das, was ich schon kannte: in Handschellen zum Barkas, die winzige, besenkammerartige Zelle, beklemmende Enge, die Bewegungen kaum zuließ, Dunkelheit. Zum Glück dauerte die Fahrt zum Bezirksgericht am Nauener Tor – dem heutigen Landgericht

– nur wenige Minuten. Dort sperrten mich bewaffnete Sicherheitsleute in eine Wartezelle. Als der Termin nahte, brachte mich ein Stasiwachmann, natürlich in Handschellen, zum Verhandlungssaal. Vor dem Eintreten nahm er sie mir zwar ab, dafür kam ich an die Knebelkette, von der ich erst befreit wurde, als ich meinen Platz auf der Anklagebank eingenommen hatte. Mein Bewacher blieb neben mir sitzen. Mir war bekannt, dass sämtliche politischen Prozesse unter Ausschluss der Öffentlichkeit stattfanden. Ein Beleg dafür, dass Unrecht vertuscht werden sollte. Hier wurde im Namen des Volkes Recht gesprochen, von dem das Volk keine Ahnung hatte.

Zu meiner Überraschung durften aber meine Eltern dabei sein. Ebenso zwei Vertreterinnen meiner Seminargruppe. Wie ich später erfuhr, sollten sie dem Gericht eine Beurteilung vortragen, die die Gruppe im Auftrag der Staatsanwaltschaft über mich schreiben musste. Die Vorgeschichte wirft einmal mehr ein bezeichnendes Licht auf das Rechtssystem der DDR. Als Grundlage für eine Beurteilung hatte die Anklagebehörde Fachschule und Seminargruppe über meine „Verbrechen" informiert. Nach Absegnung der daraufhin erstellten Beurteilung durch die Schulleitung war sie dem Bezirksstaatsanwalt vorzulegen, und der schäumte offenbar bei der Lektüre. Die studentische Einschätzung war so positiv ausgefallen, dass er sie zur Neufassung zurückschickte. Die Gruppe habe sich nicht von den staatsfeindlichen Verbrechen des Kommilitonen distanziert und ein allzu freundliches Bild seiner Persönlichkeit gezeichnet, lautete die Begründung.

Meinen Mitstudenten blieb nichts anderes übrig, als sich von meiner „Tat" zu distanzieren, wenn sie sich nicht selbst gefährden wollten. Sie lehnten es aber ab, darüber hinaus eine schlechte Meinung über mich zu äußern. Da war guter Rat teuer, auch unter den Dozenten. Unter ihnen fand sich schließlich ein Dozent, der einige negative Aspekte in die immer noch überwiegend positive Beurteilung einbrachte. Bezeichnenderweise wurde er dann einige Monate später selbst wegen eines schwerwiegenden Vergehens zu einer längeren Freiheitsstrafe verurteilt. Von alledem erfuhr ich erst nach meiner Haftentlassung. Als ich diesen Dozenten kurz nach der Wiedervereinigung zufällig traf, konnte er sich trotz der mehr als zwanzig Jahre, die inzwischen vergangen waren, auffällig gut an meine Geschichte erinnern. Ich merkte, dass ihn die Sache mit meiner Berurteilung immer beschäftigt haben musste. So nutzte er erleichtert die Gelegenheit, sich bei mir dafür zu entschuldigen.

Bei meiner zweiten Akteneinsicht im Dezember 2008 stieß ich auf einen Brief, in dem fast alle meine Mitstudenten bereits kurz nach meiner Verhaftung aufmunternde Worte an mich richteten. Der Staatsanwalt war bereits zu diesem frühen Zeitpunkt – viele Wochen vor der Beurteilung – sehr verärgert, weil sich meine Kommilitonen in diesem Brief sogar indirekt mit mir solidarisiert hatten. In Stellungnahmen kritisierte er schwere ideologische Versäumnisse der Schule und enorme gesellschaftspolitische Defizite der Studenten. Dieser Brief wurde mir deshalb auch nicht ausgehändigt, erst durch die Akteneinsicht, 42 Jahre später, erfuhr ich von seiner Existenz.

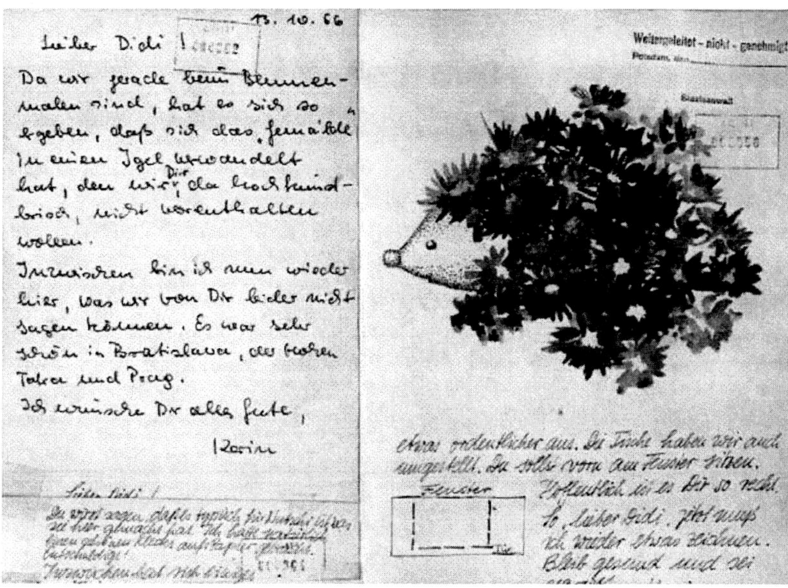
13. 10. 66

Lieber Didi!

Da wir gerade ~~beim~~ Blumenmalen sind, hat es sich so ergeben, daß sich das Gemälde in einen Igel verwandelt hat, den wir Dir, [illegible], nicht vorenthalten wollen.

Inzwischen bin ich nun wieder hier, was wir von Dir leider nicht sagen können. Es war sehr schön in Bratislava, der Hohen Tatra und Prag.

Ich wünsche Dir alles Gute,

Karin

Weitergeleitet – nicht – genehmigt

Staatsanwalt

etwas ordentlicher aus. Die Tische haben wir auch umgestellt. Du sollst vorn am Fenster sitzen. Hoffentlich ist es Dir so recht.

Fenster

Tür

So, lieber Didi, jetzt muß ich wieder etwas zeichnen. Bleib gesund und sei

Brief meiner Kommilitonen, Ausschnitt

Zur nun anstehenden Gerichtsverhandlung wurde selbst der Direktor der Fachschule, Professor Werner Nerlich, nicht zugelassen, obwohl er ein sehr bekannter und vor allem auch von der SED anerkannter Potsdamer Künstler war. Auch das erfuhr ich erst nach der Haft. Außer meinen Eltern und den beiden Studentenvertreterinnen saßen noch viele andere Personen im Zuschauerraum: handverlesene Stasi-Leute, wahrscheinlich „Studenten" der Stasi-Hochschule in Potsdam-Golm. Wie ich heute weiß, wurde das bei den politischen Prozessen häufig so gehandhabt. Auf diese Weise bekamen die „Nachwuchskader" Gelegenheit, ihre „Klassenfeinde", die sie später ausspähen, verhaften und vernehmen sollten, schon mal aus der Nähe zu erleben.

Die Verhandlung war eine Farce. Alles lief in einem Stil ab, wie selbst ich es der DDR-Justiz nicht zugetraut hätte. Oberrichter Wohlgethan, von kleiner Statur, aber mit gewaltiger Stimme, beherrschte diese Show. Seine Stimmlage, seine Wutausbrüche, sein Zynismus und seine Parteilichkeit erinnerten mich fatal an den Präsidenten des berüchtigten Nazi-Volksgerichtshofes Roland Freisler. Da er nur politische Prozesse – also unter Ausschluss der Öffentlichkeit – verhandelte, glaubte Wohlgethan offenbar, sich alles erlauben zu können. Manchmal trommelte er auch wütend mit den Fäusten auf den Tisch oder stampfte laut mit den Füßen. Wäre nicht alles bitterernst gewesen, hätte man es für Satire halten können.

Natürlich hätte Wohlgethan als Richter die Rolle des Anklägers dem Staatsanwalt überlassen müssen. Obwohl der schon nicht zimperlich war, „überbot" ihn Wohlgethan um einiges. So beschimpfte er mich als Verräter und Staatsfeind. Ich verwies auf meinen Brief, in dem ich geschrieben hatte, ein wiedervereinigtes Deutschland müsse auf alle Fälle ein sozialistisches Deutschland sein. Ob mir vielleicht der Sozialismus eines gewissen Anstreichers vorschwebe, wollte Wohlgethan nun wissen und spielte auf Adolf Hitler an. Natürlich glaubte er das selber nicht, aber er beeinflusste damit auch die zwei Schöffen, die ohnehin eingeschüchtert waren und während der gesamten Verhandlung kein Wort zu sagen wagten.

Als ich nach einer weiteren Tirade von Unterstellungen etwas zu meiner Rechtfertigung sagen wollte, herrschte er mich an, den Mund zu halten, ich hätte „heute schon genug geschwafelt". Dann beschimpfte er meine Eltern, die mich zum Staatsfeind erzogen hätten. Trotz dieser Zumutungen versuchte ich – wie es mir mein Vernehmer empfohlen hatte – ruhig zu bleiben. Auch meine Anwältin wagte es nicht, dem wütenden Richter etwas entgegenzusetzen.

Der Staatsanwalt forderte in seinem Plädoyer 18 Monate Haft. Ich war erleichtert. Nach diesem albtraumhaften richterlichen Auftritt hatte ich schon mit drei bis fünf Jahren gerechnet. Meine Anwältin war ebenfalls erleichtert. Ihr Plädoyer hatte sich ohnehin darauf beschränkt, die westlichen Einflüsse hervorzuheben, die strafmildernd zu berücksichtigen seien. Mit dieser Floskel hatte sie im Grunde gar nichts gesagt. Dafür hätte ich keine Anwältin gebraucht, die außerdem eine Menge Geld kostete. Aber hatte sie eine andere Wahl? Sie hätte sich eigentlich auf das Recht der freien Meinungsäußerung beziehen müssen, das in der Verfassung der DDR niedergelegt war. Danach hätte ich freigesprochen werden müssen. Aber das wäre natürlich illusorisch gewesen, hätte verhängnisvolle Folgen für sie gehabt. Ganz abgesehen davon, dass es auch nie zu einem Freispruch gekommen wäre. Heute ist zudem bekannt, dass die meisten Urteile von der Stasi vorgegeben waren. Ich verstand, dass meine Verteidigerin ihren Beruf nicht aufs Spiel setzen wollte. Sicherlich war sie bewusst Scheidungsanwältin geworden, um politischen Prozessen aus dem Weg zu gehen. Sie hatte sich zu dem heiklen Mandat ja nur von meiner Mutter überreden lassen.

Für diesen Tag war die „Vorstellung" beendet, das Urteil sollte am nächsten Tag verkündet werden. Der Posten legte mir wieder die Knebelkette an und führte mich aus dem Saal; auf die verzweifelten Bemühungen meiner Eltern, mich wenigstens kurz begrüßen zu können, nahm er keine Rücksicht. Das war im Ablaufplan nicht vorgesehen. Im Gefängnis angekommen, fragte mich während des Umziehens der Wachhabende, wie viel ich denn „eingefangen" hätte, ohne dass er natürlich wusste, wessen ich angeklagt war. Als ich ihm mitteilte, dass der Staatsanwalt 18 Monate beantragt hatte, brach er in schallendes Gelächter aus und meinte, von einer derart geringen Strafe habe er in diesem Hause schon lange nicht mehr gehört. Das säße ich doch auf der Rasierklinge ab. In Anbetracht der 10, 15 und 20 Jahre, die hier im Allgemeinen von Wohlgethan verteilt wurden, hatte er bestimmt Recht. Auch gegen meinen Zellengenossen mit seinen 30 Jahren Haft fühlte ich mich fast wie ein „Entlasser".

Aber bei alledem durfte man natürlich nicht vergessen, für welch harmlose Sache ich diese Strafe bekam. Und daran gemessen stellte dieser Strafantrag schreiendes Unrecht dar. Aber das Urteil war ja noch nicht gesprochen. Die Urteilsverkündung am nächsten Tag ergab, dass dem Antrag des Staatsanwaltes entsprochen wurde. Allerdings nicht ganz. Statt der geforderten Strafvollzugskategorie drei, wurde Kategorie zwei ausgesprochen.

Bei einer Strafrechtsreform wenige Jahre zuvor wurde die bislang übliche Differenzierung zwischen Gefängnis- und Zuchthausstrafe abgeschafft. Als Ersatz wurden drei Strafvollzugskategorien eingeführt. Kategorie eins war die schwerste, Kategorie drei die leichteste. Die „Drei" wurde in der Regel bei Ersttätern und Strafen bis zu zwei Jahren ausgesprochen, traf also auf mich zu. Trotzdem hatte mir Wohlgethan die „Zwei" verpasst, die normalerweise bei Strafen zwischen zwei und fünf Jahren zur Anwendung kam.

Die Unterschiede zwischen beiden Kategorien waren nicht zu unterschätzen. Vor allem gab es gravierende Unterschiede bei der Unterbringung. Kategorie zwei legte fest, dass der Gefangene in einem geschlossenen Bau untergebracht wurde, also in einem normalen Gefängnis mit normalen Zellen. Dagegen sah die Kategorie drei vor, die Strafe in einem Haftarbeitslager abzuleisten, in dem es keine Zellen in diesem Sinne gab. Die Häftlinge waren hier in Baracken untergebracht, zwischen denen man sich relativ frei bewegen durfte. Allerdings waren diese Lager mit martialischen Sicherheitsanlagen umgeben. In der Kategorie drei durfte man auch mehr Briefe schreiben und erhalten sowie öfter Besuch empfangen als in der „Zwei".

Das alles wusste ich inzwischen schon, und deshalb war mir die Einstufung nicht einerlei. Auch meine Anwältin war erstaunt darüber und kündigte an, sofort einen Antrag auf Einstufungsänderung zu schreiben. Da konnte sie nun also doch noch etwas für mich tun. In Anbetracht der ansonsten relativ niedrigen Strafe riet sie mir, auf eine Berufung zu verzichten. Damit war ich natürlich einverstanden. Das schriftliche Urteil bekam ich einige Tage später für nur wenige Stunden in die Zelle. Erst bei meiner Stasi-Akteneinsicht 1992 tauchte es wieder auf, wie übrigens auch die Anklageschrift, die mir ja nach kurzer Einsichtnahme vor dem Prozess ebenfalls weggenommen worden war. Wieder war mir die Möglichkeit genommen, mich auf weitere prozessuale Schritte einzustellen.

Rechtskräftig
12. Januar 1967
Potsdam, den 18.1.67

I Bs 36/66 Ne.

I M N A M E N D E S V O L K E S !

In der Strafsache

g e g e n Dieter D r e w i t z
geboren am 8.8.1943 in Schulzendorf
wohnhaft in Schulzendorf, Waldstr. 30/32
z.Zt. UHA (MfS) Potsdam seit dem 15.9.1966

w e g e n §§ 16, 19 StEG

hat der I. Strafsenat des Bezirksgerichts Potsdam in seinen öffentlichen Sitzungen am 3. und 4. Januar 1967, an denen teilgenommen haben:

Oberrichter Wohlgethan
als Vorsitzender

Frau Flügge
Herr Behrend
als Schöffen

Staatsanwalt Grützner
als Vertr. d. Bezirksstaatsanwaltschaft

Justizangestellte Neuman n
als Schriftführerin

für R e c h t erkannt:

Der Angeklagte wird wegen fortgesetzter Verbindung zu verbrecherischen Dienststellen in Tateinheit mit fortgesetzter staatsgefährdender Hetze (§§ 16, 19 Abs. 1 Ziff. 2 Abs. 2 StEG, § 73 StGB) zu

1 - einem - Jahr und 6 - sechs - Monaten Gefängnis

verurteilt.

Die Untersuchungshaft wird dem Angeklagten auf die erkannte Strafe angerechnet.
Die Auslagen des Verfahrens trägt der Angeklagte.

- 2 -

Urteil, 1.Seite

Selbst nach der Strafprozessordnung der DDR musste einem Verurteilten das Urteil ausgehändigt werden, so wurde es auch bei kriminellen Straftätern gehandhabt, aber nicht bei politischen. Man wollte dem Verurteilten sämtliche Dokumente vorenthalten, die beweisen konnten, dass er wegen seiner Weltanschauung, seiner politischen Meinung oder aus anderen politisch motivierten Gründen verfolgt wurde.

Auf Transport – Käfige auf Rädern

Nach meiner Verurteilung musste ich täglich damit rechnen, in ein Strafvollzugsgefängnis verlegt zu werden. Zum Glück wurde die U-Haft so gut wie immer auf die Strafe angerechnet. Alles andere wäre auch absurd, war doch die U-Haft bei der Stasi weitaus härter als die eigentliche Strafhaft. Untersuchungshäftlinge und Strafgefangene wurden vorab über Dinge, die ihnen bevorstanden oder die sie betrafen, nie informiert. So war es auch beim Transport. Kein Gefangener erfuhr vor oder während des Transports, wohin er gebracht wurde. Das bekam er erst mit, wenn er am Ziel war. Natürlich hatte er auch keinen Einfluss darauf, in welches Gefängnis er kam. In einem humanen Rechtssystem wird darauf geachtet, den Häftling möglichst in der Nähe seines Wohnortes unterzubringen, nicht zuletzt, um die sozialen Kontakte nicht noch weiter zu erschweren. In der DDR hingegen war das Gegenteil üblich.

Aber noch war es nicht soweit. Ich durfte noch einige Wochen die „Gastfreundschaft" der Stasi genießen. Von meinen Zellengenossen mit Brandenburg-Erfahrung wusste ich, dass der Gefangene im Strafvollzug während der ersten zwei Monate keinen Anspruch auf Einkäufe hatte, selbst wenn er schon fleißig arbeitete und Geld verdiente. Deshalb hatte ich mir während der U-Haft 13 Päckchen Tabak zusammengespart. Das war zwar hauptsächlich Kippentabak, manchmal sogar nur Kippentabak vom Kippentabak, also ein ekliger Extrakt aus Teer und Nikotin. Doch das Rauchen bedeutete mir damals viel, wie übrigens auch den meisten anderen Häftlingen.

Irgendwann Ende Januar war es dann so weit. Ich durfte meine privaten Sachen auf Vollständigkeit überprüfen. Alles wurde in einen Beutel getan und verplombt. Zeichnungen, die ich im Laufe der Zeit in der Zelle angefertigt hatte, sei es von Gegenständen und

Zeichnung von meiner Zelle, nach der Entlassung neu gezeichnet

Mithäftlingen oder Schriftgestaltungen, wollte ich ebenfalls zu meinen Sachen geben. Da hatte ich aber die Rechnung ohne meine Wächter gemacht. Das Wachpersonal war ohnehin die ganze Zeit wütend darüber, dass ich dieses Privileg genoss. Aber nun konnten sie sich rächen. Mit der Bemerkung, es sei nicht statthaft, so etwas mitzunehmen, zerrissen sie jedes einzelne Blatt in tausend Stücke. Da ich so etwas ahnte, hatte ich mir eine Zeichnung ganz besonders eingeprägt. Sie zeigte meine Zelle in allen Details. Darauf war auch mein damaliger Mitgefangener Eberhard abgebildet, der immer von Kanada geträumt hatte und so dilletantisch flüchten wollte. 15 Monate nach meiner Haftentlassung konnte ich alles detailgetreu nachzeichnen, diesmal mit Tusche und Feder. Das Bild trägt den Titel „Einsamkeit" und hing viele Jahre in meiner Wohnung an der Bilderwand im Schlafzimmer.

Zu der Zeichnung gibt es eine kleine Anekdote. Als mich Eberhard nach seiner Haftentlassung das erste Mal zu Hause besuchte, zeigte ich ihm das Blatt. Er bat mich spontan, für ihn ein zweites Exemplar zu zeichnen, was ich natürlich gern tat. Bei einem späteren Treffen erzählte er mir, dass seine kleine Schwester in der Schule einen Aufsatz über ein beliebiges Kunstwerk schreiben sollte. Da hat er ihr meine Zeichnung gegeben, und sie hat diese in ihrem Aufsatz interpretiert. Natürlich nicht im authentischen Sinne, denn sie kannte die wahre Geschichte nicht. Ich weiß auch nicht, was sie darüber geschrieben hat, aber sie bekam immerhin eine „Eins" dafür. Ich kann mir vorstellen, wenn die Lehrerin die wahren Hintergründe des „Kunstwerks" gekannt hätte, hätte sie die Arbeit nicht so gut benotet.

Aber zurück zum Transport. Ich glaube, ich durfte sogar meine Privatsachen anziehen, bekam aber wegen des Frostes einen abgetragenen, fast bodenlangen schwarz eingefärbten Armeemantel. In die Ärmel und auf dem Rücken waren breite gelbe Streifen eingenäht. Und wieder wurde ich mit anderen Leidensgenossen in einen der berüchtigten Gefangenen-Transporter mit den dunklen winzigen Zellen gesperrt. Die Fahrt dauerte aber nur wenige Minuten. Sie hatten uns lediglich in die normale U-Haft für kriminelle Straftäter in die Potsdamer Bauhofstraße gefahren. Dieses Gefängnis unterstand nicht dem MfS, sondern dem Innenministerium wie die meisten Gefängnisse des Strafvollzugs übrigens auch. Nun war ich plötzlich mit anderen ehemaligen Stasigefangenen zusammen, die ich bisher nie zu Gesicht bekommen hatte.

Ich kam in eine Zelle, die bereits mit fünf Häftlingen besetzt war. Die drei Doppelstockbetten ließen nur noch Platz für einen winzigen Tisch und das WC. Nach dem Kübel der Stasi-Zelle empfand ich das als angenehm. Allerdings konnte von Menschenwürde auch hier nicht die Rede sein, weil das WC nicht abgetrennt war. Man verrichtete also sein Geschäft in dem engen Raum vor den fünf anderen. Die Luft war zum Schneiden, denn eine nennenswerte Belüftung gab es nicht. Das Leben in dieser U-Haft war gänzlich anders als bei der Stasi. Hier waren die Häftlinge ständig in Gesellschaft. Nicht nur in der Zelle, sondern auch beim gemeinsamen Hofgang, beim wöchentlichen Duschen, beim Einkauf usw. Wir hatten Gesellschaftsspiele wie Halma, Mühle, Dame, „Mensch ärgere dich nicht" und Schach in der Zelle, ebenso Schreibzeug. Und wir konnten miteinander reden.

Allerdings war die Zelle ursprünglich für maximal drei Häftlinge ausgelegt, jetzt waren aber doppelt so viele drin. Das machte vor allem beim Essen Probleme, weil nur drei Personen gleichzeitig am Tisch Platz hatten und auch nur drei Hocker vorhanden waren. Die anderen mussten entweder mit ihrem Essen warten – aber dann war es kalt – oder aber auf dem Bett sitzend ihre Blechnäpfe leeren. Auf den Betten liegen durfte man hier übrigens tagsüber auch nicht. Diese Polizei-U-Haft war aber ein nur wenige Tage dauernder Zwischenaufenthalt, denn ich als bereits Verurteilter hatte in einer Untersuchungshaftanstalt eigentlich nichts mehr zu suchen.

Um den 10. Februar herum ging die Fahrt ins Ungewisse weiter. Zusammen mit vielen anderen wurde ich in einem großen Gefangenentransporter, in dem sich zwei durch Gitter getrennte Gemeinschaftszellen befanden, zum Bahnhof in Brandenburg/Havel gebracht. Spät abends wurden wir dort in einen bereit stehenden Zug verfrachtet. Diese Umsteigeaktion vom Lkw in den Zug musste für die anwesenden Reisenden erschreckend gewesen sein. Man muss sich das so vorstellen: Ungefähr 20 Häftlinge in langen schwarzen Mänteln mit grell gelben Streifen wurden, jeweils zu zweit mit Handschellen aneinander gefesselt, unter scharfen Kommandos von schwer bewaffneten Polizisten samt Hunden auf den Bahnhof getrieben.

Die Reisenden starrten uns an, so wie man vielleicht Monster betrachtet. Welch erniedrigendes Gefühl, ich hätte in der Erde versinken mögen. Damit nur wenige „anständige Bürger" diesen Anblick ertragen mussten, fanden solche Transporte nur nachts statt. Im Bahnhof stand ein fahrplanmäßiger Personenzug, an dessen Ende ein Gefangenentransportwagen angekoppelt war – „Grotewohl-Express" hieß er im Knastjargon. Wie er zum Namen des ersten DDR-Ministerpräsidenten kam, hat mir bis heute niemand erklären können. Die von innen vergitterten Fenster des Waggons waren aus Milchglas. Von einem schmalen Mittelgang gingen rechts und links winzige Zellen von 100 mal 130 Zentimeter ab. Auf diesen 1,3 Quadratmetern drängten sich fünf Gefangene. Durch Spione in den Türen wurden wir laufend beobachtet. Mehrere solcher Wagen verkehrten täglich an reguläre Reisezüge angehängt nach einem festen Fahrplan durch die gesamte DDR. Dabei war es selten, dass die Gefangenen auf dem kürzesten Weg zu ihrem Bestimmungsort gelangten. Ganz im Gegenteil waren sie meistens mehrere Tage, manchmal sogar Wochen unterwegs, mit Zwischenaufenthalten in mehreren Haftanstalten. Und natürlich hat kein Gefangener vorher erfahren, wohin er gebracht und wie lange der Transport dauern wird.

Erschwerend kam hinzu, dass die Häftlinge während des gesamten Transports keine persönlichen Gegenstände dabei haben durften, also auch nichts zum Rauchen. Erfahrene Häftlinge, meistens die Kriminellen, sorgten allerdings vor, indem sie vorher in der Haftanstalt Tabak, Zigarettenpapier, einzelne Streichhölzer und eine Reibfläche in ihre Kleidung einnähten.

Meine Fahrt endete mitten in der Nacht am Berliner Ostbahnhof. Der Wagen wurde abgekoppelt und auf dem Postbahnhof abgestellt. Heute ist der „Postbahnhof am Ostbahnhof" ein beliebter Veranstaltungsort für Rockkonzerte. Von dort ging es mit einem Gefangenentransporter ins Polizeipräsidium am Alexanderplatz, wo ich in einer so genannten Transporterzelle den Rest der Nacht und den folgenden Tag verbrachte. Zum Zudecken bekam ich eine zerrissene, mit eingetrockneten Blutflecken übersäte Decke. Es drehte mir fast den Magen um. Deshalb zog ich es vor, mich mit meinem Armeemantel zuzudecken. Trotzdem fror ich erbärmlich, denn immerhin war es Winter und die Zelle kaum geheizt.

Zu jener Zeit begannen die Bauarbeiten zur Umgestaltung des Alexanderplatzes in ein „repräsentatives Zentrum der Hauptstadt der DDR". Wenn ich auf das Bett stieg, konnte ich durch einen Spalt im Fenster etwas davon sehen. Am nächsten Abend ging es wieder zum Ostbahnhof. Diesmal wurde der Wagen an den D-Zug nach Zittau gekoppelt, wie ich den Durchsagen auf dem Bahnhof entnehmen konnte. Ich wurde ganz wehmütig, denn ich wusste, dass wir durch Eichwalde fahren würden, meinen Heimatort. Aber sehen konnte man durch die Milchglasscheiben ohnehin nichts.

Gegen zwei Uhr nachts hielt der Zug in Cottbus, und ich musste zusammen mit einigen anderen Häftlingen aussteigen. Offenbar war das Ziel unserer Reise erreicht. Wieder zu Zweit an Handschellen gefesselt, um uns herum Uniformierte mit Maschinenpistolen und Hunden, scharfe Kommandos. Dann ging es ins berüchtigte Zuchthaus von Cottbus.

Zuchthaus Cottbus – Symbol der Unmenschlichkeit

Eine richtige Aufnahme fand mitten in der Nacht nicht statt. Ich bekam eine oder zwei Decken und wurde mit der Bemerkung, ich solle mir ein freies Bett suchen, in eine Zelle gesperrt. Es war stockdunkel, vielstimmiges lautes Schnarchen schlug mir entgegen. Was ich schon befürchtet hatte, wurde zur Gewissheit, als sich meine Augen an die Dunkelheit gewöhnt hatten: Ich befand mich in einer Riesenzelle mit mehr als 50 Betten, von denen jeweils zwei übereinander standen. Ich legte mich auf eine freie Pritsche und verbrachte den Rest der Nacht schlaflos. Dieser Schock musste erstmal verdaut werden.

Am Morgen sah ich dann die ganze Trostlosigkeit meiner Umgebung. Den größten Teil des Raumes nahmen die Doppelstockbetten ein. An den grob gezimmerten Holztischen und Bänken fand höchstens die Hälfte der Insassen Platz, Essen war also wieder nur in Schichten möglich. Die gleiche Situation wie in Potsdam, nur in Größe XXXL.

Auch die sanitären Verhältnisse spotteten jeder Beschreibung. Für alle 50 Gefangenen – zeitweilig waren es sogar noch mehr – standen lediglich zwei Toilettenbecken zur Verfügung, natürlich ohne Klobrille. Daneben eine Nische mit vier oder fünf Waschbecken. Weder die Toilette noch der Waschraum hatten Blickschutz, jeder konnte den anderen zuschauen. Aber das war ja inzwischen nichts Neues mehr für mich. Zivilisatorische Gepflogenheiten galten nicht mehr für mich.

Durch Gespräche erfuhr ich nach und nach alles weitere; ich befand mich in einer der so genannten Nichtarbeiterzellen. Angeblich gab es nicht genügend Arbeit, obwohl die Firma Kjelberg, die Schweißstäbe produzierte, einen Großteil der Gefangenen in dieser Haftanstalt beschäftigte. Wie sich herausstellte, waren die meisten meiner Zellengenossen schon seit Monaten auf der Nichtarbeiterstation, obgleich sie gerne gearbeitet hätten. Denn Arbeit ist im Knast eine Vergünstigung.

Hinzu kam, dass die zum Nichtstun verdammten Gefangenen auch bestimmte Vergünstigungen nicht beanspruchen konnten. So hatten sie nicht die Möglichkeit, Pakete von zu Hause zu erhalten und – was noch viel schlimmer war – sie durften nichts einkaufen. Das bedeutete vor allem, dass sie keinen Tabak hatten. Die meisten waren aber Raucher. Ich weiß nicht, ob sich jemand vorstellen kann, was in einer überfüllten Zelle abläuft, in der überwiegend Süchtige notgedrungen auf Entzug sind. Es war eine ungemein gereizte Atmosphäre, Aggression lag permanent in der Luft.

Und die wenigen Zigaretten, von Neuzugängen mitgebracht, wurden bis zum letzten Krümel aufgeraucht. Manche brachten es mit einer Nadel und spitzen Lippen zu wahrer Meisterschaft, ohne sich den Mund zu verbrennen. Meist wurden die Zigaretten sogar mit Zeitungspapier vom Klo gedreht. Ich habe sogar mehrfach erlebt, wie einige Gefangene in ihrer Verzweiflung „Matratze" rauchten, d. h. sie drehten aus dem Seegras der Matratzen Zigaretten, die sie unter schrecklichem Husten rauchten. Jeder Neue wurde sofort umringt, weil man wusste, dass er etwas zum Rauchen mitbrachte. Was war ich froh über meine 13 in Potsdam zusammengesparten Tabakpäckchen.

Im Laufe des ersten Tages fand das übliche Aufnahmeritual statt: Die Privatkleidung wurde eingemottet und zusammen mit meinen persönlichen Dingen in der Effektenkammer verstaut. Dafür bekam ich Anstaltskleidung in Form ausgedienter, schwarz eingefärbter Armeeuniformen. Natürlich wieder mit den gelben Streifen auf Ärmeln, Rücken und an den Hosenbeinen. Unter den Jacken trugen wir die grau-blau gestreiften kragenlosen Arbeitshemden, die in späteren Jahren bei den Jugendlichen in der DDR große Mode wurden. Außerdem erhielt ich Laken, Deckenbezug, Handtuch, Taschentuch (aus Drillichstoff!!), Seife mit Schale, Zahnbürste,

Zahnpasta, Blechbecher, Blechnapf, weiches Alu-Besteck mit runder Messerschneide, Stullenbrett. So bepackt ging ich in die Zelle zurück, wo ich alles in meinem kleinen Spindfach verstaute. Den Tabak versteckte ich in der äußersten Ecke. Die anderen durften nicht wissen, dass ich so viel Tabak habe. So etwas hätte eine Schlägerei auslösen können.

Natürlich merkten die anderen, dass ich ständig etwas zum Rauchen hatte, und ich war selbstverständlich großzügig, indem ich viel abgab. Doch jedes Mal, wenn ich eine Zigarette drehte, versammelte sich schon eine Traube von Mithäftlingen um mich herum, die sich alle für die Kippe anmelden wollten. Sie waren gierig auf jeden Krümel und zum Glück ahnten sie nicht, wie groß mein Vorrat war. Dass jemand an den Schrank eines anderen ging, um zu stehlen, war nicht zu befürchten. Das tat niemand. Wenn es jemand versucht hätte, wäre es bei der Enge immer bemerkt worden, auch nachts. Was der Ertappte dann von den anderen zu erwarten hatte, schreckte jeden ab.

Das Cottbuser Gefängnis gehörte zur Strafvollzugskategorie zwei. Da ich aufgrund des Einspruchs meiner Anwältin nach wie vor hoffte, in die Kategorie drei eingestuft zu werden, verband sich damit natürlich auch die Hoffnung, dieser unhaltbaren Situation entrinnen zu können. Als ich von der Möglichkeit erfuhr, nach ent-

Eingangstor zum ehemaligen Zuchthaus Cottbus. 2008

Eines der Haftgebäude des ehemaligen Zuchthauses Cottbus. 2008

sprechendem Antrag einen Haftanwalt zu konsultieren, machte ich davon Gebrauch. Ich erläuterte ihm die Sachlage, und er versprach, sich darum zu kümmern. Jetzt hieß es Hoffen und Warten. Die Aussicht, vielleicht bald der Cottbuser Apokalypse zu entrinnen, ließ mich die unbeschreiblichen Zustände Tag um Tag aufs Neue ertragen.

Unter den Gefangenen gab es eine Hierarchie. Die Stärksten und Intelligentesten nahmen die führenden Rollen ein. Aufgrund meines relativ hohen Ausbildungsgrades brachte man mir eine gewisse Hochachtung entgegen. Das Sagen hatte freilich ein Gefangener, der Schlauheit, Stärke, Brutalität, reiche Knasterfahrung und Intelligenz in sich vereinigte. Obwohl schon lange in dieser Zelle, hatte er seltsamerweise immer genug zum Rauchen. Auf meinen Fingernagelknipser war er so scharf, dass er mir eine beträchtliche Menge Tabak (Tabak war die Knastwährung) dafür bot. Ich schlug das Angebot aus, denn Tabak hatte ich selbst genug.

Auch unter den Wachmannschaften gab es harte Burschen. Schließlich war diese Anstalt bekannt für eine besonders brutale und antihumanistische Grundhaltung den Gefangenen gegenüber. Das musste ich selbst erfahren, als ich an Grippe erkrankte. Neben Husten,

Schnupfen, Kopf- und Brustschmerzen hatte ich auch hohes Fieber. Kurz: Es ging mir saudreckig. Als ich den Wachhabenden bat, mich beim Anstaltsarzt anzumelden, lehnte er mit der Begründung ab, das sei keine richtige Krankheit. Als ich auf das Fieber hinwies, schickte er mich mit der Bemerkung, wie ich das denn wissen könnte, ich hätte doch gar kein Fieberthermometer, wieder in die Zelle zurück. Die nächsten Tage waren eine Quälerei für mich. Das winzige Drillichtaschentuch reichte für einmal Nase putzen, dann war es voll. Ich wusch es immer sofort mit kaltem Wasser (!) aus und legte es dann zum Trocknen auf den Heizkörper. Meistens brauchte ich es aber schon wieder, bevor es richtig trocken war. So ging es noch eine Zeit lang, bis die Grippe von allein wieder verschwand.

Ich will noch ein weiteres Beispiel von Brutalität in diesem Gefängnis schildern. Ein Aufseher, der wegen seiner Größe und Körperhaltung insgeheim „Funkturm" genannt wurde, hatte oft die Aufsicht beim täglichen Hofgang. Die Häftlinge mussten auf einer kleinen Fläche zwischen Gebäude und einer mit Stacheldraht bewehrten, etwa fünf Meter hohen Mauer paarweise hintereinander im Kreis laufen. Sprechen war strengstens untersagt. Der Aufseher stand wie ein Dompteur breitbeinig in der Mitte. Mit seinen hellblonden Haaren, den stahlblauen eiskalt blickenden Augen und seiner regungslosen Miene hätte er 30 Jahre früher einen Bilderbuch-Nazi abgegeben. Genauso benahm er sich auch. Häufig suchte er sich einen der Gefangenen beim Hofgang aus, um ihn unter einem Vorwand nach der Freistunde im Keller brutal zusammenzuschlagen. Ein paar geflüsterte Worte zum Nachbarn konnten einen schon in diese Situation bringen.

Ich selbst habe zwei Mal einen Gefangenen nach so einer Prügelorgie gesehen. Das erste Mal handelte es sich bei dem Opfer um einen kräftigen, etwa 25 Jahre alten Fleischergesellen, der von „Funkturm" mit der „Bunawurzel" malträtiert worden war. Rücken und Oberarme waren blutunterlaufen. Die so genannte „Bunawurzel" war eine Art Totschläger, wie er schon von den Nazis verwendet worden war, nur dass dieser hier aus Hartgummi bestand und nicht aus Stahl. Diese Waffe setzte sich aus einem Griff und drei kurzen Striemen zusammen, an deren Ende zwei Zentimeter große Kugeln befestigt waren. Im Gefängnis trugen sie alle Strafvollzugsangehörigen innerhalb der Anstalt bei sich.

Ein anderes Mal hatte „Funkturm" sich einen 14 jährigen vorgeknöpft. Dieses Kind kam anschließend mit schweren Schlagverletzungen in unsere Zelle. Abgesehen davon, dass der Junge während des Hofgangs rotzfrech war, darf das kein Grund für Misshandlungen sein. Das Kind, und das war ein weiterer Verstoß gegen die geltenden Gesetze, hätte überhaupt nicht in ein Gefängnis für Erwachsene gesperrt werden dürfen. Offiziell befand er sich auf Transport in ein Jugendgefängnis. Trotzdem wurde er hier wochenlang festgehalten.

Viele Mitgefangene, die das brutale Vorgehen einiger Aufseher mit Wut erfüllte, schworen, dass sie nach ihrer Haftentlassung Anzeige erstatten würden. Aber ich bin davon überzeugt, dass es niemand getan hat. Jeder wusste natürlich, dass so etwas nicht die geringste Chance auf Erfolg gehabt hätte, weil eine größere Anzahl an Zeugen erforderlich gewesen wäre. Da sich die momentanen Häftlinge aus gutem Grund hüten würden, auszusagen, blieben also nur die ehemaligen Gefangenen. Aber wie sollte ein potenzieller Kläger die ermitteln? Bis zur Entlassung hat er Namen und Adressen längst vergessen, denn Notizen durfte man nicht mit hinausnehmen. Strengste Kontrollen, teils auch im After, sorgten dafür, dass das nicht geschah. Aber selbst wenn sich tatsächlich einige Ex-Häftlinge zu einer Aussage bereit gefunden hätten, was hätten sie bestätigen können? Nur, dass sie bei einigen Gefangenen blutunterlaufene Stellen gesehen haben. Und die konnten auch bei anderen Gelegenheiten entstanden sein, z.B. von Tätlichkeiten untereinander.

Anders gesagt, war das gesamte Strafvollzugssystem so ausgelegt, dass einem Angehörigen des Strafvollzugs kaum ein Haar gekrümmt werden konnte, selbst wenn er die Gefangenen reihenweise verprügelt hätte. Zumindest nicht, wenn er es allein und ohne Zeugen tat. Diesen Grundsatz haben sie alle, auch „Funkturm", stets beachtet.

Nach der Wende fanden aber tatsächlich Prozesse gegen einige der schlimmsten Schläger von Cottbus statt. Zwei oder drei von ihnen wurden sogar zu Haftstrafen ohne Bewährung verurteilt, was schon beachtenswert ist in Anbetracht der sonst so milden Strafen, z.B. gegen die Mauerschützen.

Als Häftling der Kategorie zwei stand es mir lediglich zu, zwei Briefe im Monat zu schreiben und auch nur zwei zu empfangen. In meinem ersten Brief aus Cottbus, gleich am Tag nach meiner Ankunft, schrieb ich natürlich, wann ich hier angekommen war. Nach einigen Tagen erhielt ich den Brief mit dem Vermerk zurück, dass ich nichts über die Haft, Haftbedingungen oder Haftorganisation schreiben dürfe. Der Hinweis auf das Datum meiner Ankunft sei nicht erlaubt. So musste ich den Brief noch einmal schreiben. Ein anderes Mal schrieb ich, dass ich noch immer nicht arbeiten dürfe, auch diesen Brief bekam ich zurück.

Über den Haftrichter konnte ich endlich erreichen, dass meine Schreibadresse an meine Eltern zu Gunsten meiner Verlobten geändert wurde. Leider war nur eine einzige Schreibadresse zugelassen – auch dies eine inhumane Vorschrift, die die sozialen Kontakte des Häftlings einschränkte. Irgendwann wurde ich dann in eine kleine Normalzelle verlegt, wo es wesentlich ruhiger zuging. Das besondere an diesen Zellen war, dass sie noch Ofenheizung hatten. Ein riesiger Kachelofen, der vom Flur beheizt wurde, ragte jeweils in zwei oder drei Zellen hinein und erwärmte sie. Aber auch hier war ich wieder unter „Nichtarbeitern".

Arbeitslager „Schwarze Pumpe" – auf Zugang

Um den 20. Februar 1967 herum wurde mir mitgeteilt, dass dem Einspruch gegen die falsche Einstufung stattgegeben und ich in die Haftkategorie drei umgestuft worden sei. So konnte ich also hoffen, bald aus dieser Albtraumanstalt wegzukommen, was dann Ende Februar auch geschah. Zusammen mit anderen Häftlingen wurde ich ins nicht weit entfernte Haftarbeitslager „Schwarze Pumpe" bei Spremberg gebracht. Dieses Lager befand sich auf dem Gelände des riesigen Braunkohlekombinats, das erst wenige Jahre zuvor unmittelbar neben einem Tagebau aus dem Lausitzer Boden gestampft worden war. Ich habe bereits beschrieben, wie mir mein Vernehmer in einer Diskussion über die Effektivität der DDR-Wirtschaft eingestand, dass „Schwarze Pumpe" überhaupt nicht rentabel betrieben werden könne.

Nun sollte ich also hier zur Zwangsarbeit eingesetzt werden. Jegliche Arbeit in DDR-Gefängnissen war Zwangsarbeit. Sie beruhte weder auf Freiwilligkeit noch hatte der Gefangene auch nur den geringsten Einfluss auf die Art der Tätigkeit. Auch wenn ich persönlich die Arbeit im Gefängnis als „Gnade" ansah, so hing diese Einschätzung natürlich auch immer von der Art der Arbeit ab. Es gab im Gefängnis stark gesundheitsgefährdende und sogar lebensgefährliche Arbeiten, die keiner freiwillig machen würde. Eine ganze Reihe politischer Häftlinge hätte sich bei Freiwilligkeit der Arbeit strikt geweigert, auch nur einen Finger für die DDR-Wirtschaft krumm zu machen, selbst wenn sie prinzipiell gern gearbeitet hätten. Einige Häftlinge wollten aus Faulheit nicht arbeiten, hätten lieber viele daraus entstehende Nachteile ertragen. Aber unter Androhung von Gewalt durfte sich niemand der ihm zugewiesenen Arbeit entziehen.

Bei der Einlieferung wieder das Aufnahme-Ritual, und dann die Unterbringung aller Neuzugänge in der Zugangsbaracke. Dort wurden wir vom Lagerältesten über die Lagerordnung aufgeklärt. Als ich hörte, dass man täglich – außer sonntags – bereits um 3.45 Uhr geweckt wurde, war ich bedient. Aber andererseits war ich froh, dem fürchterlichen Cottbus entronnen zu sein. Hier schien es ein wenig angenehmer zuzugehen. Vor allem gab es keine verschlossenen Zellen, sondern Holzbaracken mit so genannten Verwahrräumen. Man durfte sich auch außerhalb der Baracken bewegen. So lange man sich „auf Zugang" befand, war man zum Nichtstun verdammt. Meine Zugangszeit währte nur wenige Tage, aber an zwei kleine Erlebnisse erinnere ich mich noch. Gleich am ersten Tag, als die Arbeitskommandos nach Feierabend ins Lager einrückten, marschierte an unserem Fenster eine Kolonne vorbei, in der ich Eberhard aus meiner Potsdamer Zelle erkannte.

Ich hatte fest angenommen, dass er mit einer Bewährungsstrafe davon kommen würde, denn er hatte ja im Grunde überhaupt keine Straftat begangen. Hier musste ich wieder einmal mehr feststellen, dass die DDR-Justiz bei politischen Delikten keine Gnade kannte. Für mich unfassbar, er hatte sogar eine höhere Strafe als ich bekommen, nämlich zweieinhalb Jahre. Die Möglichkeit der Bewährungsstrafe und sogar der Geldstrafe in den politischen Strafrechtsparagrafen war in Wirklichkeit nur Augenwischerei, mir ist kaum ein Fall bekannt, wo die Stasi so einer milden Strafe zugestimmt hätte.

Das zweite Erlebnis war nicht weniger beeindruckend. Wecken war um 3.45 Uhr, auch wenn wir noch nicht arbeiten durften. Das erste Mal hat sich mir unauslöschlich eingeprägt. Musikgeräusche holten mich ganz langsam und allmählich aus dem Schlaf. Nachdem ich monatelang überhaupt keine Musik mehr gehört hatte, drangen hier nun also das erste Mal wieder melodische Töne an mein Ohr, noch dazu in einer Phase des Halbschlafs. Es war ein überwältigendes Gefühl. Mir wurde in diesem Moment so richtig bewusst, wie wichtig Musik im Leben eines Menschen ist. Es war, als ob sich unzählige Verhärtungen in meinem Körper auflösten. Der Musiktitel allerdings war eigenartig: Ein schnulziger Sänger sang in Wiener Mundart den alten Schlager „Fräulein könn`se linksrum tanzen?".

Einerseits war es wunderbar, wieder einmal Musik zu hören, andererseits wurde mir das Groteske der Situation bewusst. Der Schlagertext kontrastierte auf absurde Weise mit meiner Umgebung. Das Ganze wurde noch von draußen durch die lauten, rhythmisch zischenden und fauchenden Geräusche des Kombinats begleitet. Dazu passte, dass die Luft nach Teer, Benzol und ähnlichem stank. Von diesen Sinneseindrücken wurden also meine Empfindungen des ersten Erwachens in „Pumpe" beeinflusst. Die Musik kam übrigens aus einem Lautsprecher, der in jedem Verwahrraum installiert war und vor allem dazu diente, die Gefangenen über organisatorische Dinge zu informieren. Aber die häufig gespielten Schlager des Ostens gingen mir dann im Laufe der Zeit ziemlich auf die Nerven.

Der erste Arbeitstag – im Gleichschritt ins Betonwerk

Nach wenigen Tagen wurden wir „Zugänge" auf die einzelnen Arbeitskommandos aufgeteilt, die hier Brigaden hießen. Sie bestanden aus jeweils 20 Strafgefangenen, die zusammen in einem Verwahrraum untergebracht waren. Der Brigadier war ebenfalls ein Gefangener, verfügte aber über gewisse Privilegien. Er brauchte nicht mitzuarbeiten, sondern hatte lediglich darauf zu achten, dass die ihm unterstellten Mitgefangenen ranklotzten. Man könnte auch das Wort Antreiber gebrauchen. Ein weiteres Privileg bestand darin, dass sie nicht in den engen Verwahrräumen bei ihren „Untergebenen" und auch nicht in Doppelstockbetten schlafen mussten, sondern in einem etwas gemütlicheren Extraraum zusammen mit ihresgleichen untergebracht waren. Diese Abschirmung war auch notwendig, da die Brigadiere Berichte über ihre Brigademitglieder und deren Arbeit zu schreiben hatten. Natürlich geschah das alles im Geheimen. Die Gefangenen durften eigentlich gar nicht wissen, dass die Brigadiere über sie berichteten und schon gar nicht, was. Die Strafvollzugsangehörigen stützten sich aber auf diese Einschätzungen. Selbst eine vorzeitige Entlassung konnte davon abhängen. Verständlich, dass jeder Gefangene bemüht war, sich mit seinem Brigadier gut zu stellen. Dass einige Brigadiere das schamlos ausnutzten, liegt auf der Hand.

Ich wurde einer Brigade von Eisenflechtern zugeteilt. Unter dieser Arbeit konnte ich mir erst einmal gar nichts vorstellen und war sehr gespannt. Wecken wieder um 3.45 Uhr, wobei die Musik stets ein gewisses Vorwecken darstellte. Das eigentliche Wecken erfolgte einige Minuten später durch den Wachhabenden. Der brüllte draußen im Gang durch die gesamte Baracke „Strafgefangene, Nachtruhe beenden". Im gleichen Moment musste man aber auch schon aus dem Bett springen. Denn der Wachhabende ging sofort zusammen mit dem Brigadier durch die Verwahrräume, um zu kontrollieren, ob auch alle aus den Betten sind.

Für mich, als einem Menschen der morgens normalerweise vom Wecken bis zum Aufstehen eine ganze Stunde benötigt, war jeder Morgen eine schreckliche Quälerei. Anschließend Waschen in einem Waschraum, in dem lange Rinnen installiert waren, über denen Wasserhähne angebracht waren. Es gab nur kaltes Wasser, beim Rasieren eine furchtbare Tortur und im Winter beim Waschen ein besonderes Härtetraining.

Nach dem Waschen Zählung auf dem Appellplatz. Dann Frühstück im Verwahrraum und Stullenmachen für den Arbeitstag, anschließend Warten auf das Kommando zum Ausrücken zur Arbeit. Nachdem dieses Kommando vorn am Lagereingang durch den Lautsprecher geschickt wurde, formierten wir uns vor der Baracke in Marschordnung. Es war noch dunkel, unsere Arbeitskleidung hatten wir bereits an. Der Brigadier führte uns im Gleichschritt nach vorn zur Torwache, wo wir bereits von sechs bis sieben uniformierten und bewaffneten Posten erwartet wurden. Von diesen Bewachern mit ihren Karabinern und Hunden umzingelt, ging es im Gleichschritt aus dem Lager zu einem unweit gelegenen Arbeitsgelände.

Wir boten ein gespenstisches Bild: Dunkelheit, unsere Gefangenengruppe, immer zu zweit hintereinander, mit knöchellangen schwarzen Uniformmänteln und den knallgelben Streifen, auf den Köpfen schwarze Schiebermützen und ringsherum die bewaffneten Uniformierten, dazu das Gekläffe der Hunde. Eine ähnliche Situation wie vor einigen Monaten auf dem Brandenburger Bahnhof, nur diesmal ohne Handschellen und ohne zivile Zuschauer.

Nach zehn Minuten durchquerten wir ein Betonwerk, in dem ebenfalls nur Strafgefangene tätig waren. Schließlich gelangten wir zu einer riesigen baufälligen Holzhalle, unserem Arbeitsplatz, wie ich erfuhr. Dazu gehörte auch ein großes Freigelände als Lagerplatz. Holzhalle, Lagerplatz und Betonwerk waren von unüberwindlichen Mauern und Stacheldrahtzäunen umgeben. Die an den Ecken befindlichen hölzernen Wachtürme wurden von unseren uniformierten Begleitern besetzt. Nur der Postenführer und sein „Adjutant" hatten die Aufgabe, mit ihren Hunden durch das gesamte Gelände zu streifen und alles zu überwachen. In der Halle waren zwei Zivilmeister tätig, denen wir arbeitsmäßig unterstellt waren. Wie ich sehr bald bemerkte, waren sie in Ordnung. Ich wurde dem Meister Zippel unterstellt, einem ruhigen, zwar Distanz wahrenden, aber nie unfreundlichen Menschen. Er musste mich nun in die Geheimnisse des Eisenflechtens einweisen.

Eisenflechter hatten die Aufgabe, nach technischen Zeichnungen Bewehrungskörbe für spätere Betonteile zu fertigen. Dazu war es nötig, eine Vielzahl von geraden, aber auch gebogenen, stärkeren und schwächeren Eisenstangen mit Draht und Kneifzange zu so genannten Körben zusammenzubinden. Im Betonwerk nebenan wurden diese Eisenskelette in entsprechende Formen gelegt und diese mit Beton ausgegossen. Die Halle war unzureichend beheizt und sehr zugig, da die Seitenwände alle paar Meter durch größere torartige Öffnungen unterbrochen waren.

Zur Mittagspause mussten wir uns wieder formieren, um die 50 Meter zum Pausenraum im Gleichschritt zurückzulegen. Dort verbrachten wir die genau eingehaltenen 30 Minuten Pause und aßen unsere mitgebrachten Stullen. Anschließend wurde bis zum Feierabend durchgearbeitet. Die wöchentliche Arbeitszeit betrug die in der DDR üblichen 45 Stunden, der Sonnabend war noch nicht arbeitsfrei.

Das Arbeitsjahr – Eisenflechten im Akkord

Insgesamt arbeitete ich etwa ein Jahr als Eisenflechter, bis zu meiner Entlassung im März 1968. In dieser Zeit stellte ich Körbe für immer das gleiche Betonteil her. Der Korb war 13 Meter lang, einen Meter breit und etwa 30 cm dick. Allein dieses Teil wog fast eine Tonne. Daraus wurden Betonstützen für das damals im Bau befindliche Centrum-Warenhaus in Suhl.

Ich arbeitete immer mit einem zweiten Gefangenen an diesen Körben. Die Arbeit verlangte viel Geschick. Ich musste den Draht an der Verbindungsstelle einfädeln und dann die Drahtenden mit der Kneifzange blitzschnell verdrehen und abknipsen. Die beiden Stangen mussten fest miteinander verbunden sein, durften sich nicht mehr bewegen lassen. Das Knüpfen war insofern anstrengend, weil man nicht an alle Stellen gut drankam. Meistens musste man sich sehr verbiegen, in die Knie gehen oder über dem Kopf arbeiten. Körperliche Schwerstarbeit aber bedeuteten die Vorbereitungen. Denn wir mussten das gesamte Material für den Korb, also eine Tonne Stahl vom Stangenlager 50 Meter weit heranschleppen. Viele Stangen waren 13 Meter lang und bis zu vier Zentimeter dick. Sie wogen bis zu drei Zentner. Obwohl wir sie zu zweit trugen, blieben trotzdem noch anderthalb Zentner für jeden. Beim Tragen wippten sie wegen ihrer Länge bei jedem Schritt, so dass wir abwechselnd einen Moment lang vom Gewicht fast in den Boden gedrückt, im nächsten Augenblick beinahe aus den Schuhen gezogen wurden. Für die Wirbelsäule war das die reinste Tortur, ganz zu schweigen von der Kraft, die erforderlich war, das Gewicht und die Schwingungen zu beherrschen.

Trotzdem war ich mit dieser Arbeit relativ zufrieden, wenn ich hörte, was viele meiner Mithäftlinge für Tätigkeiten zu verrichten hatten. Die meisten schufteten im Braunkohletagebau beim Gleisbau. Sie hatten die Gleise für die Kohlezüge zu verlegen und ständig dem vorrückenden Riesenbagger anzupassen. Die zentnerschweren Holzschwellen und Schienen mussten mit den Händen transportiert werden, oftmals im Regen oder nach der Schneeschmelze im knöcheltiefen Schlamm stehend. Das war Schwerstarbeit. Dagegen kam mir meine Arbeit fast komfortabel vor, auch wenn ich anfangs dachte, ich würde das keinen Monat durchhalten.

Aber es gab noch eine viel härtere und vor allem gefährlichere Arbeit, nämlich die in den so genannten Gasbrigaden. Die Gefangenen mussten mit Gasmasken in die riesigen Gasbehälter kriechen und sie von innen säubern. War eine Gasmaske etwas undicht, bestand Lebensgefahr durch Vergiftung. Diese Arbeit wurde ausschließlich von Strafgefangenen gemacht, weil sich dafür kein Zivilarbeiter bereit gefunden hätte. Deshalb war diese Tätigkeit auch mit zusätzlichen Vergünstigungen verbunden, z.B. mehr Paketscheine, eventuelle vorzeitige Entlassung und im Ausnahmefall sogar Hafturlaub. Es gab andererseits aber auch Arbeiten wie beispielsweise in der Effektenkammer, im Krankenrevier oder in der Küche, die sehr viel leichter und angenehmer waren als meine Eisenflechtertätigkeit.

Aber auf so eine Arbeit hatte ich als politischer Häftling keine Chance. Als ich ins Lager kam, wurde gerade jemand für die Bibliothek gesucht. Dafür kam nur ein Gefangener in Frage, der über ein Mindestmaß an Intelligenz und Bildung verfügte, Eigenschaften, die bei den meisten Gefangenen nicht sehr ausgeprägt waren. Mein Brigadier meinte, dass ich geradezu prädestiniert sei und schlug mich beim Lagerleiter vor. Die Ablehnung kam prompt. Ich war zwar enttäuscht, dachte aber, dass man bestimmt einen Besseren als mich gefunden hatte. Umso erstaunter war ich, dass ein Vergewaltiger mit 8-Klassen-Abschluss den Job bekommen hatte. Das wollte ich nun aber wissen. Ich meldete mich beim Lagerkommandanten an, was erst einmal abgelehnt wurde. Aber als ich nicht locker ließ, empfing er mich doch.

Auf meine Frage, warum ich den Bibliotheksposten nicht bekommen hätte, erinnerte er mich an mein Delikt. Ob ihm denn ein Vergewaltiger angenehmer sei? fragte ich ihn. „Ja", brüllte er, „so einer ist mir zehnmal lieber, als jemand, der sein Vaterland verraten hat". Da wusste ich, wie es hier lang ging. Es war schon entwürdigend genug, dass die politischen Häftlinge auf eine Stufe mit kriminellen Gewaltverbrechern gestellt wurden, aber dass sie sogar diesen gegenüber noch benachteiligt wurden, war schon ein starkes Stück. Ich erfuhr dann auch von anderen, dass ein politischer Häftling grundsätzlich keine Chance hatte, als Hausarbeiter, Brigadier oder auf anderen privilegierten Posten eingesetzt zu werden. Auch eine vorzeitige Entlassung war in der Regel selbst bei bester Führung nicht möglich. Und ich hatte in meiner naiven Unbekümmertheit geglaubt, dass jeder Strafgefangene gleich schlecht behandelt wird. So konnte ich also gleich von Anfang an die Hoffnung begraben, jemals früher herauszukommen oder etwas Besseres zu machen als Eisenflechten.

An den ersten Tagen habe ich mich bei der ungewohnten Arbeit noch ziemlich ungeschickt angestellt, aber nach zwei, drei Wochen wurde aus mir ein guter, einige Wochen später sogar ein fast perfekter Eisenflechter. Man konnte kaum so schnell gucken, wie ich die Stäbe mit Draht und Zange zusammen knüpfte. Ich schaffte eine Knüpfung pro Sekunde.

Deshalb war es auch nicht verwunderlich, dass ich die vorgegebene Norm ständig mit 300 bis 400% erfüllte. Das Zwei- bis Dreifache der Norm war aber bei allen Gefangenen üblich und wurde seitens des Strafvollzugs sogar vorausgesetzt. Ein Häftling, der nur die 100-prozentige Norm geschafft hätte, wäre wohl seines Lebens nicht mehr froh geworden. Wir haben also alle über Monate, einige sogar über Jahre in der gleichen Zeit dreimal, viermal so viel geschafft wie ein normaler Arbeiter im zivilen Leben.

Einige Wochen vor meiner Haftentlassung wollte ich bei der Arbeit etwas kürzer treten und erfüllte die Norm nur noch zu 200 bis 300 Prozent. Daraufhin wurde ich der Sabotage beschuldigt. Diesen Vorwurf konnte ich zwar entkräften, musste aber zur Strafe die Toilette putzen.

Der Verdienst – Ausbeutung auf sozialistisch

Der Verdienst war lächerlich. Obwohl die Betriebe an den Strafvollzug den allgemein üblichen Lohn für zivile Arbeiter zahlten, bekam der Strafgefangene davon durchschnittlich nur 60 Mark im Monat gutgeschrieben. Davon wurde von der Lagerleitung automatisch ein Teil als Unterhaltszahlung für die Kinder nach Hause geschickt. Etwa 15 bis 25 Mark erhielt der Häftling in Form von Wertmarken zum Einkauf im lagereigenen Laden. Der Rest verblieb als Rücklage, sofern keine Wiedergutmachung zu leisten war. Die meisten kriminellen Straftäter hatten aber tausende Mark an Schulden zu zahlen. Damit die Gläubiger wenigstens etwas Geld zu sehen bekamen, wurden die paar Mark Restgeld gleich an sie überwiesen. Dem Gefangenen stand in diesem Fall nur ein monatlicher Einkauf von 15 Mark zu. Das reichte noch nicht einmal zum Rauchen. Wenn er dann entlassen wurde, ging er nach Jahren schwerster Arbeit mit leeren Taschen nach Hause.

Aber auch jene, die schuldenfrei waren, hatten nach einem Jahr harter Arbeit gerade einmal 150 bis 200 Mark zur Verfügung. Ein Ansporn zur Arbeit war dieser Hungerlohn nicht. Die Arbeit im DDR-Strafvollzug war gnadenlose Ausbeutung des Gefangenen durch den Staat. Sie war sogar doppelte Ausbeutung, denn erstens kassierte der Staatshaushalt den größten Teil des Verdienstes und zweitens erhielt der Betrieb für den normalen Tariflohn die doppelte und dreifache Arbeitsleistung eines Zivilarbeiters.

Der Lageralltag – das KZ stand Pate

Um Missverständnissen vorzubeugen: ich möchte „Schwarze Pumpe" keinesfalls mit einem KZ gleichsetzen. Es wurde nicht gefoltert und getötet. Aber mir fiel auf, dass die DDR einige formale Praktiken hinsichtlich der Unterbringung, Verwaltung und Organisierung der Strafgefangenen von der Nazidiktatur übernommen hat. Für den Neuankömmling zuerst sichtbar war das große, überdachte Lagertor mit doppeltem Eisengitter, der Sicherheitsschleuse dazwischen und einem Uhrentürmchen auf dem Dach. Rechts und links davon erstreckten sich symmetrisch die flachen Verwaltungsbaracken. Daran schloss sich die Mauer an, die ein Geviert von ca. 200 mal 200 Meter umschloss. Auf der Mauer Stacheldraht. Im Inneren davor eine Laufzone für scharfe Schäferhunde, die, mit Leinen an Laufdrähten befestigt, an der Mauer entlang laufen konnten. Eine Methode, die Hunde speziell auf Strafgefangene abzurichten, habe ich einmal beobachten können als ich im Krankenrevier lag. Die Baracke befand sich wenige Meter vor den Sicherheitsanlagen. Eines Nachts sah ich durchs Fenster, wie ein Strafvollzugsangehöriger in Sträflingskluft die Hunde mit einem Knüppel aufs Äußerste reizte. Offensichtlich sollte damit bei den Hunden in Verbindung mit der Sträflingsbekleidung ein Aggressionsreflex erzeugt werden.

Die Abgrenzung der Hundelaufzone nach innen bildete ein Drahtzaun, davor eine geharkte Todeszone und ganz innen ein Stacheldrahtzaun. An den vier Ecken der Maueranlage ein besetzter Wachturm. Ich kam zur Erkenntnis, dass jeglicher Fluchtversuch Selbstmord wäre. Als ich ins Lager kam, hörte ich dann auch als erstes, dass wenige Wochen zuvor ein Häftling die Flucht versucht hatte. Er wurde erschossen. Zur Abschreckung mussten alle Gefangenen an der Leiche vorbei defilieren.

Im Inneren des Lagers befanden sich die sechs oder sieben Strafgefangenenbaracken, die Essensbaracke und die des Krankenreviers. An sie schloss sich ein sehr flacher, kleiner Massivbau mit den Arrestzellen an. Außer den Gebäuden gab es auf dem Gelände nichts, keine Bäume, keine Sträucher, keine Blumen. Nur ein riesiger Appellplatz dehnte sich in der Mitte der Anlage aus. Rein äußerlich erinnerte mich dieses Lager an die KZs, die ich besichtigt oder auf Fotos und in Filmdokumentationen gesehen hatte.

Auch die Organisation zeigte verblüffende Übereinstimmungen mit einem KZ. Es gab einen hohen Grad an Selbstverwaltung. Einige der von den Strafvollzugsangehörigen eingesetzten Häftlinge beherrschten die übrige Masse der Gefangenen. Man suchte sich dafür willfährige Häftlinge aus, von denen man wusste, dass sie für eine Belohnung in Form einer vorzeitigen Entlassung in Konfliktfällen stets auf Seiten des Strafvollzuges stehen würden.

So gab es an der Spitze der Gefangenenhierarchie den schon erwähnten Lagerältesten, der die mit Abstand größten Machtbefugnisse besaß, der in mancher Hinsicht sogar mächtiger war als ein kleiner Strafvollzugsangehöriger. Neben dem Lagerältesten gab es in jeder Baracke (Station) den Stationsältesten, jeder Verwahrraum hatte dann noch den Verwahrraumältesten. Nicht zu vergessen die schon beschriebenen Brigadiere. Jeder dieser Funktionsträger kannte seine Machtbefugnisse genau und nutzte sie weidlich aus. Eines hatten aber alle Funktionen gemeinsam: sie durften von keinem politischen Häftling ausgeübt werden, sondern ausschließlich von Kriminellen.

Der Lagerälteste war von allen der einzige, der seine Funktion hauptberuflich verrichtete. Seine wichtigste Tätigkeit bestand darin, ständig den aktuellen Überblick über die Belegungsstärke des Lagers zu haben. Zweimal am Tag musste er dem Offizier vom Dienst (OvD) diese Zahlen mitteilen, die dieser zu überprüfen hatte. Das geschah in Form der berüchtigten Zählappelle jeweils morgens und abends. Dazu mussten sich jedes Mal sämtliche Strafgefangenen – außer Kranken und Arrestanten – brigadeweise auf dem Appellplatz in einer riesigen Hufeisenform aufstellen. Nachdem der Lagerälteste die Sollzahlen stramm und militärisch gemeldet hatte, schritt der OvD die Formationen ab und überprüfte die gemeldeten Zahlen, indem er die Strafgefangenen zählte. Bei einer Belegungsstärke von rund 700 Gefangenen war das keine Kleinigkeit.

Sehr oft stimmten Soll- und Ist-Zahlen nicht überein, dann musste immer wieder korrigiert, immer wieder aufs Neue gezählt werden, solange, bis die Zahlen übereinstimmten. Das konnte schon mal eine Stunde dauern, in besonderen Fällen sogar noch länger. Ob bei glühender Hitze, strengem Frost oder Regen, stets mussten wir während der gesamten Zeit reglos stramm stehen. An- und Abmarsch erfolgten brigadeweise in streng militärischer Form, d. h. im Gleichschritt und mit der entsprechenden Kommandosprache.

Vorgeschrieben war auch die vollständige Bekleidung, selbst bei glühender Hitze musste die Jacke angezogen werden, natürlich vollständig zugeknöpft. Auch die Mütze durfte nicht fehlen. Besonders im Winter, wenn bei den Zählungen Dunkelheit herrschte, boten die angetretenen Häftlinge einen unheimlichen Anblick. Die große Anzahl der Gefangenen mit ihren fast bodenlangen schwarzen Uniformmänteln und den gelben Streifen sowie den schwarzen, weit in die Gesichter herab gezogenen Schiebermützen waren überhaupt nicht mehr als Individuen erkennbar, sondern gerieten zu einer starren schwarzen Masse. Zusammen mit der eindrucksvoll beleuchteten Kulisse der gigantischen Industrieanlagen im Hintergrund; mit ihrem ständigen Zischen und Fauchen wirkte das gespenstisch und unwirklich.

Freizeit blieb zwischen den vielen Verpflichtungen, denen man nachzukommen hatte, kaum übrig. Irgendwie waren wir immer eingespannt. Gleich nach Feierabend gab es Essen in der Speisebaracke. Danach waren diverse Reinigungs- und Reparaturarbeiten an der Reihe, beispielsweise Stiefel putzen, Strümpfe stopfen, Revier reinigen. In der knappen Freizeit konnten wir uns auch außerhalb der Baracken bewegen. Natürlich immer nur in vollständiger Bekleidung. Begegnete der Gefangene einem Uniformierten, musste er stehen bleiben, das Käppi herunterreißen und unter Nennung des Dienstgrades des Angesprochenen den „Tagesgruß entbieten", wie es in der Lagerordnung hieß. Dazu musste der Häftling in der Lage sein, blitzschnell die Schulterstücke zu deuten.

Ähnliches galt auch, wenn ein Uniformierter den „Verwahrraum" betrat. Der Verwahrraumälteste hatte „Achtung" zu brüllen, alle Strafgefangenen mussten aufspringen, der Verwahrraumälteste gab die Meldung ab, z. B. wie viele Gefangene anwesend und womit sie beschäftigt sind und wie viele warum abwesend sind.

Trat man als Gefangener in das Zimmer des Stationsleiters, z. B. weil ein Brief abzuholen war, musste man die Kopfbedeckung herunter reißen, stramm stehen und sagen: „Strafgefangener Drewitz meldet sich zum Briefempfang." Durch diese vielen kleinen Vorschriften wurden die Häftlinge ständig gedemütigt und klein gehalten. Ich persönlich litt sehr unter den ständigen Erniedrigungen, wusste ich doch, dass diese so genannten „Erzieher" häufig noch nicht einmal über einen Achtklassenabschluss verfügten. So jemand sollte mich erziehen? Wozu erziehen? Gemeint war natürlich Gehirnwäsche à la Holzhammer.

Der Stationsleiter einer fremden Baracke fragte mich einmal, ob ich ihm Nachhilfeunterricht in Physik geben könne, er mache auf der Abendschule gerade seinen Achtklassenabschluss und habe Probleme in diesem Fach. Obwohl Physik wie auch alle anderen Naturwissenschaften nicht gerade meine Stärke in der Schule waren, willigte ich ein. Aber aus irgendeinem Grunde zerschlug sich das Ganze wieder. Ich vermute, man hat ihn zurückgepfiffen. Denn solche „Verbrüderungen" mit Strafgefangenen waren den Bediensteten eigentlich verboten.

Auch meine Mitgefangenen in der Brigade gingen mir auf die Nerven. Leider war in meiner Gruppe kaum ein Politischer. Es war selten mal ein vernünftiges Gespräch möglich. Alles drehte sich nur um „draußen", und dabei nur um „Weiber", Saufen, Gewalt, alte und neue Straftaten, um Prahlereien und um Banalkonversation. Wenn ich schon gezwungen war, stupide Arbeit zu verrichten und von fast jeglicher Kultur abgeschnitten war, so wollte ich doch wenigstens mal ein niveauvolleres Gespräch führen. Aber dazu musste ich mich mit Häftlingen anderer Stationen treffen, was nur in der sehr knappen Freizeit möglich war.

In der Haft habe ich erfahren, dass es in der DDR sogar Analphabeten gab. Wir hatten mehrere im Lager. Einer wandte sich vertrauensvoll an mich und bot mir an, gegen Tabak seine komplette Briefkonversation zu betreiben. Ich musste ihm immer die Briefe seiner Freundin vorlesen und auch beantworten. Beim Schreiben ließ er mir freie Hand. Ich habe die tollsten Liebesbriefe verfasst, und er war immer ganz glücklich darüber, wenn ich ihm seinen „eigenen" Brief vorlas. Meine bessere Schulbildung, die mir zwar unter den Mitgefangenen meist Respekt und „Reichtum" in Form von Tabak einbrachte, wirkte sich gegenüber den Uniformierten jedoch überwiegend negativ aus. Weil sie sich mir möglicherweise unterlegen fühlten und mein Delikt als gefährlich einschätzten, sahen sie von mir eine große Gefahr ausgehen.

Deutlich wurde die Unsicherheit immer dann, wenn ich meine Briefe nach Hause schrieb. In der Kategorie drei war es erlaubt, monatlich drei Briefe nach Hause zu schreiben und auch drei Briefe zu empfangen, jeweils nicht mehr als eine DIN A4-Seite. Zudem hatte man mir jetzt ausnahmsweise zwei Schreibadressen genehmigt. Nun konnte ich also Briefe an meine Verlobte und an meine Eltern schreiben und auch erhalten. An der Gesamtzahl von drei Briefen monatlich änderte sich dadurch allerdings nichts, so dass sich die Angehörigen untereinander abstimmen mussten.

Die Briefe, die ich schrieb, bekam ich meistens wieder zurück, weil der Stationsleiter in Formulierungen, in die Wortwahl oder in andere Dinge etwas hineingeheimniste, was gar nicht drin war. Als ich einmal einen Brief drei Mal neu schreiben musste, war ich sehr aufgebracht und fragte, warum denn ausgerechnet immer ich davon betroffen sei. Da ließ der Stationsleiter, Polizeimeister Tanneberger, die Katze aus dem Sack. Er meinte, dass er meine Briefe ganz besonders sorgfältig lese, weil er mich wegen meines politischen Delikts und meiner Ausbildung für gefährlich halte. Ich würde es verstehen, zwischen den Zeilen Dinge mitzuteilen, die verboten seien. Dabei hatte ich Derartiges nie im Sinn.

So bat ich in einem Brief an meine Eltern, meiner Tante und meinem Onkel einen Gruß zu bestellen und ihnen etwas ganz Harmloses auszurichten. Auch das wurde beanstandet mit dem Verdacht, dass es sich vermutlich gar nicht um Verwandte handele und die äußerlich harmlose Nachricht eine verschlüsselte Botschaft sein könnte. Es war absurd. Ich konnte schreiben, was ich wollte, ständig fand man in meinen Briefen etwas Unzulässiges.

Aber auch umgekehrt wurden mir einige Briefe von meiner Verlobten und von meinen Eltern nicht ausgehändigt. Zurückgeschickt wurden sie aber auch nicht, sondern einfach zu meinen Effekten gegeben. Das bemerkte ich freilich erst nach der Haftentlassung.

Dieser Argwohn schlug natürlich auch den anderen politischen Gefangenen entgegen. Die meisten waren wegen versuchter Republikflucht, Staatsverleumdung oder Hetze zu bis zu zwei Jahren Haft verurteilt worden. Ein nicht unbeträchtlicher Teil der politischen Häftlinge gehörte der religiösen Sekte „Zeugen Jehovas" an, die alle wegen Wehrdienstverweigerung eine Einheitsstrafe von zwei Jahren absitzen mussten. Die politischen Häftlinge hatten im Durchschnitt eine höhere Schulbildung als die kriminellen Straftäter. Deshalb wurde seitens des Strafvollzugs sehr darauf geachtet, dass die Politischen gleichmäßig unter den Kriminellen verteilt wurden.

Das führte zwangsläufig dazu, dass sich die politischen Gefangenen in der Freizeit oftmals zusammenfanden, um etwas niveauvollere Gespräche zu führen oder über bestimmte Fragen zu diskutieren. Natürlich konnten sich nicht alle gleichzeitig treffen. Dazu waren es zu viele. Denn schätzungsweise ein Viertel bis ein Drittel aller Gefangenen in der „Pumpe" war aus politischen Gründen dort. So fanden sich immer relativ kleine Gruppen zusammen. Das wurde von den Uniformierten, sobald es bemerkt wurde, unterbunden. Man vermutete darin konspirative Geheimtreffen mit verschwörerischem Charakter. Aber grundsätzlich verhindern ließ sich das nicht. Je kleiner die Gruppe, desto besser. Über politische und weltanschauliche Fragen wurde normalerweise nicht diskutiert, weil jeder wusste, in der Gruppe konnte ein Spitzel sein.

Derartige Fragen und Probleme diskutierte ich nur mit einem Gefangenen, mit dem ich mich etwas angefreundet hatte. Leider war er nicht in meiner Brigade und Gespräche somit selten möglich. Er hieß Bernd S. und war vor seiner Verhaftung wegen versuchter Republikflucht Student an der Bergakademie Freiberg. Neben hoher Intelligenz verfügte er vor allem über einen Ehrgeiz, der es ihn nicht verwinden ließ, dass er sein Studium nach der Haft vermutlich nicht weiterführen konnte. Leider sprechen Indizien dafür, dass er sich im Lager von der Stasi für Spitzeldienste missbrauchen ließ, um sich eine vorzeitige Haftentlassung zu erkaufen. Tatsächlich wurde er vorzeitig entlassen, was bei seinem Delikt ungewöhnlich war.

Wie ich später von seinen Eltern erfuhr, hat er dann die DDR doch noch illegal verlassen und sein Studium im Westen fortgesetzt. Einige Umstände dieser Flucht lassen aber den Verdacht zu, dass der Grenzübertritt von der Stasi inszeniert worden ist. So etwas wurde häufiger praktiziert, um „Kundschafter des Friedens" in die Bundesrepublik einzuschleusen. Sonderbar war auch, dass meine Briefe, die ich ihm an seine neue Adresse in Clausthal-Zellerfeld schickte, alle unbeantwortet blieben. Wie auch immer sich die Sache verhielt, eines war sicher: Die Stasi versuchte auch hier im Lager ständig an alle wichtigen und unwichtigen Informationen heranzukommen. Aus meinen Gesprächen mit den anderen Politischen hatte ich erfahren, dass das MfS versuchte, fast jeden Gefangenen für Spitzeldienste zu werben. So war ich also vorgewarnt und konnte mich mental darauf vorbereiten.

Irgendwann im Frühjahr war es dann soweit. Ich bekam am frühen Morgen mitgeteilt, dass ich nicht zur Arbeit auszurücken brauche, sondern im Verwahrraum auf weitere Anweisungen zu warten hätte. Im Laufe des Vormittags wurde ich durch den Lautsprecher zur Torwache befohlen. Von dort wurde ich in einen Raum der Verwaltungsbaracke geführt. Zwei Männer in Zivil, die sich nicht vorstellten, die aber auf Grund ihrer Erscheinung keine Zweifel offen ließen, zu welcher Firma sie gehörten, empfingen mich. Zuerst freundlicher Smalltalk, sie erkundigten sich, wie es mir denn ginge, ob ich mich schon eingelebt habe, wie das Essen sei und ähnliche Banalitäten. Aus allem, was sie sagten, schloss ich, dass sie sehr gut über mich Bescheid wussten. Da ich nicht vorhatte, auf die Wünsche dieser Herren einzugehen, wartete ich gespannt, wie sie es nun anstellen würden, mich als Spitzel zu gewinnen.

Sie fragten mich, ob ich meine Tochter denn schon gesehen hätte, obwohl sie genau wussten, dass das gar nicht der Fall sein konnte. Als ich verneinte, wollten sie wissen, ob ich sie denn nicht sehen möchte. Ich ahnte, worauf sie abzielten, stellte mich aber dumm, damit sie konkreter wurden. Nachdem sie einige Zeit um den heißen Brei herum geredet hatten, forderten sie mich auf, ihnen Informationen über Vorgänge, Gespräche, Meinungsäußerungen in meiner Brigade und darüber hinaus zu liefern. Mit der Bemerkung, dass ich für sie nicht als Spitzel arbeiten würde, lehnte ich ab.

Daraufhin versuchten sie mir einzureden, dass ich schwere Verbrechen am Staat begangen hätte und ich eigentlich das Bedürfnis haben müsste, das begangene Unrecht wieder gut zu machen. Sie stellten mir einige Monate vorzeitige Haftentlassung in Aussicht und brachten immer wieder meine Tochter, die ich ja dann umso früher sehen könnte, ins Spiel. Natürlich wussten sie, dass meine Verlobte und meine Tochter die verwundbarsten Stellen an mir waren. Ich machte ihnen aber klar, dass ich weder Verbrechen begangen noch irgendetwas gutzumachen habe. Da war ihre gespielte Freundlichkeit schlagartig verflogen. Hasserfüllt und wütend unterstellten sie mir Kaltherzigkeit, weil ich angeblich mein Kind nicht sehen wollte. Sie prophezeiten mir, dass ich, wenn ich es mir nicht noch anders überlegte, meine Strafe bis zum allerletzten Tag abzusitzen hätte, was ja dann auch tatsächlich geschah.

Der DDR-Knast, insbesondere die ständigen Demütigungen, die schwere Arbeit und nicht zuletzt auch die sexuellen Probleme waren so schwer zu ertragen, dass ich sehr viel getan hätte, um früher dort herauszukommen. Aber für mich kamen nur solche Dinge wie gute Führung und hervorragende Arbeitsleistungen in Frage. Schweren Herzens war ich auch zu Kompromissen bereit, indem ich mit der regelmäßigen Gestaltung einer Agitationstafel sogar „gesellschaftliche Arbeit" leistete. In all diesen Dingen hatte ich stets mein Bestes gegeben, nicht zuletzt auch deshalb, weil ich mich dadurch auch etwas von meinen düsteren Gedanken ablenken wollte.

Aber Stasispitzel zu werden, kam für mich nicht in Frage. Lieber ein paar Monate länger im Knast als ein Leben lang den Verlust der Selbstachtung. Außerdem war mir klar, dass die Spitzelei nach der Entlassung draußen weitergehen würde. Für die paar Monate vorzeitiger Entlassung hätten sie mir wahrscheinlich drei Jahre Bewährung aufgebrummt. Das wäre wieder eine zusätzliche Zeit gewesen, in der sie mich weiterhin zur Zusammenarbeit hätten erpressen können.

Für viele Häftlinge war eine Ablehnung keine Selbstverständlichkeit, wie man heute weiß. Etliche erlagen in dieser Erpressungssituation der Versuchung. Eine zutiefst menschliche Schwäche, die kein Nichtbetroffener verurteilen sollte. Einige haben sich auch nur zum Schein auf eine Zusammenarbeit eingelassen. Völlig unverständlich für mich ist es dagegen, wenn sich draußen im normalen Leben jemand ohne Not von der Stasi anheuern ließ und mit Eifer, womöglich jahrelang, die übelsten Berichte über andere schrieb. Menschliche Abgründe sind offenbar grenzenlos, wenn man bedenkt, dass es der Stasi sogar manchmal gelang, den eigenen Ehepartner eines oder einer Verdächtigen als Spitzel zu gewinnen. Seit der Offenlegung der Stasiakten kommen immer wieder derartige Ungeheuerlichkeiten ans Licht.

Weil jeder Gefangene wusste, dass es Spitzel gab, misstraute einer dem anderen. Eine Solidarität unter den Gefangenen gab es im Grunde nicht. Die Uniformierten unterstützten das, in dem sie Misstrauen und Zwietracht säten. Mit der Aussicht auf vorzeitige Entlassung wurde jeder animiert, Äußerungen über irgendwas oder irgendwen sofort dem Stationsleiter zu melden, immer in der Hoffnung, ein paar Pluspunkte einzuheimsen. Ich habe jedenfalls immer wieder erlebt, dass nichts, was in den Verwahrräumen geschah oder gesprochen wurde, geheim blieb. Keine Begebenheit, keine Äußerung war simpel genug, um nicht denunziert zu werden. Das schuf eine unerträgliche Atmosphäre unter den Gefangenen.

Mein Nebenberuf – „Plakat-Agitator"

So aussichtslos das bei meinem Delikt auch war, versuchte ich jede ehrliche Möglichkeit zu nutzen, um eine vorzeitige Entlassung zu erwirken. Aber wenn man im Gefängnis keine Hoffnung mehr hat, ist man verloren. Da jede Station monatlich eine zwei Quadratmeter große Plakatfläche zu vorgegebenen Themen zu gestalten hatte und ich eine entsprechende Ausbildung hatte, erklärte ich mich bereit, diese Arbeit zu übernehmen. Unter primitivsten Arbeitsbedingungen in einer winzigen Kammer, in der unsere übel riechenden Arbeitssachen hingen, habe ich mir jeden Monat etwas Neues ausgedacht. Die Themen waren vorgegeben, z. B. Weltfriedenstag, 1. Mai, Ernst Thälmanns Geburtstag, aber auch die „Volkswahlen", an denen wir Gefangene nicht teilnehmen durften. Seitdem ich diese Aufgabe für meine Station übernommen hatte, errangen wir jedes Mal den ersten Platz. Mein Stationsleiter war sehr zufrieden mit mir. Auch ich war zufrieden, konnte ich doch dadurch ein ganz klein wenig in meinem Beruf arbeiten. Nebenbei gab es auch einige kleine Vergünstigungen wie Sonderpakete oder die Erlaubnis zusätzlicher Besuche, einmal auch eine Prämie von 20 Mark als Einkaufsgutschein.

Tätowieren – ein Knastphänomen

Wenn ich es gewollt hätte, hätte ich noch einen zweiten Nebenberuf ausüben können, nämlich den des Designers von Tätowiervorlagen. Das Tätowieren war bei den Häftlingen beliebt, für mich blieb es eine Unsitte. Deshalb weigerte ich mich auch, Tätowiervorlagen herzustellen, obwohl ich mir damit eine Menge Tabak hätte verdienen können. Da die anderen mitbekamen, dass ich gut zeichnen konnte, wurde ich geradezu bedrängt. Aber ich fand Tätowierungen scheußlich und war überzeugt, dass fast jeder Tätowierte es einmal bereuen würde. Zumal damals Tätowierungen Merkmal eines Knastologen waren, bestenfalls noch das eines Seemanns. In der Öffentlichkeit jedenfalls galt das als anstößig. Im Gefängnis jedoch waren sie für viele eine Sache des Prestiges, eine gute Möglichkeit, mit immer mehr, immer größeren und immer farbigeren Tätowierungen Überlegenheit zu demonstrieren.

Und so konnte man die absurdesten Tätowierungen „bewundern". So sah ich bei einem Gefangenen auf dem Allerwertesten eine Katze, die einer Maus hinterher sprang, die ihrerseits mit ihrem Vorderteil schon in der A….ritze verschwunden war. Bei einem anderen wand sich eine riesige gewundene Schlange um seinen gesamten Körper, vom Hals bis zum Fuß. Wieder ein anderer hatte um seinen Hals eine gestrichelte Linie. Darüber standen die Worte „mein Hals gehört dem Henker". Beliebt waren auch die abwechselnd auf die Zehen tätowierten Worte „lauf", „langsam". Auch den menschenfeindlichen Spruch „Seitdem ich die Menschen kenne, liebe ich die Tiere" sah ich mehrfach in verschiedener „künstlerischer" Qualität. Besonders beliebt waren die so genannten Pennertränen, wobei einige Zentimeter unter einem Auge eine oder mehrere Tränen tätowiert wurden. Einige Häftlinge hatten sogar ihren Penis tätowiert. Natürlich gab es auch Totenköpfe, Tigerköpfe, nackte Frauen und ähnliches. Der Gipfel der Geschmacklosigkeit aber waren für mich die Ganzkörpertätowierungen. Ich habe Menschen gesehen, die am gesamten Körper kaum einen Quadratzentimeter Haut aufwiesen, der nicht dekoriert war, das Gesicht inklusive. Ich fragte mich, wie diese Leute draußen ihr Leben bewältigen würden, wie sie Arbeit oder öffentliche Anerkennung bekommen wollten.

Grundsätzlich war das Tätowieren im Gefängnis verboten. Entsprechend abenteuerlich waren die Umstände, unter denen die Tätowierungen entstanden. Die Tinte wurde aus Spucke und Asche von verbranntem Gummi und anderen Materialien hergestellt. Für farbige Tinten wurden geriebene Ziegelsteine oder ähnliches verwendet. Dann umwickelte man eine Stopf- oder Nähnadel mit einem Faden – wobei nur die Spitze frei blieb – tauchte sie in die Tinte und begann mit dem Stechen. Der Faden diente dabei einerseits als Einstichbegrenzung und andererseits als Tintenreservoir.

Es war nicht nur eine mühselige, sondern auch eine schmerzhafte Angelegenheit, denn das Ganze entwickelte sich erst einmal zu einer einzigen blutenden Wunde, die nach einigen Tagen verschorfte. War der Schorf verschwunden, kam die Tätowierung zum Vorschein. Und erst dann war erkennbar, ob sie gelungen war. Es war grässlich, was da mitunter entstand und den Träger sein ganzes Leben lang entstellte. Um Entzündungen zu vermeiden, rieben die

Häftlinge die Wunde nach dem Stechen mit dem eigenen Urin ein. Ob das tatsächlich die erhoffte Wirkung hatte, weiß ich nicht. Aber alle waren überzeugt davon.

Der „Sprecher" – Berührung mit der anderen Welt

Besuch heißt im Knastjargon „Sprecher". In der Kategorie drei hatte ich das Recht, alle acht Wochen für eine halbe Stunde Besuch zu empfangen. Aber nur von den Personen, die auch als Schreibadressen registriert waren, also von meiner Mutter und meiner Verlobten. Den ersten Sprecher mit meiner Verlobten hatte ich am 9. April 1967. Das war der erste direkte Kontakt mit ihr seit ihrem Besuch in Potsdam vor fünf Monaten und das erste Mal, seitdem wir Eltern geworden waren.

Sprecher fanden ausschließlich sonntags statt. Die Genehmigung wurde vom Gefangenen beantragt, vom Stationsleiter befürwortet und mit genauer Angabe von Datum und Zeit einem der Briefe beigelegt. Interessant war bei der Prozedur, dass man seine meist verschlissene Häftlingsbekleidung unmittelbar vor dem Besuch gegen eine ganz besonders gute, nur für diesen Zweck vorgesehene Uniform tauschen musste. Bezeichnenderweise fehlten dabei an Jacke und Hose die diskriminierenden gelben Streifen. Den Angehörigen wurde also etwas vorgegaukelt. Man durfte seine Angehörigen auch nicht darüber aufklären.

Mindestens fünf Besuche wurden in einem Raum gleichzeitig abgewickelt. In der Mitte verlief eine breite Barriere aus Tischen. Auf der einen Seite saßen die Besucher, auf der anderen die Häftlinge. Berühren und Umarmen war verboten, lediglich ein Händedruck über den Tisch wurde erlaubt. Der Stationsleiter jedes Gefangenen stand dabei und hörte zu. Er passte auf, dass der Häftling seine Besucher nicht berührte und nichts Unzulässiges sagte. Wegen der sehr breiten Tische musste ziemlich laut gesprochen werden. Zusammen mit den Gesprächen der anderen war das stets eine ungeheure Geräuschkulisse. Gespräche über das Lagerleben, die Arbeit, das Essen und nach wie vor auch über die Straftat waren verboten. Meistens gaben sich die Uniformierten beim Sprecher recht nett und freundlich, weil sie bei den Besuchern ein gutes

Bild vom Strafvollzug vermitteln wollten. Manche ließen es sogar zu, dass der Häftling seine Angehörigen bei der Begrüßung oder beim Abschied über den Tisch kurz umarmte. Auch Mitbringsel waren gestattet. Die waren allerdings von Art und Menge genau limitiert. Aber auch dabei waren die Bediensteten meist großzügig.

Von einem Besuch zehrte ich tagelang. Ich konnte mich gar nicht satt sehen an meiner Verlobten oder meiner Mutter, die aus einer Welt kamen, die so weit weg schien, dass ich manchmal das Gefühl hatte, sie nie wieder zu sehen. Nach dem „Sprecher" war ich jedes Mal erschöpft und brauchte den restlichen Sonntag, um mich zu erholen. Diese Aufregung war ich einfach nicht mehr gewohnt. Unmenschlich war aber die Regelung, dass keine Kinder hinein durften. Obwohl meine Verlobte unsere Tochter einmal mitbrachte, durfte ich sie nicht sehen.

Bei einem ihrer Besuche fragte mich meine Mutter, ob ich vom Knast in den Westen entlassen werden möchte. Ich glaube, ich zweifelte in diesem Augenblick an ihrem Geisteszustand. Was sollte denn diese absurde Frage bedeuten? Sie klärte mich aber sogleich darüber auf, zumindest soweit sie es selber verstand. Die Informationen hatte meine Mutter von ihrem in Schleswig-Holstein lebenden Bruder, der beim Deutschen Gewerkschaftsbund arbeitete. Demnach sollte es für politische Häftlinge in der DDR die Möglichkeit geben, nach Verbüßung ihrer Strafe in den Westen entlassen zu werden, wenn sie es wünschten. Allerdings brauchte man etwas Glück, um auf eine Liste gesetzt zu werden, aus der sich die DDR-Behörden bestimmte Personen aussuchten.

Seit langem ist bekannt, dass die so genannten Häftlingsfreikäufe bereits 1963 durch Geheimverhandlungen in Gang kamen. Die Bundesregierung zahlte anfangs 46.000, später 96.000 DM für jeden Häftling, wobei die Höhe auch von dessen Qualifikation abhing. Allerdings waren diese zweifelhaften Geschäfte im Jahre 1967, als mir meine Mutter diese unglaubliche Nachricht überbrachte, in der Öffentlichkeit der beiden deutschen Staaten noch weitgehend unbekannt. In späteren Jahren war dieser moderne Menschenhandel ein offenes Geheimnis und verbreitete sich anfangs durch Buschfunk, später sogar durch die Westmedien auch in der DDR. Obwohl die verschiedenen Bundesregierungen diese

Geschäfte als höchst anrüchig ansahen, schien aber der humanitäre Zweck dieses Mittel zu rechtfertigen.

Während in den ersten Jahren noch nicht jeder ausreisewillige Häftling in den Westen gelangte, war es später wegen des zunehmenden Devisenmangels der DDR fast jedem politischen Häftling möglich, vom Westen freigekauft zu werden. Die DDR war so versessen auf dieses Geld, dass sie der Bundesrepublik auch Schwerkriminelle unterjubelte. Es gab sogar Gerüchte, dass die DDR politische Verurteilungen forcierte, um noch mehr Häftlinge verkaufen zu können.

In den letzten Jahren vor der Wende gab es meines Wissens nicht wenige Menschen, die nach mehreren abgelehnten Ausreiseanträgen absichtlich kleinere politische Delikte begingen, um sich dann nach ein paar Monaten Haft freikaufen zu lassen. Auf diesem Wege gelangten bis zum Zusammenbruch der DDR rund 34.000 Häftlinge in die Bundesrepublik. Die DDR kassierte dafür insgesamt 3,4 Milliarden DM. Aber auch dieses schmutzige Geld vermochte es nicht mehr, den bankrotten Staat vor dem Ruin zu bewahren.

Durch die Informationen meiner Mutter stand ich also jetzt vor der Möglichkeit, vielleicht schon in wenigen Monaten in den Westen ausreisen zu können. Davon träumte ich seit dem Mauerbau. Aber was machte ich? Ich antwortete mit „Nein". Wie hätte ich auch allein in den Westen gehen können? Jetzt, da ich frischgebackener Vater war und eine Verlobte hatte, der ich ein Versprechen gegeben hatte. Sollte ich die mir liebsten Menschen im Stich lassen? Selbst wenn meine Verlobte hätte nachkommen wollen, war das zu jener Zeit überhaupt nicht möglich, zumindest war nichts darüber bekannt.

Mein Revieraufenthalt – Leben wie eine Mastgans

Die ungewohnt schwere Arbeit und das miese Essen bei ohnehin schon stark gemindertem Appetit bewirkten, dass mein Körpergewicht immer weiter zurückging. Anfang Oktober 1967 wog ich gerade noch 48 Kilo. Obwohl ich mich keinesfalls krank oder schwach fühlte, schien mir das nicht normal zu sein. Ich machte in der Krankenbaracke darauf aufmerksam, wurde aber abgewiesen. Beim nächsten Besuch sah meine Mutter, dass ich nur noch Haut und Knochen war und beschwerte sich beim Staatsanwalt in Potsdam, der während der Dauer meiner Haft eine Art Überwachungsfunktion ausübte.

Infolge der Intervention meiner Mutter wurde ich eines Tages in die Krankenbaracke zitiert, um gewogen zu werden. Man machte mir Vorwürfe, dass ich nicht selbst auf mein geringes Gewicht hingewiesen hatte. Mein Einwand, dass dies bereits geschehen war, glaubten sie mir nicht. Nachdem sich der Staatsanwalt eingeschaltet hatte, bekamen sie offenbar Skrupel und überschlugen sich vor Eifer. Sie konnten mich gar nicht schnell genug ins Krankenrevier einweisen. Dort blieb ich von Mitte Oktober bis Anfang Dezember. Die Verpflegung war um sehr vieles besser als das sonstige Essen. Ich bekam jeden Morgen Milchsuppe. Obwohl ich die mein Leben lang gehasst habe, aß ich sie jetzt mit Wonne. Bei der abendlichen Verpflegung gab es mehr und bessere Wurst und sogar richtige Butter. Dazu bekam ich alle paar Tage eine Vitaminspritze verpasst. Es war ein vergleichsweise schönes Leben. Ich konnte mich ausruhen, schlafen, lesen.

Der behandelnde Arzt war selbst ein Strafgefangener. Ehemals Chefarzt eines Dresdner Krankenhauses, war er wegen Abtreibung verurteilt worden. Weil er aber für diese Dienste kein Geld genommen hatte, sondern den Frauen nur helfen wollte, erhielt er kein Berufsverbot. Ein anderer Arzt, der die gleichen Gefälligkeiten gegen Geld erwiesen hatte, wurde neben der Haftstrafe mit einem lebenslangen Berufsverbot belegt. Er durfte im Lager noch nicht einmal als Helfer auf der Krankenstation arbeiten, sondern musste in einer Gleisbaukolonne schuften.

Auf der Krankenstation hausten unter dem Holzfußboden die Mäuse zu Hunderten. Vor lauter Getrappel konnte ich oft kaum schlafen, und manchmal fanden die Mäuse sogar einen Weg ins Zimmer. Wir stellten Fallen auf, um die Plage einzudämmen.

In den Aufenthaltsbaracken hatten wir schon lange das gleiche Problem. Dort haben wir die Mäuse zwar nicht so häufig gehört oder gesehen, dafür aber ihre Fresslust zu spüren bekommen. Das Brot, das wir täglich zugeteilt bekamen, lagerte in einem hohen

Schrank im obersten Fach. Trotzdem war es morgens häufig angefressen. Aber daran hatten wir uns inzwischen gewöhnt. Wir waren sogar froh, es nicht mit Ratten zu tun zu haben. Die Ruhe- und Esstherapie hatte schließlich die erhoffte Wirkung. Bei der Entlassung aus dem Krankenrevier wog ich 65 Kilo, mehr als ich je zuvor gewogen hatte.

So gut auch die allgemeine Krankenbehandlung war, als schlecht erwies sich die zahnärztliche Betreuung. Einmal in der Woche kam ein Polizeizahnarzt ins Lager, der sein Handwerk ganz offensichtlich nicht beherrschte. Es kam nie vor, dass er einen Zahn plombierte oder anderweitig behandelte. Hatte jemand Beschwerden, wurde der Zahn kurzerhand gezogen. Die Spritzen waren kaum verabreicht, kam er schon mit der Zange und holte den Zahn raus, noch bevor die Betäubung richtig wirken konnte.

Auch ich habe spezielle Erfahrungen gemacht, als ein schmerzender Weisheitszahn gezogen werden musste. Der Umstand, dass der Zahn sehr fest saß und der Arzt deshalb erst alle möglichen Geräte ausprobierte, bewirkte, dass die Spritzen etwas Wirkung zeigten und der Schmerz beim Ziehen nicht mehr gar so stark war. So richtig wirkte die Betäubung aber erst, als ich auf dem Rückweg zur Baracke war und den Verwahrraum betrat. Alle lachten. Im Spiegel sah ich die Bescherung: die Spritzen waren so falsch gesetzt worden, dass der obere Teil meines Gesichts auf einer Seite gelähmt war. Das ging so weit, dass das Augenlid unnatürlich weit offen stand und ich es auch nicht mehr bewegen konnte. Ich sah aus wie ein Monster.

Aus diesem Erlebnis zog ich Konsequenzen. Da ich seit jeher mit einer schlechten Zahnsubstanz zu kämpfen hatte, war ich sozusagen immer in Dauerbehandlung. Nun lag mein letzter Zahnarztbesuch schon über ein Jahr zurück, und es hatten sich einige Kariesstellen gebildet, die gelegentlich schmerzten. Doch diesem Zahnarzt wollte ich mich nicht mehr ausliefern, schließlich wollte ich nicht als Zahnloser das Gefängnis verlassen. Also praktizierte ich meine eigene Methode und ließ meine schlechten Zähne weiter vergammeln. So hatte ich wenigstens die Hoffnung, dass sich nach meiner Entlassung vielleicht einiges retten ließe. Das Problem waren jetzt nur die Schmerzen. Da hatte ich folgende Idee: Jeder Mitgefangene, der mir eine Schmerztablette besorgte, bekam dafür eine Zigarette. Für die meisten war das ein Ansporn. Sie liefen zum Krankenrevier, täuschten Kopf-, Zahn- oder sonstige Schmerzen vor, um sich so ein bis zwei Schmerztabletten zu erschwindeln. Damit kam ich tatsächlich bis zur Entlassung über die Runden. Die meisten kaputten Zähne konnten von meinem Arzt noch gerettet werden. Aber einige mussten dran glauben und verhalfen mir im Alter von 25 Jahren zu ersten Kronen und Brücken.

Der Arrest und andere Abscheulichkeiten

Glücklicherweise musste ich niemals eine Arreststrafe verbüßen. Aber der größte Teil der Häftlinge war mindestens ein Mal davon betroffen. Daher waren auch alle anderen bestens über die Zustände informiert. Bei Undiszipliniertheiten konnte vom Stationsleiter ein bis sieben Tage dauernder Arrest angeordnet werden. Das Arrestgebäude hatte mehrere fensterlose Zellen und befand sich unmittelbar neben dem Krankenrevier. Der Häftling konnte nie erkennen, ob es gerade Tag oder Nacht war. Er merkte es lediglich daran, dass abends die Holzpritsche – das einzige Inventar in der Zelle – heruntergeklappt wurde.

Ohne Matratzen, nur mit ein oder zwei Decken versehen, musste der Häftling die Nächte auf der Holzpritsche verbringen. Am Tage konnte er bestenfalls auf dem Fußboden sitzen, denn die Pritsche wurde an die Wand geklappt und verschlossen. Zu essen gab es morgens und abends trockenes Brot und Muckefuck, mittags eine Wassersuppe. Nach sieben Tagen konnte man jedem, der aus diesem Kerker entlassen wurde, die Qualen ansehen. In diesem geschwächten Zustand musste er am nächsten Tag wieder arbeiten.

Obwohl diese Tortur schlimm genug war, genügte sie einigen Stationsleitern nicht. Es kam vor, dass Gefangene bei Disziplinverstößen zwei Mal sieben Tage oder gar drei Mal sieben Tage Arrest aufgebürdet bekamen. Nach den ersten sieben Tagen ließ man sie für einen Tag heraus, um sie dann noch einmal wegzusperren. So entsprach selbst diese Härte noch den Vorschriften, die weiter nichts besagten, als dass jeder Gefangene nicht mehr als sieben Tage hintereinander in Arrest verbringen durfte.

In außergewöhnlichen Situationen wissen sich aber Menschen immer wieder zu helfen. Der Arrestbau grenzte mit einer Wand an die Krankenbaracke und war mit dieser durch ein Heizungsrohr verbunden. Zwischen Rohr und Mauerwerk war etwa ein Zentimeter Zwischenraum. Durch diesen Spalt wurden die Arrestanten von Häftlingen der Krankenbaracke mit Tabak, Zigarettenpapier, Streichhölzern und dazugehöriger Reibfläche versorgt. Natürlich nur, wenn es sich um gute Kumpel handelte, denn eine allgemeine Solidarität unter den Gefangenen gab es nicht.

Bemerkenswert sind auch zwei andere Begebenheiten. Auch in „Schwarze Pumpe" kam es zu Übergriffen des Wachpersonals auf Gefangene. Einige jähzornige Strafvollzugsangehörige waren besonders gefürchtet. In der Regel liefen solche Tätlichkeiten nur ab, wenn keine Zeugen anwesend waren. Aber einmal konnte ich zusammen mit zwei oder drei Mitgefangenen beobachten, wie ein anderer Häftling aus unserer Brigade im Schlafraum von einem Uniformierten wegen einer Bagatelle mit der berüchtigten „Bunawurzel" zusammengeschlagen wurde. Da wir Augenzeugen des Übergriffs waren, sicherten wir dem Geschlagenen unsere Unterstützung zu. Daraufhin brachte er den Mut auf, eine schriftliche Beschwerde zu formulieren, die er dem zuständigen Haftstaatsanwalt zuleiten wollte.

Jeder Gefangene hatte das Recht, an Staatsanwälte, Gerichte oder sonstige Behörden Briefe zu schreiben, die er selbst verschließen konnte, die also vom Stationsleiter nicht gelesen werden durften. Dieses sehr wohlklingende Recht wurde jedoch dadurch ausgehöhlt, dass ein solcher Behördenbrief unter Angabe des Grundes beim Stationsleiter beantragt werden musste. Es war klar, dass dem misshandelten Strafgefangenen der Brief zunächst verweigert wurde. Da er aber nicht locker ließ und drohte, seine Angehörigen zu informieren, nahm man den Brief, in dem er uns als Zeugen namentlich benannte, entgegen. Ich vermute aber, dass der Brief vom Stationsleiter überhaupt nicht weiter geleitet wurde, denn in den zwei oder drei Monaten bis zu meiner Entlassung hat sich in dieser Angelegenheit nichts getan.

Der Misshandelte saß übrigens im Gefängnis, weil er zusammen mit einem Freund in der Nähe des Berliner Springer-Hochhauses von Ost-Berliner Seite über die erste Mauer geklettert war, dann im Kugelhagel die zweite Mauer erreichte, diese auch schon halb erklommen hatte, aber schließlich von einer Kugel ins Gesäß getroffen wurde und abrutschte. Mehrere Wochen lang verbrachte er im Polizeikrankenhaus in der Scharnhorststraße, dem heutigen Bundeswehrkrankenhaus, von wo aus er – Ironie des Schicksals – über die Sperranlagen nach West-Berlin sehen konnte.

Der zweite Fall: In einer Gleisbaubrigade arbeitete ein wegen versuchter Republikflucht verurteilter Raubtierdompteur aus dem VEB Staatszirkus. Ein Kerl, groß wie ein Baum und stark wie ein Bär. Im Gegensatz zu seiner äußeren Statur war er aber ein sehr sensibler, warmherziger, freundlicher und hilfsbereiter Mensch. Eines Tages rutschte er mit seiner Last auf dem schlammigen Boden aus, die Schwelle fiel auf ihn drauf. Ergebnis: Der Mann blieb unterhalb der Taille auf einer Seite gelähmt. Er konnte fortan nur mit Hilfe von Krücken laufen und bot ein Bild des Jammers. Die Ärzte machten ihm wenig Hoffnung, dass sich sein Zustand jemals verbessern würde. Da er ohnehin nur noch wenige Monate zu verbüßen hatte, wurde seitens des Lagers ein Antrag auf vorzeitige Haftentlassung gestellt. Doch bereits der Staatsanwalt lehnte ab. Der Mann musste seine Strafe bis zuletzt absitzen.

Vorzeitige Entlassung? – Nicht mit meinem Delikt

Bei meiner letzten Einsichtnahme in die Stasiakten im Dezember 2008 wurden mir noch einmal 750 Seiten vorgelegt, obwohl ich bereits 1992 1500 Seiten bekommen hatte. Bei dem neuen Konvolut waren auch die Akten der Staatsanwaltschaft Potsdam dabei. Daraus konnte ich ersehen, dass meine Mutter, mein Bruder und auch meine Tante als SED-Genossin kurz vor der Verbüßung von zwei Dritteln meiner Haft im Juni/Juli 1967 Anträge auf vorzeitige Entlassung stellten, wie es die Gesetze der DDR ermöglichten. Der Staatsanwalt sah sich nun gezwungen, in „Schwarze Pumpe" eine Beurteilung über mich anzufordern, verbunden mit einer Stellungnahme zu einer vorzeitigen Entlassung.

Die Beurteilung des Lagerleiters war eineinhalb Seiten lang und sehr positiv. Für meine Arbeit, die Wandzeitungsgestaltung, im persönlichen Bereich wie Disziplin, Sauberkeit und Ordnung, für die

Beteiligung an „erzieherischen" Veranstaltungen, z. B. auch dem Pflichtfernsehen, wurde ich geradezu überschwänglich gelobt. Kein einziger Negativpunkt schlug zu Buche.

Dennoch war die Schlussfolgerung: „Wenn auch der Strafgefangene D. bisher eine positive Entwicklung zeigte, so ist jedoch die Leitung des SV-Kommandos (Strafvollzugskommando, der Verf.) Schwarze Pumpe der Meinung, dass der Strafgefangene D r e w i t z auf Grund der Schwere seiner Straftat die Strafe voll verbüßen sollte. Einer Anwendung des § 346 STPO (vorz. Entlassung. Der Verf.) wird nicht zugestimmt."

Die Formulierung „wegen der Schwere der Straftat" war die Umschreibung für ein politisches Delikt. Offiziell gab es ja keine politischen Häftlinge in der DDR, also auch keine politischen Straftaten. Mit dieser Formulierung konnte man das umgehen. Auch bei den späteren Ablehnungen. Denn die Anträge an den Staatsanwalt gingen weiter. Da im Antwortschreiben des Staatsanwalts vom 3. August 1967 an meinen Bruder die Formulierung „… ich einer bedingten Strafaussetzung zum gegenwärtigen Zeitpunkt noch nicht zustimmen kann" enthalten war, wurde bei meinem Bruder die Hoffnung genährt, dass es etwas später bestimmt klappen würde. In Wirklichkeit wusste der Staatsanwalt von vornherein, dass er mich niemals früher rauslassen würde. Das hatte auch schon der Lagerleiter in seinem Schreiben eindeutig ausgedrückt. Im Oktober stellten meine Angehörigen noch einmal die gleichen Anträge. Dieses Mal nahmen sie auch noch meine Anwältin mit ins Boot, die einen gesonderten Antrag einreichte.

Dieser musste offensichtlich vom Ersten Strafsenat des Bezirksgerichts beantwortet werden, also von meinem berüchtigten Richter Wohlgethan. Der Staatsanwalt gab in einem Schreiben an Wohlgethan schon die Richtung vor, indem er zwar die „erheblichen positiven Veränderungen im Verhalten des Verurteilten Drewitz" erwähnte, aber gleichzeitig die Meinung vertrat, dass „aufgrund der Schwere der Straftat die Strafe nicht bedingt ausgesetzt werden sollte". Mit der gleichen Formulierung teilte Richter Wohlgethan meiner Anwältin die Ablehnung mit.

Das Spiel wiederholte sich dann noch einmal im Dezember. Selbst zu Weihnachten, also drei Monate vor meiner regulären Entlassung, war man nicht gewillt, etwas Menschlichkeit zu zeigen. Mit immer der gleichen Formulierung wurden entsprechende Anträge abgelehnt. So kam es, dass ich tatsächlich – so wie mir das der Stasimann in „Schwarze Pumpe" prophezeit hatte – meine Strafe bis auf den allerletzten Tag absitzen musste.

Die Entlassung – Ende eines Albtraums

Die letzten Wochen vor der Entlassung waren wegen der Vorfreude einerseits die schönsten, andererseits aber auch die schlimmsten. Die Zeit schien plötzlich still zu stehen. Jeder Tag kam mir vor wie früher eine ganze Woche. Die Gedanken kreisten nur noch um „zu Hause". Die Probleme im Strafvollzug und die Arbeit interessierten überhaupt nicht mehr. Ich schwebte gewissermaßen über den Dingen und schaute mitleidsvoll auf die „Langstrafer", die sich weiterhin mit den vielen Problemen rumschlagen mussten, die für mich auch einmal wichtig waren.

Von den anderen wurde ich beneidet, wenn ich verkündete, was ich an den ersten Tagen der Freiheit alles machen würde, genauso, wie ich selbst 18 Monate lang andere beneidet hatte, die kurz vor ihrer Entlassung standen. Ein „Entlasser" kann einer Brigade mächtig auf die Nerven gehen, weil er kein anderes Thema mehr kennt. Einige drehten geradezu durch vor Freude. Andere nutzten ihre eventuell vorhandenen Ersparnisse der Tabakwährung dazu, sich einen „Butler" zu leisten. Es fanden sich immer Gefangene, die gegen Tabak jeden Dienst verrichteten, beispielsweise Stiefel putzen, Socken stopfen, Geschirr abwaschen, Stullen schmieren oder sauber machen. Hatte jemand eine gute Jacke, Hose, ein Hemd oder passable Stiefel, tauschte er seine Sachen meistens gegen schlechtere Kleidungsstücke. Ihm war es egal, was er am Tag der Entlassung zurückgab. Am 14. März 1968 war es dann endlich soweit. Ein herrliches Gefühl, nicht zur Arbeit ausrücken zu müssen. Stattdessen große Verabschiedungen von einigen, die mir inzwischen doch näher standen als andere. Einige Adressen wurden noch schnell auswendig gelernt.

Vor der Entlassung aber erst das mehrere Stunden währende Laufzettel-Ritual mit der Abgabe der entliehenen Bücher, der Kleidung und sonstigen Utensilien, Aushändigung der Zivilsachen, Empfang des in einem Jahr verdienten Geldes und als Abschluss die obligatorischen Mahnworte des Anstaltsleiters für das Leben draußen. Wie gut es tat, wieder zivile Kleidung anzuhaben, eine Armbanduhr am Handgelenk zu tragen und über echtes Geld zu verfügen.

Das riesige Tor öffnete sich und ich ging hindurch, das erste Mal ohne Kommando, Maschinenpistolen und Hundegebell.

Der Neuanfang – alles wird gut?

Unser Hochzeitsfoto

Meine Verlobte wartete vor dem Tor bereits auf mich. Die tollsten Gefühle stürmten auf mich ein. Sehr bewegend war der Moment, als ich endlich meine Tochsehen konnte. Bisher hatte ich nur ein Foto von ihr, nun also das Original. 15 Monate alt war sie inzwischen. Es war schön und berauschend zugleich. Vier Wochen später heirateten wir und waren eine richtige Familie. Als ob das nicht schon genug des Glücks gewesen wäre, bekam ich bald darauf die Mitteilung, dass ich mein Studium fortsetzen durfte; etwas ganz Seltenes für jemand, der gerade eine politische Haft hinter sich hatte. Aber daran kann man erkennen, dass es auch in einer Diktatur keine Automatismen gibt, sondern immer wieder auch Ausnahmen von der Regel.

Die Entscheidung hatte sich schon während meiner Haft angedeutet. Mehrere Faktoren kamen hier zusammen. Zum einen hatte sich der Dozent, der mich noch wenige Tage vor meiner Verhaftung nach dem Grund meiner auffälligen Gemütslage befragt hatte, bei den Verantwortlichen der Fachschule sehr für die Fortsetzung meines Studiums eingesetzt. Als Spanienkämpfer, anerkanntes Nazi-Opfer und verdienter Kommunist hatte seine Meinung ein großes Gewicht. Unterstützung bekam er von der Personalchefin, die aufgrund einer kurzfristigen Verhaftung ihres Sohnes durch die Stasi ebenfalls erkannt hatte, dass sie in einem Staat lebte, der von Unterdrückung, Willkür und Machtmissbrauch bestimmt wurde. Sie hatte mich in Schwarze Pumpe sogar einmal besucht, und angekündigt, dass sie und ihr Kollege sich für die Weiterführung meines Studiums einsetzen würden.

Zusätzlich kam mir noch ein Umstand zugute, der wahrscheinlich sogar entscheidend war. Die Studienbedingungen in meiner Fachrichtung Werbegestaltung/Ausstellungsgestaltung waren aufgrund des despotischen Fachrichtungsleiters Sch. sehr hart und Kräfte zehrend. Wir mussten häufig Nächte durcharbeiten, er sprach uns sogar das Recht auf Privatleben und zwischenmenschliche Beziehungen ab. So kam es, dass etliche Studenten nur noch die Möglichkeit sahen, sich mit Medikamenten und Coffeintabletten aufrecht zu erhalten. Dazu kam, dass er Studentenarbeiten als seine eigenen ausgab und damit sogar Preise gewann. Er herrschte wie der Sonnenkönig, sogar der Rektor kuschte vor ihm. Deshalb war er auch bei einem großen Teil der Dozentenschaft verhasst und gefürchtet. Doch er schien unangreifbar, weil er viele einflussreiche Verbündete hatte. Vor allem in führenden SED-Kreisen, aber wie man vermutete, auch bei der Stasi. Ich denke jedoch, das war nur ein Gerücht, das von Sch. selbst immer wieder sehr geschickt in Umlauf gebracht wurde.

Viele Dozenten wussten, dass ich schon häufiger Auseinandersetzungen mit ihm hatte und vor allem, dass ich in der U-Haft auf Befragen einiges über die entwürdigenden Praktiken des Sch. berichtet hatte, immer in der Hoffnung, damit eventuell sogar einen Beitrag zur Verbesserung der Studienbedingungen meiner Kommilitonen zu leisten. Die Hoffnung, vielleicht später selbst davon profitieren zu können, hatte ich noch nicht aufgegeben. Stasi und Staatsanwalt kamen damals tatsächlich in die Fachschule und befragten Sch. Die Vorwürfe, mit denen sie ihn konfrontierten, konnten natürlich nur von mir stammen. Aber auch die Leitung der Fachschule musste sich Kritik gefallen lassen, weil sie angeblich in politisch-ideologischer Erziehung versagt hatte.

So sahen einige der Dozenten in mir gewissermaßen einen Verbündeten im Kampf gegen den Despoten, manche sahen mich wahrscheinlich auch als Opfer, an dem man etwas gutzumachen hatte. Alles in allem bewirkte das Ganze offensichtlich, dass es meinen beiden Fürsprechern gelang, die Wiederaufnahme meines Studiums durchzusetzen. Dass auch Sch. einverstanden war, machte mich allerdings misstrauisch. Er wusste natürlich, dass ich in der Untersuchungshaft seinen Führungsstil und die Zustände massiv kritisiert hatte. Trotzdem wollte er mich wieder in seiner Fachrichtung aufnehmen? Das schien mir sehr verdächtig. So wie ich ihn kannte, hatte er dem weiteren Studium nur zugestimmt, um sich an mir rächen zu können. Ich denke, ich hätte keinen ruhigen Tag mehr gehabt, und ob ich bei ihm einen Abschluss bekäme, schien mir sehr fraglich. Inzwischen hatte ich erfahren, dass sich an den Zuständen nichts verbessert hatte. Er trat weiterhin als großer Zampano auf.

So entschied ich mich, das Fach zu wechseln. Die Werbeökonomie schien mir angenehmer zu sein. Obwohl Sch. auch dort der verantwortliche Leiter war, war es nur eine Formalie. Da er Werbeökonomen als Nichtkünstler verachtete, kümmerte er sich auch nicht um sie. Ich war sicher, dass ich da meine Ruhe vor ihm hätte. Begünstigt wurde meine Entscheidung auch durch die Tatsache, dass ich in meinen beiden ersten Studienjahren feststellte, dass mein künstlerisches Talent nicht so ausgeprägt war, wie ich es mir gewünscht hätte. Meine Leistungen reichten nie an die meiner Mitstudenten heran. Ich war inzwischen davon überzeugt, dass die theoretisch-wissenschaftliche, analytische und administrative Arbeit meinen Fähigkeiten eher entsprach. Da dieses Studium gänzlich anders aufgebaut war und andere Inhalte vermittelte, hätte ich noch einmal von vorn beginnen müssen. Ich fand aber mit der Schule eine Regelung, nach der ich im zweiten Studienjahr begann und das erste parallel dazu im Selbststudium absolvierte. Obwohl das natürlich bedeutete, keine Zeit für Familie und andere private Dinge zu haben, ging ich darauf ein. Die erhöhten Anstrengungen waren ja auf ein Jahr begrenzt. Diesen Entschluss habe ich nie bereut. Zwei Jahre später beendete ich mein Studium mit der Note „sehr gut". Auch meine Abschlussarbeit wurde mit einer „Eins" bewertet.

Die dritte Inhaftierung – jetzt bin ich ein Krimineller

Alles entwickelte sich positiv. Ich hatte eine Frau, die ich liebte und die mich liebte, eine kleine Tochter, sogar eine winzige Wohnung hatten wir uns erkämpft, nachdem wir ein Jahr lang zu dritt in meinem ehemaligen Zimmer bei meinen Eltern unter dem Dach gelebt hatten. Und nun hatte ich auch noch einen Studienabschluss, der mich befähigte, als Werbeleiter in der Wirtschaft zu arbeiten. Sollte ich also doch noch meinen Frieden mit dem Staat machen können? Es sah ganz danach aus.

Ich wusste, dass ich bei dem chronischen Arbeitskräftemangel in der DDR die allerbesten Chancen hatte, einen tollen Arbeitsplatz zu bekommen. Normalerweise! Ich war aber alles andere als ein normaler Bewerber, denn ich war politisch vorbestraft. Meine Bedenken äußerte ich gegenüber den für die Absolventenvermittlung Verantwortlichen der Fachschule. Man teilte meine Befürchtungen durchaus. Da passierte das, was ich mir in meinen schönsten Träumen nicht ausgemalt hätte. Nachdem sich die Fachschule zwei Jahre zuvor bei meiner Studienfortsetzung schon ungewöhnlich großzügig erwiesen hatte, setzte sie nun noch eins drauf. Wegen meiner „hervorragenden Studienergebnisse" wurde mir das Angebot gemacht, als Assistent an der Schule tätig zu werden. Allerdings sollte das nur so lange gelten, bis nach fünf Jahren meine Vorstrafe aus dem Strafregister getilgt war. Die Verantwortlichen waren der Meinung, dass ich danach bei der Arbeitssuche keinerlei Probleme mehr haben dürfte. Im Gegenteil, sie waren davon überzeugt, dass ich mir dann sogar die besten Arbeitsstellen aussuchen könnte, die Betriebe würden sich um mich reißen.

Nachdem die fünf Jahre vorbei waren und ich von der Staatsanwaltschaft die Mitteilung bekam, dass meine Vorstrafe aus dem Strafregister getilgt sei und ich mich nun als „nicht vorbestraft" bezeichnen könne, war die Freude groß. Ich begab mich sofort auf Arbeitssuche. Meine Bewerbungsgespräche verliefen positiv: alle Firmen, bei denen ich mich bewarb, wollten mich einstellen. Der Betrieb, für den ich mich entschied, gab mir faktisch eine Zusage, meinte aber, es müssten nur noch einige formale Dinge geklärt werden. Einige Wochen später kam die Absage. In zwei, drei dürren, unpersönlichen Sätzen wurde mir mitgeteilt, dass man sich für einen anderen Bewerber entschieden habe. Der totale Kontrast zu den überschwänglichen Positivreaktionen beim Bewerbungsgespräch. Ähnlich erlebte ich es auch bei den anderen Betrieben.

Hier bestätigte sich nun, was ich insgeheim immer befürchtet hatte, was aber die Fachschule nicht wahr haben wollte: Meine politische Vorstrafe verhinderte jede Tätigkeit in einer verantwortungsvollen Position, trotz angeblicher Löschung der Vorstrafe. Da die Stasi nichts dem Zufall überließ, hatte sie schon vor langer Zeit eine Regelung gefunden, die verhindern sollte, dass kritische Geister in höhere Positionen gelangten. Und das lief so: Hatte ein Betrieb einen Bewerber für eine Leitungsfunktion ins Auge gefasst, musste der Kaderleiter die Unterlagen an die Stasi schicken. In größeren Unternehmen gab es einen Stasiverbindungsmann, der sich unter anderem auch um solche Fragen zu kümmern hatte. Wenn die Stasi nun meinen Namen auf der Bewerbung sah, lehnte sie eine Einstellung regelmäßig ab. Für die Stasi war also offensichtlich keine Vorstrafe getilgt, zumindest keine politische.

An der Fachschule ahnte man nun, dass man mich nicht so schnell loswerden würde. Das wäre normalerweise nicht so schlimm gewesen, da ich ja gute Arbeit leistete und mehrfach Belobigungen und Prämien erhielt. Aber ich wurde zunehmend zu einer Unperson, weil ich mich weigerte, in die Partei oder andere Organisationen einzutreten. Ich ging auch nie zu irgendwelchen Kundgebungen, sei es zum 1. Mai oder zur Liebknecht-Luxemburg-Ehrung. Das schien für die Fachschule umso schwerwiegender, als es auch zu meiner Arbeit gehörte, kleinere Vorlesungen im Fach Werbepsychologie zu halten und Seminare zu leiten. Das Maß war dann schließlich voll, als mich ein Studenten-IM (Inoffizieller Mitarbeiter des MfS) denunzierte, ich würde in den Seminaren die westliche Fernsehwerbung glorifizieren.

Daraufhin legte man mir nahe, freiwillig die Fachschule zu verlassen. Ich weigerte mich zu gehen, solange ich keinen adäquaten anderen Arbeitsplatz hatte. Einige Wochen später erhielt ich die Kündigung. Ich klagte vor dem Arbeitsgericht und bekam sogar Recht. Gute Arbeit, beste Beurteilungen, viele Belobigungen und Prämien sprachen schon gegen die Kündigung. Das Gericht überzeugten offensichtlich nicht die verklausulierten Bemerkungen über meine „unklare politische Haltung". Eine Woche später, Anfang Juli 1974, wurde ich verhaftet. Der Vorwurf: Zollhehlerei. Plötzlich war ich ein Krimineller.

Rechtsbeugung und Gerichtswillkür

Dass dieses zeitliche Aufeinandertreffen kein Zufall war, hatte ich vermutet. Wie jede Diktatur versuchte auch das DDR-Regime, seine Gegner zu kriminalisieren, wenn es sie mundtot machen wollte. Häufig wurden Steuerhinterziehung oder Zoll- und Devisenvergehen konstruiert. Viele prominente Schriftsteller hat man auf diese Weise diskreditiert, Stephan Heym war einer der bekanntesten. Aber auch Robert Havemann wurde vor Gericht gezerrt und wegen Zoll- und Devisenvergehens verurteilt.

Viele Sammler von Antiquitäten ruinierte man durch folgenden Trick: Bei ihnen wurde eine Hausdurchsuchung angeordnet, der Wert aller in Jahrzehnten gesammelten Antiquitäten festgestellt und dem überraschten Sammler mitgeteilt, dass er auf diese Werte in all den vergangenen Jahren hätte Steuern zahlen müssen, die er nun nachzuzahlen habe. Die dann errechnete Steuerschuld war in den meisten Fällen „zufällig" identisch mit dem Gesamtwert der Kostbarkeiten plus Barvermögen des Sammlers, so dass Antiquitäten und Barvermögen komplett eingezogen werden konnten. In vielen Fällen – besonders bei regimekritischen Personen – wurde wegen der „Steuerhinterziehung" noch zusätzlich eine Haftstrafe verhängt. Der Sammler war für die nächsten Jahre kaltgestellt, für den Rest seines Lebens ruiniert, und der Staat konnte die wertvollen Stücke über das Handelsimperium von Schalck-Golodkowski gegen Devisen in den Westen verscherbeln.

Der Willkür und Rechtsbeugung waren keine Grenzen gesetzt. Und stets war die Stasi die treibende Kraft, obwohl sie bemüht war, das Ganze als kriminelles Vergehen von Polizei oder Zoll bearbeiten zu lassen. Bei diesen Antiquitätengeschichten ging es der Stasi allerdings gar nicht in erster Linie um die Ausschaltung von Staatsgegnern, sondern um die Kostbarkeiten selbst und die damit zu erzielenden Deviseneinnahmen. Aber gerade bei missliebigen Personen, Dissidenten und Schriftstellern bestand das Hauptziel darin, sie ins kriminelle Abseits zu rücken, ihr soziales Umfeld zu zerstören, sie zu isolieren. Das hieß im Stasijargon „Zersetzung”. In einer Stasi-Richtlinie war die „Zersetzung” staatsfeindlicher Subjekte geregelt. Etwa durch „systematische Diskreditierung des öffentlichen Rufs” oder die „systematische Organisierung beruflicher und gesellschaftlicher Misserfolge”. Nun war ich also dran. Ich war zwar kein prominenter Dissident und hatte auch keine Kostbarkeiten, aber ich musste von der Fachschule entfernt werden. Nachdem man es auf legale Art und Weise nicht geschafft hatte, konstruierte man ein Zollvergehen.

Dazu muss man wissen, dass sich seit 1973 in der DDR als eine Art Volkssport ein privater Handel mit den damals neuen Taschenrechnern entwickelt hatte. Da die Industrie nicht annähernd den Bedarf der Betriebe an diesen High-Tech-Produkten decken konnte und zudem die technische Qualität der Erzeugnisse weit hinter den westlichen Modellen zurückblieb, ließen sich große Bevölkerungsteile von der Westverwandtschaft, von Freunden und Bekannten solche Geräte mitbringen, annoncierten sie in Tageszeitungen und verkauften sie an interessierte DDR-Betriebe. Dieses Geschäft florierte derart, dass in einer einzigen Ausgabe der „Berliner Zeitung” manchmal mehr als 50 solcher Geräte angeboten wurden. Niemand hatte dabei ein Unrechtsgefühl, denn die Geräte waren in der Regel legal eingeführt worden. Die Verkäufer traten in den Anzeigen mit vollem Namen und unter Angabe ihrer Telefonnummer auf. Auch die Betriebe, die diese Geräte kauften, hatten kein Unrechtsbewusstsein, da sie beim Kauf ganz offizielle Quittungen ausstellten und die Rechner über die Bücher laufen ließen. Sie zahlten zudem für diese hochwertigen westlichen Taschenrechner weit weniger als für die minderwertigen DDR-Geräte. Staat und Wirtschaft profitierten am meisten, kamen sie doch in den Besitz neuester westlicher Technik, ohne Devisen dafür ausgeben zu müssen. Wenn die Verantwortlichen der Meinung gewesen wären, dass die Verkäufe strafbar sind, wäre es ein Leichtes gewesen, alle Inserenten oder Verkäufer zu bestrafen.

Ein anderes Geschäft in fast eben so großer Dimension wurde zur gleichen Zeit mit elektrischen Heizlüftern betrieben, die Touristen aus Polen mitbrachten und in der DDR verkauften. Hier wurden – offenbar wegen der Stromknappheit – derartige Geräte seit Jahren nicht mehr hergestellt. Nach der Liberalisierung der

Grenzabfertigung zwischen der DDR und Polen Anfang der siebziger Jahre nahm der Beschaffungstourismus enorm zu. In den Mangelwirtschaften beider Staaten versuchten die Menschen beim jeweiligen Nachbarn das zu kaufen, was es bei ihnen nicht gab. Die Käuferscharen aus Polen wurden mit größtem Unbehagen betrachtet .

Derartige Marktlücken ließen auch mich nicht kalt. Das Unternehmerische lag mir ein wenig im Blut. Wahrscheinlich war mir auch aus diesem Grunde die Marktwirtschaft sehr viel sympathischer als die Planwirtschaft. So hatte auch ich mich ein wenig an beiden Geschäften beteiligt. Der Anstoß bei den Taschenrechnern kam von einem guten Freund aus West-Berlin, der eine Freundin in Ost-Berlin hatte und deshalb sehr häufig einreiste. Er bot mir an, gelegentlich Taschenrechner mitzubringen und den Verkaufserlös zu teilen. Insgesamt sechs Taschenrechner verkaufte ich im Verlauf eines Jahres: fünf an VEB-Betriebe, einen an einen privaten Handwerksmeister. Die Geräte wurden von meinem Freund jedes Mal vorsichtshalber am Grenzübergang angegeben, er hat dafür sogar einige Male eine Einfuhrgebühr zahlen müssen. Die Rechner waren also ordnungsgemäß in die DDR eingeführt worden. So nahm ich natürlich an, diese Geschenke nach Gutdünken verwenden zu können. Das mag in einem Rechtsstaat gelten, nicht aber in der DDR.

Diese Reaktion auf die Anforderungen eines Marktes, auch als marktkonformes Verhalten bezeichnet, konnte selbst in den Planwirtschaften des Ostblocks nicht außer Kraft gesetzt werden. Die Gesetze des Marktes wirkten trotz rigiden marktfeindlichen Vorgehens zuverlässig. Das, was die Grundlage jeder Marktwirtschaft darstellt, wurde in der DDR kriminalisiert und unter Strafe gestellt. Dabei bediente man sich abenteuerlicher juristischer Tricks. Mir wurde das von meinem Vernehmer folgendermaßen erläutert: Der Staat besitze das alleinige Außenhandelsmonopol. Bringe sich ein Bürger aus dem Ausland privat eine Ware mit, so werde ihm eine Ausnahmegenehmigung für die Einfuhr erteilt, die aber daran gebunden sei, dass dieser Gegenstand ausschließlich für den eigenen privaten Gebrauch benutzt wird. Verkaufe der Besitzer diesen Gegenstand, so werde die ursprünglich legale Einfuhr nachträglich illegal. Selbst wenn er die Ware erst nach vielen Jahren der Selbstnutzung verkaufe.

Jeder Jurist bekäme bei dieser Konstruktion wahrscheinlich Bauchschmerzen. So war der Willkür bei der Bestrafung Tür und Tor geöffnet. Aus einem normalen Zollgesetz, wie es überall existiert, wurde durch krude Selbstinterpretationen des Staates etwas gänzlich anderes gemacht. Das gleiche traf auch für die Heizlüfter zu. Auch ich hatte mir bei einigen Fahrten nach Stettin einige Geräte mitgebracht, die ich legal einführte. Anfangs brachte ich sie zum eigenen Bedarf mit, später dann um sie zu verkaufen. Die Anzeigenteile der Zeitungen waren jeden Tag voll mit solchen Angeboten. Hatte man eine solche Anzeige mit seiner Telefonnummer in der Zeitung platziert, klingelte das Telefon von morgens bis abends ununterbrochen. War das Gerät verkauft, zog man am besten für einige Tage den Stecker aus der Telefondose oder bemühte sich, nicht zu Hause zu sein. Jedem Anbieter wurden diese Geräte geradezu aus den Händen gerissen, so groß war der Bedarf.

Ich wurde schließlich dafür bestraft, dass ich sieben Heizlüfter verkaufte, einen davon hatte ich für meine Schwiegereltern auf deren ausdrücklichen Wunsch mitgebracht. Durch die oben erläuterte juristische Konstruktion war es sogar möglich, mich dafür zu bestrafen, dass ich mir einige Jahre zuvor in Polen eine Wildlederjacke anfertigen ließ, diese zwei oder drei Jahre trug und sie dann verkaufte, weil sie mir nicht mehr gefiel. Auch das wurde mir als Zollhehlerei ausgelegt und im Urteil festgehalten. Wie das Recht gebrochen wurde, wird auch darin deutlich, wie der Staat und seine gelenkte Justiz bei meiner Bestrafung für die Taschenrechner vorgegangen ist .

Der Paragraf der Zollhehlerei besagte, dass sich derjenige strafbar macht, der illegal eingeführte Gegenstände veräußert. Meine Taschenrechner wie auch meine Heizlüfter waren ausnahmslos legal eingeführt. Ein eindeutiger Rechtsverstoß, der meines Erachtens auch nicht durch die rechtsverdreherische Konstruktion zu Recht werden konnte. Im Strafgesetzbuch der DDR hieß es zur Zollhehlerei sinngemäß: Jeder der Beteiligten, der die Gegenstände ankauft, verkauft oder weiterverkauft, mache sich der Zollhehlerei schuldig. Ein Rechtsverstoß auch hier: Bestraft wurde nur ich als Verkäufer. Die Betriebe als Käufer wurden nicht zur Verantwortung gezogen, obwohl es das Gesetz forderte.

Im Gesetz hieß es weiter, die Gegenstände der Zollhehlerei seien ersatzlos einzuziehen. Nur wenn sie nicht mehr auffindbar sind, sei von jedem Beteiligten eine „finanzielle Ersatzeinziehung" vorzunehmen, also der Gegenwert in Form von Geld zu entrichten. Gleich mehrere Rechtsverstöße auch hier: Obwohl die Rechner alle vorhanden waren, wurden sie nicht eingezogen, die staatlichen Betriebe durften sie behalten, nicht jedoch der private Handwerksbetrieb. Eine Ersatzeinziehung finanzieller Art wurde trotzdem vorgenommen, aber nur bei mir, nicht bei den Betrieben.

Aber selbst hier zeigt sich auch wieder die Willkür: Während die VEB-Betriebe die Rechner entgegen den Buchstaben des Gesetzes behalten durften, wurde der Rechner, den ich an den privaten Handwerksbetrieb verkauft hatte, eingezogen. Hier wurde also bei volkseigener und privater Wirtschaft in unzulässiger Weise trotz des gleichen Tatbestandes unterschiedlich vorgegangen. Obwohl der Staat also das Gerät von dem Handwerker eingezogen hatte, forderte er von mir dafür zusätzlich noch einmal eine finanzielle Ersatzeinziehung. Auf den Punkt gebracht hieß das: Obwohl sich angeblich beide Seiten – Verkäufer und Käufer – in gleichem Maße strafbar gemacht haben, wurde nur eine Seite bestraft, nämlich ich als Verkäufer. Die Betriebe als Käufer wurden sogar noch belohnt, indem sie die Geräte behalten durften. Ist ja auch klar, sie dienten der Wirtschaft zur Steigerung der Arbeitsproduktivität. Das Recht wurde also entgegen seinem Wortlaut immer so angewandt, wie es dem Staate gerade von Nutzen war.

Damit war es aber noch nicht getan. Obwohl es sich bei alledem um Lappalien handelte, niemand geschädigt wurde, der Staat der größte Nutznießer war, wurde ich zu einer besonders harten Strafe verdonnert. Ich bekam 16 Monate unbedingten Freiheitsentzug, musste obendrein 16.350 Mark Ersatzeinziehung zahlen und zusätzlich noch eine Geldstrafe von 2000 Mark. Das war eine Dreifachbestrafung und selbst für DDR-Verhältnisse unüblich, wie mein Verteidiger meinte. Wir gingen in Berufung. In seiner Begründung führte er die von mir beschriebenen Rechtsverstöße an. Trotzdem wurde die Berufung in ihren wesentlichen Teilen abgeschmettert. Über die Argumente ging das Gericht einfach hinweg. Lediglich in einer unwichtigen Bagatelle gab es mir Recht.

Nun weiß ich, dass es immer einige Menschen gibt, die in diesen Verkäufen unmoralische Geschäftemacherei sehen und über meine Strafe eine gewisse Schadenfreude empfinden. Schließlich musste auch auf jedem Westpaket der Satz vermerkt werden: „Geschenksendung – keine Handelsware". Da sollte jeder schon vorgewarnt sein. Aber der Vermerk auf dem Paket und die eigenhändige Einfuhr, bei der sogar eine Einfuhrgebühr gezahlt wurde, waren für mich und für viele andere auch zwei verschiedene Paar Schuhe. Ich bin heute der festen Überzeugung, dass die Fäden im Hintergrund von der Stasi gezogen wurden.

Eine Bestätigung dafür fand ich dann auch in zwei Schriftstücken bei meiner zweiten Stasiakteneinsicht Ende 2008. Dabei entdeckte ich Dokumente, die den damaligen (1973/74) engen Kontakt eines Dozenten-IM mit der Stasi in Bezug auf meine Person belegen. Aber ich fand auch einen Vermerk vom 10. 2. 74, aus dem hervorgeht, dass zwei namentlich genannte Mitarbeiter des MfS von der Kreisdienststelle des Stadtbezirks Treptow im Polizeipräsidium am Alex einen ebenfalls namentlich genannten Mitarbeiter des Dezernats 1 aufsuchten, um ihn darüber zu informieren, dass ich Geschäfte mit westlichen Taschenrechnern und mit Heizlüftern mache. Diesen Hinweis interpretiere ich so, dass die Stasi der Polizei oder dem Zoll damit bedeuten wollte, dass man daran interessiert war, mich festzusetzen, obwohl das ja in diesen Fällen nicht üblich war. Wollten Polizei oder Zoll solche Leute bestrafen, brauchten sie keine Tipps von der Stasi, sondern nur die Annoncenteile der Zeitungen zu lesen.

Aus dem Aktenvermerk geht weiter hervor, dass der Mitarbeiter vom Dezernat 1 glaubt, dass „der Drewitz zu gegebener Zeit zur Verantwortung gezogen wird". Die Denunziation meiner Person durch die Stasi ist so bewiesen. Aber warum sollte ich erst „zu gegebener Zeit" zur Verantwortung gezogen werden? Man hätte das sofort erledigen können, hatte auch zu dieser Zeit schon alle die Beweise, die man mir dann später vorlegte. Die Intervention der Stasi bei der Polizei fiel „zufällig" auch genau in die Zeit, als die Fachschule mich loswerden wollte. Tatsächlich wurde ich aber erst fünf Monate später am 4. Juli 1974 verhaftet, eine Woche, nachdem ich beim Arbeitsgericht erfolgreich gegen meine Kündigung geklagt hatte. Nun schien die „gegebene Zeit" gekommen zu sein. Wahrscheinlich bekamen Polizei oder Zoll nun den Wink, mich zu verhaften. Sollte diese These stimmen, kann man im Umkehrschluss davon ausgehen, dass ich von einer Verhaftung und Verurteilung verschont geblieben wäre, wenn ich freiwillig die Fachschule verlassen hätte.

Wie kam nun die Stasi darauf, dass ich diese Geschäfte machte? Die Antwort fand ich ebenfalls in meinen Stasiakten, und sie ist bezeichnend für diesen Staat. Ich stand nicht nur seit meinem 17. Lebensjahr unter Briefüberwachung, auch mein Telefon wurde seit Jahren abgehört. Das funktionierte nach folgendem Schema: Grundsätzlich wurden alle meine Telefonate und die von vielen anderen Personen automatisch aufgezeichnet und dann ausgewertet. Bei Gesprächen, die für die Stasi interessant waren, fertigte der „Auswerter" eine Abhörnotiz an. So eine Notiz vom Juni 1972 fand ich auch in meinen Akten, wobei der „Auswerter" meinen Namen am Telefon offenbar nicht richtig verstanden hatte und ihn nur dem Klang nach aufschrieb.

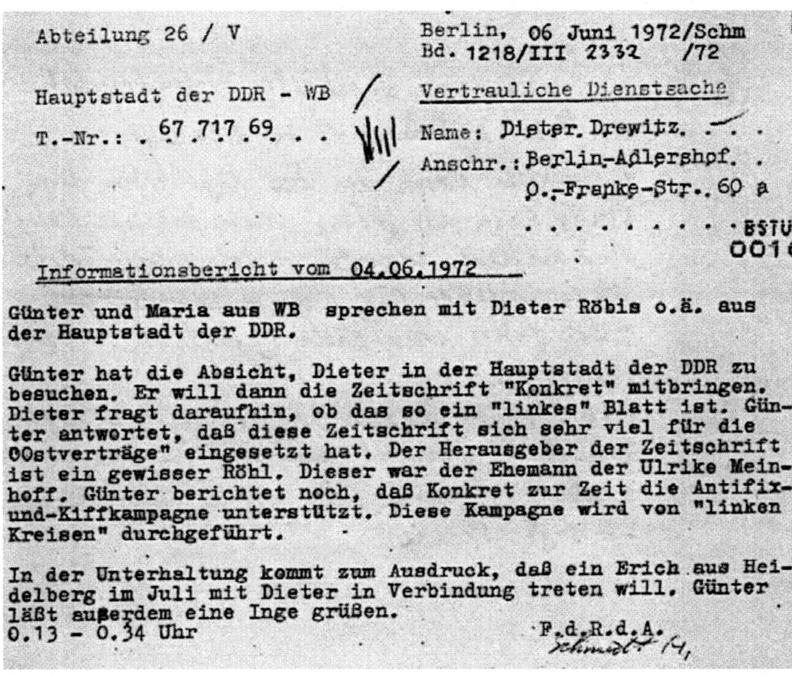

Abteilung 26 / V

Berlin, 06 Juni 1972/Schm
Bd. 1218/III 2332 /72

Hauptstadt der DDR - WB

Vertrauliche Dienstsache

T.-Nr.: 67 717 69

Name: Dieter Drewitz.
Anschr.: Berlin-Adlershof.
O.-Franke-Str. 60 a

BSTU
0010

Informationsbericht vom 04.06.1972

Günter und Maria aus WB sprechen mit Dieter Röbis o.ä. aus der Hauptstadt der DDR.

Günter hat die Absicht, Dieter in der Hauptstadt der DDR zu besuchen. Er will dann die Zeitschrift "Konkret" mitbringen. Dieter fragt daraufhin, ob das so ein "linkes" Blatt ist. Günter antwortet, daß diese Zeitschrift sich sehr viel für die OOstverträge" eingesetzt hat. Der Herausgeber der Zeitschrift ist ein gewisser Röhl. Dieser war der Ehemann der Ulrike Meinhoff. Günter berichtet noch, daß Konkret zur Zeit die Antifix- und-Kiffkampagne unterstützt. Diese Kampagne wird von "linken Kreisen" durchgeführt.

In der Unterhaltung kommt zum Ausdruck, daß ein Erich aus Heidelberg im Juli mit Dieter in Verbindung treten will. Günter läßt außerdem eine Inge grüßen.
0.13 - 0.34 Uhr

F.d.R.d.A.
Schmidt Ltn

Notiz über ein abgehörtes Telefongespräch

Nur weil mein Bekannter aus West-Berlin am Telefon seinen Besuch ankündigte und erwähnte, dass er eine Zeitschrift mitbringen wolle, wurde gegen mich ein OPK-Vorgang (Operative Personenkontrolle) angelegt, der über zwei Jahre aufrecht erhalten wurde. Bei dieser Überwachung bemerkten sie dann, dass ich die Verkäufe tätigte. Zumal ich sie ganz offen abwickelte. Ich hatte schließlich nichts zu verbergen. Diese verdeckt ermittelten, also illegal erlangten Informationen, haben sie dann gegen mich verwendet.

Es gibt noch ein weiteres Indiz dafür, dass die Stasi die Fäden zog. Mein damaliger Vernehmer vom Zoll wunderte sich darüber, dass ich wegen dieser „Lappalie", wie er sich ausdrückte, in Untersuchungshaft saß. Er meinte, dass die Anzahl der verkauften Geräte über den Zeitraum eines Jahres auf keine große Intensität schließen lasse, es gebe da ganz andere Kaliber, aber selbst die säßen nicht in U-Haft. Allen Ernstes fragte er mich dann, ob ich mir das erklären könne. Ich war sehr überrascht, dass er ausgerechnet mich das fragte. Er kündigte sogar an, dass er sich um eine Entlassung aus der U-Haft bemühen wolle, da ich dort nicht hineingehöre. Das machte mir Mut, doch in den folgenden Wochen passierte in dieser Hinsicht nichts. Er ging überhaupt nicht mehr darauf ein. Als ich ihn einige Zeit später darauf ansprach, bekam ich keine Antwort. Auch spätere Nachfragen brachten nichts. Er reagierte dann nur gereizt und ausweichend. Die Stasi wird ihm vermutlich die Richtung gewiesen haben. Ich war am Boden zerstört. Es gab auch keine Möglichkeit, vor Abschluss der Ermittlungen mit einem Anwalt zu sprechen, wie das normalerweise in jedem Rechtsstaat üblich ist.

15 Jahre später holte mich diese Geschichte wieder ein. Nach meiner Ausreise nach West-Berlin wurde ich im Sommer 1989 vom ZDF zu einer Jubiläumssendung der Ost-West-Sendung „Kennzeichen D" zusammen mit anderen DDR-Übersiedlern ins Studio in die Tempelhofer Oberlandstraße eingeladen. In einer Diskussionsrunde mit einigen Prominenten, darunter Eberhard Diepgen, erwähnte ich auch, dass ich in der DDR in politischer Haft gesessen hatte. Prompt erschien einige Tage später in der Ost-Berliner Zeitung „Junge Welt", dem Zentralorgan der FDJ, eine kleine Glosse, in der sinngemäß zum Ausdruck gebracht wurde, dass das Westfernsehen den so genannten politischen Häftling Dieter Drewitz

präsentiert habe, der in Wirklichkeit kriminell gewesen sei. Konkret genannt wurden die Taschenrechner- und Heizlüftergeschäfte, aber auch Steuerhinterziehung und ein „schwunghafter Autohandel". Den Autohandel konnte ich mir so erklären, dass die „Organe" wahrscheinlich die – wovon später noch die Rede sein wird – drei Autoverkäufe vor meiner Ausreise argwöhnisch registriert hatten, obwohl die alle legal waren. Aber der Vorwurf der Steuerhinterziehung war mir völlig unverständlich. Da ich mit Klaus seit Jahren nebenberuflich Ausstellungstafeln für staatliche Auftraggeber gestaltete und wir dabei ganz gut verdienten, meinte man vielleicht, dass wir dabei dann auch automatisch Steuern hinterziehen müssten. Das war aber kaum möglich, weil unsere Auftraggeber bei der Honorarüberweisung – wie in der DDR allgemein üblich – die Steuern automatisch abzogen und an das Finanzamt überwiesen. Außerdem hätte man mich mit Sicherheit nicht so ohne weiteres nach West-Berlin ausreisen lassen, wenn die Behörden der Meinung gewesen wären, ich hätte mich der Steuerhinterziehung schuldig gemacht. Abschließend hieß es in der Glosse, dass man Herrn Drewitz bestimmt bald wieder im ZDF zu sehen bekomme, dann aber in der Sendung „Aktenzeichen XY ungelöst". Wie witzig. Unterschrieben war der Artikel mit dem Namen Achim Schöbel.

Diese Ungeheuerlichkeit trug natürlich die Handschrift der Stasi. Auch in der DDR durfte nicht unter Nennung von Namen öffentlich über Straftaten von Bürgern berichtet werden, zumal diese seit zehn Jahren aus dem Strafregister getilgt waren. Und schon gar nicht durften „Straftaten" frei erfunden werden. Das stellte eine weitere Variante der schon beschriebenen „Zersetzung" dar. Mir im Westen hätte es ja eigentlich egal sein können, aber immerhin hatte ich noch eine Tochter, eine Mutter und andere Verwandte im Osten, die dann ihrerseits von Nachbarn oder Bekannten auf diesen Artikel angesprochen werden konnten, zumal er in den nächsten Tagen auch in vielen Provinzzeitungen zitiert wurde. Auch wenn die Stasi mich damit nicht vernichten konnte, so konnte sie mich zumindest in Misskredit bringen.

Viele Jahre später, Deutschland war seit Jahren vereint, las ich im Abspann einer ARD-Sendung den Namen Achim Schöbel. Ich war wie elektrisiert. Sollte es sich um ein und dieselbe Person handeln? In einem Brief an den Sender bat ich um Aufklärung. Der Intendant ging in seiner Antwort nicht auf die Identität Schöbels ein, bescheinigte ihm aber gute journalistische Arbeit, Negatives sei über ihn nicht bekannt. Bis heute ist Schöbel bei dem Sender als leitender Redakteur beschäftigt.

Nach der friedlichen Revolution hatte ich für meine Verurteilung wegen der Briefe an den RIAS einen Antrag auf Rehabilitierung gestellt, die dann auch sehr schnell erfolgte. Vom gleichen Potsdamer Bezirksgericht, das mich 1967 verurteilt hatte, wurde mir nun mit Urteil vom 7. Oktober 1991 (der Antrag war von 1990) im Kern folgendes bescheinigt:

„Der Antrag des Antragstellers auf Rehabilitierung ist … begründet. Der Antragsteller ist verurteilt worden, weil er sein verfassungsmäßiges politisches Grundrecht der freien Meinungsäußerung nach Artikel 9 der Verfassung der DDR vom 7.10.1949 wahrgenommen, politischen Widerspruch durch Verfassen und Absenden von Schriften und Kontakte zu Organisationen außerhalb des Gebietes der DDR aufgenommen hat. Der Antragsteller hat seine politische Meinung geäußert. Dazu war er nach dem Grundrecht der freien Meinungsäußerung berechtigt. Trotzdem ist er zu einer Freiheitsstrafe verurteilt worden. Da die Voraussetzungen der Rehabilitierung vorliegen, war das Urteil des Bezirksgerichtes Potsdam vom 04. Januar 1967 … aufzuheben. …. In der Rehabilitierung des Antragstellers kommt seine vollständige politisch-moralische Genugtuung zum Ausdruck".

Dadurch wurde ich ermutigt, in der Zollgeschichte wenigstens eine Urteilsüberprüfung zu beantragen. Man teilte mir aber mit, dass es in dieser Angelegenheit keine Akten gab, weder beim Zoll, noch bei der Polizei, bei der Stasi schon gar nicht. Das kam mir merkwürdig vor, wo waren sie geblieben? Vorsätzlich vernichtet? Aber warum? Was sollte ich tun? Ich musste es akzeptieren. Aber zurück zu meiner „kriminellen" Verurteilung.

Als Krimineller im Strafvollzug

Immerhin hatte ich nun durch die neuerliche Haft Gelegenheit, den Unterschied zwischen einem politischen und einem kriminellen Häftling kennen zu lernen. Schon in der Untersuchungshaft im Polizeipräsidium am Alexanderplatz wurde das deutlich: keine Isolation, keine Psychofolter, kein Reizentzug, sondern die Gesellschaft von mehreren Häftlingen in der Zelle. Ich trug meine Privatkleidung, die meine Angehörigen jede Woche austauschten. Ich durfte Papier, Schreibgeräte und andere persönliche Dinge besitzen, sogar Nähzeug. Es wurden Bücher und Gesellschaftsspiele ausgegeben. Sogar ein begrenzter Einkauf im Knastladen war möglich. Die Freistunde fand nicht isoliert in einer winzigen Zelle statt, sondern in Gesellschaft auf einem großen Hof, der sich kurioserweise auf dem Dach des Polizeipräsidiums befand. Den Blicken aus der Kugel des Fernsehturms waren die Häftlinge allerdings durch eine hohe Mauer entzogen.

Bevor ich endgültig „auf Transport" ging, hatte ich noch einen kurzen Zwischenaufenthalt in der Strafvollzugsanstalt Berlin-Rummelsburg, in der auch Honecker später kurz inhaftiert war. Dieses Gefängnis, Mitte des 19. Jahrhunderts als Arbeitshaus direkt am Rummelsburger See errichtet, erlebte nach der Wiedervereinigung eine Metamorphose. Die alten Backsteingemäuer wurden durch einige Neubauten ergänzt und in komfortable Eigentumswohnungen umgewandelt. Ich war sehr erstaunt, wie schnell diese Wohnungen verkauft und bezogen wurden.

Einige Wochen später wurde ich mit dem mir schon bekannten „Grotewohl-Express" in das Haftarbeitslager Thale am Fuße des Harzes gebracht. Hier musste ich in den ersten zwei Monaten, wie sieben Jahre zuvor in Schwarze Pumpe, schwerste körperliche Arbeit in einem Eisenhüttenwerk leisten. Unter mittelalterlichen Arbeitsbedingungen stellten wir im Dreischichtbetrieb Bierfässer aus Aluminium her. Nicht einmal eine richtige Toilette gab es für die 20 Strafgefangenen, wir mussten alle unsere Notdurft auf einem einzigen Kübel verrichten.

Überraschend bekam ich ein Angebot, wie ich es als politischer Häftling nie bekommen hätte. Ich wurde zum Verantwortlichen für die Kultur- und Bildungsarbeit ernannt. Dazu wurde ich einem Strafvollzugsoffizier unterstellt und bekam ein winziges Büro, zu dem nur ich einen Schlüssel hatte. Nach dem Lagerältesten war ich plötzlich zum zweitmächtigsten Häftling aufgerückt. In umfangreichen Monatsplänen musste ich festlegen, welche Brigaden zu welcher Zeit einen Plattenspieler ausleihen, einen Dia-Vortrag anschauen oder an bestimmten Vorträgen und Veranstaltungen teilnehmen durften oder mussten. Auch die Bibliothek unterstand mir.

Dort führte ich erst einmal ein Ordnungssystem ein. Alle Bücher katalogisierte ich und versah sie mit Nummernkennzeichnungen.

Ich hatte sogar festzulegen, welche Fernsehsendungen von welchen Gefangenen gesehen werden durften. Dabei war zwischen Pflichtsendungen (z.B. Aktuelle Kamera und Schwarzer Kanal) und Unterhaltungssendungen zu unterscheiden. Zwar mussten diese Pläne von meinem „Vorgesetzten" genehmigt werden, aber er hat selten Korrekturen vorgenommen. Natürlich hatte ich Instruktionen bekommen. So waren für die Gefangenen beispielsweise Kriminalfilme tabu. Ich war aber auch für das Kinoprogramm verantwortlich. Einmal im Monat kam ein Filmvorführer mit einem Projektor in den Knast. Welcher Film gezeigt wurde, hatte ich zu entscheiden. Um meine Entscheidung zu erleichtern, bekam ich regelmäßig Informationsmaterial über die neuesten Filme.

Bis ich die Sache übernahm, wurden ausschließlich Filme aus den sozialistischen Ländern gezeigt. Allerdings gab es keine Anweisung, dass das so sein musste. Also wagte ich etwas, worauf ich noch heute stolz bin. Zu dieser Zeit kam gerade der amerikanische Film „Cabaret" mit Liza Minelli in die DDR-Kinos. Über das Westfernsehen hatte ich vor meiner Inhaftierung bereits sehr viel über den Film erfahren, hatte auch schon Ausschnitte gesehen. Den Film wollte ich unbedingt im Gefängnis zeigen, stieß aber bei meinem Vorgesetzten zunächst auf Ablehnung, obwohl er gar nicht wusste, worum es in diesem Film ging. Allein die westliche Herkunft des Films begründete diese Haltung. Ich erläuterte ihm mit vielen Worten den Inhalt, betonte dabei über Gebühr den „antifaschistischen" und „humanistischen" Charakter des Films, und tatsächlich, er genehmigte ihn. Wahrscheinlich spielte eine entscheidende Rolle, dass dieser Film auch in der offiziellen DDR-Kritik hoch gelobt wurde. Ich selbst war natürlich mehr als gespannt auf diesen auch im Westen bejubelten Film. Und er übertraf meine Erwartungen sogar noch bei weitem. Bis heute gehört er zu den drei eindrucksvollsten Filmen, die ich je gesehen habe. Auch den Gefangenen gefiel er, sie johlten bei bestimmten Szenen und amüsierten sich prächtig. Aber mein Offizier hielt mir anschließend eine Strafpredigt. Er meinte, wenn er den Film vorher gesehen hätte, wäre er nicht gezeigt worden. Die erotischen Szenen, die betörende Liza Minelli, das dekadente Milieu und homosexuelle Filmfiguren befremdeten ihn sichtlich, so dass er diesen Film für Strafgefangene als zu aufreizend empfand. Aber was sollte er machen, es war alles gelaufen. Und die Strafpredigt war von ihm auch nicht so ganz ernst gemeint.

Nach zwölfeinhalb Monaten wurde ich im Juli 1975 schließlich wegen guter Führung vorzeitig entlassen, dreieinhalb Monate wurden zur Bewährung ausgesetzt. Jetzt kam ich als Krimineller in den Genuss einer vorzeitigen Entlassung, wie sie mir als Politischer trotz bester Beurteilung nicht gewährt worden war.

Klinkenputzen – Wieder auf Arbeitssuche

Nun ging die Arbeitssuche wieder los. Mit einer neuen kriminellen Vorstrafe und einer nie erlöschenden politischen Vorstrafe kein leichtes Unterfangen. Selbst in einem Land mit Arbeitspflicht und chronischem Arbeitskräftemangel. Die Hoffnung, Arbeit in meinem Beruf als studierter Werbeökonom zu bekommen, gab ich sehr schnell auf, das war unmöglich. Aber wenn ich schon eine untergeordnete Tätigkeit annehmen musste, wollte ich die wenigstens in der Werbung ausüben. So kam es, dass ich mich im Spätsommer 1975 als kleiner Sachbearbeiter in der Werbeabteilung des Akademie-Verlages wiederfand. Meine hauptsächliche Aufgabe bestand darin, mit der Schreibmaschine lange Listen zu erstellen, auf denen die Buchtitel des Verlages vermerkt waren, die auf den nationalen und internationalen Buchmessen gezeigt werden sollten. Natürlich ohne dass ich jemals die Chance bekam, selbst zu einer der Messen zu fahren. Das Gehalt war entsprechend niedrig. Deshalb nutzte ich dann ein Jahr später die Möglichkeit, die Stelle zu wechseln, um eine andere unterbezahlte Arbeit auszuüben. Ich fing bei der Handwerkskammer als Beauftragter für die „Messe der Meister von Morgen" an. Was es mit dieser Messe auf sich hatte, schildere ich an anderer Stelle. Abgerundet wurde der Reigen dieser Art Tätigkeiten ein Jahr später. In einem Altersheim – offiziell trugen diese Einrichtungen übrigens in der DDR die fast zynische Bezeichnung „Feierabendheim" – nahm ich eine Stelle als „Kulturleiter" an. Dazu gehörte es, Dia-Abende, Verkehrserziehung, Tanz-und Quiz-Veranstaltungen, Ausflüge und ähnliche Abwechslungen für die Bewohner zu organisieren. Aber immerhin, hier hatte ich wenigstens meine Freiheiten, war viel unterwegs und konnte nur schwer kontrolliert werden.

Schließlich gelang es mir 1978 endlich einen Arbeitsplatz als Werbeökonom in einem großen metallurgischen Industriebetrieb in Berlin zu bekommen. Bei dieser Stelle musste wohl die Stasi nicht um Erlaubnis gefragt werden. Warum das so war, begriff ich bald. Erstens hatte ich keine Leitungsfunktion, sondern war „Einzelkämpfer", zweitens war das nur eine Alibi-Funktion. Werbung in dem Sinne hatte ich wenig zu machen, Kreativität war ebenfalls kaum gefragt. Ich musste lediglich Zuarbeiten für die Werbeabteilung des übergeordneten Kombinats leisten, zu dem unser Betrieb gehörte. Und das betraf hauptsächlich die Beteiligung an den Ständen zur Leipziger Messe. Außerdem war ich verantwortlich für die Herstellung von Prospekten über unsere Produkte.

Wie in der DDR üblich, brauchte ich für jedes Druckerzeugnis eine Genehmigung. Dafür musste ich bei der „Druckgenehmigungsstelle", tatsächlich eine Zensurstelle, einen Antrag unter Vorlage der Manuskripte und Abbildungen stellen. Bei technischen Unterlagen wie in meinem Falle war das relativ einfach, meistens bekam ich die Genehmigung sofort. Aber danach wurde es richtig schwierig. Denn es war äußerst schwer, überhaupt eine Druckerei zu finden, die den Auftrag übernehmen wollte. Nicht die Druckerei warb um einen Auftrag, sondern ich als Auftraggeber musste mir etwas einfallen lassen, um eine Druckerei dazu zu bewegen, meinen Auftrag anzunehmen. Dabei kam mir zugute, dass einer unserer Kombinatsbetriebe Aluminiumfolie produzierte. Das war „Goldstaub" in der DDR, äußerst knapp und begehrt, im Handel kaum zu bekommen. Also lud ich mir jedes Mal ein Paket Alufolie ins Auto und besuchte alle in Frage kommenden Druckereien.

In Berlin brauchte ich es gar nicht erst zu versuchen, die hatten nur ein müdes Lächeln für mein Anliegen. In der Provinz fand ich dann meistens eine Druckerei, die sich bereit erklärte, den Auftrag zu übernehmen. Aber in der Regel, ohne sich zeitlich festzulegen. Da ich auf die Gnade der Druckerei-Mitarbeiter angewiesen war, musste ich ständig telefonisch Druck machen. Trotzdem dauerte es normalerweise mindestens sechs Monate, bis alles fertig war. Meistens war der Prospekt in dieser Zeit schon nicht mehr auf dem aktuellen Stand. Freude an der Arbeit wollte sich unter solchen Umständen nicht einstellen. Ich war meist unterfordert. Im Grunde hatte ich kaum etwas zu tun.

Mein Büro befand sich völlig abgeschieden in einem ruinenähnlichen Gebäude, so fühlte ich mich als fünftes Rad am Wagen. Aber es hatte auch den Vorteil, dass ich gar nicht richtig wahrgenommen wurde, keiner forderte mich zu Versammlungen oder Kundgebungen auf. Da ich in meiner Arbeitszeit nicht annähernd ausgelastet war, erschien ich zwar jeden Morgen pünktlich um 6.45 Uhr im Büro, machte aber häufig schon wieder mittags Feierabend, um mich meiner freiberuflichen Nebenarbeit zu widmen, mit der ich sehr viel mehr verdiente.

So war das eben im Arbeiter- und Bauernstaat: Jeder hatte zwar Arbeit, aber häufig nichts zu tun. Bei mir wie auch bei vielen anderen lag es daran, dass die Zahl meiner Aufgaben so gering war. Ich konnte sie in zwei bis drei Stunden bewältigen. Bei anderen Kollegen lagen die Gründe oftmals im permanenten Materialmangel oder in Zulieferschwierigkeiten, die die Produktion ins Stocken brachten, aber auch an den immer wiederkehrenden Havarien an den veralteten Maschinen und Anlagen. In vielen Betrieben war es ähnlich. So betrug die Produktivität in der DDR auch nur rund 20 bis 30 Prozent von der des Westens. Da lag es natürlich auf der Hand, dass der Tüchtige sich einen Ausgleich suchte, um nicht zu verkümmern. Viele arbeiteten nebenbei, besonders die Handwerker.

Wer das nicht konnte, stellte aus Betriebsmaterial schöne Dinge her, die er dann privat verkaufte. In der Mangelwirtschaft gab es für alles einen Abnehmer. In dieser Beziehung war der Kreativität keine Grenze gesetzt. Zustände, nach denen sich viele Arbeitnehmer in den ostdeutschen Bundesländern angesichts der heutigen meist übertriebenen Arbeitshetze zurücksehnen. Aber für eine Volkswirtschaft sind solche Verhältnisse, wie sie in dieser extremen Ausrichtung in der DDR üblich waren, natürlich tödlich, wie sich einige Jahre später herausstellen sollte.

Ich versuchte, mich hin und wieder auf einen besseren Arbeitsplatz zu bewerben, was aber jedes Mal von der Stasi zunichte gemacht wurde. Zuletzt bewarb ich mich 1984. Die Position des Werbeleiters bei DEUTRANS, der Internationalen Spedition der DDR, war gerade frei, da mein Freund und Studienkumpel Klaus dort aufhören wollte. Obwohl ich bei den bisherigen Bewerbungen nur schlechte Erfahrungen gemacht hatte, gab ich die Hoffnung nicht auf. Denn immerhin waren seit meiner politischen Haftentlassung bereits 16 Jahre vergangen, selbst die „kriminelle" Haftstrafe lag schon neun Jahre zurück und war aus dem Strafregister getilgt.

Nach meinem Bewerbungsgespräch, das wie immer positiv verlief, erhielt ich mehrere Wochen keine Antwort, wusste aber, dass mich die Spedition gern einstellen wollte. Als Klaus in der Kaderabteilung nachfragte – sein letzter Arbeitstag rückte immer näher – sagte man ihm, ich könne bei DEUTRANS nicht anfangen. Weil man dort nichts von unserer Bekanntschaft wusste, fragte er, wie er mir die Absage erklären solle, wenn ich bei ihm anriefe. Er sollte mir sagen, die Stelle sei schon anderweitig besetzt worden. Diese Antwort machte mir natürlich klar, wer dahinter steckte: es war die Stasi. Denn immerhin handelte es sich bei DEUTRANS um ein bedeutendes international tätiges Unternehmen der SED. Die Stasi folgte also ganz konsequent dem Grundsatz „einmal Staatsfeind – immer Staatsfeind". Mit ihrer tschekistischen Wachsamkeit überließ sie nichts dem Zufall, sondern verhinderte auf diese Weise dauerhaft, dass ein politisch Vorbestrafter jemals einen verantwortungsvollen Posten erhielt. Ich musste davon ausgehen, dass sich das bis zu meinem Lebensende nicht ändern würde.

Die Stasi verhindert eine Gewerbegenehmigung

Ein Jahr zuvor hatte ich eine ähnliche Erfahrung gemacht. Beim Rat des Stadtbezirks Berlin-Weißensee beantragte ich 1983 eine Gewerbegenehmigung für einen Plakat- und Schriftenmalerbetrieb. Diese Fertigkeiten hatte ich während meiner Lehrzeit als Gebrauchswerber schließlich gelernt. Ich hatte in Erfahrung gebracht, dass der Stadtbezirk Weißensee dringend einen derartigen Handwerksbetrieb brauchte.

Die Räte der Stadtbezirke hatten auch die Aufgabe, Feste zu organisieren und vor allem die Agitation und Propaganda am Laufen zu halten. Da war es schon sehr nützlich, über einen Schriften- und Plakatmaler zu verfügen, der dem Bezirk für die erteilte Gewerbegenehmigung zu Dank verpflichtet war und deshalb jeden Auftrag auf schnellstem Wege zu erledigen hatte. Zum Beispiel wenn es darum ging, zu politischen Fest- oder Gedenktagen Transparente mit den entsprechenden Losungen zu fertigen und an Gebäuden oder Straßen zu installieren. Und solche Anlässe gab es zuhauf. Dafür war immer genügend Geld vorhanden. Über die Höhe der Rechnungsbeträge wurde nie diskutiert.

Warum war man den Genossen, die über einen Gewerbeantrag zu entscheiden hatten, dankbar für einen positiven Beschluss? Weil eine Genehmigung fast mit einer Lizenz zum Gelddrucken vergleichbar war. Ein Handwerksbetrieb brauchte sich um Aufträge keine Gedanken zu machen. In der Mangelgesellschaft garantierte das Defizit an Handwerkern und Dienstleistungen ein mehr als einträgliches Einkommen. Handwerker gehörten ebenso wie Kellner zu den Besserverdienenden in der DDR. Prächtige Häuser mit Garten und Swimmingpool waren in diesen Branchen keine Seltenheit. Die Großverdiener konnten es sich leisten, falls ein Neuwagen westlicher Herkunft gerade nicht im Angebot war, auch mal einen fünf Jahre alten Golf oder Volvo auf dem Gebrauchtwagenmarkt für 100.000 Mark zu erwerben, obwohl ein solches Auto neu höchstens ein Drittel davon gekostet hatte.

Nach einigen Monaten waren bei meinem Antrag alle Schwierigkeiten – so schien es jedenfalls – ausgeräumt. Der Stadtbezirksrat war willens, mir die Gewerbeerlaubnis zu erteilen. Sogar die örtliche SED-Parteileitung, die natürlich gefragt werden musste, gab freudig ihre Einwilligung. Hatte sie doch nun einen Partner, wenn es darum ging, das alljährliche Blumenfest zu gestalten, für das sie federführend verantwortlich war. Auch die Handwerkskammer erteilte ihren Segen, obwohl ich keinen Meistertitel hatte. Aber ich wollte ja keine Lehrlinge ausbilden. Dann erhielt ich plötzlich einen Anruf vom zuständigen Bearbeiter, der sich sehr stark für mich engagiert hatte. Er bat mich, möglichst umgehend bei ihm vorzusprechen. An seiner Stimme konnte ich bereits erkennen, dass etwas Außergewöhnliches passiert sein musste.

Meine Vermutung wurde bestätigt, als er mir bei meinem Besuch verlegen mitteilte, dass er die Weisung bekommen habe, mir keine Gewerbeerlaubnis zu erteilen. Zur Begründung sollte er mir sagen, dass es keinen Bedarf gebe. Aber mir dies zu sagen, war ihm peinlich. Wusste ich doch, wie sehr man jemanden mit meiner Qualifikation gesucht hatte, wie sehr er sich für mich eingesetzt hatte. Auf meine Frage, was das alles zu bedeuten habe, wand er sich wie ein Aal und meinte, das dürfe er mir nicht sagen. Schließlich entlockte ich ihm doch einige Andeutungen, denen ich entnehmen konnte, dass die Stasi hinter diesem Manöver steckte. Das war es also nun wieder. Selbst so ein simpler Antrag auf ein Gewerbe musste über die Tische der Stasi laufen. Gab es in diesem Staat überhaupt irgendetwas, bei dem die Stasi nicht mitzureden hatte?

Diese Tatsache veranlasste mich dann auch, dem Sachbearbeiter die Frage zu stellen, was mich denn seiner Meinung nach in den Augen der Stasi so gefährlich mache. Darauf meinte er, er wisse ja gar nicht, was die Stasi gegen mich habe, ich solle mal überlegen, ob es in meiner Vergangenheit irgendetwas Heikles gebe. Natürlich wusste ich, dass es an meiner politischen Haftstrafe lag. Aber diese Geschichte wollte ich ihm nicht auftischen. Womöglich hätte er sich noch von mir getäuscht und betrogen gefühlt. Wie konnte ich es schließlich wagen, mit meiner staatsgefährdenden Vergangenheit bei ihm eine Gewerbeerlaubnis zu beantragen? Vielleicht bekäme er nun selbst Schwierigkeiten. Ich meinte nur zu ihm, selbst wenn es aus Sicht der Stasi etwas gäbe, verstünde ich nicht, weshalb man mir deshalb ein Gewerbe verweigerte. Darauf sagte er, dass man vielleicht so denke: Betriebe ich das Gewerbe, könnte ich einen oder mehrere Leute einstellen, die für mich die Arbeit erledigen, so dass ich selbst Zeit hätte, konspirativ gegen den Staat tätig zu werden. Das Gewerbe wäre sozusagen meine Tarnung. Wohlgemerkt, das war seine Interpretation. Allerdings bin ich mir nicht sicher, ob diese Deutung seiner eigenen Phantasie entsprungen ist oder ob ihm das nicht ein Stasimann als Begründung geliefert hatte.

Die Stasi verhindert eine Vietnam-Reise

Helga und ich bewarben uns Ende 1983 um Plätze für eine Urlaubsreise nach Vietnam. Diese Reisen waren begrenzt und tauchten in den offiziellen Angeboten des Reisebüros der DDR niemals auf. Vietnam war zwar ein sicheres „Bruderland", aus dem man nicht in den Westen fliehen konnte, aber um erst einmal dort hinzukommen, musste „Feindesland" berührt werden. Nonstop-Flüge waren mit den russischen Maschinen nicht möglich, so dass die Flugzeuge in Karatschi und Kalkutta zwischenlanden mussten. Die Gefahr, dass DDR-Bürger diese Stopps zu einer Flucht nutzen könnten, schien den Funktionären zu groß. Also wurden solche Reisen, wie auch Flüge nach Kuba, nur an ausgewählte Personen vergeben.

Menschen in besonderen Stellungen oder mit guten Beziehungen und besonders staatstreue Bürger hatten eine Chance, so eine Reise zu machen. Abgesehen davon, dass sie natürlich auch über das gewisse Kleingeld verfügen mussten, denn billig war es nicht.

Da Helga seit Jahrzehnten beim Reisebüro der DDR beschäftigt war und einen hervorragenden Ruf hatte, wurden uns im Januar 1984 tatsächlich zwei Plätze für eine Reise im Oktober zugesprochen. Aber das war nur die erste Hürde. Nun benötigten wir die schriftliche Einwilligung unserer Betriebe. Bei meiner Frau gab es natürlich keine Einwände. Was mich betraf, wollte mein Betrieb nicht die alleinige Verantwortung übernehmen und bezog den Generaldirektor des übergeordneten Kombinats mit ein. Er sollte die persönliche Einwilligung erteilen, obwohl er mich überhaupt nicht kannte. Aber immerhin sprach sich mein Betrieb für einen positiven Bescheid aus, so dass auch der Generaldirektor keine Veranlassung sah, dem nicht zuzustimmen. Die zweite Hürde war genommen, wenn auch erst nach monatelangem Warten.

Auch das nächste Hindernis wurde mit Bravour bewältigt: Die Reisepässe wurden beantragt und – oh Wunder – genehmigt. Ein normaler DDR-Bürger besaß in der Regel keinen Reisepass, weil ihm Reisen, bei denen er einen Pass benötigte, ohnehin nicht gewährt wurden. Nur so genannte Reisekader, also Menschen, die dienstlich ins Ausland reisten, hatten einen Pass. Und dann natürlich die Rentner, die seit 1964 die Möglichkeit hatten, in den Westen zu reisen. Die Länder, die dem normalen DDR-Bürger offen standen, konnten mit dem Personalausweis besucht werden. Das hieß aber in den meisten Fällen noch lange nicht, dass man einfach zur Grenze fahren konnte und dann durchgelassen wurde. Das funktionierte nur – und auch erst seit den siebziger Jahren – bei den polnischen und tschechischen Nachbarn.

Für alle übrigen sozialistischen Bruderländer, wie sie offiziell genannt wurden, war das Procedere etwas komplizierter. Für eine Reise in diese Länder – dazu gehörten Ungarn, Rumänien, Bulgarien und die Sowjetunion – musste eine „Reiseanlage zum Personalausweis" beantragt werden. Im Grunde genommen war das ein Visum, allerdings wurde es nicht – wie normalerweise üblich – vom zu besuchenden Land ausgestellt, sondern von der DDR selbst. Das diente der lückenlosen Kontrolle der „zuständigen Organe" über die

Auslandsreisen ihrer Bürger. Obwohl dies nur die aus SED-Sicht „sicheren" Bruderländer betraf, durfte selbst in diese Länder nicht jeder reisen. Ganz besonders unsicheren Kantonisten, z.B. Punks oder so genannten Asozialen – wie man Jugendliche mit einer etwas anderen Lebenseinstellung nannte – wurde die Reisegenehmigung häufig verwehrt. Das unsichere Ostblockland Jugoslawien wurde wie ein westliches Land behandelt, weil es relativ offene Grenzen zum Westen hatte.

Wenn die Behörden aber nun keine Einwände hatten, konnte der Bürger nach einigen Wochen die Reiseanlage bei der Volkspolizei abholen. In der war vermerkt, von wann bis wann man in das gewünschte Land reisen konnte. Zusätzlich wurde hinten in den Personalausweis eine Falteinlage geklebt, auf der die Ein- und Ausreisestempel der besuchten und durchquerten Länder Platz fanden.

Wir hatten also für die Vietnam-Reise tatsächlich echte Reisepässe in den Händen. Unglaublich. Nun hatten wir nur noch ein einziges Hindernis zu überwinden, allerdings auch das schwierigste. Alle Unterlagen mussten an das Reisebüro übergeben werden, das dann die letzten Formalitäten erledigte. Und dazu gehörte auch die Überprüfung der Reisenden durch die „Sicherheitsorgane". Und das ging schief. Nachdem man uns insgesamt fast acht Monate auf Trab gehalten hatte, erhielten wir jetzt, es war bereits August, schon nach zwei Tagen unsere Pässe zurück. Verbunden mit der mündlichen (!) Mitteilung, dass unsere Reise von der Polizei (sprich Stasi) abgelehnt worden sei. Die Reise hätte im Oktober stattfinden sollen. Eine Begründung wurde nicht gegeben.

Diese offene Willkür brachte mich derart in Rage, dass ich sofort eine Beschwerde – in der DDR hieß das Eingabe – verfasste, in der ich meinen Unmut über die Ablehnung zum Ausdruck brachte und eine Begründung verlangte. Darauf teilte man mir mit, dass ich nicht berechtigt sei, eine Begründung zu erhalten. Meine Wut wurde immer stärker. Ich verfasste im Laufe der nächsten Wochen und Monate noch mehrere Schreiben, in denen ich auf einer Begründung bestand. Ich wollte auch wissen, weshalb ich kein Recht auf eine Begründung haben sollte. Das war nur noch lächerlich.

Nachdem die „zuständigen Stellen" nun offensichtlich gemerkt hatten, dass ich nicht locker ließ, bekam ich schließlich einen Termin mitgeteilt, an dem ich zu einer Aussprache erscheinen sollte. Als Ort war das Gebäude des SED-Zentralkomitees angegeben, der Altbau des heutigen Außenministeriums. An einer bestimmten Tür an der Seite des Gebäudes in der Kurstraße sollte ich klingeln. Das tat ich pünktlich zum angegebenen Termin. Neben der Tür befand sich ein Schild, aus dem zu ersehen war, dass es sich um die Berliner Bezirksleitung der SED handelte.

Nachdem mir geöffnet wurde und ich meinen Namen genannt hatte, wurde mir der Personalausweis abgenommen. Dann führte man mich in einen fensterlosen, fast leeren Raum, wo ich warten sollte. Nachdem fast eine Stunde vergangen war, kam endlich ein Mann, bei dem ich wegen seines Aussehens, seiner Sprechweise, seiner Bewegungen, seiner Blicke ziemlich sicher war, einen Stasimann vor mir zu haben. Von diesen Typen hatte ich schon genügend kennen gelernt, ich konnte sie förmlich riechen. Obwohl er mir seinen Namen nannte, war ich überzeugt, dass es nicht der richtige war. Stasileute traten nie mit richtigem Namen auf.

In einem kleinen, ebenfalls fensterlosen Raum, fand nun das Gespräch statt. Es dauerte etwa eine gute Stunde. Tenor war, dass ich nach wie vor nicht berechtigt sei, eine Begründung für die Ablehnung zu erfahren. Das sei generell so. Als ich mich über diese undemokratische Verfahrensweise mokierte, versuchte er mir mit vielen Worten klarzumachen, dass dieses Vorgehen ausgesprochen demokratisch sei. Für mich war das nur noch eine Komiknummer aus dem Zirkus DDR, so bitterernst die ganze Angelegenheit auch war. Auf meine Argumente ging er überhaupt nicht ein, er spulte sein Vokabular ab wie eine Maschine. Dieser Parteijargon war mir zutiefst zuwider und unverständlich. Da er meine Einwände überhaupt nicht beachtete, ich dagegen sein Vokabular nicht verstand, hatte ich den Eindruck, wir sprechen beide zwei ganz verschiedene Sprachen. Es war einfach nur widerlich und sinnlos, mit diesem Apparatschik zu diskutieren.

Jetzt hatte ich endgültig die Nase voll. Es konnte doch wohl nicht sein, dass mich dieser Staat bis zum Lebensende als Feind betrachtete und mir aus diesem Grunde nicht einmal minimale Entfaltungsmöglichkeiten für ein halbwegs selbst bestimmtes Leben bot, mich aber andererseits nicht dahin gehen ließ, wo ich dieses Leben führen konnte. Er zwang mich, sein Sozialismus-Experiment, das von Anfang an nicht das meine war, mitzumachen. Der Gedanke, die DDR zu verlassen, setzte sich langsam fest. Drei Jahre dauerte dieser Kampf zwischen Pro und Kontra. Immerhin war ich verheiratet und Helga, das wusste ich, würde niemals mitmachen. Auch wenn ihr in der DDR vieles missfiel und sie kein SED-Mitglied war, gelangte sie doch immer mehr zu der Überzeugung, dass die DDR das bessere Deutschland sei und dass dem Sozialismus die Zukunft gehöre. Unser Verhältnis zueinander kühlte immer mehr ab.

Irgendwann war ich mir sicher, dass es mit ihr keine gemeinsame Zukunft mehr geben kann, so sehr ich mich auch anfangs dagegen wehrte. Denn immerhin hatte sie während meiner beiden Inhaftierungen stets zu mir gestanden. Ich werde auch nie vergessen, wie sie mir in der Stasi-U-Haft mit der einseitigen Bekanntgabe unserer Verlobung unheimliche Kraft gegeben hatte. Auch während meiner letzten Inhaftierung stand sie stets auf meiner Seite.

Doch im Laufe der Jahre hatte ich nicht mehr das Gefühl, dass wir auf der gleichen Seite stehen. Zum Schluss war Helga sogar der Meinung, ich wäre selbst Schuld daran, dass ich wegen der RIAS-Sache für 18 Monate hinter Gitter musste. Ich hätte schließlich gewusst, dass meine Briefe strafbare Handlungen seien. Diese Vorwürfe wiederholte sie mehrfach. Das empfand ich als Verrat an unseren einstmals gemeinsamen Auffassungen und Idealen, und es schmerzte mich sehr. Auch ihre Einstellung zum Einmarsch der Warschauer-Pakt-Truppen in die Tschechoslowakei im Jahre 1968 erfuhr eine völlig veränderte Deutung. Sie vertrat plötzlich die Meinung der offiziellen DDR-Lesart, dass der Einmarsch notwendig gewesen sei, weil die Ereignisse in der CSSR auf eine Konterrevolution hinausgelaufen wären mit dem Ziel, aus dem sozialistischen Lager auszuscheren.

Der Einmarsch in die Tschechoslowakei

Dabei hatten wir die Intervention im August 1968 hautnah erlebt und gemeinsam verurteilt. Wir befanden uns gerade mit dem Motorrad auf einer Urlaubsreise durch die CSSR. Am 21. August wurden wir in unserem Hotel in Bratislava von den unheimlichen Panzergeräuschen geweckt. Die Ostblockstaaten außer Rumänien hatten unter Federführung der Sowjetunion konspirativ beschlossen, den „Prager Frühling" gewaltsam zu beenden.

Der damalige KP-Chef der Tschechoslowakei, Alexander Dubcek, hatte in den letzten Monaten gewissermaßen von oben sehr behutsam das Land reformiert. Er strebte einen Sozialismus an, in dem es Meinungsfreiheit, eine freie Presse und keine staatlichen Repressionen mehr geben sollte. Die einschneidenden Veränderungen, die seitdem in diesem Lande vor sich gegangen waren, hatten wir während unserer Reise bereits als sehr wohltuend empfunden. Nun also sollte diesem hoffnungsvollen Experiment ein Ende bereitet werden? Die sowjetischen Panzer in den Straßen waren ein eindeutiges Zeichen. Im Frühstücksraum unseres Hotels „Tatra" erfuhren wir von aufgeregten Touristen und Einheimischen, die gebannt vor ihren kleinen Taschenradios saßen, was geschehen war. Ausgerechnet die „unverbrüchlichen Freunde" wollten nun den „Sozialismus mit menschlichem Antlitz" brutal abwürgen. Wir schämten uns, einem dieser Interventionsstaaten anzugehören, obwohl sich mehr als 20 Jahre später herausstellte, dass die DDR-Volksarmee physisch nicht in die CSSR eingedrungen war. Nach dem 30 Jahre zuvor erfolgten Einmarsch der Wehrmacht wagte man es offensichtlich nicht, erneut deutsche Soldaten in unterdrückerischer Mission in dieses Land zu schicken. Aber das wussten die Tschechen und Slowaken damals nicht. Offiziell war die DDR an der Intervention beteiligt. Allein das zählte.

Wir fuhren an jenem Tag mit dem Motorrad in Richtung Prag, inmitten der russischen Lastwagen und Panzer. Etliche Fahrzeuge lagen umgekippt im Straßengraben. In Kenntnis der russischen Mentalität und Bräuche vermutete ich, dass viel Alkohol im Spiel war. Mit unserem DDR-Nummernschild waren wir überall den Anfeindungen der Tschechen und Slowaken ausgesetzt. Nach ihrer Auffassung gehörten wir als DDR-Bürger nun zu den Feinden.

Man reckte uns die Fäuste entgegen. Wie konnten sie auch wissen, dass wir genauso erbost darüber waren wie sie selbst. Wie konnte man ihnen verständlich machen, dass wir mit ihnen solidarisch waren? Es hätte keinen Zweck gehabt, ihnen das klar machen zu wollen, schon allein wegen der Sprachbarriere.

Schwierig wurde es, als unser Benzin zur Neige ging. Wir hatten schon vorher bemerkt, dass es an den meisten Tankstellen kein Benzin mehr gab. An denen, die noch etwas verkauften, hatten sich lange Schlangen gebildet. Wir konnten uns ausmalen, was passieren würde, wenn wir uns, die verhassten DDR-Bürger, dazugesellten. Unbeschadet würden wir wohl diese Frechheit nicht überstehen. Also mussten wir uns etwas anderes überlegen. Da wir einen kleinen Reservekanister dabei hatten, kam ich auf die Idee, einen etwa 12-jährigen Jungen, den wir in der Nähe einer Tankstelle ansprachen, zu bitten, uns den Kanister zu füllen. Das Geld dafür und eine Belohnung gaben wir ihm im Voraus. Und tatsächlich, er besorgte uns das Benzin.

An einer Kreuzung bei Brno (Brünn) kamen wir nicht weiter, weil es eine Schießerei gab. Schließlich hörten wir, dass alle Straßen nach Prag gesperrt waren. So entschlossen wir uns, nach Liberec (Reichenberg) zu fahren, wo wir Bekannte hatten. Es waren zwar Tschechen, aber sie würden uns nicht als Feinde betrachten, denn sie kannten unsere politische Einstellung. Am Abend erreichten wir Liberec und wurden herzlich aufgenommen. Dort erfuhren wir alle Neuigkeiten. Unsere Bekannten waren überzeugt davon, dass kein Tscheche oder Slowake mit den Russen kollaborieren würde, die gesamte Bevölkerung stehe hinter dem Reformer Dubcek. Tatsächlich hatten wir bereits während unserer gesamten Reise durch die CSSR bemerkt, mit welcher Freude und welchem Glücksempfinden die Tschechen diesen neuen Kurs ihrer Führung unterstützten. Zeigte sich doch hier endlich die lang erträumte Möglichkeit, Sozialismus und Freiheit miteinander zu verbinden. Bisher schien es doch in der gesamten Welt des Sozialismus so zu sein, dass Freiheit und Sozialismus unvereinbare Widersprüche sind. Nun zeigte sich zum ersten Mal in der Praxis, dass es möglich war, einen wahrhaft freiheitlichen Sozialismus zu praktizieren. War es da ein Wunder, dass die Tschechen und Slowaken geradezu einem Freudentaumel unterlagen? Sie waren beseelt von dem Gedanken, dass es nun gerade ihnen, den beiden kleinen Völkern in der Mitte Europas, vorbehalten war, diesen Praxistest erstmalig in der Welt auszuprobieren.

Am Vorabend hatten wir in unserem Hotel „Tatra" in Bratislava ein interessantes Gespräch mit einem Hotelangestellten, der uns freudestrahlend erzählte, dass er jetzt ungestraft CSSR-Stasispitzel als solche bezeichnen und sie beschimpfen dürfe. Er bedauerte uns, dass wir angesichts einer halben Million Sowjetsoldaten im Land wohl sobald nicht diese Möglichkeit haben würden. Wir hatten auch schon selbst in einem Antiquariat bemerkt, dass es dort deutschsprachige Bücher gab, die in der DDR nicht zu haben waren.

Auf einem Spaziergang durch das abendliche Liberec sahen wir am Markt das zerstörte Haus, in das wenige Stunden zuvor ein sowjetischer Panzer hineingerast war und mehrere Menschen getötet hatte. Wir sahen das Blut auf dem Pflaster, wir sahen aber auch ein Meer von Blumen neben dieser Stelle. Die Straßen waren voller Menschen. Alle hatten sich ein Band mit den tschechischen Nationalfarben an die Brust geheftet, alle hatten unbändige Wut auf die Sowjets und einen unerschütterlichen Glauben an den Sieg ihrer Sache. Aus den deutschsprachigen Radiosendern erfuhren wir am nächsten Tag, dass die Grenze zur DDR bis auf weiteres geschlossen, die Grenze zur Bundesrepublik hingegen geöffnet war. Ich war überzeugt, dass uns kein Grenzer gehindert hätte, in die Bundesrepublik auszureisen. Denn selbst die tschechische Armee, die Polizei, der Zoll und alle anderen Sicherheitsorgane – das StB, die Stasi der CSSR, vielleicht ausgenommen – standen geschlossen hinter Dubcek. Die Situation war für uns sehr verlockend, ein Leben in Freiheit, ein Leben im Westen lag greifbar vor uns – aber leider, es war nicht möglich, denn schließlich hatten wir unsere eineinhalbjährige Tochter zu Hause bei der Oma gelassen. Sie wollten wir natürlich nicht im Stich lassen. Es war für mich ein kurzer schöner Gedanke, aber mehr auch nicht.

Bei unseren tschechischen Freunden hörten wir hauptsächlich den RIAS. Die Sendungen des DDR-Rundfunks, die wir mitunter auch empfingen, waren so verlogen, dass es einem übel werden konnte. Die DDR-Sender versuchten den Hörern weiszumachen, dass die Tschechen die sowjetischen „Befreier" mit Blumen begrüßten, ihnen zujubelten. Nichts davon hatten wir gesehen. Demgegenüber war die Berichterstattung des RIAS wohltuend sachlich und wahrheitsgetreu. Niemand konnte das besser beurteilen als wir, die wir unmittelbar im Geschehen drinsteckten. Es war der dritte oder vierte Tag, als die Grenzen zur DDR wieder geöffnet wurden und wir uns von unseren immer noch optimistischen Gastgebern verabschiedeten. Auf der Fahrt zur Grenze bekamen wir einen Eindruck von der Schweykschen Mentalität des tschechischen David gegen den sowjetischen Goliath. Wir wunderten uns nämlich, dass wir uns ständig verfuhren. Erst nach einiger Zeit merkten wir, dass die Menschen sämtliche Wegweiser verdreht hatten, um die Russen und ihre Verbündeten in die Irre zu schicken und ihnen den Weg nach Prag zu erschweren. Obwohl wir dadurch viel Zeit verloren, waren wir über diesen Einfallsreichtum sehr amüsiert.

An der Grenze bekamen wir von den tschechischen Grenzern und Zöllnern jede Menge Flugblätter und anderes Info-Material. Weil es sich hauptsächlich um Karikaturen handelte, konnten wir sie gut verstehen. Tenor dieser Zeichnungen war die einhellige Ablehnung der Invasion. Dabei wurde häufig der Vergleich gezogen zwischen 1945, als die Sowjets als Befreier ins Land kamen und jetzt, wo sie als Invasoren auftraten. Oder auch der Vergleich zwischen 1938, als die Deutschen die Tschechei annektierten und jetzt, genau 30 Jahre später, da die DDR wieder deutsche Soldaten ins Land schickte. Den größten Teil der Flugblätter versteckte ich unter dem Sitzbankbezug des Motorrades. Einen kleineren Teil hatte ich in der Jackentasche. Wie gut das war, zeigte sich ein paar hundert Meter weiter bei der Grenzabfertigung durch die DDR. Die DDR-Grenzer wussten natürlich, was ihre tschechischen Kollegen verteilten und forderten uns barsch auf, alles abzuliefern. Wenn ich gesagt hätte, wir haben nichts, hätten wir uns verdächtig gemacht und eine Durchsuchung riskiert. So war es gut, dass ich ein paar Flugblätter in der Jacke hatte, die ich dem Grenzer geben konnte. Dadurch konnten wir den größten Teil sicher nach Hause bringen.

Heute wären diese teilweise sehr originellen Flugblätter nicht nur für Historiker sehr wertvoll. Leider besitze ich sie nicht mehr. Weil sich mein Bruder das Material nach unserer Rückkehr in Ruhe ansehen wollte, lieh ich es ihm. Als ich es wieder zurückhaben wollte, erklärte er mir recht unglücklich, dass seine ängstliche Frau alles vernichtet habe. Das habe ich meiner Schwägerin nie verzeihen können. Diese Ängstlichkeit war aber symptomatisch für den größten Teil der Bevölkerung. Für die SED-Machthaber natürlich ideal. So wünschten sie sich ihre Bürger. Eingeschüchtert, untertänig, angepasst. Mit solchen Menschen konnte man eine Diktatur bis in alle Ewigkeit fortführen. Zum Glück gab es aber auch andere Menschen in der DDR, wie man dann in den Monaten nach dem Einmarsch feststellen konnte. Eine ganze Reihe mutiger Leute, insbesondere Studenten, leisteten Widerstand, indem sie Flugblätter verteilten, Losungen an Wände schrieben oder diese barbarische Invasion öffentlich verurteilten. Vor der CSSR-Botschaft bildetete sich eine kilometerlange Schlange von Menschen, die ihre Solidarität ausdrücken wollte. Die Zahl der politischen Inhaftierungen stieg in dieser Zeit auf eine seit dem Mauerbau nicht mehr gekannte Höhe.

Diese historische Begebenheit, die Helga und ich emotional gewissermaßen synchron erlebten, war nun 20 Jahre später in der Reflexion meiner Frau zu einem ganz anderen Ereignis mutiert. So setzte sich langsam der Gedanke an Scheidung und Ausreiseantrag in mir fest. Ich will nicht verschweigen, dass auch ich meiner Frau inzwischen cinige Anlässe bot, sich ihrerseits mit dem Thema Trennung zu beschäftigen. Allerdings stand die Tatsache, dass ich seit einigen Jahren zusammen mit meinem Freund Klaus nebenberuflich eine ganze Menge Geld verdiente, den Ausreiseplänen anfangs noch entgegen. Wir gestalteten in einem angemieteten Atelier – das war eine nicht mehr als Wohnraum zu vermietende Kochstube – Ausstellungstafeln für staatliche Auftraggeber.

„Messe der Meister von Morgen" – ein großer Volksbetrug

In der Hauptsache betraf das die so genannte MMM. Dieses Kürzel stand für die „Messe der Meister von Morgen", eine propagandistisch aufgeblasene „Jugendbewegung". Die Jugendlichen waren aufgefordert, durch „Einfallsreichtum und Kreativität" an ihren Arbeitsplätzen Ideen zu entwickeln, um die Arbeitsproduktivität in den Betrieben zu steigern. Die Ergebnisse wurden in Betriebsmessen gezeigt, wobei die besten Exponate dann weitergereicht und bei den Kreis- und Bezirks-MMM präsentiert wurden. Höhepunkt in jedem Jahr war die „Zentrale Messe der Meister von Morgen" in

Leipzig, wo die besten MMM-Ergebnisse des gesamten Landes gezeigt wurden. Soweit der Anspruch.

Leider war es so, dass diese Messe im Laufe der Jahre immer mehr zu einer Propagandashow ohne praktischen Nutzen verkam. Hier wurde Augenwischerei und Selbstbetrug großen Ausmaßes betrieben. Genau so groß waren auch die Kosten, die dafür aufgewendet wurden. Jeder Betrieb hatte daran teilzunehmen, sogar kleine Handwerks- und Privatbetriebe waren nicht ausgenommen, auch Schulen, Fachschulen, Hochschulen und Universitäten mussten ihre Beiträge leisten.

Für jede Idee wurde mindestens eine Ausstellungstafel von 1 Meter x 2,20 Meter gestaltet. Unsere größten Auftraggeber waren das Wohnungsbaukombinat (WBK), das Tiefbaukombinat (TB) und die Deutsche Akademie der Wissenschaften. Allein diese Großauftraggeber hatten jeweils mehr als hundert Tafeln zu gestalten. Über die Honorare wurde nie diskutiert. Für diese Aktionen war immer genügend Geld vorhanden.

Als ich von 1976 bis 1978 bei der Handwerkskammer für die MMM-Beteiligung der Berliner Handwerksbetriebe zuständig war, bekam ich tiefe Einblicke in das Blendwerk dieser „Bewegung". Die Handwerker waren gezwungen, irgendwelche Neuerungen zu melden, obwohl sie meistens nichts vorzuweisen hatten. Also reichten sie Pseudo-Verbesserungen ein. Dass einige die gleiche Idee mehrere Jahre lang aufs Neue als Innovation verkauften, fiel offenbar niemandem auf. Für jedes Exponat musste vorab ein jährlicher finanzieller Nutzen angegeben werden. Bei vielen Verbesserungsvorschlägen, die mir gemeldet wurden, war dieser Nutzen aber vor einem längeren Praxiseinsatz gar nicht zu ermitteln. Als ich damit bei einer der zentralen Vorbereitungsversammlungen im Roten Rathaus argumentierte, erhielt ich von der ranghöchsten Berliner MMM-Verantwortlichen nur einen mitleidigen Blick. Dann flüsterte sie mir zu, dass die Zahlen über den Nutzen ja nicht unbedingt stimmen müssten, Hauptsache sei, dass überhaupt Zahlen gemeldet würden. Da wurde mir schlagartig klar, wie dieser enorme Nutzen zustande kam, der mit immer höheren Summen jedes Jahr in der gesamten DDR-Presse veröffentlicht wurde. Das Ganze war in Wirklichkeit ein riesiger Selbstbetrug. Aber schließlich basierte die gesamte Wirtschaft auf Selbstbetrug, wie sich nach der Wende herausstellte. Die angeblich zehntstärkste Wirtschaftsmacht der Welt entpuppte sich als ein Lügengeflecht, auf das selbst viele westdeutsche Politiker hereingefallen waren.

Kabarettreife Antwort auf eine Eingabe

Unser guter Verdienst durch die MMM, auch wenn er abends und an den Wochenenden hart erarbeitet werden musste, brachte mich in die Lage, mir auch teure Reisen leisten zu können. Nicht nur nach Polen, in die CSSR, nach Ungarn, Rumänien und Bulgarien, sondern auch Autoreisen durch die Sowjetunion über den Kaukasus nach Tiflis und Eriwan. Aber auch in die mittelasiatischen Sowjetrepubliken, die heute alle eigenständige Staaten sind. Sogar in die Mongolei und nach Nordkorea bin ich gereist.

Aber damit war auch das Ende der Fahnenstange für mich als unzuverlässig eingestuftem Reisefreak erreicht. Andere Reiseländer standen mir nicht zur Verfügung. Dabei zeigte mir der Blick auf den Globus, dass die Welt noch unendlich mehr zu bieten hatte als die paar Länder des real dahinsiechenden Sozialismus. Das schürte natürlich meine Unzufriedenheit. Ich wollte nicht mit vierzig Jahren am Ende sämtlicher Reisemöglichkeiten angelangt sein. Meine guten Geldeinnahmen bewirkten allerdings, dass ich in meinen Ausreisebemühungen noch etwas zögerte. Schließlich malte ich mir für mein Leben im Westen keine überragenden Verdienstmöglichkeiten mehr aus in meinem Alter von inzwischen mehr als vierzig Jahren. Noch dazu auf dem Gebiet der Werbung, von der ich wusste, dass da nur „junge und dynamische" Leute gefragt waren. Ganz davon abgesehen, dass sich wohl jeder Arbeitgeber im Westen gefragt hätte, was ich, der aus einer sozialistischen Mangelwirtschaft kam, wohl von Werbung verstehen könne. Mit anderen Worten, ich hatte für mich persönlich keinerlei Illusionen von einem zukünftigen Leben im Westen. Notfalls könnte ich durch Taxi fahren mein Geld verdienen, Hauptsache raus aus diesem Land.

Mir wurde zunehmend bewusst, das Geld, das ich verdiente, konnte die fehlenden Freiheiten nicht aufwiegen. Schon gar nicht, wenn man dieses Geld noch nicht einmal sinnvoll ausgeben konnte. Ich kam zu der Überzeugung, dass es besser wäre, im Westen zwar weniger zu verdienen, aber dieses Geld sinnvoll ausgeben zu können. Und dazu bekäme ich gratis alle Freiheiten dieser Welt, einschließlich der Reisefreiheit.

Ein Beispiel für die Absurdität dieser Diskrepanz zwischen dem Geld, das für den DDR-Bürger selten ein Problem darstellte und dem, was er damit (oder auch nicht) kaufen konnte, zeigt folgendes Beispiel: Am 19. 1. 82 schickte ich eine Eingabe an die Leserbriefredaktion der „Berliner Zeitung". Ich beschwerte mich darüber, dass Gewürzgurken, Rollmöpse und Kartoffelchips seit einiger Zeit überhaupt nicht mehr im Handel angeboten würden, „Delikatessen", die ich leidenschaftlich gern aß. Nach einigen Wochen erhielt ich nicht etwa von der „Berliner Zeitung", sondern vom Ministerium für Handel und Versorgung, Abt. Nahrungsgüter/Frischwaren, folgende Antwort:

Werter Herr Drewitz!

Ihre Eingabe vom 19.1.82 an die Leserbriefredaktion der Berliner Zeitung wurde uns zur Bearbeitung übergeben. Nach Überprüfung Ihrer dargelegten Fragen teilen wir Ihnen mit:

Kartoffelchips werden seit einigen Jahren dem Handel nicht mehr angeboten. Dieser Artikel wurde von einer LPG (Landwirtschaftliche Produktionsgenossenschaft. Der Verf.) *im Bezirk Halle in relativ geringen Mengen produziert, die auch den Einzelhandel (vorwiegend Verkaufseinrichtungen in Berlin) direkt belieferte. Nach der uns von der VVB* (Vereinigung Volkseigener Betriebe. Der Verf.) *Zucker und Stärke Halle gegebenen Auskunft sind die Maschinen zur Herstellung von Kartoffelchips verschlissen und eine Neuanschaffung war nicht vorgesehen.*

Durch den ungünstigen Witterungsverlauf in den Jahren 1980 und 1981 traten in der sozialistischen Landwirtschaft und bei den Kleinstproduzenten erhebliche Ausfälle in der Ernte von Gurken auf. Die Ausfälle betrugen bis zu 46 Prozent in der Republik und im Spreewald ca. 50 Prozent im Verhältnis zur geplanten Menge. In der obst- und gemüseverarbeitenden Industrie konnten deshalb die geplanten Mengen bei Gurkensterilkonserven nicht erreicht werden. Da auch in allen anderen sozialistischen Ländern ungünstige Witterungsbedingungen vorherrschten, war auch ein Ausgleich durch Importe nicht möglich. Mit der Verarbeitung der geplanten Menge an Gurken aus der Ernte 1982 werden alle Möglichkeiten genutzt, um eine Verbesserung der Versorgung mit Gurkenkonserven ab IV. Quartal 1982 und im 1. Halbjahr 1983 zu erreichen.

Die Versorgung mit Fisch und Fischwaren ist in den letzten Jahren komplizierter geworden. Eine Reihe bekannter und gewohnter Fischsorten stehen uns nicht mehr oder nur in wesentlich geringeren Mengen zur Verfügung. Die Ursache dafür liegt darin begründet, dass seit einigen Jahren die Meeresanliegerstaaten Fischereizonen festgelegt haben, in denen fremden Staaten der Fischfang nicht oder nur begrenzt erlaubt ist. Durch diese Maßnahmen ist es uns nicht mehr möglich, in traditionellen Fanggebieten zu fischen. Daraus resultiert auch ein geringeres Aufkommen an Heringen als in früheren Jahren. Zur Herstellung von Präserven einschließlich Rollmöpsen müssen deshalb auch andere Fische wie z.B. Makrelen eingesetzt werden.*

Mit sozialistischem Gruß
Weidlich

Soweit der Wortlaut des Briefes. Ich denke, dieser Text sagt mehr aus als viele kluge Bücher über das Versagen der sozialistischen Planwirtschaft. Ein Kabarettist hätte es nicht besser formulieren können. Zu ergänzen wäre noch, dass es entgegen der vollmundigen Ankündigung auch im nächsten Jahr keine Gewürzgurken zu kaufen gab. Natürlich wusste der aufgeklärte DDR-Bürger, dass die Gurken und Rollmöpse zwar produziert, wegen des Devisenmangels jedoch zu fast 100 Prozent in den Westen exportiert wurden, während es früher vielleicht nur 70 Prozent waren.

Anfang der 80er Jahre begann nämlich die letzte Phase des Niedergangs der Wirtschaft, als die DDR immer mehr Schwierigkeiten bekam, genügend Devisen für den Import der wichtigsten Güter zu erwirtschaften. Beispielsweise war die Sowjetunion nicht mehr länger bereit, Erdöl und Erdgas zu Sonderkonditionen an ihre Verbündeten zu liefern. Ihr stand das Wasser inzwischen selbst bis zum Hals. Das und noch vieles andere führte in den 80er Jahren dazu, dass der ostdeutsche Staat wegen der schwindenden Deviseneinnahmen nicht mehr in der Lage war, die notwendigsten Rohstoffe einzuführen, geschweige denn hochwertige Genuss- oder Konsumgüter. Selbst die einfachsten Dinge, die man bisher noch ab und zu mit Anstehen erhalten konnte, gab es nun gar nicht mehr zu kaufen.

*Präserven sind Lebensmittel-Konserven, deren Inhalt durch Säuren oder chemische Konservierungsmittel haltbar gemacht wird.

Das ging sogar so weit, dass es kaum noch Latex-Farbe zu kaufen gab, die beliebteste und am meisten verbreitete Anstrichfarbe. Das kam einer mittleren Katastrophe gleich. Der Grundstoff dieser Farbe musste auf dem Weltmarkt gegen harte Devisen eingekauft werden, die man nun nicht mehr in ausreichender Menge zur Verfügung hatte. Immerhin war diese Farbe nicht nur die Grundlage für den Wand- und Deckenanstrich in nahezu jeder Wohnung, sondern darüber hinaus auch die Basis für den größten Teil der Agitation und Propaganda des Staates.

Der sich immer mehr beschleunigende und vor der Öffentlichkeit nicht mehr zu verbergende Niedergang der Wirtschaft bestärkte mich endgültig in meinem Entschluss, diesem verhassten Staat den Rücken zu kehren.

Zweiter Teil

Chronik einer Ausreise

Vorbereitungen für einen wichtigen Entschluss

Mitte der achtziger Jahre bestand meine Ehe nur noch auf dem Papier, die Scheidung war so gut wie beschlossen. Dennoch befand ich mich mit Helga nicht im Kriegszustand. Dazu waren wir beide viel zu vernünftig. Ich hatte in Leipzig mit Raymonde eine neue Lebensgefährtin gefunden, die nach anfänglichem Zögern bereit war, zusammen mit ihrer 17-jährigen Tochter und mir die Ausreise zu wagen. Da wir auch im Falle meiner Scheidung nicht heiraten wollten, mussten wir für eine gemeinsame Bearbeitung eines Ausreiseantrages nachweisen, dass wir in einer eheähnlichen Lebensgemeinschaft wohnen. So musste sie nach Berlin ziehen. Da tat sich aber bereits wieder eine hohe Hürde auf, denn man konnte nicht einfach so nach Berlin ziehen.

Raymonde brauchte dafür eine Zuzugsgenehmigung, die im Normalfall kaum zu erhalten war. Nur bei einem Wohnungstausch, wie wir ihn vorhatten, lief es relativ problemlos. Aber wie sollten wir einen Tauschpartner finden, der ausgerechnet von Berlin nach Leipzig ziehen wollte? Ich konnte mir ausmalen, dass es zehnmal mehr Tauschpartner in die entgegengesetzte Richtung gab. Denn die „Hauptstadt der DDR – Berlin" wie Ost-Berlin in der DDR offiziell hieß, übte in der Provinz große Anziehungskraft aus. Wer in Berlin wohnte, hatte viel engeren Kontakt zum Westen, zu westlichen Freunden und Verwandten, ganz zu schweigen von der besseren Versorgung und dem besseren Empfang westlicher Radio- und Fernsehsendungen. Schließlich bot Ost-Berlin als einzige DDR-Stadt eine gewisse Großstadtatmosphäre, hatte wegen der vielen Tagestouristen aus dem Westen fast so etwas wie Weltläufigkeit.

Wer wollte schon auf diese Vorteile verzichten? Das waren sicherlich nur Leute, die unabweisbare berufliche oder private Gründe hatten. Einige Tauschanzeigen in Berliner und Leipziger Zeitungen bestätigten das. Große Ansprüche konnten wir bei dem ungleichen Tausch nicht stellen, aber Raymonde hatte eine für Leipziger Verhältnisse recht gute Wohnung zu bieten, zwei Zimmer Neubau mit Bad. Die Wohnungen, die uns dafür in Berlin angeboten wurden, waren dagegen oftmals nur Elendsquartiere. Halbverfallene Hinterhofwohnungen, meist nur ein Zimmer ohne Bad und mit Gemeinschaftstoilette im Treppenhaus, waren die Regel.

Unsere Mühen waren monatelang vergeblich, bis wir doch noch im Hellersdorfer Neubaugebiet ein Ehepaar mit einer Zwei-Zimmerwohnung fanden, das nach Leipzig ziehen musste. Es war sich natürlich bewusst, dass es bei diesem ungleichen Tausch einige Forderungen stellen konnte. Selbstverständlich verlangten sie die Umzugskosten und eine erkleckliche Summe Bargeld. Damit war aber für Raymonde und Tochter endlich der Weg in die gerade erst fertig gestellte Plattenbauwohnung frei – zwischen Baustellen, Matsch und Dreck und noch ohne Infrastruktur. Der eigentliche Umzug im Januar 1987 war gemessen an den vorangegangenen Mühen dann fast nur noch ein Spaziergang.

Auch ich meldete mich unter der Hellersdorfer Anschrift an. Damit war der erste Schritt für die Ausreise getan. Tatsächlich lebte ich weiter mit meiner Frau in der alten Wohnung. Meine vielen Bücher und vor allem die Gründerzeitmöbel und Antiquitäten hätten in Raymondes kleiner Wohnung keinen Platz gehabt. Die Qualität der neuen Wohnung war katastrophal, entsprach aber dem üblichen DDR-Standard. Erich Honecker hatte mit der Verkündung des Wohnungsbauprogramms versprochen, dass jeder Haushalt bis 1990 zwar noch nicht seine, aber zumindest eine Wohnung erhalten soll. Schon diese Formulierung ließ ahnen, wie groß die Wohnungsnot war. Alle Wohnungen wurden vom Wohnungsamt vergeben, abgesehen von einigen für die Nomenklatura gebauten Wohnungen, meist in besonderen Vierteln wie etwa dem Nikolaiviertel.

Singles, die vielleicht mit 25 Jahren endlich bei den Eltern ausziehen wollten, bekamen auch nach langjährigen Versuchen keine Wonung. Selbst Verheiratete ohne Kinder hatten kaum eine Chance. Die Humorseite der „Berliner Zeitung" beschrieb 1978 die Lage treffend: Der Karikaturist legte einer Blondine – auf dem Schoß ihres Mannes oder Freundes sitzend – die Worte in den Mund: „Wir könnten ja bei meinen Eltern wohnen, wenn sie nicht noch bei ihren Eltern wohnten."

So wurde in der DDR früh geheiratet und schnell kam das erste Kind. 19- bis 21-jährige Mütter waren der Regelfall. Werdende Mütter ab 24 galten beim ersten Kind schon als „Spätgebärende". Aber selbst Paare mit Kindern mussten dann immer noch jahrelang auf eine menschenwürdige Wohnung warten. Nicht selten lebten auch Ehepaare mit Kind jahrelang in einer Einzimmerwohnung. Deshalb waren Plattenbauwohnungen in den grauen und gesichtslosen Schlafstädten, wie sie zahlreich am Stadtrand entstanden, heiß begehrte Objekte. Nach vielen Jahren Wohnungsmissstand war ein Plattenbau auf der grünen Wiese mit Bad, Fernheizung und warmem Wasser die Krönung allen Glücks. Da sah man über die kleinen und großen Mängel der neuen Wohnung hinweg.

In Raymondes Wohnung bemerkten wir beim ersten Regen unter einem Fenster einen großen nassen Fleck auf der Tapete. Bei näherem Hinsehen stellten wir fest, dass dahinter keine Wand war, sondern die nackte Außenwelt. Ein ziemlich großes Stück Platte war offenbar bei der Montage abgebrochen. Das Loch wurde von innen einfach mit Tapete überklebt. Auch insgesamt war das Gebäude schlecht gebaut. Um die häufig beschädigten und mit Luftlöchern übersäten Betonoberflächen zu verbergen, wurden die Treppenhäuser einfach tapeziert, immer mit der gleichen Dekortapete wie in den Wohnungen. So war also in allen Wohnungen und Treppenhäusern immer die gleiche Tapete anzutreffen. Jeder Mieter fühlte sich somit schon heimelig, wenn er das Treppenhaus betrat.

Der Flur der Wohnung maß genau einen Quadratmeter, gerade so, dass an jede Seite eine Tür passte. Für Kleiderhaken, geschweige denn für eine Flurgarderobe reichte der Platz nicht mehr. Eine weitere Besonderheit der Wohnung: Der Weg ins Wohnzimmer führte stets durchs Kinderzimmer. Wie alle Neubauwohnungen hatten Bad und Küche keine Fliesen an den Wänden. Das Bad war zu klein für eine Waschmaschine. Ein geschickter Umbau konnte aber den Platz für eine kleine Waschmaschine schaffen, auch wenn es dadurch noch enger im Bad wurde. An der DDR-weiten Gleichförmigkeit der Wohnungen verdienten sich Hobbyhandwerker eine goldene Nase; sie boten diese Dienstleistung per Zeitung an und erhielten reichlich Aufträge.

Mit der Wohnungsklingel war es auch so eine Sache. Ein findiger „Neuerer" hatte Anfang der achtziger Jahre die revolutionäre Idee, die Klingeln zu verlegen, um bei jeder Wohnung zwei Meter Klingeldraht einzusparen. Die Klingeln waren nun zwei Meter von der Tür entfernt direkt an der Haupt-Klingelleitung, sodass Besucher Probleme hatten, die richtige Klingel zu entdecken. Aber es wurde immerhin das Stückchen Draht zur Tür eingespart. Hochgerechnet auf alle neuen Wohnungen in den Plattenbauten werde da jährlich ein Millionenbetrag eingespart, entnahm ich einer Presseveröffentlichung. Diesen Artikel fand ich nicht etwa in der Satirezeitschrift „Eulenspiegel", sondern als ernst gemeinten Beitrag in der „Berliner Zeitung."

Da alle neu gebauten Wohnungen in der DDR der gleichen Bauart WBS 70 (Wohnungsbauserie von 1970) angehörten, waren sie auch alle gleich geschnitten. Das hatte den unbestreitbaren Vorteil, dass jeder Mieter, der innerhalb der DDR von einer Neubauwohnung in die andere zog, sofort immer das entsprechende Heimatgefühl in der neuen Wohnung verspürte. Der zweite Vorteil war, dass auch wieder alle Möbel hervorragend in die neue Wohnung passten. Aber auch wenn sich der Mieter einmal neue Möbel kaufte, gab es diese schon in den WBS 70 gemäßen Maßen. Zusammen mit den entsprechenden MFT (Multifunktionstische zum Hoch- und Runterkurbeln und zum Ausziehen) sah es dann in jeder Wohnung fast gleich aus. Individueller Spielraum bestand meist nur in der Bestückung des gläsernen Durchreicheregals zwischen der fensterlosen Küche und der Essecke des Wohnzimmers. Einige hatten dort das typische folkloristische Likörset von ihrem Bulgarienurlaub stehen, andere die hölzerne und bemalte, mehrfach ineinander geschachtelte Matroschka aus der ruhmreichen Sowjetunion.

Die Macht der SED zerbröselt – Gorbatschow als Verräter

Inzwischen wird es Herbst 1986. Unentwegt hatte ich meine Bemühungen fortgesetzt, über meine Frau Helga im Reisebüro eine Vietnam-Reise zu erhalten – dafür hätten wir sogar noch einmal eine gemeinsame Reise unternommen. Und dann geschah, womit wir nicht gerechnet hatten: Ihr als überzeugter DDR-Bürgerin, die niemals freiwillig das Land verlassen hätte, wurde die Reise verweigert, aber ich als Staatsfeind durfte fahren. Das konnte kein Zufall sein, die Stasi dachte sich etwas dabei. Aber was? Wollten sie mich loswerden? Spekulierten sie darauf, dass ich mich bei einer Zwischenlandung absetzte? Aber dann hätte man Helga auch fahren lassen können. Oder lag es daran, dass die Aufweicherscheinungen des ersten Arbeiter- und Bauernstaates auf deutschem Boden inzwischen so weit fortgeschritten waren, dass die Regierenden allmählich merkten, wie gering ihr Rückhalt in der Bevölkerung war? Selbst den eigenen Genossen fiel es immer schwerer, die sture Haltung der Greisenriege im Politbüro, dem DDR-Führungszirkel, zu verstehen.

Seit 1985 wehte zudem aus Moskau ein frischer Wind namens Gorbatschow in die DDR. Der hatte bewirkt, dass sich unter den Schlagworten „Glasnost" und „Perestroika" eine neue Politik der Offenheit und Umgestaltung ausbreitete. Die zahlreichen Probleme der Sowjetgesellschaft wurden nicht mehr tabuisiert, sondern beim Namen genannt. Das schwappte über die sowjetische Zeitschrift „Sputnik", die in deutscher Sprache auch in der DDR vertrieben wurde, auf den Honecker-Staat über, so dass sich die Machthaber in ihrer ohnmächtigen Wut auf den sowjetischen Klassenbruder gezwungen sahen, den „Sputnik" zu verbieten. Ein Publikumsorgan des „unverbrüchlichen Freundes" passte plötzlich nicht mehr ins Weltbild der bisherigen Musterschüler dieser kommunistischen Weltmacht. Selbst Propagandachef Kurt Hager erteilte ähnlichen Reformen in der DDR eine Abfuhr, indem er meinte, dass man ja schließlich auch nicht seine eigene Wohnung tapezieren müsse, nur weil der Nachbar dies tut.

Diese Vorfälle lösten Irritationen und interne Proteste vor allem bei den SED-Mitgliedern aus. Der alte Propagandaslogan „Von der Sowjetunion lernen heißt siegen lernen" wurde nun in ungewohnter Weise populär wie nie zuvor. Die eigene Propaganda der Politbürokraten schlug als gewaltiger Bumerang auf sie zurück. Langsam dämmerte es immer mehr Menschen, dass es unter diesem charismatischen Reformer Gorbatschow wohl kein gewaltsames Einschreiten der Sowjetarmee mehr geben würde, falls es in der DDR wieder einmal zu Unruhen kommen sollte. Nicht zuletzt deshalb machten die führenden Parteikreise auch immer weniger Hehl daraus, dass sie Gorbatschow als Verräter betrachteten.

Nun wurden auch viele DDR-Bürger immer mutiger: Die einen ließen sich nicht mehr alles gefallen; die anderen wollten nur noch weg, stellten mehr und mehr Ausreiseanträge. Auch die Anträge zum Verwandtenbesuch im Westen explodierten geradezu und wurden sogar in nie gekanntem Ausmaß genehmigt. All das könnte meine Reisegenehmigung erklären, erklärt aber nicht die Verweigerung für Helga.

Als Vietnam genehmigt war, war ich verwegen genug, auch eine Reise nach West-Berlin zum 65. Geburtstag meiner Cousine am 31. Dezember 1986 zu beantragen. Bisher war ein solcher Antrag aussichtslos, da er nur zu Verwandten ersten und zweiten Grades und nur bei Vorliegen ganz besonderer Ereignisse wie Todesfällen, schweren Krankheiten, Hochzeiten und ähnlichen Anlässen möglich war. Und auch das war erst seit wenigen Jahren möglich. In letzter Zeit hörte man aber immer häufiger, dass auch bei kleineren Festlichkeiten wie runden Geburtstagen und sogar bei Verwandten zweiten und dritten Grades solche Reisen genehmigt wurden.

Da wollte ich es einfach auch versuchen. Bei so einem Antrag hatte mein Betrieb allerdings eine entscheidende Mitsprachepflicht. Er musste die Reise befürworten, also eine Unbedenklichkeitserklärung abgeben. Da ich in meinem Betrieb angesehen war und mein Chef nur Genosse auf dem Papier und nicht aus Überzeugung war, legte er mir nichts in den Weg. Er tat das sogar in Kenntnis meiner politischen Unzuverlässigkeit, denn ich war lediglich Mitglied in der Einheitsgewerkschaft FDGB, darüber hinaus aber in keiner Partei und Massenorganisation. Ich nahm an keiner politischen Versammlung teil und glänzte bei den Massenaufmärschen zum 1. Mai, zum „Republikgeburtstag" am 7. Oktober und an der alljährlichen Liebknecht-Luxemburg-Demonstration weiterhin durch Abwesenheit – ohne Entschuldigung. Vermutlich wurde der Betrieb von den entsprechenden Stellen auch darüber informiert, dass ich mich an den „Volkswahlen" nicht beteiligte, eine von zwei Möglichkeiten, Protest gegen diese Veranstaltung zu zeigen, die im DDR-Sprachgebrauch spöttisch „Zettelfalten" hieß.

Bei den so genannten Wahlen erhielt man einen Zettel, auf dem die „Kandidaten der Nationalen Front" namentlich aufgeführt waren. Das waren nicht nur Namen von SED-Mitgliedern, sondern auch von anderen Parteien, die es rein formal in der DDR gab. Aber alle diese Parteien waren mit der SED gleichgeschaltet und hatten sich dem Diktat dieser Partei unterzuordnen. Schließlich war in der Verfassung festgeschrieben, dass die SED die führende Rolle einzunehmen habe. In der Praxis bedeutete dies, dass nur sie und keine andere Partei irgendeine Entscheidungsbefugnis hatte. Die SED entschied wirklich alles. Sogar wie viel Rollen Toilettenpapier produziert wurden. Die Kandidaten der anderen Parteien auf dem Wahlzettel waren Statisten zur Aufrechterhaltung der Scheindemokratie. Vom Wähler wurde erwartet, dass er den Wahlzettel ohne etwas anzukreuzen oder eine Wahlkabine zu benutzen, offen vor jedermann zusammenfaltet und in die Urne steckt. Es war nicht vorgesehen, dass Kandidaten ausgewählt oder durchgestrichen wurden. Die Einheitsliste umfasste die Kandidaten der SED und des Demokratischen Blocks: CDU, LDPD (Liberale), NDPD (Nationaldemokraten) und DBD (Bauernbund), spöttisch „Blockflöten" genannt.

Da aber in den Wahlergebnissen, die am nächsten Tag in der Presse veröffentlicht wurden, neben den 99% Ja-Stimmen auch regelmäßig immer ein paar Gegenstimmen auftauchten, fragten sich so manche Wähler, wie man denn eine Gegenstimme produzieren könne. Offiziell wurde so eine Möglichkeit in keinem Medium thematisiert. Aber der „Buschfunk", der über die Mundpropaganda funktionierte, verkündete gerüchteweise, dass durch das Durchstreichen jedes einzelnen Namens auf dem Zettel eine Neinstimme erzeugt werden könne. Es genügte nicht etwa, die Liste pauschal durchzustreichen, das wäre nur eine ungültige Stimme.

Aber wie sollte man das tun? Offen vor aller Augen? Der erfahrene Oppositionelle fragte nach der Wahlkabine (mit Vorhang), die es laut Gesetz in jedem Wahllokal geben musste. Auch wenn sie meist nicht sogleich sichtbar war, sie war tatsächlich vorhanden. Häufig zwar in einer Ecke, doch man konnte sie benutzen. Allerdings erregte so ein kühnes Unterfangen einiges Aufsehen im Wahllokal und wurde heimlich schriftlich festgehalten. In der Regel steckte in jeder Wahlkommission ein „IM", also ein Inoffizieller Mitarbeiter der Stasi, der dafür zuständig war. Bei der Auszählung stimmte meist die Anzahl der ungültigen und der Neinstimmen mit der Anzahl der Mutigen, die die Wahlkabine benutzt hatten, überein. Schon wusste die Stasi, wen sie zukünftig ins Visier nehmen musste.

Ich zog indes meist die zweite Möglichkeit vor, meine Gegnerschaft zum Staat auszudrücken: nämlich gar nicht erst zur Wahl zu gehen. Dabei habe ich einmal den Fehler gemacht, den Tag zu Hause zu verbringen. Ab mittags bekam ich mehrmals Besuch von den „Wahlhelfern", die alle ein bis zwei Stunden daran erinnerten, dass heute Wahl sei und ich doch bitteschön nicht vergessen sollte, meine Stimme abzugeben. Diese Nötigungsorgie habe ich kein zweites

Mal über mich ergehen lassen. Ich zog es künftig vor, nicht zu Hause zu sein.

In meinen Stasiakten habe ich später tatsächlich Vermerke gefunden, aus denen hervorging, dass mein Wahlboykott registriert wurde. Dass diese 99% Wahlerfolge regelmäßig gefälscht wurden, ahnten viele. Wie konnte man auch glauben, dass ein ganzes Volk geschlossen der gleichen Meinung ist. Bei der „Volkswahl" 1989 wurde die systematische und DDR-weit praktizierte Fälschung schließlich durch furchtlose Bürgerrechtler erstmals nachgewiesen. Ein Jahr später, nach der Wende, wurden Wahlleiter Egon Krenz und einige andere Funktionäre deswegen vor Gericht gestellt und zu Bewährungsstrafen verurteilt. Allerdings ging es dabei nur um diese eine Wahl.

Im gleichen Jahr 1990 fand in der gewendeten DDR nun die erste und auch letzte demokratische Wahl statt. Einige Monate später hatte sich die DDR selbst aufgelöst und war der Bundesrepublik Deutschland beigetreten. Ein bösartiges Geschwür der deutschen Geschichte hatte sich selbst geheilt.

Vor dem Hintergrund meines Wahl- und Demonstrationsboykotts sowie meiner offensichtlichen Oppositionshaltung ist es meinem damaligen Chef hoch anzurechnen, dass er meine Westreise befürwortete. Und nun passierte zum zweiten Mal das Unfassbare: Meine West-Berlin-Reise zu meiner Cousine wurde tatsächlich genehmigt. Noch bevor ich meine genehmigte Vietnam-Reise angetreten hatte. Einfach unglaublich. Diese Genehmigung brachte mein gesamtes Planungsgefüge durcheinander.

Nun war es also plötzlich ganz einfach möglich, für immer in den Westen zu gelangen. Ohne Ausreiseantrag, ohne Demütigungen, ohne Schikanen, ohne langes Warten und ohne die Unsicherheit, ob der Antrag überhaupt irgendwann genehmigt wird. Es war zu verlockend und ich dachte ernsthaft darüber nach. Immerhin war das seit 25 Jahren das Ziel meiner Sehnsucht. Der Gedanke daran ließ mich nicht mehr schlafen. Aber da war auch Raymonde, die ich überzeugt, dafür begeistert hatte, diesen Staat zu verlassen, die durch mich erst erkannt hatte, dass sie in einer Diktatur lebte. Sie vermisste plötzlich Dinge, die sie vorher nie vermisst hatte, weil sie sie nicht kannte. Nicht nur Materielles, sondern auch jegliche Art Freiheit. Die dogmatische Erziehung ihrer Mutter und fehlende

Informationen aus dem Westen ließen ihr naives Weltbild entstehen. Wie konnte ich sie jetzt, nachdem ich sie vom Fortgehen überzeugt hatte und nachdem ich sie mit unendlicher Mühe nach Berlin verpflanzt hatte, allein sitzen lassen, wenn ich von meiner West-Berlin-Reise nicht zurückkomme. Allein einen Ausreiseantrag zu stellen und alle Folgen durchzustehen, hätte sie niemals geschafft. Also entschloss ich mich schweren Herzens, nach meiner Westreise wieder in die DDR zurückzukehren. Ich hatte mich für den schwierigeren und unsichereren Weg über einen Ausreiseantrag entschieden – noch bevor ich den ersten Schritt in den Westen getan hatte.

Die erste Westreise – ein Traum wird wahr

Am zweiten Weihnachtsfeiertag 1986, dem ersten Tag meiner genehmigten Westreise zu meiner Cousine, fuhr ich bereits am frühen Morgen zum Bahnhof Friedrichstraße. Über den Tränenpalast gelangte ich zu dem für DDR-Bürger gesperrten Bahnhofsteil. Der Tränenpalast war das gläserne Abfertigungsgebäude im 60er-Jahre-Look, vor dessen Eingang so viele Abschiedstränen flossen, wenn sich Verwandte, Liebende, Freunde dort trennen mussten. Ein Geburtsort im Pass entschied, ob man durch die Tür gehen durfte. Ich durchquerte die Gänge und Tunnel der Grenzkontrollen. Trotz alledem kam mir die Grenzabfertigung schnell und einfach vor. Kein Wunder, diese Grenzpassage hatte ich jahrzehntelang als einen unmöglichen Traum angesehen, schwieriger als ein Flug auf den Mond. Nun dauerte alles nur fünf Minuten, war ganz normale Routine, zumindest für die DDR-Grenzsoldaten. Gelangweilt prüften sie meine Papiere, gaben sie mir gähnend zurück. Für mich war das alles andere als Routine, es war das aufregendste Erlebnis seit Jahrzehnten.

Seit dem Mauerbau war nur noch der nördliche Bahnsteig des Bahnhofs Friedrichstraße für Ost-Bürger frei zugänglich. Auf ihm endeten die S-Bahnen aus Richtung Osten und fuhren wieder zurück. Eine Milchglasscheibe versperrte die Sicht auf die anderen beiden Bahnsteige, auf denen die S-Bahnen aus West-Berlin und die Fernzüge aus dem deutschen Westen ankamen. Oben in der gläsernen Halle beobachteten mit Maschinengewehr bewaffnete Grenzsoldaten auf eigens eingebauten Stegen Tag und Nacht die

Bahnsteige, sollten verhindern, dass DDR-Menschen die West-Züge erreichten. Die S-Bahnen zwischen dem Norden und dem Süden West-Berlins fuhren genauso wie die West-U-Bahn unterirdisch durch das Ost-Berliner Zentrum, hielten nur an der Friedrichstraße. Die anderen Bahnhöfe auf Ost-Berliner Gebiet waren seit 1961 stillgelegt, die Bahnen durchfuhren sie im Schritttempo ohne Halt, beobachtet von DDR-Soldaten. Die West-Berliner nannten sie Geisterbahnhöfe, die Ost-Berliner wussten häufig noch nicht einmal, dass es sie gab. Denn die Eingänge oben waren zugemauert. Im Ost-Berliner Straßenbild erkannten nur noch Wissende die ehemaligen Zugänge. Nachgeborene Ost-Berliner hatten häufig keine Ahnung, dass unter ihren Füßen U- und S-Bahnen Tag für Tag Zehntausende West-Berliner unterirdisch durch Ost-Berlin hindurch beförderten.

Der größte Teil des Bahnhofs Friedrichstraße war West-Bürgern vorbehalten, die hier ohne Grenzkontrolle umsteigen konnten oder durch die Kontrolle nach Ost-Berlin gingen. Dieser Teil des Bahnhofs war faktisch ein Teil West-Berlins, obwohl die Grenze mehrere Kilometer entfernt war. Westler konnten dort im DDR-Intershop unter Missachtung westlicher Zollgesetze preisgünstig Zigaretten und Spirituosen einkaufen, allerdings kontrollierte manchmal auf dem ersten Westbahnhof der Westzoll stichprobenartig.

Nun befand ich mich also selbst inmitten dieses absurden Ortes deutscher Teilungsgeschichte. Oft hatte ich diesen Schritt bereits in meinen nächtlichen Träumen getan, bin in meinen Gedanken mit der S-Bahn vom Bahnhof Friedrichstraße zum Bahnhof Zoo gefahren. Nun saß ich tatsächlich in dieser Bahn, die sich durch die noch dunkle, weihnachtlich ruhige Stadt bewegte. Ich glaubte mich kneifen zu müssen, es stimmte, ich war im Westen, das erste Mal seit mehr als 25 Jahren.

Die Eindrücke nach dem Aussteigen am Bahnhof Zoo waren überwältigend. Von heute aus kaum noch nachvollziehbar, denn am 2. Weihnachtsfeiertag früh um 6 Uhr war es überall menschenleer, der Zustand der Bahnhofshalle alles andere als einladend, das winterliche Schmuddelwetter hätte alles noch ganz besonders negativ erscheinen lassen müssen. Läden, Kioske waren geschlossen, kaum Autos auf den Straßen. Und trotzdem, ich befand mich in einer anderen Welt, die so unendlich schöner und interessanter schien als das, was ich aus dem Osten kannte. Selbst die kleinsten Details fielen mir auf. Bei meinem Fußmarsch die Bundesallee entlang bemerkte ich, dass der schmale Mittelstreifen bepflanzt war. Zwar bedeckte eine dreckige Matschschicht die Pflanzen. Dennoch berührte mich das positiv, denn so etwas kannte ich aus dem Osten nicht. Dort wucherte an solchen Stellen meist Unkraut.

Als Ost-Besucher konnte ich alle öffentlichen Nahverkehrsmittel umsonst benutzen, verzichtete aber auf die U-Bahn-Fahrt zum Bundesplatz, in dessen Nähe mich mein Großcousin in seiner Wohnung erwartete. Ich ging die vielen Kilometer lieber zu Fuß und sog gierig alle Eindrücke in mich auf. Dabei ist die Bundesallee eine hässliche Hauptverkehrsstraße. Woher kam der positive Eindruck? Vielleicht von den ungewohnt attraktiven Geschäften, von der bunten Werbung überall, von den Neonreklamen? Oder zeigte dieser Effekt nur, wie schrecklich erst der Osten ausgesehen haben muss, wenn dieser hässliche West-Ausschnitt schon überwältigend auf einen unbedarften Ostbesucher wirkte?

Es war wohl von allem etwas. Heute reagiere ich jedes Mal erschreckt, wenn ich Ost-Berliner Fotos oder Filmausschnitte von damals sehe. Selbst ich, der jahrzehntelang in der verfallenden Architektur, in der grauen Ödnis Ost-Berlins lebte, der in den armseligen Geschäften keine Qual der Wahl zwischen dem noch armseligeren Angebot hatte, selbst ich weiß manchmal gar nicht mehr, wie schlimm alles war. Da bedarf es immer mal wieder einiger authentischer Bilder von damals, um sich diese ganze Tristesse ins Gedächtnis zurück zu holen. Und in der DDR-Provinz herrschten noch viel schlimmere Zustände als in Ost-Berlin.

Ich lief wie betrunken die Straße entlang und konnte mich nicht satt sehen selbst an unscheinbaren Kleinigkeiten. Bei meinem Großcousin setzte sich der Eindruck fort. Die Neubauwohnung war schon vom Schnitt und der Zimmergröße völlig anders als die genormten Plattenbauwohnungen im real existierenden Sozialismus, die von Ost-Berlin bis Wladiwostok alle gleich hässlich aussahen. Der Anblick von Fliesen an Küchen- und Badwänden war so ungewohnt für mich, dass ich mich schämte, in einem Staat zu leben, der nicht einmal so primitive Wohnbedürfnisse befriedigen konnte. Eine Wohnzimmerwand war sogar mit Kork beklebt – im Osten undenkbar, so etwas war gänzlich unbekannt. Ich kam mir unendlich klein vor bei den ungeahnten Möglichkeiten, die der Westen allem Anschein nach zu bieten hatte. Dabei hatte ich bisher kaum etwas gesehen. Als mir mein Großcousin sagte, es handele sich um eine Sozialwohnung, stand mein Verstand völlig Kopf. Hätte mir jemand gesagt, dass ich genau zwei Jahre später im Westen in eine ebenso schöne Wohnung einziehe, ich hätte ihn vermutlich ausgelacht.

Die positiven Eindrücke nahmen am nächsten Tag beim Schlendern über den Kurfürstendamm noch zu. Nun waren viele Menschen auf den Straßen, noch mehr in den Kaufhäusern und Geschäften, um jede Menge Weihnachtsgeschenke umzutauschen. So etwas kam im Osten kaum vor. Überhaupt die Geschäfte mit ihrer Warenvielfalt, ich konnte kaum glauben, dass man das alles kaufen kann. In der Wilmersdorfer Straße sah ich zum ersten Mal, wie die Läden die Straße vor ihren Geschäften für die Warenpräsentation nutzten. Und das sogar jetzt im kältesten und schneereichsten Winter der letzten Jahre. Dass ein Geschäft komplette Betten auf der Straße anbot, konnte ich kaum fassen.

Nach meiner ersten Übernachtung bei meiner Großcousine in Kurfürstendamm-Nähe bat sie mich, zum Frühstück Brot, Brötchen und Pfannkuchen vom Bäcker schräg gegenüber zu holen. Ich sollte selbst aussuchen, was ich kaufen wollte. Das kann ja nicht so schwer sein, dachte ich. Als ich den Laden betrat, konnte ich das gleich wieder vergessen. So eine Bäckerei hatte ich mein Lebtag nicht gesehen. Nicht nur Größe und Ausstattung beeindruckten mich, sondern vor allem das Angebot. Ich sah so viele verschiedene Brot- und Brötchensorten, dass ich zu träumen glaubte. Und die Pfannkuchen mit zehn oder zwölf verschiedenen Füllungen, darunter Füllungen, von denen ich noch nie gehört hatte. Ich war so verwirrt, dass ich nicht wusste, was ich tun sollte. Schließlich kaufte ich irgendetwas, ich wollte nur eins, schnell wieder raus. Das war zu viel für meine Ostseele, auf den Kulturschock war ich nicht vorbereitet. Schließlich handelte es sich nur um einen Bäcker. Wer weiß, was mir noch alles bevorstand. Ich war jedenfalls so verwirrt, dass mich die Verkäuferin wahrscheinlich für jemanden hinterm Mond hielt. In gewisser Weise stimmte das ja auch.

In den nächsten Tagen spulte ich bei minus 10 bis 15 Grad, heftigem Schneefall und Glatteis ein Sightseeing-Programm ab, wie ich es später nie mehr irgendwo absolviert habe. In sieben Tagen, die mir die DDR gewährt hatte, wollte ich alles nachholen, was ich 25 Jahre nicht konnte: möglichst die ganze Stadt ansehen. Für mich Berlin-Liebhaber ein unbedingtes Muss, aber eine unlösbare Aufgabe in der kurzen Zeit. Trotzdem wollte ich so viel wie möglich sehen, war vom frühen Morgen bis zum späten Abend auf den Beinen. Das Winterwetter störte mich kaum. Die Tage waren wie ein Rausch, das Neue, das Ungewöhnliche, das Fremde faszinierte mich, die vielen Ausländer in Kreuzberg genauso wie mein erster Döner oder Whopper.

Auch die ungewöhnliche Architektur der Bauausstellung, in allen Teilen der Stadt zu sehen, begeisterte mich. Irritiert haben mich die Szenekneipen – in Kreuzberg und anderswo, weil sie oft so einfach, spartanisch, fast primitiv waren, wie man es im Osten nicht kannte. Andererseits strahlten die Kneipen und Restaurants, die meine Verwandten mit mir in Charlottenburg besuchten, so viel Originalität und Gemütlichkeit aus, dass es mir regelrecht warm ums Herz wurde. Und die Besucher erst: Tolle Typen, lässig, selbstbewusst, weltgewandt, ganz anders als ich das von Ost-Kneipen kannte. Das Ungewöhnlichste für mich: Jeder brachte seinen Hund ins Restaurant mit – im Osten undenkbar.

Bei meinen Streifzügen hatte es mir natürlich am meisten die Mauer angetan, dieses schreckliche Bauwerk, das man im Osten kaum zu Gesicht bekam. Was man dort sah, war meist nur die zweite Mauer, die Hinterlandmauer und sie auch nur von weitem. Was sich dahinter verbarg war nie zu sehen. Hier im Westen konnte ich endlich dieses Bauwerk in seiner ganzen Monstrosität sehen, mit den gigantischen Sicherungsanlagen zwischen den beiden Mauern. Ich hatte solche Bilder schon oft im Westfernsehen gesehen, doch die Mauer direkt und „live" vor Augen war einfach niederschmetternd. Wie viel Menschenverachtung steckte hinter den ausgeklügelten Sperranlagen, nur um Menschen abzuhalten, ein selbstbestimmtes Leben zu führen.

Ich lief die Bernauer Straße entlang, schaute von den erhöhten Aussichtspunkten in den Osten, rief mir die Bilder von 1961 vor Augen, die zeigen, wie Menschen aus ihren Fenstern springen, weil der Bürgersteig davor schon Westen war; wie Menschen unter der Straße hindurch mit primitivsten Mitteln und übermenschlichen

Anstrengungen monatelang Tunnel graben, um in den Westen zu flüchten; wie der NVA-Soldat Conrad Schumann, sein Gewehr abstreifend an der Bernauer, Ecke Ruppiner Straße über den noch niedrigen Stacheldraht springt.

Am Potsdamer Platz schaute ich von der Holzplattform in die Leipziger Straße, sah das Bürofenster im heutigen Bundesratsgebäude, hinter dem ich 1975/76 täglich saß, um in der Werbeabteilung des Akademie-Verlages meine Arbeit zu tun – immer mit der Mauer vor Augen. Damals sah ich auch noch die Ruine des „Haus Vaterland". Nachdem dieses Haus durch einen Gebietsaustausch an West-Berlin fiel, konnte ich beobachten, wie es direkt hinter der Mauer mit einer Stahlkugel abgerissen wurde. Manchmal wünschte ich mir, dass sie dieses Stahlbetongebäude vom Anfang des 20. Jahrhunderts einfach sprengen würden und die Mauer gleich mit. Am Potsdamer Platz konnte ich nun auch sehen, wie breit dort der Todesstreifen war und wie schmal gleich um die Ecke in der Niederkirchner Straße, zwischen Gropius-Bau (West) und dem Bau des ehemaligen Preußischen Landtags (Ost), dem heutigen Berliner Abgeordnetenhaus.

Der Checkpoint Charlie war ein weiterer Höhepunkt auf meinen Mauertouren. Er ist heute wie damals ein hochemotionaler Ort, nicht nur für die Deutschen, wie heute der internationale Touristenrummel zeigt. Damals rief er bei mir mit seinen perfektionierten und scheinbar für die Ewigkeit gebauten Abfertigungsanlagen Erinnerungen an den Herbst 1961 wach, als sich hier amerikanische und sowjetische Panzer auf wenigen Metern bedrohlich gegenüberstanden und der Kalte Krieg in einen heißen umzuschlagen drohte. Alles nur, weil die DDR im Auftrage der Sowjets ein Kräftemessen mit den USA veranstaltete, um durchzusetzen, auch alliierte Soldaten bei der Grenzpassage zu kontrollieren. Die Viermächteverantwortung für Berlin schien bedroht. Die durch nichts legitimierte DDR war für die Alliierten als Staat überhaupt nicht existent. Gesprächspartner für alle Berlin betreffenden Fragen waren nach wie vor die Sowjets. Und die lenkten schließlich ein. Angehörige der Westalliierten konnten weiterhin unkontrolliert in Uniform nach Ost-Berlin fahren.

Natürlich passierten auch die sowjetischen Offiziere ohne Kontrolle die Grenze. Das nutzten ein oder zwei pfiffige Ost-Berliner aus, indem sie sich selber Uniformen schneiderten, die denen der Sowjets sehr ähnlich waren, beschafften sich ein altes sowjetisches Auto – ich glaube, es war ein „Pobjeda" mit dem krummen Buckel, versahen es mit militärischer Lackierung und einem selbst gebastelten sowjetischen Armee-Nummernschild und rollten am Checkpoint Charlie unkontrolliert über die Grenze, wobei sie die DDR-Wachtposten aus dem Auto heraus militärisch grüßten. Ein Husarenstück ohnegleichen. Sie müssen Nerven wie Drahtseile gehabt haben.

Anfang der sechziger Jahre bewies ein Österreicher ebensolche Kaltblütigkeit, als er seine Freundin auf spektakuläre Weise über den Checkpoint Charlie in den Westen holte. Damals waren die Sperranlagen noch sehr viel einfacher als in späteren Jahren: ein Schlagbaum am Beginn und am Ende des Übergangs, dazwischen Abfertigungsbaracken und eine Slalomstrecke zwischen Betonteilen. Der Mann fuhr zur Vorbereitung mit einem Motorroller nach Ost-Berlin, maß am Roller die lichte Höhe des Schlagbaums. Bei einer Autovermietung fand er einen kleinen Sportwagen, der unter dem Schlagbaum hindurchpasste, fuhr mit ihm nach Ost-Berlin, lud die Freundin in den Kofferraum und machte sich auf den Rückweg. Da er wusste, dass bei der Kontrolle meistens der Kofferraum geöffnet werden musste, konnte er die Grenze nicht auf normale Art und Weise passieren. Bei der Vorkontrolle am ersten Schlagbaum wurden nur die Papiere oberflächlich kontrolliert. Der Fahrer passierte den Schlagbaum, hätte nun in Höhe der Abfertigungsbaracke anhalten und aussteigen müssen, um in der Baracke die Formalitäten zu erledigen. Er fuhr jedoch im Schritttempo weiter auf die Slalomstrecke zu. Dadurch, dass er ganz langsam fuhr, dachten die Grenzer wahrscheinlich, dass er in Unkenntnis handele und das Weiterfahren nur ein Versehen sei. Deshalb zögerten sie vorerst, zu schießen. Die Kaltblütigkeit des Fahrers, in dieser Situation so extrem langsam zu fahren, ist bewundernswert. Die Rufe und das Schreien der Grenzer ignorierte er. Erst kurz vor der Slalomstrecke gab er Gas und raste im Zickzack durch die Betonhindernisse. Nun schossen die Grenzer zwar, aber die Betonteile der Slalomstrecke schützten das niedrige Fahrzeug. Jetzt war nur noch der letzte Schlagbaum im Wege. Aber den unterfuhr er bravourös und war mit seiner Braut im Westen.

Unmittelbare Konsequenz dieses Vorfalls im Osten war, dass alle Grenzschlagbäume unter den Masten mit Eisenstreben ausgerüstet wurden. Diese Flucht war so nicht mehr wiederholbar. Zum ersten Mal seit 1961 sah ich nun auch die Oberbaumbrücke von westlicher Seite mit Mauer und Stacheldraht. Über sie bin ich als Kind einige Male mit der U-Bahn zum „Amerika-Haus" am Nollendorfplatz gefahren; später zog es in einen Neubau am Bahnhof Zoo. Die Mauerbesichtigungen deprimierten mich, aber bestärkten mich, diesen Staat, der auf so ein schreckliches Bauwerk stolz war, zu verlassen.

Mein Besuch an der Mauer in Neukölln

Die Tage vergingen wie im Fluge. Der eigentliche Anlass – der 65. Geburtstag meiner Cousine – brachte an Silvester einen Teil der Familie zusammen. Mein Bruder war dabei, der wie ich das erste Mal seit dem Mauerbau in den Westen durfte. Dieser Tag fehlte mir bei den Stadterkundungen, ich hatte noch so viel vor, doch die Zeit lief davon. Da kam mir gerade recht, dass mir meine Großcousine anbot, zu einem Bekannten, einem niedergelassenen Arzt, zu fahren. Er werde mich – wenn ich wolle – krankschreiben. Mehr als drei Tage wagte ich aber nicht zu überziehen. Selbst das bereitete mir etwas Unbehagen. Wusste ich doch nicht, wie dieser Staat reagierte, wenn ich nicht pünktlich wiederkam. Womöglich setzte er mich auf die Fahndungsliste und ließ mich bei der Einreise wegen Republikflucht verhaften. Aber drei Tage zusätzlicher West-Aufenthalt waren mir das Risiko wert. Selbst wenn ich Ärger bekommen sollte, war mir das egal. Schließlich wollte ich in den nächsten Monaten einen Ausreiseantrag stellen. Da konnte es mir vielleicht sogar nützlich sein, negativ aufzufallen.

Als ich drei Tage verspätet zurückkam, interessierte man sich kaum für meine Krankenbescheinigung, ließ mich ohne Schwierigkeiten passieren. Sogar der Zoll kümmerte sich nicht um mich. Das lag wohl daran, dass die Zöllner gerade einen anderen „Rückkehrer" in der Mangel hatten, bei dem sie irgendwelche Zeitschriften gefunden hatten, die er nicht in die abgeschottete Welt des Sozialismus einführen durfte. Das war Gift für brave Bürger; nur geeignet, Zwietracht zu säen in die „Einheit von Volk und Partei". Ich war ohnehin vorsichtig, hatte nichts Verbotenes dabei, mir reichte, eigenmächtig meine Ausreiseerlaubnis überzogen zu haben.

Die Rückkehr in die graue Ost-Wirklichkeit war ernüchternd. Ost-Berlin wirkte nun noch trister, die Menschen schienen muffliger, unfreundlicher und gehetzter als im Westen. Ich vermisste das Farbige, das Vielfältige im Straßenbild, die Gerüche, die Geräusche des Westens. Ich war süchtig, hatte Entzugserscheinungen. Für mich stand fest: Ich würde keinen Tag länger als nötig in diesem Staat mehr leben wollen. Die Vietnam-Reise wollte ich aber noch vor dem Ausreiseantrag machen. Hatte ich doch jahrelang um diese Reise gekämpft. Um keinen Tag zu verlieren, schrieben Raymonde und ich unsere Anträge schon vor Reisebeginn. Wir wollten sie am Tage nach meiner Rückkehr abgeben.

Am 6. Februar 1987 war der Scheidungstermin. Die Ehe zwischen Helga und mir wurde nach fast 19 Jahren innerhalb weniger Minuten geschieden, ohne Anwälte, ohne schmutzige Wäsche. Die Kosten waren kaum der Rede wert, da wir uns über die Aufteilung des Besitzes geeinigt hatten. Man kann über die DDR sehr viel Schlechtes sagen, aber die Scheidungsmodalitäten und -kosten waren „verbraucherfreundlich". Vor der Scheidung musste man nicht eine bestimmte Zeit getrennt leben. Das wäre auch kaum möglich gewesen. Wohnungen waren knapp, ausziehen aus der gemeinsamen Wohnung ging also nicht. Bestenfalls konnte man innerhalb einer Wohnung in zwei getrennten Zimmern leben, musste aber die Küche und, wenn vorhanden, das Bad teilen. Sehr häufig lebten Geschiedene noch längere Zeit mehr oder weniger lange zusammen, bis einer einen neuen Partner fand, in dessen Wohnung er ziehen konnte.

Reise nach Vietnam – Sozialismus auf asiatisch

Die Reise nach Vietnam begann am 4. Mai 1987, dauerte dreieinhalb Wochen und war grandios. Auf der Hinreise gab es neben Zwischenaufenthalten in Moskau und Taschkent noch Tankstopps in Karatschi und Kalkutta. In Karatschi mussten alle in der Maschine bleiben, in Kalkutta durften die Passagiere aussteigen und ich konnte mich im Transitbereich des Flughafens umsehen. Eine faszinierende Welt empfing mich: bunt, chaotisch, laut. Herrliche, unbekannte Gerüche erfüllten die Luft. Farbenprächtige Uniformen und die Turbane indischer, offenbar für die Sicherheit zuständiger Soldaten, beeindruckten mich. Nach 35 Stunden landete ich endlich bei drückender Schwüle und 35 Grad Celsius in Hanoi.

Die ausgebuchte Aeroflot-Maschine beförderte über 300 Passagiere, darunter viele vietnamesische Vertragsarbeiter aus der DDR, die ihre Heimat besuchten. Die Vietnamesen führten aus der für sie reichen DDR viele Geschenke mit. Jeder reiste mit mehreren Gepäckstücken, nicht selten bis zu zehn Kisten, mitunter riesigen Ausmaßes. In Hanoi gab es seinerzeit keine Gepäckbeförderung. Der Raum für das Gepäck war ungefähr acht mal acht Meter groß. Ein Förderband endete außen vor einer Luke in der Wand. Wir Reisenden mussten die Koffer selbst durch die Luke ziehen und im

Raum verteilen. Die Kisten und Koffer türmten sich bald mehr als einen halben Meter hoch. Jeder Fluggast suchte seine sieben Sachen nun in den Gepäckbergen. Es war ein groteskes Gedränge in der irrsinnigen Hitze im nicht klimatisierten Raum und so dauerte es auch sehr lange, bis ich meinen Koffer fand. Da hatte ich den bisher einzigen Schwächeanfall meines Lebens. Mir wurde schwindlig, ich musste mich setzen. Die Strapazen der Reise, fast 40 Stunden ohne Schlaf, die extreme Hitze und die Koffersuche forderten ihren Tribut. Zum Glück stand der Bus bereit, in dem ich mich erst einmal ausruhen konnte.

Ich kannte bisher kein Land mit wirklicher Armut. Hier dagegen ist die Armut in jedem Augenblick und an jeder Stelle schmerzhaft präsent. Viele Menschen leben und schlafen auf den Straßen. Wohnungen haben meist nur einen Raum, zuweilen zwei, ohne Strom und Wasser. Häufig werden Garagen als Wohnungen genutzt, zur Straße mit Scherengittern abgetrennt. Darin leben mehrere Generationen einer Familie.

In Vietnam erlebte ich eine unglaublich einfache, aber kluge Art Reispflanzen zu „dreschen". Die Reisbauern legten die reifen Pflanzen auf die Straße, damit LKWs darüber fuhren und die Körner auspressten. Dann nahmen sie die Pflanzen weg und fegten den Reis auf. Die zähen und fleißigen Menschen in dem jahrzehntelang geschundenen Land, das nur Kolonialismus, Krieg und Unterdrückung kannte, nötigten mir Bewunderung ab. Sie schufteten von früh bis in die Nacht, die meisten lebten vom Handel. Das ganze Land schien ein einziger Markt zu sein. Entlang der Nationalstraße 1 saßen sie an den Straßenrändern und boten ihre Waren feil. Die vielen schweren Kisten und Säcke transportierten sie in uralten, schrottreifen Bussen oder LKWs, beladen mit hohen Säckebergen, an denen sich die Leute festklammerten.

In Da Nang, nahe der einstigen Demarkationslinie zwischen dem ehemaligen Nord- und Südvietnam, wohnten wir im Hotel „Pacific", in dem während des Kriegs der amerikanische Oberbefehlshaber General Westmoreland sein Hauptquartier hatte. Das ehemals kapitalistische Südvietnam war damals wesentlich weiter entwickelt als der Norden des Landes. Das spürten wir vor allem in unseren Hotels. Im Norden hatte keines eine Klimaanlage; im Süden waren alle klimatisiert, wenn auch die Anlagen häufig defekt und marode waren. Zehn Jahre Sozialismus nach dem Krieg hatten Spuren hinterlassen.

An landschaftlichen Schönheiten mangelt es Vietnam nicht. Höhepunkt war die Halong-Bucht nordöstlich von Hanoi im Südchinesischen Meer. Dort ragen unzählige kleine und große Karstinseln wie Pilze aus dem Wasser, häufig mit Höhlen oder brückenartigen Durchfahrten – ein überwältigendes Naturdenkmal. In Vung Tau, unweit von Saigon, besuchten wir herrlich weiße Sandstrände. Traumhafte schneeweiße Dünen erinnerten mich an die Ostsee. Das türkisblaue, glasklare Wasser mit seinen 30 Grad war aber erheblich wärmer.

Eindrucksvoll waren auch die Busfahrten auf der Nationalstraße 1, die das gesamte Land von Nord nach Süd durchzieht. Ich hatte plötzlich die Bilder aus dem Vietnam-Krieg vor Augen, wo das nackte kleine Mädchen, dessen Haut von Napalm verbrannt war, verzweifelt und schreiend diese Straße in der Nähe von Da Nang entlanglief. Genau dort, wo auch wir vorbeikamen. Der Krieg war gerade einmal zehn Jahre vorbei, viele der abgebrannten oder mit chemischen Waffen zerstörten Dschungelwälder waren noch nicht wieder nachgewachsen. Diese Straße war jetzt zur Kennzeichnung an den Straßenrändern alle 50 Meter mit leeren Granathülsen bestückt. Offensichtlich gab es davon mehr als normale Straßenpfähle.

Wir entdeckten einen Toten, der einfach am wunderschönen Sandstrand herumlag, nur notdürftig mit einer Reismatte bedeckt. Ringsherum das badende Volk. Fast den ganzen Tag lag er dort, bis zwei Männer kamen, ihn auf einen Karren luden und mitnahmen. Es handelte sich wahrscheinlich um einen Ertrunkenen der so genannten Boat People, Bootsflüchtlinge, die ihre kommunistische Heimat auf dem Wasserwege in viel zu großen Gruppen und viel zu kleinen Booten verlassen wollten und deshalb häufig kenterten und ertranken. Tausende solcher ertrunkenen Flüchtlinge gab es seinerzeit, offenbar keines Aufhebens wert. Einheimische am Strand, die wir vorsichtig fragten, bestätigten unsere Vermutung.

Mein geplanter Ausreiseantrag kam mir in den Sinn. Dieser Tote wollte vielleicht auch nur das, was ich wollte. In einem freien Land ein selbst bestimmtes Leben führen. Er hat diesen Traum mit seinem Leben bezahlt, wie viele bei uns auch, die an der Mauer er-

Ein Toter am Strand, bedeckt mit einer Reismatte

schossen wurden. Der Sozialismus zeigte in allen Teilen der Welt das gleiche Gesicht.

Vor zehn Jahren hatte der kommunistische Norden den kapitalistischen Süden besiegt. Trotzdem stellte ich auf der gesamten Reise immer wieder fest, dass die meisten Menschen in Nord- und in Südvietnam lieber heute als morgen ihr Land in Richtung Westen verlassen würden. Die meisten zog es eigenartigerweise in das Land des ehemaligen Feindes nach Amerika. In Saigon unterhielten wir uns in einem kleinen Park unweit unseres Hotels abends häufig mit jungen Menschen, die dort ihren Treffpunkt hatten. Fast alle wollten nach Amerika auswandern, einige auch nach Westdeutschland. Es waren auch Kinder darunter, die gern von Amerikanern adoptiert werden wollten. Wie konnte das sein? Ausgerechnet in das Land, das den vietnamesischen Menschen im Kampf der Systeme so unendliches Leid zugefügt hatte, wollten sie ausreisen? Offensichtlich hatten gerade die Südvietnamesen in den zehn Jahren Sozialismus erkannt, dass der ehemalige Feind das bessere Gesellschaftsmodell zu bieten hatte. Die sozialistische Wirtschaftsordnung bot den geschäftstüchtigen Vietnamesen nicht die nötige Freiheit. Aber auch die Deutschen waren hoch angesehen, wie ich feststellen konnte, die Sowjets wurden zutiefst gehasst.

Viele unserer Gesprächspartner sagten, sie hätten Angst sich frei zu äußern, da es überall Geheimpolizei und Spitzel gebe. Warum sollte es in dieser Diktatur anders sein als in der DDR?

Der Ausreiseantrag – ein Zurück gibt es nicht

Nach meiner Rückkehr wollten Raymonde und ich schnell unsere vorbereiteten Ausreiseanträge abgeben. Da wir nicht verheiratet waren, hatte jeder einen eigenen Antrag geschrieben.

Ich berief mich auf meine schlechten Erfahrungen mit dem realen Sozialismus, ging vor allem auf meine Hafterfahrungen und die Misshandlungen durch die Stasi ein. Auch die von der Stasi torpedierte Arbeitssuche, die verhinderte Gewerbegenehmigung, die eingeschränkten Arbeitsmöglichkeiten, die Reisebeschränkungen erwähnte ich. Ich vergaß auch nicht darauf hinzuweisen, dass die Stasi mich in unregelmäßigen Abständen ganz massiv observierte. Dadurch, dass ich mich nun als kompromissloser Gegner des Regimes zu erkennen gab, war ich den Schikanen des Staates noch mehr ausgeliefert. Ich war in gewissem Sinne vogelfrei. Deshalb hatte so ein Antrag etwas Endgültiges. Wer sich entschieden hatte, konnte kaum zurück. Selbst wer den Antrag zurückzog, war gebrandmarkt, konnte nichts mehr werden. Da war es besser, das alles kompromisslos und mit allen Konsequenzen durchzuziehen. Ich schrieb mir den im Laufe der Jahrzehnte angesammelten Frust von der Seele. Jetzt musste ich keine Rücksicht mehr nehmen, konnte im Gegenteil richtig vom Leder ziehen, wollte den Eindruck erwecken, dass der Staat nichts mehr von mir zu erwarten hatte. Es war ein befreiender Akt.

Raymonde verwendete in ihrem Antrag andere Argumente. Sie hatte nicht so schlechte Erfahrungen wie ich gemacht. In Leipzig geboren, lebte sie dort bis zum Umzug nach Berlin. Ihr hatte es der Umweltschutz angetan. Die Umweltsituation in Leipzig und Umgebung war katastrophal. Braunkohletagebaue, Industriewerke und chemische Industrie um Leipzig herum ließen die Luft je nach Windrichtung nach unterschiedlichen Chemikalien stinken. Besonders Kinder litten an Asthma und Pseudokropp. Ältere klagten über Allergien, Atemwegserkrankungen und Hautkrankheiten.

Die Pleiße war eine schwarze, träge Brühe, die fürchterlich stank; jedes Leben in ihr war erloschen. In Böhlen und Espenhain bliesen hoffnungslos veraltete Werke der Braunkohleveredelung Tag für Tag gewaltige Mengen stinkender Abgase und Kohlestaub in die Luft, die sich in der Umgebung als dicke Staubschicht auf Häuser, Pflanzen und Felder legten; bei Südwind war es in Leipzig kaum auszuhalten. Auch Raymonde hatte dort jahrelang sehr spezifische Krankheitssymptome, die in Berlin langsam abklangen. Wahrscheinlich verdankte sie die den Leipziger Umwelteinflüssen. Da sie in der Umweltpolitik keinerlei Verbesserung erkennen könne und dieses Thema in der DDR zudem ein Tabu darstelle, sah sie die DDR nicht mehr als das Land ihrer Zukunft an und bestand darauf, zum Schutz ihrer Gesundheit das Land verlassen zu können. Aber eines durfte in keinem Ausreiseantrag fehlen: Der Hinweis auf den KSZE-Vertrag und die Schlussakte von Helsinki. Das war sozusagen der Hinweis auf die Legitimität des Antrags. Damit erinnerte man an die Verträge, die die DDR 1975 unterschrieben hatte. Allerdings waren sie nicht völkerrechtsverbindlich, es handelte sich nur um unverbindliche Absichtserklärungen, deren Verwirklichung auf den Folgekonferenzen debattiert wurde.

Die Ausreiseanträge nahmen erheblich zu, nachdem die DDR zum Abschluss der KSZE-Verhandlungen, in denen es um die internationale Zusammenarbeit und die Sicherheit in Europa ging, die Schlussakte von Helsinki unterschrieben hatte. 33 europäische Staaten sowie die USA und Kanada hatten sich in zähen Verhandlungen auf einen Text geeinigt. Dem Osten ging es dabei hauptsächlich um die Festschreibung der nach dem 2. Weltkrieg entstandenen Grenzen, der Westen legte Wert auf die Verankerung von Menschenrechten und freiheitlichen Grundrechten. Bei diesen gesamteuropäischen Verhandlungen war die DDR nach ihrer kurz zuvor erfolgten UNO-Aufnahme das erste Mal voll anerkanntes Mitglied der internationalen Völkergemeinschaft. Honecker saß direkt neben Bundeskanzler Schmidt und strotzte nur so vor Selbstbewusstsein.

Die Kehrseite für die Ostblockländer war aber die Tatsache, dass die freien Länder des Westens in den Dokumenten auch weit reichende Passagen über die freiheitlichen Grundrechte aller Bürger der Unterzeichnerstaaten mit eingebracht hatten. Sie wollten die

Ostblockländer durch die Hintertür dazu bringen, endlich auch für ihre Bürger grundlegende Freiheitsrechte anzuerkennen. Zum Beispiel enthielten die Dokumente den Passus, dass jeder Bürger seinen Staat verlassen kann. Diese Kröte hatten die Ostblockländer zu schlucken, wollten sie nicht das gesamte europäische Sicherheitspaket, das sie selbst jahrelang eingefordert hatten, wieder gefährden. Für die DDR war der Passus ganz besonders hart, handhabte sie doch die Reise- und Ausreiseverbote so streng wie kein anderes Ostblockland, von der Sowjetunion einmal abgesehen.

Die Crux für Honecker & Co war weiterhin, dass sich alle Regierungschefs mit ihrer Unterschrift verpflichten mussten, die Dokumente vollständig und ungekürzt in den wichtigen Presseorganen ihrer Länder zu veröffentlichen und damit jedem Bürger zugänglich zu machen. Und tatsächlich, die SED veröffentlichte im „Neuen Deutschland" und in anderen Zeitungen den vollständigen Wortlaut der Schlussakte von Helsinki. Es kam einer Sensation gleich. Hier las nun der eingesperrte Bürger, dass er sein Land verlassen können soll. So etwas hatte es bisher noch nicht gegeben.

Die meisten maßen dem allerdings keine große Bedeutung bei, hatten sie doch in den vielen Jahren zuvor erfahren müssen, dass vieles von dem, was auf dem Papier stand – selbst in der Verfassung – von den Behörden einfach ignoriert oder mit fadenscheinigen Argumenten oder Einschränkungen bedenkenlos ausgehebelt wurde. Die Bürger waren auch viel zu eingeschüchtert, als dass sie es gewagt hätten, um ihre Rechte zu kämpfen. Schließlich wusste jeder, dass die Stasi solche Aufmüpfigen gnadenlos verfolgte und skrupellos in die Gefängnisse steckte.

Aber es gab inzwischen auch Ausnahmen. Die ersten Mutigen stellten bereits kurz nach der Unterzeichnung der Helsinki-Akte 1975 Ausreiseanträge und bezogen sich dabei ausdrücklich auf dieses Dokument. Für die Behörden ein ungeheuerlicher Vorgang. Eine völlig neue Situation für sie. Das ließ sich nicht so einfach mit der Stasi lösen, denn so etwas sprach sich herum, konnte die Glaubwürdigkeit des Staates in der Welt beeinträchtigen. Also mussten sie so tun, als ob. Aber bloß keine Rechtsgrundlagen für eine Ausreise schaffen. Das würde die Menschen nur ermuntern. Besser schien es zu sein, die Bürger weiterhin unwissend und im Dunkeln zu lassen, alles wie bisher mehr oder weniger in der Illegalität zu halten, Druck und Einschüchterung aufrecht zu erhalten. Mit den paar Aufmüpfigen würde man schon fertig werden. Notfalls könnte man ein paar ganz Hartnäckige sogar ausreisen lassen. An denen hätte man ohnehin keine Freude mehr gehabt. So etwa müssen die Überlegungen gewesen sein, die die Politbürokraten anstellten. Deshalb gab es bis zum Zusammenbruch des Staates keinerlei Regelungen, auf die sich ein ausreisewilliger Bürger hätte berufen können. Der kleine Passus in den Helsinki-Verträgen blieb das einzige, auf den er sich beziehen konnte.

Ausreiseanträge waren immer mit einem Risiko verbunden. Antragstellern wurde erklärt, ihr Antrag sei illegal. Dennoch nahm man ihn entgegen. Das hing wohl damit zusammen, dass sich jeder Antragsteller auf Helsinki bezog. Was dann geschah, konnte nicht beeinflusst werden, der Antragsteller war der Willkür des Apparats ausgeliefert: Einige stellten zehn oder mehr Anträge; andere erhielten schon beim ersten Antrag nach wenigen Monaten die Ausreise. Gaben Abgelehnte keine Ruhe und bombardierten die Behörden immer wieder mit neuen Anträgen, wurden sie eingesperrt. Für Aufmüpfigkeiten dieser Art hatte sich die Diktatur eigens Gesetze geschaffen wie das Gesetz über die „Beeinträchtigung staatlicher Tätigkeit". Es musste herhalten, wenn sich Behörden von ihren Bürgern genervt fühlten. In der Regel gab es dafür ein Jahr Knast.

Wandte sich ein verzweifelter Antragsteller wegen abgelehnter Anträge an westliche Organisationen oder bat auch nur seine Westverwandten, sich mit entsprechenden Organisationen und Behörden in der Bundesrepublik in Verbindung zu setzen, so wurde das als „Ungesetzliche Verbindungsaufnahme" mit bis zu drei oder noch mehr Jahren Haft geahndet, je nach Grad der Feindeinstufung. Hauptsächlich wegen des rigorosen Vorgehens gegen Antragsteller kletterte die Zahl politischer Häftlinge in den letzten Jahren der DDR wieder nach oben – im relativ kleinen Potsdamer Stasigefängnis im Jahre 1988 auf 269. So viele Häftlinge hatte es dort seit dem Volksaufstand vom 17. Juni 1953 innerhalb eines Jahres nicht mehr gegeben. In den anderen Stasiuntersuchungshaftanstalten waren die Zahlen ähnlich. Sie widersprechen den immer zahlreicher werdenden Apologeten des SED-Regimes, die behaupten, am Ende der DDR wäre es schon wesentlich liberaler zugegangen, politische Strafjustiz hätte es kaum noch gegeben. Die Statistik zeigt genau das Gegenteil.

Bevor ich meinen Ausreiseantrag bei den Behörden einreichte, schien es mir sinnvoll, meinen Chef einzuweihen. Er war Kaufmännischer Direktor des Betriebs, natürlich SED-Genosse und NSW-Reisekader (NSW= Nichtsozialistisches Wirtschaftsgebiet, auch NSA – „A" für Ausland); er durfte und musste dienstlich viel ins westliche Ausland reisen, auch nach West-Berlin und in die Bundesrepublik. Ich hielt ihn nicht für einen überzeugten Genossen. Am 2. Juni empfing er mich und war anfangs schockiert, als er hörte, was ich vorhabe. Nach der ersten Überraschung reagierte er ruhig und vernünftig und fragte nach den Gründen.

Ich erzählte von meinen Erfahrungen, sparte die Hafterlebnisse nicht aus. Das schien ihn sehr zu berühren. Kein Vorwurf seinerseits, kein Versuch, mich umzustimmen. Er schien sehr angetan, dass ich ihn vorher informiert hatte, sah es als Vertrauensbeweis und das sollte es auch sein. Ein kleines Kalkül steckte von meiner Seite allerdings auch dahinter. Ich hoffte, dass der Informationsvorsprung ihn veranlasste, sich schon jetzt Gedanken darüber zu machen, wie er sich verhält, wenn er offiziell informiert wird. Er sollte nicht unter Zeitdruck entscheiden müssen, wenn er mich beurteilen sollte oder entscheiden musste, ob ich meine Arbeit wie gewohnt oder mit Einschränkungen weiter ausüben sollte. Er sagte mir gleich, dass er persönlich nicht meine, dass sich irgendetwas ändern müsse. Aber darüber würden ohnehin andere mitentscheiden.

Am Dienstag, dem 9. Juni 1987 war es soweit. Heute wollten wir unsere Ausreiseanträge abgeben. Ich war ja inzwischen polizeilich bei Raymonde in Berlin-Hellersdorf gemeldet, wir hatten also eine gemeinsame Anschrift. So war für uns der „Rat des Stadtbezirks Hellersdorf, Abteilung Genehmigungsangelegenheiten" zuständig. Wir hatten uns lange auf diesen Tag vorbereitet, dennoch waren wir ziemlich aufgeregt. Ich hatte Raymonde in den Tagen zuvor noch ein wenig trainiert, um sie in ihrer Argumentation sicherer zu machen – für den Fall, dass man sie ohne mein Beisein in die Zange nehmen sollte. Wir hatten keine Ahnung, wie das ablief. Bekannte, die das hinter sich hatten, sagten uns die unterschiedlichsten Dinge.

Nach einer halben Stunde im Warteraum bat man uns ins Besucherzimmer. Ein junger Mann und eine junge Frau hörten sich mit verschlossenen Gesichtern regungslos unser Begehren an und nahmen unsere Anträge entgegen. Auf meine Frage, wie lange es denn bis zur Ausreise dauern könne, wies man uns darauf hin, dass wir keinerlei Recht auf Ausreise hätten und dass die Anträge illegal seien. Im Übrigen müsse man sich erst einmal mit den Gründen für unsere Ausreisewünsche vertraut machen. Beide mussten wir sämtliche bisherigen Anschriften und Arbeitsstellen aufführen, dann konnten wir gehen. An dem darauf folgenden Freitag um neun Uhr sollten wir zu einem Gespräch erscheinen. Dazu hätten wir jeder eine ausführliche Verwandtenaufstellung mitzubringen, mit Angabe der Adressen, Berufe und Arbeitsstellen. Ganz besonders detailliert sollten die Angaben zu den Westverwandten aufgeführt werden. Das Gespräch war ziemlich schnell beendet. Der Gesprächston war unpersönlich, aber sachlich, manchmal sogar mit einer Spur Freundlichkeit. Das machte uns Mut.

Am Freitag erschienen wir pünktlich zum vereinbarten Termin. Der junge Mann vom Dienstag und ein noch jüngerer, mit größter Wahrscheinlichkeit ein Stasimann, baten mich allein ins Besucherzimmer. Raymonde musste trotz meiner Proteste draußen bleiben. Der sachlich freundliche Ton vom Dienstag war heute offensichtlich nicht aktuell. Der Stasimann meinte, einigen Behauptungen aus meinem Antrag müsse er widersprechen. In sehr rüdem Ton, den ich von der Stasi zur Genüge kannte, bezichtigte er mich der Lüge, etwa dass mich die Stasi in Wolgast 1961 misshandelt habe. So etwas habe es nie gegeben. Mich als Lügner hinzustellen, brachte mich in Rage. Ich war wohl lauter als es sonst meine Art ist, sagte, das könne er wohl kaum beurteilen. Zu der Zeit habe er überhaupt noch nicht gelebt. Keine Ahnung habe er, was damals in der DDR los gewesen sei und auch nicht davon, was heute in diesem Staat laufe. Ich fühlte mich in meinem Element, es diesem Menschen ordentlich zu geben, ihn als unwissenden Jungkader hinzustellen, der mir nichts vormachen, erst recht nicht ausreden könne, was ich erlebt hatte.

Er hielt mir vor, der Staat habe in meine Ausbildung sehr viel Geld investiert. Bei meinem Weggang sei es für die DDR nicht nur verloren, sondern komme dem Klassenfeind zugute – diese Dankbarkeitsmasche konnte ich schon nicht mehr hören. Dann zweifelten beide Männer an, dass die Stasi mich jahrelang observiert hatte.

Ihr Argument: Ich könne mich unmöglich nach so vielen Jahren an so viele Details erinnern. Ich fragte bewusst überheblich, ob sie schon einmal etwas von einem Tagebuch gehört hätten. Da waren sie still. Es war von mir seit vielen Jahren zur Gewohnheit geworden, brisante Ereignisse und Erlebnisse tagebuchartig aufzuschreiben. So kannte ich noch die Details meiner ersten Verhaftung, meiner späteren Observationen, und so hielt ich auch jetzt alle Ereignisse im Zusammenhang mit meiner Ausreise fest. Sie zweifelten auch an, dass die Stasi immer dazwischen funkte, wenn es um eine Gewerbeerlaubnis oder eine Arbeitsstelle ging. Beide verlangten den Namen des zuständigen Mitarbeiters im Rathaus Weißensee, mit dem ich die Unterredungen hatte. Ich hatte keinen Grund, ihnen den zu verweigern.

Ihre Taktik war einfach. Sie versuchten, alle meine Ausreisegründe zu zerpflücken, um den Antrag als unbegründet ablehnen zu können. Aber ich hielt wacker dagegen, bemüht, sachlich zu bleiben und Argumente zu wählen, gegen die sie nicht ankamen. Dass mir das gelang, stellte ich fünf Jahre später in meinen Stasiakten fest. Ein Vermerk des Rats des Stadtbezirks, Abt. GA vom 5. 10. 87 bescheinigt mir: *„In den geführten Gesprächen zeigt sich, das(s) der D. ein intelligenter Mensch ist. Er tritt ruhig, höflich und sachlich auf, seine Antworten sind wohlüberlegt(,) und (er) kann gut argumentieren"*. (In Klammern die von mir korrigierte Rechtschreibung. Die gesamte Einschätzung wimmelt nur so von Fehlern.)

Dieses erste Gespräch war für mich nach einer Stunde beendet. Nun war Raymonde an der Reihe. Ich durfte nicht dabei sein, was mir sehr missfiel. Wusste ich doch, wie unsicher sie noch war, wenn sich der Themenkreis außerhalb ihrer Umweltthemen bewegte.

Mit ihr trieb man nun das gleiche Spiel. Sie wurde der Unwahrheit bezichtigt, die Männer versuchten, ihre Argumente zu zerpflücken und klein zu reden. Sie gingen sogar so weit, Wortklauberei zu betreiben, indem sie ein Wort, das sie in ihrem Antrag verwendete, beanstandeten. Als es um ihren Umzug von Leipzig nach Berlin ging, hatte sie das Wort „übersiedeln" benutzt. Ihr wurde unterstellt, dass sie damit provozieren wolle, sie hätte doch besser das Wort „Wohnortwechsel" benutzen sollen. Tatsächlich hatte sie sich nichts dabei gedacht. Aber wahrscheinlich hing das damit zusammen, dass die staatlichen Organe der DDR die Ausreiseanträge intern als „Übersiedlungsersuchen" bezeichneten. Kleinkarierter ging es nun wirklich nicht mehr. Aber das zeigte auch, dass sie keine richtigen Argumente hatten, wenn sie auf solche Haarspaltereien zurückgreifen mussten.

Insgesamt hielt sich Raymonde in diesem Gespräch recht wacker und ließ sich nicht verunsichern. Uns wurde beiden zum Abschluss mitgeteilt, dass zwar keine gesetzlichen Bedingungen für einen Ausreiseantrag vorlägen, dass man unsere Anträge aber trotzdem entgegennehme. Wir sollten uns aber keine übertriebenen Hoffnungen machen. Zum Abschluss warnte man uns, Verbindung zu westlichen Dienststellen aufzunehmen. Allerdings sagte man uns das nicht direkt, sondern verklausulierte es recht umständlich.

Am 25. Juni 1987 bat mich mein Chef zur Aussprache. Außer ihm waren der für Antragsteller zuständige Mitarbeiter der Kaderabteilung Sch. und der AGL-Vorsitzende H. (AGL = Abteilungs-Gewerkschaftsleitung) anwesend. Sch. berichtete, dass er am 12. Juni 1987 angerufen wurde und ihn ein Mitarbeiter des Rathauses Hellersdorf über meinen Antrag informierte. Das war am Tag unserer Aussprache dort. Man habe ihm keine Gründe mitgeteilt. Mein Chef berichtete, ich hätte ihn bereits informiert und zählte alle Gründe auf, die ich ihm genannt hatte. Dabei bemerkte ich mit Genugtuung, dass er nicht versuchte, zu mir auf Distanz zu gehen. Da wir uns duzten, sprach er auch immer von „Dieter" und nicht etwa vom „Kollegen Drewitz". Auch bei seiner Wortwahl über meine Ausreisegründe wurde er nicht polemisch, er redete sachlich, wie ich es auch nicht anders getan hätte. Nebenbei ließ er durchblikken, er glaube, man könne mich nicht von meinem Vorhaben abbringen.

Dann war ich dran. Ich erläuterte das schon Gesagte und schob weitere Argumente nach, warum ich auf keinen Fall länger in der DDR leben wolle. Mein Chef musste uns dann aus Termingründen verlassen. Nun war ich mit den beiden Bonzen allein: der AGLer war zwar als Gewerkschafter theoretisch mein Interessenvertreter, aber in der DDR war auch das auf den Kopf gestellt. Die Gewerkschaftsleitung vertrat immer den Betrieb, die SED, also den Staat. Er war mein Gegner, genauso wie Sch. von der Kaderabteilung. In dem zweieinhalbstündigen Gespräch hielten mir die beiden immer wieder die folgenden abgedroschenen Argumente entgegen:

– *Ich diente mit meinem Ausreisewunsch dem Klassenfeind.*

Ich machte ihnen unmissverständlich klar, das sei vielleicht ihr Feind aber nicht meiner. Im Gegenteil, die Leute im Westen hätten mir nichts getan, die Sicherheitsorgane und andere Institutionen der DDR schon. Da konnte ich es mir nicht verkneifen, meine Kollegen polemisch zu fragen, wen ich da wohl eher als meinen Feind betrachtete. Da waren beide richtig empört. Ich feixte innerlich.

– *im Westen hätte ich in meinem Alter und meinem Beruf keine Perspektive.*

Ich verbat mir in scharfer Form ihre geheuchelte Besorgnis, teilte ihnen mit, dass ich mit Sicherheit sehr viel besser über den Westen informiert sei als sie und ließ keinen Zweifel daran, dass ich im Westen notfalls auch als Taxifahrer arbeiten werde, wenn ich nur aus der DDR herauskäme.

– *Bei Reisen in den Westen gebe es inzwischen große Fortschritte, z.B. bei Verwandtenbesuchen.*

Ich erklärte ihnen, dass ich mir nicht vorschreiben lassen wolle, wohin ich reisen darf und wohin nicht, auch wolle ich nicht bei jeder Reise um Erlaubnis bitten und vielleicht noch meine Dankbarkeit zeigen müssen, wenn man sie mir gnädigerweise genehmigt. Überhaupt fände ich ohnehin die ganze Bevormundung in der DDR „zum Kotzen".

– Schweigen –

Während Sch. relativ moderat diskutierte und auch meine schlechten Erfahrungen, selbst die Misshandlungen der Stasi, nicht anzweifelte, behauptete der AGLer, dass es auch im Westen Ausreisebeschränkungen gebe. So könne ein Bundesdeutscher nicht ohne Genehmigung in die Schweiz und nach Australien auswandern. Es war ihm nicht beizubringen, dass hier ein fundamentaler Unterschied vorliegt, dass es in seinem Beispiel nicht um die Genehmigung des Ausreiselandes gehe, sondern des Einreiselandes. Kein Bundesbürger werde seiner Freiheit beraubt, wenn ihm Australien eine Einwanderung verwehre. Ich dagegen fühlte mich in der DDR wie in einem großen Gefängnis, da man mir die Ausreise *überall hin* verweigere.

Die beiden Genossen schmierten mir auch Honig ums Maul: sie lobten meine Arbeit und wollten mich als Kollegen angeblich unbedingt behalten. Abschließend belehrten sie mich erneut eindringlich, dass ich mich strafbar mache, wenn ich mich mit westdeutschen Institutionen in Verbindung setze. Die neuerliche Warnung zeigte mir, dass sie davor offenbar mächtige Angst hatten. Sie verboten mir sogar, mich mit anderen Antragstellern im Betrieb in Verbindung zu setzen. So wollte man jeden Antragsteller isolieren, er sollte nirgendwo Hilfe, Beistand oder Solidarität erfahren.

Meine Lebensgefährtin hatte eine schriftliche Vorladung zu einem Gespräch für den 6. Juli 1987 erhalten, ich aber nicht. Auch Kollege Sch. hatte mir gesagt, dass wir uns am 6. Juli im Rathaus Hellersdorf sehen werden, er hätte ebenfalls eine Einladung erhalten. Daraufhin rief ich im Rathaus an, um die Sache zu klären. Der kleine Dialog, der nun folgte, ist symptomatisch für das Verhältnis zwischen den Behörden und den Bürgern der DDR.

Stimme:	(lustlos) Ja bitte?
Ich:	Bin ich richtig in der Abteilung Genehmigungsangelegenheiten?
Stimme:	(unwirsch) Worum geht's denn?
Ich:	Mein Name ist Drewitz, mir wurde von meiner Kaderabteilung gesagt, dass ich am kommenden Montag in meiner Ausreiseangelegenheit einen Gesprächstermin bei Ihnen habe. Ich habe aber von Ihnen keine Benachrichtigung erhalten.
Stimme:	(verärgert) Da müssen Sie schon mal herkommen, so etwas wird nicht am Telefon besprochen.
Ich:	Aber ich will doch nur wissen, ob und wann ich einen Termin habe.
Stimme:	(verärgert, lauter) Ich habe Ihnen doch gerade gesagt, so etwas wird nicht am Telefon besprochen.

Ich: Aber ich bin berufstätig, müsste deshalb einen Tag Urlaub nehmen. Nur um eine Uhrzeit von Ihnen zu erfahren.

Stimme: (noch verärgerter, sehr laut) Zum letzten Mal: so etwas wird nicht am Telefon besprochen. Kommen sie her, wenn sie etwas wissen wollen.

Telefon wird aufgelegt.

Schließlich klärte Raymonde das Problem im Rathaus. Angeblich hätte man mir auch eine Einladung geschickt. Aber da mein Namensschild am Briefkasten abgefallen war, habe der Brief nicht zugestellt werden können. Er konnte auch nicht zurückgeschickt werden, denn solche Schreiben hatten niemals einen Absender. Das reihte sich nahtlos ein in mein Erlebnis am Telefon.

Die einstündige Aussprache am 6. Juli im Rathaus, an der einer der jungen Männer und Sch. aus meinem Betrieb teilnahmen, wurde von mir beherrscht. Ich war in meinem Element und ließ die Gegenseite kaum zu Wort kommen: Zuerst griff ich ihre unsachliche Argumentation beim letzten Gespräch mit meiner Lebensgefährtin an. Ich wies ihnen anhand des Dudens nach, dass der Begriff „übersiedeln" bei einem Wohnungswechsel durchaus üblich sei. Im Duden stand als Beispiel sogar wörtlich: „ich siedle nach Leipzig über". Sie schwiegen und ich triumphierte innerlich.

Gleich ging ich zur nächsten Attacke über. Ich bestand sehr energisch darauf, dass meine Lebensgefährtin und ich künftig keine getrennten Gespräche mehr haben. Meine Forderung begründete ich mit den Unsachlichkeiten, mit denen die beiden Männer eine schwache Frau attackiert hatten. In meinen Augen ein äußerst unfaires Verhalten. Darüber hinaus wandte ich noch einen Bluff an, behauptete, ich hätte mich bei einem Anwalt erkundigt, der mir bestätigte, es gebe keinen zwingenden Grund, getrennte Gespräche zu führen.

Die Antwort: Wir seien zwei unabhängige Personen, die getrennt voneinander eine „Bitte" um Ausreise an das staatliche Organ herangetragen hätten; deshalb bearbeite man uns getrennt. Ich erwiderte, dass man zwei Personen, die eheähnlich zusammen in einem Haushalt wohnten, wohl kaum als „voneinander unabhängig" bezeichnen könne, wir hätten zudem von Anfang an darum gebeten, unsere Anträge einheitlich zu bearbeiten. Darüber müssten sie sich beraten, meinten sie.

Ich ging gleich zum nächsten Angriff über, indem ich den jungen Mann aufforderte, uns doch endlich mal seinen Namen mitzuteilen, da ich mich ungern mit anonymen Personen unterhielte. Schließlich sei das schon ein Gebot der Höflichkeit. Darauf meinte er, dass er das nicht tun werde, da er seinen Namen nicht einige Tage später im ZDF hören möchte. Die bissige Bemerkung, dass ich sehr erstaunt sei, dass er das Fernsehen des Klassenfeindes sehe, konnte ich mir nicht verkneifen. Ich kündigte ihm an, wenn er mir seinen Namen nicht nenne, würde ich ihn ab sofort einfach „Herr Schmidt" nennen, da ich ihn ja irgendwie ansprechen muss. Das tat ich dann auch im weiteren Verlauf des Gesprächs mit sehr viel Spaß. Er fand das allerdings nicht so spaßig, wie ich seinem Gesicht entnehmen konnte.

Nun ging ich zum letzten Angriff über. Ich nahm Bezug auf das erste Gespräch, in dem man uns vorgeworfen hatte, die DDR um die in uns investierte Ausbildung betrügen zu wollen. Deshalb bot ich ihnen an, im Falle einer schnellen Bearbeitung unserer „Bitte", die Ausbildungskosten zurückzuzahlen. Dazu erklärte ich meine Bereitschaft, entweder 20.000 bis 25.000 Mark zu zahlen oder wahlweise meinen relativ neuen Pkw „Lada 1500" zur Verfügung zu stellen. Natürlich war das nichts anderes als ein Bestechungsversuch, aber durch die Tarnung als Wiedergutmachung für meine Ausbildung schien mir die Bemerkung risikolos zu sein. Mein Angebot kam nicht von ungefähr. Die Westmedien berichteten immer wieder, dass ausgereiste DDR-Bürger die Bearbeitung ihrer Anträge positiv beeinflusst hatten, wenn sie Häuser oder Autos anboten oder Westverwandte beträchtliche DM-Summen für die Ausreise zahlten.

In vielen Fällen klappte das auch, vor allem wenn es um Immobilien ging. Etliche ehemalige Stasileute wohnen bis heute in solchen Häusern. Die ehemaligen Besitzer bekamen nach der Einheit nur selten ihre Häuser wieder. Ich hatte kein Haus zu bieten, aber ein neues Auto, das bei einer Wartezeit von 10 bis 15 Jahren einen erheblichen Wert darstellte. Das angebotene Bargeld war nicht so begehrt, da es ohnehin nichts Vernünftiges zu kaufen gab. Mir fiel es auch nicht schwer, diese Dinge anzubieten. Geld durfte man nicht mitnehmen. Was wollte man auch damit? Die Ostmark stand in den Wechselstuben zur D-Mark im Verhältnis 8:1, und mit einer Russenkutsche wollte ich ohnehin nicht über den Ku'damm fahren.

„Herr Schmidt" war über mein Angebot überhaupt nicht überrascht, auch nicht ungehalten oder empört. Im Gegenteil, er habe sich mein Angebot notiert, sagte er. So eine Offerte war also nicht ungewöhnlich. Mein Kollege Sch. hatte davon offenbar noch nichts gehört. Er meinte ziemlich empört, das sei von mir taktisch äußerst unklug, der Staat sei schließlich kein Kopfgeldjäger. Da war ich aber ganz anderer Meinung, wusste ich doch, dass die Bundesrepublik für jeden ausgereisten DDR-Bürger eine bestimmte DM-Summe bezahlte. Ganz abgesehen von den politischen Häftlingen, die die DDR gegen noch viel höhere Beträge in den Westen „verkaufte".

Im Laufe der nächsten Wochen tat sich nichts. Erst für den 22. September 1987 erhielten wir wieder eine Einladung ins Rathaus, zum ersten Mal gemeinsam. Kollege Sch. war wieder anwesend. Diesmal führte das Gespräch ein älterer uns unbekannter Mitarbeiter. Auch er nannte nicht seinen Namen, weshalb ich ihn kurzerhand mit „Herr Schulz" anredete. Bei der Begrüßung reichte er uns nicht die Hand, machte aber auf mich einen etwas angenehmeren Eindruck als „Herr Schmidt". Er war sachlicher und weniger feindselig. dabei ging er noch einmal auf Raymondes Umweltargumente ein und versuchte Gegenargumente vorzubringen. Die waren aber so fadenscheinig, dass wir sie allesamt leicht und überzeugend entkräften konnten.

Tage zuvor, vom 7. bis 11. September, hatte Erich Honeckers erster Staatsbesuch in der Bundesrepublik stattgefunden. „Herr Schulz" äußerte die Vermutung, dass nun neue Ausreiseregelungen erlassen werden könnten. Auch teilte er uns fast nebenbei mit, dass Raymonde und ich künftig immer gemeinsam vorgeladen werden. Das war schon ein kleiner Erfolg.

Eingaben – bescheidene Instrumente des Widerstands

Wochenlang passierte wieder nichts. Deshalb wollte ich selbst etwas unternehmen, um unseren Anträgen Nachdruck zu verleihen und gleichzeitig zu zeigen, dass der Staat mit uns keinen Blumentopf mehr gewinnen kann. Ich nahm das Eingabenschreiben wieder auf. Diesmal beschränkte ich mich nicht mehr auf so läppische Probleme wie fehlende Rollmöpse und Gewürzgurken, ich packte brisantere Themen an.

Eingaben schreiben, wie Beschwerden im Osten hießen, war eines der wenigen Rechte der Bürger. Man hatte nicht nur das Recht, sie zu schreiben, sondern – oh Wunder – auch das Recht, in einer bestimmten Frist eine Antwort zu erhalten. Davon machten viele DDR-Bürger regen Gebrauch. Nur so konnte man auf legale Art seinen Frust über Mängel und Unzulänglichkeiten loswerden.

Eine brisante Eingabe richtete ich an den Staatsrat. Als Antiquitätenliebhaber beschwerte ich mich, dass Riesenmengen Antiquitäten in den Westen exportiert werden, während das entsprechende Angebot in den DDR-Geschäften mehr als mager sei. Was im Handel auftauche, sei minderwertig und extrem überteuert. Ich bedauerte in der Eingabe den „Ausverkauf an wertvollem Kulturgut" und fragte, ob unser Staat das nötig habe. Das war ein Stich ins Wespennest. Das Thema war tabu, aber selbstverständlich hatte der aufgeklärte Bürger durch die Westmedien Kenntnis davon. Auch im eigenen Land hatte es sich im Laufe der Zeit herumgesprochen, dass die ominöse Firma „Antikhandel Pirna" in großem Stil alles aufkaufte, was alt und kostbar war. Den Namen Schalck-Golodkowski, seines Zeichens Devisenbeschaffer der SED, der unter anderem auch Chef des „Antikhandel Pirna" war, kannte damals kaum einer. Jeden Tag holten riesige Sattelschlepper aus dem Westen aus Antiquitätendepots, etwa in Mühlenbeck bei Berlin, die Schätze ab.

Ende der siebziger Jahre hatte ich zufällig so eine Verladeaktion in der Linienstraße in Berlin-Mitte beobachtet. Ein riesiger holländischer Sattelschlepper wurde mit den schönsten Möbeln, Lampen, Uhren beladen. Dinge, die ich noch nie in einem Antiquitätengeschäft der DDR gesehen hatte. Mir blutete das Herz. Zwei Polizisten bewachten die Aktion, ich stellte mich demonstrativ dazu und beobachtete die Szene. Das Ganze fand auf offener Straße statt, so konnten sie mich nicht daran hindern. Ich merkte, wie unangenehm es ihnen war. Als ich mich nach einer Viertelstunde entfernte, hörte ich im Weggehen, wie der eine zum andern sagte: „Was wollte denn dieser blöde Kerl hier?" Aber bestimmt hatte sie mein Auftreten verunsichert, schließlich konnte ich auch jemand von der Stasi gewesen sein.

Auf die Eingabe bekam ich eine pauschale nichts sagende Antwort. Tenor: der Export der Antiquitäten erfolge nur unter strengster Beachtung der Gesetze. Na klar, was sonst?

Eine noch explosivere Eingabe folgte auf dem Fuß, ebenfalls an den Staatsrat. Die höchste staatliche Institution schien mir gerade gut genug für das Problem. Jetzt ging es um die Kameraüberwachung im Ost-Berliner Stadtzentrum. Mir war in den letzten Jahren aufgefallen, dass es immer mehr Kameras im öffentlichen Raum gab, ohne dass in den Medien davon etwas erwähnt wurde. Klammheimlich wurde das gesamte Zentrum mit Kameras aufgerüstet. Schwerpunkt war der Alexanderplatz. Hier gab es keinen Fleck mehr, den nicht irgendeine Kamera erfasste. Allein die Weltzeituhr konnte von sieben Kameras beobachtet werden. Selbst an der höchsten Stelle am „Haus des Reisens" war eine Kamera zu sehen. Dass sie sämtlich in Betrieb waren, erkannte ich daran, dass sie sich ständig in die unterschiedlichen Richtungen bewegten. Ich konnte mir vorstellen, dass sie auch über starke Zoomobjektive verfügten. Dass diese Kameras keinen harmlosen Zwecken dienten, zum Beispiel der Verkehrsüberwachung, erkannte ich daran, dass die Standorte dafür ungeeignet waren. Aber sie eigneten sich umso besser für die lückenlose Überwachung der Freiflächen beiderseits des Bahnhofs. Die Kameras wurden in der Öffentlichkeit totgeschwiegen, nie wurde darüber berichtet. Das schien mir sehr verdächtig. So fragte ich in der Eingabe sehr konkret:

– *Zu welchem Zweck sind diese Kameras installiert?*
– *Welche Institution ist für den Einsatz und den Betrieb verantwortlich?*
– *Sind die Kameras ständig oder nur zu bestimmten Anlässen in Betrieb?*
– *Sind die Monitore zu den Kameras zentralisiert? Wenn ja, wo?*
– *Werden die Aufnahmen gespeichert? Wenn ja, wie lange?*
– *Wie ist gesichert, dass kein Missbrauch mit den Kameras bzw. den Aufzeichnungen betrieben werden kann?*

Was ich damit ausgelöst hatte, erfuhr ich einige Wochen später am 16. November 1987, als mir mein Chef über den Weg lief. Er fragte mich, ob ich eine provokative Eingabe an den Staatsrat gerichtet hätte. Er habe von einer „Bekannten" in der Eingabenstelle des Staatsrats erfahren, dort sei eine Eingabe eingegangen, die wie eine Bombe eingeschlagen habe. Er wusste aber angeblich nicht, worum es dabei ging. Ich erzählte ihm von meiner Kamerabeschwerde. Er war fast begeistert und meinte, dass diese Wellen, die meine Eingabe ausgelöst hätten, meinen Ausreisebemühungen durchaus förderlich sein könnten. Jetzt werde alles sehr gut für mich laufen.

Ich fragte mich, wieso diese „Bekannte" dazu kam, meinen Chef über die Eingabe zu unterrichten? Da stand doch gar nicht drin, wo ich arbeite. Ich erklärte mir das so: Bei solch brisanten Themen wird zuerst der Verfasser unter die Lupe genommen, man will wissen, mit wem man es zu tun hat. Das lief wahrscheinlich über die Stasi, über wen sonst? Sehr schnell wussten sie dann, wo ich arbeite und dass ich einen Ausreiseantrag laufen hatte. Da begriff ich, dass Eingaben nicht ohne Ansehen der Person bearbeitet werden. Wahrscheinlich wertete man meine Eingabe als Provokation, die nicht beantwortet wird. Ich bekam in der vorgeschriebenen Frist jedenfalls keine Antwort.

Wie Recht ich damit hatte und wie brisant meine Eingabe war, las ich später in meinen Stasiakten. Ich fand dort ein Schreiben vom Staatsrat an den Büroleiter des Stasiministers Mielke, den Genossen Generalmajor Carlsohn. Die Genossen der Eingabenstelle des Staatsrats informierten ihn über meine Eingabe, eine Kopie wurde gleich mitgeschickt. Gleichzeitig teilten sie mit, dass ich vom Staatsrat keine Antwort erhalten habe.

Meine Eingabe war so brisant, dass sie in Mielkes Büro landete und den Operativvorgang mit Decknamen „Kamera" auslöste. Man wollte mich beobachten und „aufklären". Wörtliche Begründung im „Auftragsersuchen – Beobachtung":

„Es sollen konkret eventuelle Verbindungen und Beziehungspartner des Drewitz bzw. seiner Lebensgefährtin festgestellt werden. Es wird vermutet, dass er evtl. Hintergrundinformationen über die Fernsehkontrollanlagen, die sich im Stadtzentrum befinden, hat."

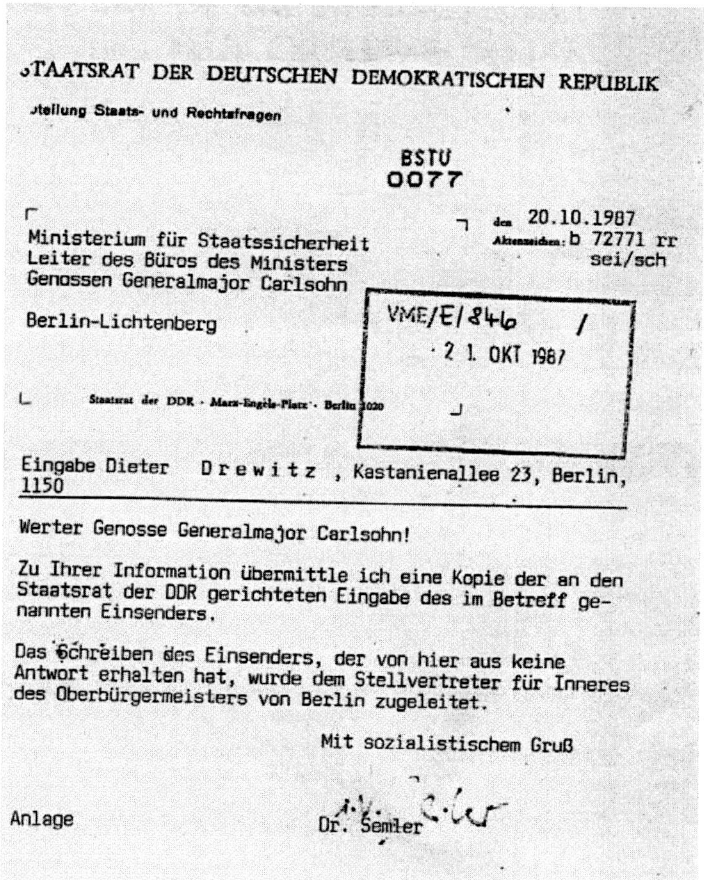

STAATSRAT DER DEUTSCHEN DEMOKRATISCHEN REPUBLIK

Abteilung Staats- und Rechtsfragen

BSTU
0077

Ministerium für Staatssicherheit
Leiter des Büros des Ministers
Genossen Generalmajor Carlsohn

Berlin-Lichtenberg

den 20.10.1987
Aktenzeichen: b 72771 rr
sei/sch

VME/E/846 /
21. OKT 1987

Staatsrat der DDR · Marx-Engels-Platz · Berlin 1020

Eingabe Dieter D r e w i t z , Kastanienallee 23, Berlin, 1150

Werter Genosse Generalmajor Carlsohn!

Zu Ihrer Information übermittle ich eine Kopie der an den Staatsrat der DDR gerichteten Eingabe des im Betreff genannten Einsenders.

Das Schreiben des Einsenders, der von hier aus keine Antwort erhalten hat, wurde dem Stellvertreter für Inneres des Oberbürgermeisters von Berlin zugeleitet.

Mit sozialistischem Gruß

i.V.

Anlage

Dr. Semler

Schreiben an den Büroleiter von Stasiminister Erich Mielke

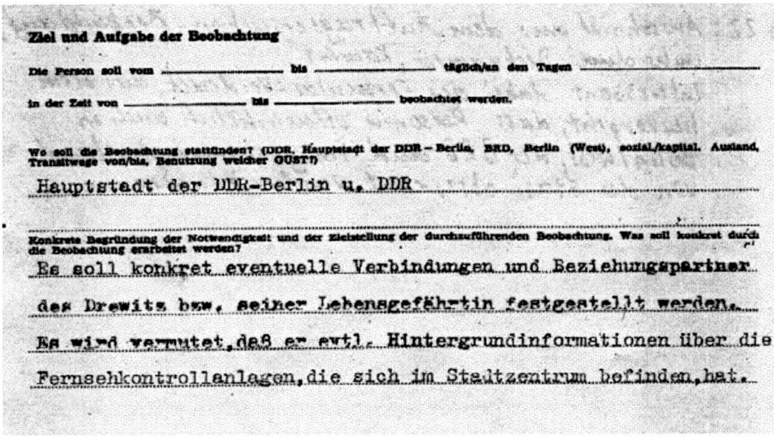

Ziel und Aufgabe der Beobachtung

Die Person soll vom .... bis .... täglich/an den Tagen ....

in der Zeit von .... bis .... beobachtet werden.

Wo soll die Beobachtung stattfinden? (DDR, Hauptstadt der DDR – Berlin, BRD, Berlin (West), sozial./kapital. Ausland, Transitwege von/bis, Benutzung welcher GÜST?)

Hauptstadt der DDR-Berlin u. DDR

Konkrete Begründung der Notwendigkeit und der Zielstellung der durchzuführenden Beobachtung. Was soll konkret durch die Beobachtung erarbeitet werden?

Es soll konkret eventuelle Verbindungen und Beziehungspartner des Drewitz bzw. seiner Lebensgefährtin festgestellt werden. Es wird vermutet, daß er evtl. Hintergrundinformationen über die Fernsehkontrollanlagen, die sich im Stadtzentrum befinden, hat.

Amtliches Formular: „Auftragsersuchen Beobachtung" unter dem Decknamen „Kamera"

Sie vermuteten also, Eingeweihte könnten mir Hintergrundinformationen gegeben haben, Es roch förmlich nach Verrat aus den eigenen Reihen und musste hohe Wellen schlagen. Ich konnte mir vorstellen, dass meine konkreten Fragen diese gewaltigen Irritationen auslösten. Dass gute Beobachtung und gesunder Menschenverstand mich zu den Vermutungen brachten, kam ihnen wohl nicht in den Sinn.

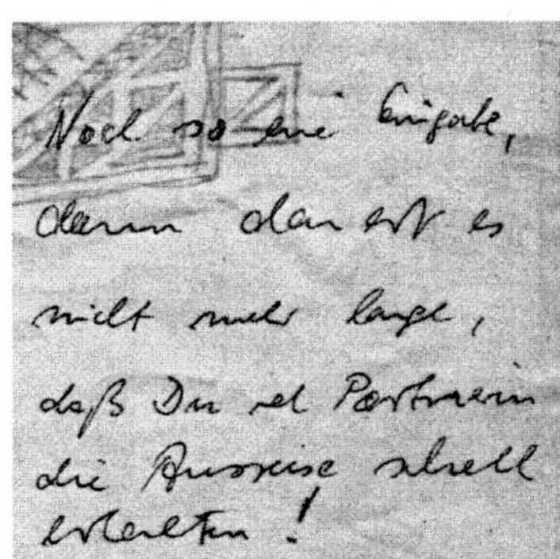

Noch so eine Eingabe, dann dauert es nicht mehr lange, daß Du u. Partnerin die Ausreise schnell erhalten!

Mein Chef kam am 18. 11. in mein Büro. Als erstes deutete er durch Gesten an, dass er im Büro eine „Wanze" vermute. Deshalb schrieb er mir auf einen Zettel folgende Nachricht auf: „Noch so eine Eingabe, dann dauert es nicht mehr lange, dass Du und Partnerin die Ausreise schnell erhalten." In angedeuteten und geflüsterten Sätzen und Gesten konnte ich erfahren, dass bei seiner in einem Ministerium arbeitenden Frau eine ähnliche Eingabe dem Verfasser schnell die Ausreise bescherte. Seine Frau habe dafür einen sechsten Sinn. Deshalb sei er auch sehr besorgt um eine Nachfolge für mich. Er deutete an, dass „die da oben" alle miteinander vernetzt seien und der Kaderdirektor des Betriebs (Personalchef mit Parteiauftrag und Stasianbindung) deshalb ebenfalls über meine Eingabe Bescheid wisse. Das Gespräch ermutigte mich, noch einen draufzusetzen. Ich schrieb erneut an den Staatsrat und beschwerte mich, dass ich noch keine Antwort erhalten habe und mahnte sie in scharfen Formulierungen in kürzester Frist an.

Vom Rat des Stadtbezirks Hellersdorf, Abt. Inneres, erhielt ich für den 7. Dezember eine Einladung. Nur mein Name stand drauf, Raymonde kam aber mit. Sie durfte nicht am Gespräch teilnehmen, weil es angeblich nicht um unsere Ausreise gehe. Das machte mich neugierig. Worum sollte es sonst gehen? Im Raum befanden sich Ratsmitarbeiter „Herr Schulz" vom letzten Gespräch und ein Fremder. Der war zusammen mit uns von draußen gekommen, gehörte also offenbar nicht zum Rathaus. „Herr Schulz" eröffnete mir, es gehe um meine Eingabe. Ich wunderte mich: ich könne mich nicht erinnern, an den Rat des Stadtbezirks geschrieben zu haben. Nein, nein, es ginge um meine Eingabe an den Staatsrat. Die Kameras also! Hatte mein letztes forderndes und respektloses Schreiben tatsächlich etwas bewirkt? Ich bekam Oberhand und fragte nach Namen und Dienststelle des Fremden. Das wurde mir wie immer verweigert. So wusste ich, woher er kam.

Er sei gekommen, um meine Eingabe zu den Kameras zu beantworten. Ich erwiderte, dass ich auf eine schriftliche Eingabe eine schriftliche Antwort erwarte. Darauf meinte er, ich würde keine schriftliche Antwort erhalten. Auf mein „warum?" schwieg er. Da kam ein hoch bezahlter Mitarbeiter eines Ministeriums extra meinetwegen, um mir ganz persönlich eine Eingabe zu beantworten. So eine hohe Ehre hatte ich noch nie erfahren, hatte auch noch nie von so einem Fall gehört. Aber da er nun einmal da war, konnte ich mir ja mal anhören, was er zu sagen hat. Er verströmte den Habitus eines Durch-Und-Durch-Bürokraten. Seine abgewetzte Leder-Aktentasche unterstützte diesen Eindruck.

Bedeutungsvoll und weitschweifig wollte er mir weismachen, die Kameras seien im Stadtzentrum Teil eines neuen Verkehrsüberwachungssystems. Diese Antwort hatte ich erwartet, schien sie doch die einfachste und naheliegende Erklärung zu sein. Dass ich ihn lauthals auslachte, verunsicherte ihn. Ich bewies ihm mit Fakten, dass er mir eine Lüge auftischte: Wenn es so eine neue Verkehrsüberwachung wirklich gäbe, hätten die Medien längst darüber berichtet. So eine fundamentale Neuerung hätte sich die DDR-Propaganda niemals entgehen lassen. Außerdem waren die Standorte der meisten Kameras so gewählt, dass gar kein Straßenverkehr in der Nähe war. „Welchen Verkehr hat denn die Kamera vor dem Roten Rathaus zu überwachen?" fragte ich. Nach einer Weile des Überlegens meinte er zögernd: „den Verkehr in der Karl-Liebknecht-Straße". Wer sich in Berlin auskennt, weiß, dass diese Straße mindestens 150 Meter vom Roten Rathaus entfernt ist und zudem dichte Bäume und die Marienkirche sie verdecken.

„Welchen Verkehr haben die drei Kameras auf dem Berolinahaus zu überwachen?" bohrte ich weiter. Keine Antwort: Er hatte bereits aufgegeben, hatte keinen Trumpf mehr in der Hinterhand. Ich war stinksauer. Hielten sie mich für so beschränkt, auf diese leicht zu widerlegenden Argumente hereinzufallen? Unfassbar. Ich war geradezu beleidigt, ließ ihn meine Überlegenheit deutlich spüren. In diesem Moment war ich wohl ekelhaft arrogant und überheblich.

Ich war noch Stunden danach so zornig, dass ich pausenlos darüber nachdachte, wie ich diesen Leuten nachweisen konnte, dass sie mich wissentlich belogen hatten. Irgendwann hatte ich die zündende Idee. Ich schrieb einen typisch doofen Leserbrief an die einzige Autozeitschrift der DDR „Der deutsche Straßenverkehr". Darin gab ich mich als jahrzehntelangen begeisterten Leser aus, der über die Redaktion sehr enttäuscht sei. Mir sei zu Ohren gekommen, schrieb ich, in der Hauptstadt gebe es ein neues Verkehrsüberwachungssystem mit Kameras, das in der einzigen Autozeitschrift der DDR bisher nicht erwähnt worden sei. An die Redaktion appellierte ich, ihre Leser endlich darüber zu informieren.

Wochenlang kam keine Antwort. Hatten sie den Braten gerochen? Also mahnte ich die Antwort an. Einige Wochen später kam sie tatsächlich und übertraf alle meine Erwartungen. Die Kernsätze des Schreibens lauten:

„Ihre Informationen bezüglich einer komplexen Beeinflussung des Verkehrsablaufs mittels Fernsehkameras in der Hauptstadt war uns neu. Wir haben recherchiert und müssen Ihnen mitteilen, dass Sie offensichtlich einer Fehlinformation aufgesessen sind."

DER DEUTSCHE
Straßenverkehr

Erscheint
im transpress
VEB Verlag
für Verkehrswesen

Charlottenstraße 60, Berlin, DDR - 1086

Herrn
Dieter Drewitz

Kastanienallee 23

Berlin

1 1 5 0

Ihre Zeichen	Ihre Nachricht vom	Rufnummer	Unsere Zeichen	Datum
			gö-re.	9. 2. 88

Werter Herr Drewitz,

Ihre Information bezüglich einer komplexen Beeinflussung des Verkehrsablaufs mittels Fernsehkameras in der Hauptstadt war uns neu. Wir haben recherchiert und müssen Ihnen mitteilen, daß Sie offensichtlich einer Fehlinformation aufgesessen sind. Lediglich zur Überwachung einzelner ausgewählter Kreuzungen werden Fotokameras eingesetzt. Bei überfahrenem Rot-Signal halten sie die betreffenden Fahrzeuge mit Uhrzeit, Datum und polizeilichem Kennzeichen im Bild fest. Wir berichteten darüber mehrfach. Die Technik ermöglicht jedoch nur,diese speziellen Verstöße zu ahnden.
Eine komplexe Verkehrsüberwachung oder gar -beeinflussung ist damit nicht möglich.

Wir bitten um Verständnis, wenn wir uns die Überprüfung Ihrer Vermutung etwas Zeit kosten ließen. Daß ein so langjähriger Leser mit Hinweis auf das Eingabengesetz einer bloßen Anfrage Nachdruck verleihen will, enttäuscht uns allerdings doch ein wenig.

Mit sozialistischem Gruß

i. V. [Unterschrift]
Sündram
Chefredakteur

Da hatte ich genau das, was ich wollte. Den Beweis, dass mich der Staat vorsätzlich und wissentlich belogen hatte. Deshalb gaben sie mir die Antwort nicht schriftlich. Eigentlich wollte ich das Schreiben an die Stelle schicken, die mir meine Eingabe beantwortet hatte. Doch wohin sollte ich bei einer mündlichen und anonymen Antwort den Brief schicken? Also entschloss ich mich, ihn einfach an den Staatsrat zu schicken, an den ich meine Eingabe gerichtet hatte, wollte aber noch etwas warten damit. Die späteren Ereignisse ließen mich dann doch Abstand nehmen von diesem riskanten Vorhaben.

Mein Chef – doch ein Januskopf ?

Im November 1987 teilte mir mein Chef mit, ich könne meine Arbeit wie gewohnt weitermachen. Ich konnte wie bisher zweimal im Jahr zur Leipziger Messe fahren, um mich um den Aufbau unseres Messestands zu kümmern. Die Leitung des Kombinats hatte versucht, mir die Verantwortung für die Messe zu entziehen. Das hatte mein Chef verhindern können. Immerhin war das meine Hauptarbeit. Nicht verhindern konnte er, dass ich aus dem Werberat flog. Der Werberat bestand aus den Messe-Verantwortlichen aller Betriebe, die sich am Gemeinschaftsstand beteiligen mussten. Er sollte gemeinsame Messeaktivitäten planen und koordinieren. Der Einzelne musste die schon vorher in den obersten Gremien beschlossenen Entscheidungen nur noch abnicken. Darauf konnte ich gern verzichten.

Mein Chef informierte mich, dass der Kaderdirektor ihm schwere Vorwürfe mache, er lasse mir zu viel Freiheiten. Ich käme und ginge, wann ich wolle, erledigte in der Arbeitszeit persönliche Dinge, träfe mich sogar mit Leuten in Cafés. Angeblich machte ich im Betrieb auch abfällige Bemerkungen über die DDR. Mein Chef sagte mir, er habe alle Anschuldigungen zurückgewiesen: Es gehöre zu meinen dienstlichen Aufgaben, dass ich mich mit den Grafikern in Cafés treffe, um dort die Gestaltung der Prospekte zu besprechen. Dass ich dabei auch mal eine persönliche Erledigung mache, sei normal, das mache jeder. Im Übrigen wüsste er genau, dass ich meine Freiheiten nicht ungebührlich ausnutze. Meine Bemerkungen über den Staat habe er einfach bestritten. Hatte er tatsächlich so ein uneingeschränktes Vertrauen zu mir? Sollte ich ihm wirklich alles glauben, was er mir sagte? Das war mir fast unheimlich.

Immerhin hatte ich ziemlich viele Freiheiten. So war mein Büro in einem Gebäude, das einer Ruine glich. Dafür arbeitete ich dort völlig allein. Niemand sah, wann ich kam, wann ich ging. Da ich ohnehin viel Dienstliches außerhalb zu tun hatte, war ich viel außer Haus und konnte dabei Privates erledigen, traf mich auch mal im Café mit Bekannten. Die Treffen mit den Grafikpartnern fanden allerdings nicht in Cafes, sondern in deren Ateliers statt. Die Café-Treffen hatte mein Chef erfunden, um mich zu decken. Warum tat er das? Auf alle Fälle war daraus zu erkennen, dass die Stasi mich beobachtete. Sonst konnte diese Dinge keiner wissen. Aber das belastete mich zu dieser Zeit nicht mehr, eher belustigte es mich. Jedenfalls konnte ich mich über meinen Chef nicht beklagen. Die wenigsten Vorgesetzten verhielten sich so tolerant und vertrauensvoll zu Mitarbeitern mit Ausreiseantrag. Im Gegenteil, die meisten Antragsteller wurden in ihren Betrieben schikaniert, an einen schlechteren Arbeitsplatz verbannt oder entlassen.

Nach meiner zweiten Akteneinsicht Ende 2008 fand ich das Schreiben eines Inoffiziellen Mitarbeiters (Deckname „Heinz"), den ich vom Inhalt her eindeutig als meinen Chef identifizierte. Das haute mich fast vom Stuhl. Im Schreiben ging es um mich. „Heinz" schilderte mich sehr positiv. Es ist für mich unverständlich, warum er als IM über mich berichtete und nicht ganz offiziell als Chef. In seiner Position als Direktor mit viel Westkontakten und Westreisen musste er wahrscheinlich fast automatisch IM sein. Es beeinflusst in keiner Weise meine gute Meinung über ihn. Er verhielt sich sehr fair mir gegenüber und urteilte auch als IM nicht anders über mich, wie das Schreiben zeigt.

Deshalb scheute ich mich nicht, ihn 2009 bei einem Treffen ehemaliger Betriebsangehöriger darauf anzusprechen und ihm auch eine Kopie des IM-Berichts zu geben. Ich sagte ihm, dass die IM-Tätigkeit meine gute Meinung über ihn nicht im Geringsten mindern werde. Zwei Jahre zuvor hatte ich mich bei einem ähnlichen Treffen bei ihm für sein damaliges Verhalten bedankt, wusste aber zu dieser Zeit noch nichts von der IM-Tätigkeit. Nun aber, beim nächsten Treffen überraschte mich seine Reaktion. Obwohl der Bericht nichts Negatives über mich enthält, bestreitet er, der Verfasser zu sein und jemals IM gewesen zu sein.

Das Volk wird aufmüpfig

Am 17. Januar 1988 versammelten sich am Rande der offiziellen Liebknecht-Luxemburg-Demonstration DDR-Bürgerrechtler und wollten neben der offiziellen Kundgebung ihre eigenen Transparente zeigen – zum Beispiel das Rosa-Luxemburg-Zitat: „Freiheit ist immer die Freiheit des Andersdenkenden".

Die Stasi erstickte diese Demonstration bereits im Keim. Die im Schutze der Kirche geplante Veranstaltung kannte die Stasi längst über ihre Spitzel. Bereits Tage vor dem Termin wollten die Häscher von potenziellen Mitmarschierern eine Unterschrift erlangen, dass sie nicht an dieser „konterrevolutionären" Aktion teilnehmen. Einige Eingeschüchterte unterschrieben, viele Unbeugsame nicht. Die bis zum Stellplatz am Frankfurter Tor kamen, wurden dort festgenommen, bevor sie ihre Transparente entrollen konnten, darunter die Bürgerrechtlerin Vera Wollenberger (heute Lengsfeld) und der Liedermacher Stephan Krawczyk. Einige Tage später wurde auch seine Frau, die Regisseurin Freya Klier, verhaftet. Sie hatte in einem Video die Künstler der Bundesrepublik aufgefordert, Auftritte in der DDR so lange zu verweigern, bis die inhaftierten Bürgerrechtler wieder frei sind. Für die SED-Führung war das ein ungeheuerlicher Vorgang. So viel Aufmüpfigkeit hatte es bisher nicht gegeben. Immer mehr Menschen zeigten, dass sie keine Angst mehr hatten. Die Behörden wussten, wenn sie diese oppositionellen Bestrebungen nicht im Keim ersticken, könnte sich daraus eine nicht mehr aufzuhaltende Dynamik entwickeln, wie es anderthalb Jahre später dann auch geschah.

Raymonde und ich wollten noch mehr tun, um unsere Bemühungen um Ausreise zu verstärken. Wir schlossen uns mit zwölf Antragstellern zusammen, darunter vier Ehepaaren. Mit ihnen gemeinsam besuchten wir die fast täglich in den Kirchen stattfindenden Bittgottesdienste. Dort gab es scharfe Kritik an den Maßnahmen der Behörden. In den überfüllten Gotteshäusern war eine große Kraft zu spüren, die eine Welle der Solidarität in Gang setzte. Für mich Ungläubigen, der bis dahin Kirchen höchstens als Tourist besichtigte, war es eine neue Erfahrung, hier Hilfe und Unterstützung für mein durch und durch politisches Anliegen zu finden. Nur die Kirche bot diesen Freiraum, außerhalb der Gotteshäuser wären solche Veranstaltungen sofort aufgelöst und die Teilnehmer verhaftet worden. Natürlich wusste jeder, dass die Stasi jede Menge Spitzel unter den Teilnehmern hatte, die haarklein über alles berichteten, was dort verkündet wurde. Aber das störte keinen. Erfuhren doch auf diese Weise die staatlichen Stellen von den Forderungen der Bürgerrechtler. Die Stasispitzel als Transporteure der „konterrevolutionären" Forderungen – ein Gedanke, der belustigte.

Ein Riesenaufgebot an Polizei und Stasi umzingelte die Kirchen während der Mahnwachen und Bittgottesdienste. Nach den Veranstaltungen versuchten die Polizisten, die Personalien möglichst aller Teilnehmer festzustellen. Auch wir in unserer Gruppe zeigten stets bereitwillig unsere Ausweise. Waren wir doch bestrebt, dem Staat zu zeigen, dass wir keine Möglichkeit auslassen, zu protestieren und so aktiv für unsere Ausreise zu kämpfen. Dazu gehörte auch ein Protestbrief, den ich an den Vorsitzenden des Staatsrats Honecker schrieb und in dem ich in sehr scharfer Form die Freilassung der Verhafteten vom 17. Januar forderte. Auch Raymonde unterschrieb ihn.

Nervosität, Unsicherheit und Uneinigkeit kennzeichnete den Umgang des Staates mit den Inhaftierten. Einige wurden nach wenigen Tagen – teilweise gegen ihren Willen – in den Westen abgeschoben, andere wegen „Zusammenrottung" angeklagt und zu sechs bis zwölf Monaten Freiheitsstrafe verurteilt wie Vera Wollenberger, Mitarbeiterin der „Kirche von unten". Rechtsanwalt Wolfgang Schnur von der evangelischen Kirche verteidigte viele der Angeklagten. Nach Öffnung der Stasiakten wurde er pikanterweise als Stasispitzel enttarnt. Mit Stephan Krawczyk und Freya Klier hatte die DDR Besonderes vor. „Staatsfeindliche Verbindungsaufnahme" hieß der Vorwurf, angedroht wurde eine mehrjährige Haftstrafe. Im „Neuen Deutschland", dem Zentralorgan der SED, lief kurz darauf die übliche „Leserbrief"-Kampagne an, in der angebliche Leser härteste Strafen forderten. Wie groß das Chaos in Partei und Regierung gewesen sein muss, ersieht man daraus, dass bereits am Abend des Tages, an dem im „ND" die Kampagne begann, beide Bürgerrechtler in den Westen abgeschoben wurden. Offiziell wurde verkündet, sie hätten freiwillig die DDR verlassen wollen.

Nach einigen Tagen des Schweigens äußerte sich Krawczyk zu seiner Ausweisung und stellte klar, von freiwilliger Ausreise könne keine Rede sein. Er habe nur zwischen zwei Möglichkeiten wählen können. Entweder „freiwillige" Ausreise oder acht Jahre Haft. So sah Freiwilligkeit in der DDR aus. Krawczyk wurde für seine Äußerungen von der Kirche hart attackiert, weil man mit ihm vereinbart hatte, so lange zu schweigen, bis alle Inhaftierten im Westen waren. So sah man jetzt die Ausreise der anderen gefährdet. Maßgeblichen Anteil an der Lösung dieses Konflikts durch Ausweisung hatte die Kirche, die hinter den Kulissen mit der DDR-Regierung verhandelte. Die meisten Verhafteten wollten tatsächlich ausreisen, einige aber nicht, zu ihnen gehörte Krawczyk. Auch Bürgerrechtler Ralf Hirsch entschloss sich „freiwillig" zur Ausreise, nachdem ihm zehn Jahre Haft angedroht wurden.

Die DDR-Regierung war durchaus an einer Lösung interessiert, weil die Berichte der in der DDR akkreditierten westlichen Journalisten über die Festnahmen und die Urteile dieser prominenten Bürgerrechtler weltweite Aufmerksamkeit erreichten. Die DDR, gerade mit dem Honecker-Besuch in der Bundesrepublik international aufgewertet, sah ihr Ansehen wieder weltweit beschädigt. Diese Negativschlagzeilen sollten schnell beendet werden. Die Kirche half ihr dabei. Dass der kirchliche Drahtzieher, der fast als Held verehrte Konsistorialpräsident Manfred Stolpe genauso wie der schon erwähnte Rechtsanwalt Wolfgang Schnur nach der Wende in Verdacht gerieten, Stasispitzel gewesen zu sein, ist nur bei sehr oberflächlicher Betrachtungsweise verwunderlich. Bei Schnur bestätigte sich der Verdacht, während Stolpe entgegen vieler Indizien bis heute erklärt, nur rein dienstlichen Kontakt mit der Stasi gehabt zu haben. Da nicht erwiesen ist, wie es wirklich war, hat das Bundesverfassungsgericht 2005 entschieden, dass Stolpe nicht als Stasimitarbeiter bezeichnet werden darf.

Nach der Freilassung auch der zu Freiheitsstrafen Verurteilten, schrieben Raymonde und ich einen weiteren Brief an Honecker. Wir zeigten unsere Genugtuung, dass der Staat bei aller Unzulänglichkeit der Lösung eingelenkt hatte. Gleichzeitig wiesen wir auf unsere schwierige Lage bei unseren Ausreisebemühungen hin und baten ihn, sich dafür einzusetzen, dass auch wir bald das Land verlassen können. Es könne doch nicht sein, dass nur der schnell – sogar gegen seinen Willen – gehen könne, der prominent und im Westen bekannt ist. Natürlich bekamen wir keine Antwort. Das wollten wir auch nicht. Wir wollten lediglich auf uns aufmerksam machen, nahmen an, dass diese Briefe genau wie unsere Eingaben bei der Stasi landeten und unsere Ausreise nur befördern konnten. Selbst eine kurzzeitige Verhaftung war mir inzwischen egal.

Jeder spürte, dass der Staat nicht mehr so konnte wie er wollte. Die Zeiten des harten, unnachgiebigen Staatsterrors waren vorbei. Spätestens seit Gorbatschow frischen Wind ins kommunistische Lager blies und die Wirtschaft der DDR von Milliardenkrediten aus der Bundesrepublik gestützt wurde, stand der real existierende Sozialismus in der DDR auf tönernen Füßen. Die Macht der SED war ins Wanken geraten. Der Staat agierte nicht, er reagierte nur noch – immer unsicherer und inkonsequenter. Dennoch wäre kein Mensch, weder in Ost noch in West, auf den Gedanken gekommen, dass dieses Land einige Monate später auf den Landkarten der Welt verschwinden könnte.

Heutzutage versichern immer mehr Menschen, sie hätten die Entwicklung, sogar den Zusammenbruch, vorausgesehen. Im Nachhinein ist man fast versucht ihnen zu glauben. Aus heutiger Sicht war es eine ganz logische Entwicklung. Ich wundere mich, dass ich das damals nicht erkannte. Aber ich bleibe dabei: Aus damaliger Sicht war der Gedanke an ein schnelles Verschwinden des zweiten deutschen Staates unrealistisch und aberwitzig, nur Spinner und hoffnungslos rückwärtsgewandte Menschen – meinte man – konnten so denken.

Konzertierte Verhaftungsaktion – mit Wahrheitsdroge?

Raymonde und ich berieten immer häufiger mit den anderen unserer Gruppe, wie wir unsere Ausreise beschleunigen könnten. Schließlich verfassten wir Anfang Februar 1988 gemeinsam einen Brief an Innenminister Dickel, kritisierten die Verfahrensweise der Behörden scharf und forderten unsere schnelle Ausreise. Polemischer Höhepunkt war die Feststellung, wir fühlten uns als Leibeigene unseres Staates. Das war natürlich eine Provokation, doch Nettigkeit, Freundlichkeit und untertänige Bitten halfen in diesem Staat offenbar nicht weiter.

Diesen Brief unterschrieb jeder mit Namen und Anschrift. Von nun an rechneten wir mit dem Schlimmsten. Aber erst nach drei Wochen schlug die Staatsmacht zu. Am 4. März 1988 wurden alle Unterzeichner zur gleichen Zeit, etwa 10 Uhr vormittags, festgenommen. Alle bis auf mich. Ich war für zwei Wochen dienstlich in Leipzig und kümmerte mich wie bei jeder Messe um den Aufbau des Messestands. Was geschehen war, erfuhr ich erst am Tag nach meiner Rückkehr.

An die zehn Stasileute nahmen meine kleine, zierliche Lebensgefährtin auf ihrer Arbeitsstelle fest. Dabei umstellten sie das Gebäude; auf ihrer Etage stand an jeder Ecke ein Posten. Ungefähr 15 Mann holten ein Ehepaar unserer Gruppe aus der Wohnung, grotesk. Bei den übrigen spielte sich Ähnliches ab. Alle wurden – natürlich getrennt – ins Stasihauptquartier in Lichtenberg, Normannenstraße, gebracht und im dortigen Gefängnis streng isoliert in Zellen gesperrt. Sie mussten sich der üblichen Leibesvisitation unterziehen: nackt ausziehen und alle Körperöffnungen untersuchen lassen. Dann ließ man sie erst einmal schmoren, das sollte wohl einschüchtern. Keiner hatte jemals in einem Gefängnis gesessen. Es war für jeden ein schockierendes Erlebnis.

Dann folgten die Vernehmungen, wieder getrennt. Der Brief an den Innenminister sei eine Straftat: „Beeinträchtigung staatlicher Tätigkeit", der typische Paragraf für aufmüpfige Antragsteller. Diesmal war die Festnahme nur als Schuss vor den Bug gedacht, wie sich später herausstellte. Bei den Verhören wollte man unbedingt einen Rädelsführer ermitteln. Sie versuchten alle gegeneinander auszuspielen. Aber alles Bemühen, einen „Anführer" zu finden, war umsonst. Alle sagten übereinstimmend, der Brief an den Minister sei nicht die Idee eines Einzelnen sondern kollektiv entstanden. Eine glatte Niederlage für die Stasi. Nach vielen Stunden Verhör wurden alle aufgefordert, solche und ähnliche Aktionen künftig zu unterlassen, sonst werde der Ausreiseantrag zerrissen, sie selbst verhaftet, zu Freiheitsstrafen verurteilt und wieder in die DDR entlassen.

Eine Entlassung in die DDR nach einer Haftstrafe war die größte Strafe. Alle mussten unterschreiben, dass sie künftig auf solche Aktivitäten verzichten. Durch indirekte und vage Bemerkungen wurde in allen eine gewisse Hoffnung auf baldige Ausreise geweckt. Also unterschrieben sie. Was sollten sie sonst tun? Der Staat in der Rolle des Erpressers, typisch für totalitäre Regime. Spät abends kamen alle frei. Die Festnahme hatte nachträglich einen fatalen Beigeschmack.

Alle bis auf zwei der Festgenommenen nahmen übereinstimmend an, die Stasi habe ihnen Drogen verabreicht. Sie hätten sich ungewöhnlich locker gefühlt und Fragen ausführlicher und freimütiger beantwortet als sonst. Die beiden, die diesen Eindruck nicht teilten, hatten in der Stasihaft Essen und Getränke verweigert. Die Stasi mischte offenbar in die Getränke irgendwelche „Wahrheitsdrogen". So etwas hatten wir schon oft gehört, nun schien es sich bewahrheitet zu haben. Das bestätigt wieder einmal, dass der Stasi kein Trick zu schäbig war, Menschen in ihrem Sinne zu manipulieren. Dass sie keinen Erfolg hatte, spricht für die Lauterkeit und Unbeugsamkeit meiner Freunde.

Ausgerechnet ich war nun verschont geblieben. Das wurmte mich. Was dachten die anderen über mich? Dass ich sie verraten hatte, um mir einen Vorteil zu verschaffen? Ich kam mir ziemlich blöd vor, wie gern wäre auch ich festgenommen worden. Andererseits beruhigte mich, dass gar nichts verraten wurde, auch kein Rädelsführer. Die Stasi tappte im Dunkeln, hatte bei den Verhören keinerlei konkrete Vermutungen geäußert, wie alle übereinstimmend sagten. So erklärte ich mir, dass niemand aus der Gruppe direkt noch indirekt erkennen ließ, dass man mir misstraute. Aber warum hatte man mich nicht festgenommen? War es ihnen zu umständlich, weil ich in Leipzig war? Hatte man mich absichtlich verschont, um Misstrauen und Zwietracht unter uns zu säen? Ich kam zu keinem Ergebnis. Das Rätsel löste ich erst fünf Jahre später bei der Akteneinsicht in der Stasiunterlagen-Behörde. 1992 hatte ich bereits bei meiner ersten Einsichtnahme 1500 Seiten über mich ausgehändigt bekommen, ohne dass zu diesem Thema etwas dabei gewesen war.

Ein knappes Jahr später rief mich der „Aktenbearbeiter" an, weiteres Material habe sich angefunden. Neugierig fuhr ich in die Normannenstraße. Diesmal erhielt ich nur einen dünnen Hefter. Ich konnte kaum glauben, was ich sah. Es waren Unterlagen zur Festnahme im März 1988, vor allem die Vernehmungsprotokolle. Ausgerechnet mir, der als einziger gar nicht festgenommen worden war, gewährte man nun Einsicht in alle Protokolle. Heute weiß ich, dass Vorgänge, die mehrere Personen betrafen, meist unter dem Namen nur eines der Betroffenen abgelegt wurden. Aber weshalb gerade ich, der Nichtbetroffene? Ich kann es mir bis heute nicht erklären. Vielleicht galt ich bei denen mit meinen Vorstrafen als der

Drahtzieher. Dem steht aber gegenüber, dass sie ausgerechnet mich von der Verhaftung verschonten. Nun lagen die Vernehmungsprotokolle tatsächlich vor mir. Obwohl die Namen geschwärzt waren, konnte ich auf Grund von vielen Details jedes Protokoll der richtigen Person zuordnen. Je länger ich las, desto stolzer wurde ich: Ich stellte befriedigt fest, dass keiner meiner Freunde auch nur ansatzweise versucht hat, sich auf Kosten eines anderen rein zu waschen oder gar Schuldzuweisungen über einen Rädelsführer zu äußern. Genau das hatte die Stasi mit ihren Fragen erreichen wollen. Ohne Ausnahme verhielten sich alle sauber. Ich war sehr gerührt, obwohl wir fünf Jahre nach der Ausreise nur noch wenig Kontakt miteinander hatten.

Zu sechs Mitstreitern, die wie ich in Berlin leben, hatte ich noch Verbindung und unterrichtete sie. Ich teilte ihnen auch die Aktennummer mit und war erpicht darauf, dass möglichst viele von ihnen die Akten ansahen. Stand darin doch auch der Grund, warum ich nicht festgenommen wurde. Ein Aktenvermerk sagt, dass die Stasi schon überlegte, was sie mit mir machen soll, als sie überrascht feststellte, dass ich in Leipzig war. Sie wogen ab, ob es den Aufwand lohne, mich dort festzunehmen und nach Berlin zu bringen. Das Ergebnis war „Nein": zu großer Aufwand. Der Einfachheit halber ließ man mich unbehelligt. Es wurde vermerkt, dass die Festnahme der anderen auch bei mir einen nachhaltigen Eindruck hinterlassen würde, weil man mir wahrscheinlich alles haarklein berichten würde.

Wenn die anderen nun ebenfalls die Akten lesen, wären eventuell vorhandene Ressentiments gegen mich bestimmt restlos beseitigt. Das Interesse, sich selbst zu informieren, war jedoch gering. Alle hatten immer noch mit sich selbst und ihrer Zukunft zu tun und keine Lust, in der unseligen Vergangenheit zu wühlen. Sie hörten interessiert zu, aber keiner nutzte die mögliche Akteneinsicht.

Aufkeimende Hoffnung – der Apparat bewegt sich

Am 14. April 1988 sollte ich zu einem weiteren Gespräch ins Rathaus kommen, nicht aber Raymonde. Sie kam trotzdem mit und wurde eingelassen. Die beiden jungen Männer – unsere Gesprächspartner vom ersten Gespräch – wollten wissen, ob wir unverrückbar am Ausreiseentschluss festhalten oder ob sich etwas daran ändern könnte. Das war eine Frage! Sahen wir so aus, als ob wir in so einer Grundsatzfrage alle zwei Tage unsere Meinung wechseln? Sie mussten doch allmählich gemerkt haben, wie ernst es uns war.

Als ich ihnen das mit aller Deutlichkeit erklärte, beschwerte ich mich auch über Raymondes und der anderen Festnahme sowie die demütigende und menschenverachtende Behandlung. Für mich seien solche Maßnahmen offener Staatsterror, um uns einzuschüchtern. Dieses Vorgehen sei eines zivilisierten Staates unwürdig und verstärke in mir nur den Wunsch, dieses Land schnell zu verlassen. Eisiges Schweigen auf der Gegenseite. Stattdessen belehrten die beiden mich eindringlich, nichts zu unternehmen, was auf die Genehmigungbehörden Druck von außen ausübe. Dazu zähle auch der Besuch kirchlicher Veranstaltungen, wurde eindringlich hinzugefügt. Das war deutlich. Natürlich wussten sie von unseren Kirchenbesuchen, das sollten sie ja auch. Nun also wieder ein Schuss vor den Bug, eine eindeutige Warnung. Sollten wir uns nicht daran halten, werde unser Antrag nicht weiter bearbeitet.

Auf meine Frage, wann wir denn mit einer Entscheidung rechnen könnten, hieß es: „in absehbarer Zeit". Und „absehbare Zeit" sei auch genauso zu verstehen, erwiderten sie auf meine Bitte um Präzisierung ihrer vagen Auskunft. War es nun ein erstes positives Signal? Oder war es nur Hinhaltetaktik, um uns an staatsfeindlichen Verzweiflungshandlungen zu hindern? Wir entschlossen uns, die Botschaft positiv zu sehen. Hatte man sich doch bisher auf entsprechende Fragen nie festlegen wollen, immer nur mit Allgemeinfloskeln geantwortet. Dagegen war die Formulierung von der „absehbaren Zeit" geradezu konkret, und entsprechend fest klammerten wir uns an diese vage Hoffnung.

Ganz so absehbar war die Zeit doch nicht, immerhin vergingen noch vier Monate, bis etwas passierte. Wir waren fast krank vor Ungeduld. Die Ungewissheit machte uns fertig. Das Hingehaltenwerden zermürbte uns. Dieser Staat wurde uns immer verhasster. Wie kam er dazu, so mit seinen Bürgern umzuspringen, sie derart zu quälen, auf ihren Nerven herumzutanzen? Dieses hilflose Ausgeliefertsein, nichts mehr selbst tun zu können, machte uns kaputt. Bisher hatten wir ja immer noch durch eigene Aktionen das Gefühl, selbst etwas beeinflussen zu können und dadurch kleine Erfolgserlebnisse zu haben. Nun riskierten wir nichts mehr. Die Warnungen waren zu deutlich. Die Gefahr, durch irgendwelche Aktionen unsere Ausreisechance zu verderben, war zu groß. Am meisten schmerzte es mich, dass ich auch die geplante Aktion mit dem Schreiben des „Deutschen Straßenverkehrs" zur Kameraüberwachung nicht mehr starten konnte. Diesen Triumph hätte ich gern noch ausgekostet. Aber das Risiko, die Ausreise zu gefährden, schien mir zu groß. Der Staat saß eben am längeren Hebel. Zähneknirschend mussten wir das akzeptieren.

Letzte Reise ins Sowjetparadies – abschreckend

Um uns abzulenken, fuhren wir in den Urlaub. Ich hatte mich rechtzeitig Anfang des Jahres über meine geschiedene Frau um eine Autoreise in die Sowjetunion bemüht, eine Reise, wie ich sie schon viermal gemacht hatte. Normale DDR-Bürger wussten meist nicht, dass es solche Reisen gab. Die es wussten, hatten nur eine kleine Chance, eine zu erhalten. Im Vorfeld standen hohe Hürden. Aber das galt auch für die meisten Reisen in Länder des Ostblocks. Der Termin der Buchung lag stets am Anfang des Jahres. Die Nachfrage überstieg das Angebot bei weitem. Eine Chance hatte nur, wer am Verkaufstag zu den ersten Kunden gehörte. Sonst musste er sehen, was übrig blieb.

Also stellte er sich schon am Abend zuvor an, um am nächsten Morgen zu den ersten zu gehören. Das bedeutete aber, mindestens zehn bis zwölf Stunden Anstehen im Freien und meist bei Minusgraden. Gewiefte Reisefreaks hatten sich im Laufe der Jahre gewisse „Techniken" erarbeitet, indem sie die Verwandtschaft einbezogen. Diese Anstehnacht wurde möglichst lange vorbereitet. Gegebenenfalls nahm man Urlaub für den nächsten Tag, um die Strapazen der Nacht am nächsten Tag durch Schlafen ausgleichen zu können. Immerhin musste man sich die ganze Nacht immer wieder untereinander ablösen, um nicht zu erfrieren. Auch etwas Nahrung und ein wenig Schlaf waren zwischendurch sehr nützlich. Und sei es nur in einer warmen Ecke eines Bahnhofs oder in einer Kneipe. In Berlin fand der Vorverkauf immer im „Haus des Reisens" am Alexanderplatz statt. Wer dort in der einen bewussten Januarnacht zufällig vorbeikam, fragte sich, was das denn für arme Irre sind, die dort mitten in der Nacht bei Frostgraden unbeirrt zu Hunderten anstanden. Eines der vielen Phänomene der real existierenden Mangelgesellschaft.

Da meine geschiedene Frau leitende Angestellte im „Haus des Reisens" war, blieb uns diese Mühsal erspart. Wir erhielten auch ohne Härtetraining immer die gewünschten Reisen. Sogar nach der Scheidung besorgte Helga diese begehrte Autoreise für Raymonde und mich. Eine äußerst großmütige Geste von ihr.

Ich befürchtete, man werde uns die Reise aus Schikane nicht genehmigen. Aber nichts davon. Wir erhielten nach einigen Wochen unsere „Reiseanlage zum visafreien Reiseverkehr". Natürlich meldeten wir uns im Rathaus Hellersdorf ab, damit man dort nicht unsere Ausreise festlegt, wenn wir unterwegs sind. Auf der vorgeschriebenen Route durch Polen und die Ukraine kamen wir über die alte Grusinische Heerstraße und den Kaukasus bis in Georgiens Hauptstadt Tiflis und noch weiter nach Jerewan in Armenien. Wir waren dicht an der türkischen und iranischen Grenze, sahen den gewaltigen Berg Ararat in der Türkei, auf dem Noah mit seiner Arche gestrandet sein soll. Zurück ging es über Stalins Geburtsstadt Gori ans Schwarze Meer, über Suchumi nach Sotschi, von wo wir auf einer Luxusfähre quer übers Schwarze Meer nach Odessa dampften. Von dort fuhren wir über Moldawien (heute Staat Moldau) und Polen nach Hause.

Eine Strecke durch sechs Sowjetrepubliken, die heute alle selbständige Staaten sind. Bei den durchaus interessanten und vielseitigen Sowjetunion-Reisen waren die Strecken genau vorgeschrieben, Abweichen vom vorgeschriebenen Weg streng verboten. Auch die Hotels lagen fest. Die „Marschrut", das wichtigste Dokument unserer Reise, vermerkte, wo wir wann zu sein hatten. Die „Gaier", Kontrollpolizisten an den zahlreichen GAI-Stellen, konnten jederzeit prüfen, ob wir uns zu Recht gerade an dieser Stelle aufhielten. Wir beschlossen aber, das Ganze positiv zu sehen. Hätten wir eine

Panne gehabt oder ein Hotel verfehlt, Polizei oder KGB hätten uns aufgespürt und sicher ins Hotel geleitet. Wo gibt es diesen Gratis-Service sonst? Aber auch Sowjetbürger wurden lückenlos kontrolliert. Sie durften sich nicht frei im eigenen Land bewegen. Diese Beschränkungen waren in den Details geheim wie fast alles im Mutterland des Sozialismus. Reisen von einer Sowjetrepublik in die andere mussten genehmigt werden.

Bei der Ankunft im Hotel war der Pass abzugeben, wir erhielten ihn erst bei der Abreise zurück. Leider vergaßen wir beim Abfahren in Kischinjow, der Hauptstadt Moldawiens, unsere Ausweise. Erst nach hundert Kilometern bemerkten wir unser Versäumnis und mussten wieder zurück – auf den extrem schlechten Straßen eine zusätzliche Tortur. Autobahnen gab es in der Sowjetunion nicht. Außerhalb der Städte konnte man sich kaum verfahren, neben der Hauptroute gab es kaum befestigte Straßen. Abzweigende Straßen gingen häufig nach kurzer Strecke unvermittelt in Wege über, die Schlammwüsten ähnelten.

In den Städten dagegen konnte man sich leicht verfahren. Wegweiser waren selten – für wen auch, es gab kaum Autotouristen. So waren wir als Exoten der Straße auf Stadtpläne angewiesen. Und die trugen häufig eher zur Verwirrung bei, als dass sie die Orientierung erleichtert hätten. Immer wieder musste ich auf meinen Autoreisen durch die UdSSR feststellen, dass die Stadtpläne völlig falsch waren; und zwar absichtlich falsch. Ich vermutete, aus militärtaktischen Gründen wurden in der Sowjetunion die Landkarten und insbesondere die Stadtpläne verfälscht. Man wollte wohl den potenziellen Gegner nicht in die Lage versetzen, sich in Feindesland richtig zu orientieren. Also mussten die Touristen darunter leiden. Diese Vermutung fand ich nach dem Zusammenbruch der Sowjetunion in verschiedenen Fernsehberichten und Zeitungsartikeln bestätigt. Sogar in der DDR sollen Touristenkarten die Wirklichkeit verfälscht haben, wenn auch nicht so schlimm wie in der Sowjetunion.

Auf der Hinfahrt übernachteten wir auch in der ukrainischen Hauptstadt Kiew. In dieser Stadt, aber auch auf den Straßen vor und bis weit hinter Kiew, hatten wir albtraumhafte Erlebnisse. Es gab keine gesunden Bäume. Auf dem Campingplatz, in der Innenstadt und an den Landstraßen sahen alle Bäume aus, als seien sie aus Gummi. Äste hingen schlaff herab oder waren abgefallen. Auch die Kronen der Bäume hingen senkrecht nach unten. Äste und ganze Kronen lagen häufig auf dem Boden. Manche Bäume hatten kaum noch Äste – gespenstisch, geisterhaft, unwirklich. Niemand schien sich daran zu stören, obwohl viele Äste und Kronen schon seit Monaten dort liegen mussten. Keiner räumte sie weg. Überall diese Geisterbäume, aber auch riesige tote Nadelwälder, kilometerlang nur braune Baumgerippe. Ein Tourist aus der DDR sagte uns, alles das seien Nachwirkungen der Atomkatastrophe von Tschernobyl. Zwei Jahre zuvor hatte sich 120 Kilometer nördlich von Kiew der größte Atomunfall der Menschheit ereignet. Das waren die sichtbaren Folgen. Unsichtbare Folgen kannten wir aus spärlichen Berichten der sowjetischen und trotz Gorbatschow immer noch kontrollierten Medien. Wissenschaftler streiten bis heute über die Zahl der Opfer des Atomunfalls – zwischen 4000 und 90000 (Quelle Greenpeace).

Bei Unterwegspausen fragten wir Einheimische, weshalb denn die Straßenbäume so aussähen und die Nadelwälder tot seien. Sie antworteten meist mit einem Schulterzucken. Es war ihnen offensichtlich gleichgültig. Die Menschen glaubten nicht, dass es die Folge der Atomkatastrophe sei. Das lag offenbar außerhalb ihrer Vorstellungskraft. Ich sträubte mich, diesen Menschen die Schuld für ihre Unwissenheit und Ignoranz zu geben. Offensichtlich waren sie Opfer einer menschenverachtenden Informationspolitik. Menschen wurden absichtlich in Unwissenheit gehalten, gar wissentlich falsch informiert.

Dass dieses in der Propaganda so fortschrittliche Land in Wirklichkeit eines der rückständigsten war, hatte ich schon bei früheren Reisen und auch diesmal wieder feststellen müssen. Bei den Fahrten durch die Ebenen sahen wir in den Dörfern immer wieder Wasserträgerinnen, die von einem zentralen Dorfbrunnen das Wasser in ihre Häuser transportierten. Über der Schulter trugen sie ein Holzjoch, an dessen beiden Enden ein Wassertrog hing. Die Frauen legen mit dieser Last große Entfernungen zurück, denn die Dörfer sind ziemlich weiträumig. Entsprechend russischer Tradition machten nur Frauen diese schwere Arbeit. Auch an den zahlreichen Straßenbaustellen waren meist nur Frauen zu sehen. Tauchte mal ein Mann auf, so fuhr er die Straßenwalze; Frauen kippten den Schotter auf die Straße oder verteilten kniend den heißen Asphalt mit dem Holz.

Die Armut in den Dörfern und sogar in den Städten war groß. Schäbige Hütten und unverputzte Mietshäuser begleiteten uns. Die Straßen selbst waren in einem erbärmlichen Zustand, sehr häufig fehlten die Gullydeckel, die Freiflächen um die Mietshäuser waren verkommen und glichen Müllkippen.

Auch das Tanken war immer eine schwierige Prozedur. Da es damals kaum private Pkw gab, beherrschten Lkw die Straßen. Die meisten Lkw waren Benziner, die Pkw-Fahrern an den Zapfsäulen harte Konkurrenz machten. Um nicht das minderwertige Benzin tanken zu müssen, das es an diesen Tankstellen normalerweise nur gab, hatten wir mit unseren Reiseunterlagen noch in der DDR Benzingutscheine für klopffesteres Benzin gekauft. So durften wir an Tankstellen Benzin tanken, das für die meisten normalen sowjetischen Autos nicht zu haben war. Obwohl dort die gleichen Ladas fuhren wie ich einen hatte, waren die Motoren der einheimischen Wagen generell auf das niedrigoktanige Benzin eingestellt, mit dem ich in meinem Wagen wahrscheinlich nicht weit gekommen wäre.

Aber diese Gutscheine waren oftmals nur Theorie. Die Praxis sah so aus, dass die Tankstellen fast nie das Benzin mit 98 Oktan hatten, für das ich die Gutscheine erworben hatte. Dann musste ich mich mit dem 91-er Benzin zufrieden geben, das aber auch nur auf Gutscheinen erworben werden konnte und für meinen Wagen gerade noch so erträglich war. Aber manchmal gab es selbst das nicht. Dann hieß es, bis zur nächsten Tankstelle fahren. Die Abstände der Tankstellen waren groß, und es wurde nicht über die Entfernung zur nächsten Tankmöglichkeit informiert.

Da wir nie wussten, ob wir an der nächsten Tankstelle den gewünschten Saft bekamen, mussten wir uns einiges einfallen lassen, wollten wir nicht irgendwo auf der Strecke liegen bleiben. So hatte ich es mir angewöhnt, grundsätzlich jede Tankstelle, die an der Strecke lag, anzufahren, selbst wenn der Tank noch mehr als halb voll war. Zusätzlich hatte ich auch immer einen vollen 20-Liter-Kanister im Kofferraum.

Vor manchen Tankstellen standen Riesenschlangen. Die Fahrer warteten oft stundenlang. Entweder war die Tankstelle „ausverkauft" und alle warteten auf Nachschub oder es gab keinen Strom für die Zapfsäulen. So warteten alle, bis die Stromleitung repariert war.

Lkw waren für viele Stunden lahm gelegt. In der UdSSR-Misswirtschaft war das nur ein kleiner Teil der vielen Unzulänglichkeiten.

Fanden wir eine Tankstelle, die den begehrten Treibstoff hatte, bestand das erste Problem darin, den Wagen nahe zur entsprechenden Zapfsäule zu platzieren. Da es keine geordneten Wege an den Tankstellen gab, versuchten die Fahrzeuge kunterbunt von allen Seiten kreuz und quer an die Säulen zu gelangen. Wie gesagt, die meisten waren Lkw, das Chaos war gewaltig. Mit meinem kleinen, aber schicken Pkw musste ich nun immer irgendwie zwischen den Lkw meinen Platz finden. War diese Hürde bewältigt, kam das nächste Problem. Ich musste anhand meiner Tankuhr einschätzen, wie viel Benzin noch in den Tank passte. Die Gutscheine lauteten nur auf Mengen von 5, 10 oder 20 Litern. Dann ging ich zum Abfertigungsfenster, hinter dem der Tankwart saß und alle Zapfsäulen fernbediente. Ich sagte ihm die Nummer der Säule und gab ihm die entsprechende Anzahl der Bons. Dann stellte er die Säule auf die bestellte Benzinmenge ein. Nach Einführen der Zapfpistole hieß es Blickkontakt zum Tankwart zu bekommen, um ihm ein Zeichen zu geben, dass er die Pumpe anschmeißen kann.

Strömte das Benzin endlich in den Tank, lief es erbarmungslos, bis der letzte Tropfen der eingestellten Menge durch war, unabhängig, wie voll der Tank war. Eine Abschaltautomatik bei vollem Tank? Unbekannt! Hätte ich den Platz im Tank zu großzügig geschätzt, wäre das überflüssige Benzin unbarmherzig auf den Erdboden gelaufen und versickert. Niemand störte das, es war normal. Am Anfang passierte mir das auch. Aber die Genauigkeit meiner Schätzung wuchs mit der Häufigkeit des Tankens. Ich bekam ein sehr inniges Gefühl zu meinem Tank. War der Tank nun voll, brauchte ich nur noch Geduld. Denn beim Verlassen der Tankstelle konnte es schon passieren, dass ich eingekeilt zwischen den Lkw stand und warten musste, bis ich endlich losfahren konnte.

Ich musste das zum Glück nur drei Wochen ertragen. Die leidgeprüften Sowjetbürger hatten darunter ein Leben lang zu leiden. Dabei war es ja nur eine ganz winzige Facette im entbehrungsreichen und überaus harten Leben dieser Völker. Alle anderen Bereiche des Lebens waren ebenso chaotisch und desorganisiert. Zum Beispiel das Einkaufen. Die wenigen Geschäfte waren ausgesprochen schäbig, in den Regalen lagen kaum Waren. Manchmal sahen wir in Lebensmittelgeschäften meterlange Regale, die mit einer einzigen Art Konservendose gefüllt waren, zum Beispiel Rotkohl, besonders in den „Gastronom"-Läden, in denen es in der Hauptsache Lebensmittel, aber auch andere Dinge des täglichen Bedarfs gab wie Seife und Waschmittel. Oft lag die unverpackte Kernseife oder Schmierseife neben den Lebensmitteln. Der widerliche Gestank in diesen Geschäften war kaum auszuhalten. Mit der Hygiene war es auch nicht weit her. Da noch viele Waren lose verkauft wurden, beispielsweise auch Butter, wurde das alles auch mit den Händen angegrabscht, mit denen gerade der Fisch, das Fleisch oder die speckigen Geldscheine angefasst wurden. In den Markthallen wurde in sehr unappetitlichen Buchten Fleisch und Wurst verkauft. Einmal konnten wir beobachten, wie eine große Anzahl von Würsten auf den verschmutzten Fußboden fiel. Sie wurden aufgesammelt und weiter verkauft. Vor Brotgeschäften sahen wir häufig lange Käuferschlangen, die sich das Einheitsbrot abholten.

Staatliche Obst- und Gemüsegeschäfte sahen mehr als traurig aus. Es gab so gut wie nichts. Selbst nach Kohl und Kartoffeln standen die Menschen im August Schlange. Etwas höherwertiges Gemüse oder gar Obst boten nur die Märkte an. Hier verkauften Kolchosbauern auf eigene Rechnung zu weitaus höheren Preisen Waren, die sie privat anbauten. Die Gesetze des Marktes ließen sich auch in der Planwirtschaft nicht aushebeln. Die hohen Marktpreise konnten sich viele Menschen nicht leisten. Selbst für DDR-Verhältnisse waren das gepfefferte Preise: Ein Kilo Tomaten für 1,50 Rubel – entsprachen nach offiziellem Kurs 4,50 Ostmark. Das monatliche Einkommen lag 1988 im Schnitt bei 150 Rubel, also 450 Ostmark. Schon eine einzige Tomate war Luxus. Noch teurer waren so „exotische" Früchte wie Pfirsiche, Birnen oder Melonen. Wir malten uns aus, wie die Rentner erst leben mussten, deren Einkommen nur einen Bruchteil des monatlichen Durchschnittsverdienstes ausmachte.

Moderne Einkaufsformen suchten wir vergeblich. Selbstbedienung gab es nicht. Noch nicht einmal in den Großstädten. So umständlich wie die ganze Wirtschaft im Großen gehandhabt wurde, ging auch der Verkaufsprozess im Kleinen vonstatten. Wer in den Läden etwas kaufen wollte, musste sich dreimal anstellen. Beim ersten Mal fragte er, ob das, was er haben wollte, vorrätig war. Bei

„Nein" konnte er nach Hause gehen. Bei „Ja" musste er sich in die nächste Schlange an der Kasse einreihen und bezahlte, ohne den Artikel gesehen zu haben. Mit dem Kassenbon stellte er sich erneut in der ersten Schlange an und erhielt die Ware.

So lief das Verkaufssystem seit Jahrzehnten im ganzen Land. Da die Menschen kaum andere Länder besuchen konnten, wussten sie nicht, dass es bessere Systeme gibt. Zu Beginn der achtziger Jahre fuhr im Jahr einer von hundert Sowjetbürgern in ein anderes Land, fast nur in Ostblockländer. Mangelnde Vergleichsmöglichkeiten und die tägliche Propaganda, die den Sowjetbürgern einhämmerte, dass ihr Land an der Spitze der Weltentwicklung marschiere, angeblich die Avantgarde der Völkergemeinschaft sei, ließ Menschen gar nicht erst auf den Gedanken kommen, das Leben könne woanders besser sein.

Die Gebildeten und die Angehörigen der Nomenklatura wussten es besser. Sie hatten eine bessere Versorgung, konnten sich über Beziehungen bestimmte Waren verschaffen. Schon zu Sowjetzeiten ermöglichten mafiaähnliche Strukturen große Schiebergeschäfte – selbst in Regierungskreisen. Nutznießer dieser Geschäfte sah ich bei meinen Sowjetreisen auf den Luxusfähren, mit denen wir stets das Schwarze Meer überquerten. Hier trugen Angehörige der Oberschicht ungeniert teuerste Markenklamotten aus dem Westen zur Schau und führten sich wie Könige auf. Da rieb sich mancher Normalrusse verwundert die Augen, wie es diese Menschen in einem angeblich klassenlosen Staat schafften, so ein Luxusleben zu führen.

Zuweilen konnte der erstaunte Russe, manchmal gar der ebenso verwunderte DDR-Bürger, in einem Achtzeiler an versteckter Stelle in den Zeitungen Unglaubliches lesen. Zum Beispiel, dass in der Lettischen Sowjetrepublik der Handelsminister wegen schwerer Wirtschaftsverbrechen hingerichtet worden sei. Genau diese Meldung las ich in den achtziger Jahren in der (Ost-)„Berliner Zeitung". Da waren durch eine interne Panne entsprechende Informationen an die Öffentlichkeit durchgesickert. So eine Panne konnte aber der Staatsmafia nicht schaden. Im Gegenteil, die Beteiligten lernten, in Zukunft noch vorsichtiger zu sein.

Dieses System ist also nicht erst nach dem Zerfall der Sowjetunion entstanden, sondern wurde nach dem Zusammenbruch des

Kommunismus einfach übernommen und mit den neuen Möglichkeiten weiterentwickelt. Das Ergebnis erlebt der verwunderte Westeuropäer seit einigen Jahren in den exklusivsten Urlaubsorten und Einkaufsmeilen, wo sich russische Millionäre oder andere Neureiche mit Koffern voller Dollars die Klinken der Luxusgeschäfte in die Hand geben oder in den teuersten Bars mit Champagner um sich spritzen. Manchmal sind auch ein Großteil der Geschäfte und Dienstleistungsunternehmen eines Kurbades oder Urlaubsortes bereits in fester Hand russischer Bürger.

Eine Reise durch die UdSSR war auch immer ein Abenteuer. So unzureichend dieser Staat auch funktionierte, so schön waren die Landschaften und alten Kulturen. Das entschädigte für alles. Mich als passionierten Autofahrer reizte zudem die riesige Wegstrecke, die größte Entfernung, die man von der DDR mit einem Auto zurücklegen konnte. Die Fahrt auf der historischen Grusinischen Heerstraße über den majestätischen Kaukasus war der Höhepunkt. So groß, so unberührt und scheinbar unerschlossen flößte er Ehrfurcht und Bewunderung ein. Die Alpen kamen mir da später als ein bis auf den letzten Meter erschlossenes Spielzeuggebirge vor. Im Kaukasus bekam ich das Gefühl dafür, wie unbedeutend der Mensch und alle Probleme der Menschheit gegenüber der Wildheit und Größe der Natur sind.

In Georgien wichen wir ohne Erlaubnis von der vorgeschriebenen Route ab. Wir wollten ein Dorf in Südossetien besuchen, das ich schon von vorhergehenden Reisen kannte. Auf Schotterstraßen fuhren wir über einen hohen Pass und kamen in ein riesiges Tal, ringsherum von gewaltigen Drei- und Viertausendern umgeben. Inmitten dieser Kulisse lagen die einfachen Lehmhütten des Dorfes. Faszinierend ist hier, dass die Bewohner ihre Toten seit Jahrhunderten offen über der Erde in kleinen Steinhäusern bestatten. Diese Häuschen sind durch geschickt angeordnete Öffnungen gut belüftet, so dass die Leichen mumifiziert werden. Die meisten Toten liegen in ihrer besten Kleidung auf Brettern, den Blicken der Besucher ausgesetzt. Ein makabres Bild.

Kaum hatten wir unser Auto dort angehalten, standen die ersten Bewohner um uns herum. Sehr schnell erkannten sie, dass sich an unserem russischen Auto ein fremdes Kennzeichen befand. Sie wollten uns alles abkaufen, möglichst aber Kleidung. Dieses Phänomen hatte ich auch schon bei meinen früheren Reisen beobachtet. In allen Landesteilen wurden wir bei jeder Rast, bei jedem Tankstopp bedrängt, Kleidung zu verkaufen. Aus diesem Grunde hatten wir auch dieses Mal zu Hause aus unseren Kleiderschränken alles ins Auto geladen, was wir nicht mehr brauchten. Auf dem Campingplatz in Charkow hatten wir bei der Platzaufsicht-Babuschka schon mindestens die Hälfte der Sachen verkauft. Nun wurden wir hier im abgelegenen Ossetien die andere Hälfte los. In Windeseile waren wir von einer riesigen Menschentraube umgeben. Wo waren die nur alle hergekommen in diesem anfangs so menschenleer wirkenden Dorf? Obwohl wir die Sachen zu Niedrigstpreisen verkauften, kam durch die große Menge doch wieder eine erkleckliche Summe an Rubeln zusammen.

Wir waren auf den Verkauf sogar angewiesen, denn der Umtausch der Ostmark zu Rubel war wie der zu allen anderen Währungen im sozialistischen Lager begrenzt und reichte kaum für die notwendigsten Ausgaben. Die Verkäufe verbesserten unsere finanzielle Lage. Bei den meist niedrigen Preisen in den Restaurants konnten wir so schon mal etwas teurer essen gehen und uns mal eine Flasche Krimsekt leisten. Diesmal brachten uns die Verkäufe so viel Rubel ein, dass wir nicht alle ausgeben konnten. Also versuchten wir in Läden und Kaufhäusern in Sotschi, Odessa und Kischinjow etwas Brauchbares zu kaufen, aber wir fanden nichts. Angebotene Kleidung war trist, kam nicht mal als Arbeitszeug in Frage. Praktische Dinge sahen wir auch nicht. Der Schmuck war nicht das, was sich Raymonde vorstellte. So hätten wir nur Sekt und Wodka kaufen können. Aber so viele Flaschen hätten gar nicht ins Auto gepasst. Wir nahmen das meiste Geld mit nach Hause. Dadurch konnten wir alle Rubel, die wir vor der Abreise eintauschen durften, wieder zurücktauschen, hatten aber trotzdem noch eine ganze Menge übrig, die nicht umgetauscht werden durften, uns also nichts mehr nützten.

Die DDR-Propaganda bläute den Menschen ein, die UdSSR sei ein Land, in dem alle Völker friedlich und in Eintracht zusammenlebten. Die Sowjetrepubliken Georgien und Armenien führten dieses Bild ad absurdum. Hier spürten wir den Hass dieser Völker gegenüber dem Sowjetstaat. Die offizielle Amtssprache Russisch boykottierten sie. Oft trafen uns misstrauische Blicke, wenn wir jemanden auf Russisch ansprachen. Andererseits verehrten viele Georgier damals noch immer ihren despotischen Landsmann Stalin. In vielen Privatwagen prangten Stalinporträts hinter der Heckscheibe.

Auf der Rückreise genossen wir die herrliche Landschaft und das wunderbare Wetter in Sotschi mit seinem tiefblauen Himmel, wie er bei uns niemals zu erleben ist. Die drei Tage auf der Luxusfähre bis Odessa boten uns willkommene Erholung, die wir nach mehr als 4000 Kilometer Fahrt über schlaglochübersäte Pisten dringend brauchten.

Während der Rückfahrt von Odessa nach Berlin machten wir in Krakau Station. Nach drei Wochen UdSSR kam uns Polen fast wie der Goldene Westen vor. Alles war bunter, in den Geschäften gab es mehr zu kaufen, die Restaurants waren origineller, die Speisekarten reichhaltiger. Auch die Menschen waren individueller gekleidet und frisiert. Hier erlebten wir ein ähnliches Wohlstandsgefälle wie zwischen der DDR und der Bundesrepublik. Dabei wirkte Polen am Anfang unserer Reise, als wir die DDR am Grenzübergang Forst verließen, wie ein heruntergekommenes Entwicklungsland, grau, schmutzig, arm. Nun kam es uns fast wie das Paradies vor. So hatten sich die Maßstäbe nach vier Wochen Sowjetunion verändert.

Dieses West-Ost-Wohlstandsgefälle setzt sich weiter Richtung Osten fort. Bei einer Urlaubsreise 1980 in die Mongolei erlebte ich einen noch größeren „Wohlstandsabsturz". Bei einer Nordkoreareise 1982 musste ich erschüttert feststellen, dass dieses Land gegenüber der Mongolei noch einmal gewaltig abfiel. Hier war der Tiefpunkt des Kommunismus erreicht. Man konnte nichts kaufen, nicht einmal Lebensmittel. Die Menschen erhielten täglich eine Reisration. Autos hatte nur die Regierung. Sogar Fahrräder waren verboten. Die breiten Straßen waren selbst in der Hauptstadt menschenleer wie in einer Geisterstadt. Das Volk wurde in Unwissenheit gehalten. Selbst Informationen aus sozialistischen Ländern blieben den Menschen zum großen Teil verborgen, auch sie waren den Herrschenden noch zu gefährlich. Ein Land verharrte in tiefster Depression: Die Menschen sahen alle gleich aus mit ihren vorgeschriebenen Frisuren, verhielten sich wie Roboter. Alle Zeitungen, alle Filme, alle Opern, alle Theaterstücke, alle Fernsehsendungen kannten nur ein Thema: der „Große Führer" Kim Il Sung, die „Sonne der Nation", wie er sich nennen ließ und seine überragenden Fähigkeiten, seine grenzenlose Weisheit und unendliche Güte. Selbst jede U-Bahn-Station zeigte ein Kapitel aus dem Leben des Großen Führers. Überall dort, wo er bei seinen Überlandfahrten einmal rastete, ist ein Denkmal errichtet. Die Felsen im wunderschönen Kumgansan-Gebirge sind an vielen Stellen mit eingehauenen Zitaten des Diktators verunstaltet.

Heute gibt es in diesem Land häufig nicht einmal mehr die Reisration. Zehntausende Nordkoreaner verhungern jedes Jahr. Während sich viele von Baumrinde und Unkraut ernähren müssen, behauptet die Propaganda, Nordkorea sei das beste Land der Welt, habe den besten Führer der Welt, den koreanischen Menschen gehe es hervorragend, die Verhältnisse in anderen Ländern seien sehr viel schlechter. Dass es noch eine andere Welt außerhalb ihrer Grenzen gibt, ist den Nordkoreanern wahrscheinlich gar nicht mehr so recht bewusst, weil sie nichts darüber erfahren. Nur der böse Feind Amerika wird als Gruselbild hin und wieder in den Medien erwähnt. Wenn in diesem Land irgendwann einmal die Demokratie einzieht, werden die Bewohner noch viel mehr als die DDR-Bürger erkennen müssen, was ihnen diese verbrecherische Clique jahrzehntelang vorenthalten hat.

Ich kann mir vorstellen, welche zahlreichen Verbrechen an Andersdenkenden, Unbequemen, Oppositionellen und Unschuldigen nach einem Regimewechsel dort aufgedeckt werden. Die Welt wird erschüttert sein. Aus diesem abgeschotteten Land konnte jahrzehntelang kaum etwas nach außen dringen. Nur gerüchteweise weiß man von übergelaufenen Armeeangehörigen, dass es sehr viele unmenschliche Lager geben muss, in denen politische Gefangene mit sehr langen Strafen schwerste Arbeit verrichten müssen. Da werden sich vermutlich Verbrechensdimensionen zeigen, die denen in Stalins Lagern in nichts nachstehen, diese vielleicht übertreffen. Und alles im Namen des Sozialismus/Kommunismus.

Endlich am Ziel – Die Ausreise wird genehmigt

Nachdem wir aus dem Urlaub zurückgekehrt waren, lagen keinerlei neue Informationen aus dem Rathaus vor. Also beschlossen wir am 16. August 1988 ohne Termin dort vorzusprechen. Wir wurden sogar vorgelassen. Anwesend waren eine uns unbekannte Frau und der uns wohlbekannte „Herr Schmidt".

Das Glück schien keine Grenzen zu kennen, denn „Herr Schmidt" teilte uns mit, dass unserem „Ersuchen" auf Übersiedelung nach West-Berlin stattgegeben worden sei. Leider könne man uns aber noch nicht sagen, wann die Ausreise erfolgen kann. Das könne in zwei, drei oder sechs Wochen sein, vielleicht auch noch später. Andererseits betonte er aber ausdrücklich die Verbindlichkeit der Mitteilung, die er uns ganz offiziell mit heutigem Datum gemacht habe. Einschränkend schob er jedoch hinterher, dass jetzt auch vieles an uns liegen würde. Mit eindringlicher Miene ermahnte er uns, dass wir uns nun keiner Gesetzesübertretung mehr schuldig machen dürften, das könne sonst alles in Frage stellen.

Wie in Trance verließen wir das Rathaus und schrien unser Glück laut in die Welt hinaus. Nun schien endlich mein Lebenstraum, den ich seit dem Mauerbau herbeisehnte, Wirklichkeit zu werden. Es war unfassbar. Ich musste mich kneifen, um sicher zu sein, dass ich nicht träumte. Der Beschluss war laut Stasiakten bereits fünf Wochen alt. In einem Schreiben der Stasibezirksverwaltung Hellersdorf vom 10. Juli 1988 heißt es wörtlich:

„Bei dem D. handelt es sich um einen hartnäckigen Übersiedlungsersuchenden, der feindlich-negative Verhaltensweisen an den Tag legt. Dies belegen 2 Haftstrafen, Ermittlungsberichte und inoffizielle Einschätzungen sowie der Inhalt des Übersiedlungsantrages und die damit im Zusammenhang geführten Aussprachen beim Rat des Stadtbezirks Hellersdorf. In dem Zeitraum von 09/87 bis 2/88 richtete der Drewitz 3 Eingaben an das Ministerium des Innern und 4 Eingaben an den Staatsrat sowie 1 an das Ministerium für Handel und Versorgung. Im Zusammenhang mit den Eingaben übersendete(n) der Drewitz und seine Lebensgefährtin ein Protokollschreiben an den Minister des Innern. Dabei erfolgte eine Bezugnahme auf die Ereignisse vom 17.01. 1988.

Im Zusammenhang mit der Verhinderung feindlich-negativer Handlungen und Aktivitäten dieser Personen zur Erzwingung der Übersiedlung wird vorgeschlagen, den Drewitz, die L. sowie deren Tochter überzusiedeln."

BSTU 0097 2.

2. Das Übersiedlungsersuchen wurde am 6. 6. 1987 beim Rat des Stadtbezirkes Hellersdorf gestellt.

3. Als Zielperson wurde die Cousine des Drewitz, Dieter angegeben.

4. Bei dem D. handelt es sich um einen hartnäckigen Übersiedlungsersuchenden, der feindlich-negative Verhaltensweisen an den Tag legt. Dies belegen 2 Haftstrafen, Ermittlungsberichte und inoffizielle Einschätzungen sowie der Inhalt des Übersiedlungsantrages und die damit im Zusammenhang geführten Aussprachen beim Rat des Stadtbezirkes Hellersdorf.

1966 wurde der D. zu 18 Monaten Haft verurteilt. Die Verurteilung erfolgte auf Grund der Verbindungsaufnahme zu Feindorganisationen in WB und Vorbereitung eines ungesetzlichen Grenzübertritts. 1974 wurde der D. auf Grund eines Zollvergehens zu 16 Monaten Haft und einer Geldstrafe verurteilt.

In dem Zeitraum von 09/87 bis 02/88 richtete der Drewitz 3 Eingaben an das Ministerium des Innern und 4 Eingaben an den Staatsrat sowie 1 an das Ministerium für Handel und Versorgung. Im Zusammenhang mit den Eingaben übersendete der Drewitz und seine Lebensgefährtin Loll ein Protokollschreiben an den Minister des Inneren. Dabei erfolgte eine Bezugnahme auf die Ereignisse vom 17. 01. 1988.

Im Zusammenhang mit der Verhinderung feindlich-negativer Handlungen und Aktivitäten dieser Personen zur Erzwingung der Übersiedlung wird vorgeschlagen, den Drewitz, die L[redacted] sowie deren Tochter überzusiedeln.

5. Die Überprüfung der Versagungsgründe gemäß DA 2/83 des Genossen Minister ergab, daß keine vorhanden sind.

Leiter der Kreisdienststelle

Schimkat
Major

Internes Stasischreiben mit Empfehlung der Übersiedlung

Meine Taktik, mich mit jeder Menge Eingaben unbeliebt zu machen, war also erfolgreich. Um weitere „feindlich-negative Handlungen" zu verhindern, wollte man mich loswerden. Im Umkehrschluss zeigt das Schreiben auch, dass ich wohl kaum so schnell die Ausreise erhalten hätte, wenn ich mich immer so schön brav und ruhig verhalten hätte, wie man es von mir verlangte. Natürlich informierte ich auch meinen Chef. Nun musste er schnell einen Nachfolger finden.

Es vergingen zwei, drei, sechs Wochen, nichts passierte. Ich war nochmals auf der Leipziger Herbstmesse. Auch danach keine Nachricht aus dem Rathaus. Langsam wurden wir wieder nervös. Die DDR tat wirklich alles, um uns zu quälen.

Hoffnung, Entmutigung, Hoffnung, so kann man Menschen fertig machen. Ich dachte an meine letzten Haftmonate. Auch im großen Gefängnis DDR schien die Zeit vor der Entlassung zäh dahin zu fließen. Wir wurden immer ungeduldiger und reizbarer.

Nachdem wir Ende September noch immer keine Nachricht hatten, erzwangen wir einen Termin im Rathaus. Dabei fragte man uns sehr unwillig, was wir denn noch wollten, schließlich hätten wir doch unseren positiven Bescheid erhalten.

Wir versuchten vergeblich, nähere Angaben zu einem konkreten Ausreisetermin zu erhalten. Mein Einwand, dass wir doch konkrete Angaben benötigten, damit wir die vielen Sachen, die wir nicht mitnehmen wollten, rechtzeitig verkaufen könnten, blockte man ab, indem man erwiderte, wenn es soweit sei, bekämen wir noch genug Zeit, um alles zu erledigen. Im Übrigen bestätigte man uns nochmals, dass die Anträge genehmigt seien und dass wir auch zusammen ausreisen könnten. Die gemeinsame Ausreise war uns sehr wichtig, weil eine getrennte Ausreise Raymonde womöglich überfordert hätte.

Da sich auch im Oktober nichts tat, fürchtete ich, es könnte in diesem Jahr nicht mehr klappen. Deshalb schrieb ich einen betont höflichen Brief an den Rat des Stadtbezirks und bat um einen ungefähren Zeitrahmen. Zwei Gründe führte ich dafür an:

Mein Chef habe inzwischen einen Nachfolger für mich gefunden, der im neuen Jahr anfangen solle. Sollte ich noch da sein, fürchtete ich, eine gänzlich andere, entwürdigende Arbeit machen zu müssen.

Zum andern sei ich zwar polizeilich bei meiner Lebensgefährtin gemeldet, doch stünden all meine Möbel und Bücher noch in der alten Wohnung in Friedrichshain bei meiner geschiedenen Frau: dieses Haus stehe „auf Abriss" und solle Anfang 1989 geräumt werden.

Daraufhin lud man uns für Dienstag den 1. November erneut ins Rathaus. Wir sollten unsere Versicherungsausweise mitbringen. Was sollte das nun wieder bedeuten? Als wir uns im Rathaus anmeldeten, kam „Herr Schmidt" mit finsterer Miene direkt auf mich zu und forderte mich barsch auf, ihm ins Büro zu folgen. Raymonde sollte draußen warten. Was hatten sie nun schon wieder vor? Ich traute denen alles Schlechte zu. Auch wenn man uns inzwischen unsere Ausreise zugesichert hatte, was bedeutete das schon? Konnten wir ihnen wirklich trauen? Mein Nervenkostüm war inzwischen ziemlich angeknabbert. Ich traute denen sogar zu, dass sie ihre Zusage unter einem beliebigen Vorwand wieder zurücknehmen könnten.

Aber es kam nicht ganz so schlimm. „Herr Schmidt" äußerte sich allerdings ziemlich erbost über den Brief an den Rat. Er unterstellte mir eine Provokation. Das konnte ich nun gar nicht auf mir sitzen lassen. Hatte ich den Brief doch betont zurückhaltend und freundlich geschrieben, gerade um nicht zu provozieren.

Er sah das anders. Ich hatte in meinem Brief ganz kurz erwähnt, dass ich von Erfahrungen anderer Antragsteller gehört hätte, was den zeitlichen Ablauf zwischen Ausreisegenehmigung und tatsächlicher Ausreise betraf. „Herr Schmidt" tobte, war entrüstet darüber, dass ich Kontakt mit anderen „Ausreisern" aufgenommen hatte. Das sei strengstens verboten, man hätte mich eindringlich darauf hingewiesen. Unsere Ausreise könnte dadurch gefährdet werden. Da lag sie nun in der Luft, die Drohung, alles wieder rückgängig zu machen. Wir konnten unserer Ausreise tatsächlich erst sicher sein, wenn wir West-Berliner Gebiet erreicht hatten. Bis dahin hielt der zermürbende Nervenkrieg offensichtlich an.

In meinem Brief hatte ich auch geschrieben, dass ich meinen Chef von der erteilten Ausreisegenehmigung unterrichtet hatte. Dazu machte „Herr Schmidt" ein noch größeres Theater. Wie ich dazu käme, diese Mitteilung an meinen Betrieb weiterzugeben, wollte er von mir wissen. Schließlich sei das lediglich eine Angelegenheit zwischen mir und dem Rat des Stadtbezirks. Ich spürte die Gefahr und versuchte das Ganze mit meinen Argumenten herunterzuspielen. Doch der Hass, der mir entgegenschlug, war fast körperlich zu spüren.

Schließlich beruhigte er sich etwas und kam zu einem anderen, dem eigentlichen Thema unseres Termins. Auch ich beruhigte mich nun, weil ich erkannte, mein Brief war doch nicht der eigentliche Grund, wie ich befürchtet hatte. Es gab also noch etwas anderes zu besprechen. Nun durfte auch endlich Raymonde am Gespräch teilnehmen. Jetzt löste sich das Rätsel um die Sozialversicherungsausweise. Nachdem sie überprüft wurden, bekamen wir jeder zwei Laufzettel ausgehändigt, die „abgearbeitet" werden müssten, wie man uns erklärte. Das konnte nur bedeuten, die Ausreise musste unmittelbar bevorstehen. Unbeschreibliche Glücksgefühle durchströmten mich. Das Wechselbad der Gefühle konnte nach der gerade erfolgten Auseinandersetzung nicht größer sein.

Der erste Laufzettel bezog sich auf Banken, Konten und Versicherungen, der zweite auf alles, was mit der Wohnung zusammenhing. Wir mussten Konten und Versicherungen auflösen, den Mietvertrag kündigen, Strom und Wasser abmelden und die Zeitung abbestellen. „Herr Schmidt" forderte uns auf, diese Zettel „sehr zügig abzuarbeiten", sofort damit anzufangen. Am nächsten Tag um neun Uhr sollten wir ihm berichten, was wir schon erreicht hatten. Außerdem mussten wir von unseren Eltern, Geschwistern und ich von meiner erwachsenen Tochter Erklärungen beibringen, dass sie nach unserer Ausreise auf finanzielle, materielle und pflegerische Unterstützung verzichten. Zudem sollten wir formlos die Aberkennung der DDR-Staatsbürgerschaft beantragen, einen ausführlichen Lebenslauf, Geburtsurkunden und Passbilder einreichen. Raymonde brauchte von ihrem geschiedenen Mann in Leipzig eine Einverständniserklärung für die Ausreise der gemeinsamen Tochter.

Diese plötzliche Flut von Aufgaben und Behördengängen überrollte uns lawinenartig. Es waren nicht die vielen Aktivitäten, die uns in Panik versetzten, sondern die Zeit, in der wir das zu schaffen hatten. Wir waren wie betäubt, als wir das Amtsgebäude verließen. Nun ging es los. Sofort begannen wir mit der „Abarbeitung", hatten aber bis zum Abend nur zwei Stempel beisammen. Das reichte „Herrn Schmidt" am nächsten Morgen nicht; er war noch unfreundlicher. Unmissverständlich gab er uns zu verstehen, dass er von uns erwarte, bis zum nächsten Tag alle Stempel, Unterschriften und Erklärungen beisammen zu haben. Auf unseren Einwand, dass das kaum zu schaffen sei, da wir auch an Öffnungszeiten gebunden seien und zudem noch nach Leipzig fahren müssten, meinte er zynisch, dass wir es schließlich wären, die so schnell wie möglich die DDR verlassen wollten. Im Übrigen wären wir die ersten, die das nicht schaffen würden. Schließlich räumte er uns dann doch noch einen Tag länger ein. Aber wenn wir bis Freitag nicht restlos alles erledigt hätten, bekämen wir „größte Schwierigkeiten".

Wir machten uns gleich auf den Weg nach Leipzig, um bei Raymondes Mutter und Ex-Mann Überzeugungsarbeit zu leisten. Die Mutter als linientreue Kommunistin war strikt gegen die Ausreise ihrer einzigen Tochter und ihrer Enkelin in den feindlichen Westen. Mit der verweigerten Unterschrift und Verzichtserklärung konnte sie die Ausreise verhindern. Wir saßen wie auf Kohlen, da wir abends noch zurückfahren mussten. Die alte Dame versuchte mit immer neuen Ausflüchten um ihre Unterschrift herumzukommen. Raymonde wurde schließlich energisch und drohte ihrer Mutter, sie werde keine Tochter mehr haben, sollte sie die Ausreise verhindern. So gab sie schließlich nach und unterschrieb. Sie war ohnehin im Rentenalter und konnte uns jederzeit für 30 Tage im Jahr besuchen.

Beim Ex-Mann, dessen Unterschrift letztlich bedeutete, seine Tochter über sehr viele Jahre nicht mehr sehen zu können, war die Überzeugungsarbeit nicht annähernd so beschwerlich. Da er die DDR ebenso ablehnte wie wir und sich ebenfalls mit Ausreisegedanken trug, wusste er, dass seine Tochter im Westen ungleich bessere Möglichkeiten hatte, sich eine Zukunft in Freiheit aufzubauen als in der engen muffigen DDR mit ihren unendlichen Restriktionen. Schließlich gab das Wohl seiner Tochter den Ausschlag vor dem verständlichen Wunsch eines Vaters, seine Tochter möglichst oft zu sehen. Er unterschrieb die Erklärung.

Spät in der Nacht kamen wir erschöpft in Berlin an. Nach wenigen Stunden Schlaf ging es früh los, um das umfangreiche Pensum zu schaffen. Am Freitag nahmen sie uns im Rathaus kalt lächelnd alle Unterlagen ab. Nähere Angaben, wann wir das Land verlassen können, gab es auch jetzt nicht. Stattdessen sollten wir die Listen für zu genehmigende Umzugsgüter fertig stellen und sie bei der Abteilung Kultur des Stadtbezirks abgeben. Dazu gehörte auch das Verzeichnis sämtlicher Bücher mit allen bibliografischen Angaben: Autor, Titel, Ort, Verlag und Erscheinungsjahr – jede Liste in fünffacher Ausfertigung, die wir auf einer kleinen Reiseschreibmaschine mit Kohlepapier-Durchschlägen anfertigten. Am Ende waren es 17 eng beschriebene Seiten für mehrere hundert Bücher und Extralisten über Hausrat, einige antike Möbel, Gläser und Vasen, altes Spielzeug. Wir schrieben von Freitagnachmittag bis Sonntagabend, nur von einigen Stunden Schlaf unterbrochen. Montag früh gaben wir die Listen ab.

Man brauchte für die Ausfuhrgenehmigung einen Gutachter, der das Umzugsgut nach dem DDR-Kulturgesetz einzuschätzen hatte. Dieses Gesetz sollte verhindern, dass der DDR wertvolles Kulturgut verloren ging. Das hinderte den Staat aber nicht daran, seinerseits über seinen Devisenbeschaffer Schalck-Golodkowsky und dessen Handelsimperium Kommerzielle Koordinierung (KoKo) wertvolles Kulturgut in den Westen zu verscherbeln. Dieses Gesetz kam in der Praxis fast ausschließlich für Leute zur Anwendung, die die DDR verlassen wollten.

Ein Bekannter vermittelte uns als Gutachter Lothar Berfelde, Besitzer des Gründerzeitmuseums in Berlin-Mahlsdorf, der bereit war, „unsere Kulturgüter" zu begutachten. Damit waren aber die Genossen bei der Abteilung Kultur nicht einverstanden. Denn Herr Berfelde war für die Behörden eine suspekte und schillernde Persönlichkeit, der man zutiefst misstraute. Ihm und seinem privaten Museum machten die Behörden das Leben schwer. Solche skurrilen, unangepassten Individualisten, noch dazu mit dem Hang zu alten Dingen, passten nicht ins sozialistische Menschenbild der DDR-Bürokraten.

Lothar Berfelde wurde im vereinten Deutschland eine bekannte Persönlichkeit. Unter dem Namen Charlotte von Mahlsdorf konnte der Transvestit nun seine Neigungen ausleben und seine Sammelwut für Gründerzeitmöbel bundesweit bekannt machen. Ein Film Rosa von Praunheims zeigt Charlotte von Mahlsdorfs Leben, sogar ein Broadway-Bühnenstück unter dem Titel „I am my own wife" (Ich bin meine eigene Frau) lief erfolgreich (Pulitzer-Preis) in New

York und steht mittlerweile in 20 Ländern auf dem Spielplan. Im Berliner Renaissance-Theater lief das Stück unter dem Titel: „Ich mach ja doch, was ich will".

Auch wenn Berfelde als Gutachter für mein Gründerzeit-Umzugsgut nicht gewollt war, blieb mir auf alle Fälle der Besuch bei ihm in sehr angenehmer Erinnerung. Wir hatten ein längeres, interessantes Gespräch über unser gemeinsames Interesse, die Gründerzeitepoche. Es war allerdings nicht meine erste Begegnung mit ihm. Ich hatte schon zuvor einige Male fasziniert sein Museum besichtigt, in dem er es sich nicht nehmen ließ, persönlich die Führungen zu übernehmen. Obwohl er nach der Wende nach Schweden auswanderte und viel zu früh starb, existiert sein Museum noch heute, komplett saniert und schöner denn je.

Wir fürchteten, die Schwierigkeiten mit dem Gutachten könnten die Ausreise verzögern, zumal die Genossen im Rathaus einräumten, es gebe nicht genügend zugelassene Gutachter. Doch den Termin der Ausreise beeinflusse das nicht, wurde uns gesagt. Um die Sachen könne sich unser Bevollmächtigter kümmern. Damit hatten wir meinen Freund Klaus beauftragt. Obwohl das Genehmigungsverfahren höchst ungewiss war, begannen wir, alle Sachen in Umzugskisten zu verpacken. Aber selbst das war in der DDR nicht einfach. Professionelle Umzugskartons gab es nicht. Jeder musste selbst sehen, wie er zurechtkam. Wir zogen Nutzen aus dem Leid eines anderen und kauften Umzugskisten von einem Bekannten, der sie aufwändig hatte anfertigen lassen. Sein Ausreiseantrag wurde unwiderruflich abgelehnt, so dass er mit dem Verkauf seine eigenen Kosten wieder hereinbekam.

Nachdem wir am 1. November unsere Laufzettel erhalten hatten, waren wir nicht mehr zur Ruhe gekommen. Die vielen notwendigen Erledigungen, Bescheinigungen, Stempel, Unterschriften, Listen erforderten unsere gesamte Zeit, wir kamen kaum noch zum Schlafen. Auch meiner Arbeit konnte ich seit dem 1. November nicht mehr nachgehen. Ich war nur am 8. und am 10. November noch einmal im Betrieb, um die letzten Arbeiten, die Kündigungsformalitäten und die Übergabe an meinen Nachfolger zu erledigen.

Aber was würde passieren, wenn wir erst Monate später unsere Ausreise erhielten oder sie doch noch im letzten Moment widerrufen wurde? Dann wären wir arbeitslos. Der alte Job war vergeben.

Wovon sollten wir leben? Wir erkannten mit aller Klarheit, welchen Unwägbarkeiten, welcher Unsicherheit, welcher Willkür wir als Antragsteller ausgesetzt wären. Soziale Sicherheit, auf die die DDR so stolz war? Für uns galt das ohnehin schon nicht mehr. Viele Gesetze schienen uns nicht mehr zu schützen. Wir hingen gewissermaßen in der Luft, zwischen dem alten und dem neuen Leben. Das alte noch nicht beendet, das neue noch nicht begonnen. Wir selbst konnten nichts mehr tun, konnten die weitere Entwicklung nicht mehr beeinflussen, waren den Behörden gnadenlos ausgeliefert.

Unsere Nerven lagen blank. Nach den übermenschlichen Anstrengungen, dem Stress, dem psychischen Druck der letzten Tage und Wochen waren wir am Ende unserer Kräfte. Trotzdem konnten wir uns nicht ausruhen. Das Einpacken unserer Sachen nahm jede freie Minute in Anspruch. Alle die Dinge, die wir nicht mitnehmen wollten, mussten ja auch irgendwo bleiben. Immerhin sollten wir die Hellersdorfer Wohnung besenrein hinterlassen und in der Wohnung meiner geschiedenen Frau, wo sich noch die meisten meiner persönlichen Sachen befanden, musste ich auch Tabula rasa machen. Zum Glück hatten wir sehr viele dieser Dinge schon im August und September auf Trödelmärkten verhökert. Die Aktivitäten zur Haushaltsauflösung bargen natürlich ein genau so großes Unsicherheitspotenzial wie die Kündigung der Arbeitsstelle. Wir taten das alles, ohne zu wissen, wann die Ausreise tatsächlich erfolgen würde.

Bei meiner Stasiakteneinsicht vier Jahre später musste ich erstaunt registrieren, dass uns die Stasi unter anderem auch auf diesen Trödelmärkten observiert hatte. Ich fand Berichte über uns, die in allen Einzelheiten beschrieben, was wir auf den Trödelmärkten taten und was wir verkauften. Sogar jede Menge Fotos wurden von uns gemacht und zwar aus allernächster Nähe. Diese Observationen waren aber nur ein Teil des Operativvorgangs „Kamera", der nach meiner Eingabe zur Kameraüberwachung eingeleitet wurde. Dazu gehörte auch die Observation vor meiner Arbeitsstelle und vor der Hellersdorfer Wohnung.

Man registrierte nicht nur, um welche Uhrzeit ich mit leerem Einkaufsbeutel in mein Auto stieg und um welche Uhrzeit ich mit vollem Einkaufsbeutel zurückkam, sondern auch, dass ich meine Lebensgefährtin mit Küsschen auf der Straße begrüßte und dass ich

<u>28.04.1988</u>

15.30 Uhr wurde die Beobachtung am Wohnhaus und an der Arbeitsstelle von "Kamera" begonnen. Bis

17.00 Uhr trat das Objekt nicht Erscheinung. Daraufhin wurden die bekannten Anlaustellen überprüft. Da die Kontrollen negativ verliefen und das Objekt bis um

21.00 Uhr an seinem Wohnhaus nicht in Erscheinung trat, wurde die Beobachtung weisungsgemäß banedet.

<u>29.04.1988</u>

15.30 Uhr die Beobachtung von "Kamera" an seinem Wohnhaus und an seiner Arbeitstelle begonnen.

17.10 Uhr kam das Objekt mit seinem Pkw aus Richtung Oelsnitzer Str. die Kastanienallee in Richtung seines Wohnhauses gefahren. Nachdem er den Pkw abgeparkt hatte betrat er

17.12 Uhr sein Wohnhaus.

17.22 Uhr verließ das Objekt sein Wohnhaus mit einem Einkaufsbeutel in der Hand. Er stieg in seinen Pkw ein und fuhr in Richtung Cottbusser Platz davon. Hierbei geriet das Objekt aus verkehrstechnischen Gründen außer Kontrolle. Da "Kamera" bis um

19.00 Uhr an seinem Wohnhaus nicht mehr in Erscheinung trat, wurde die Beobachtung weisungsgemäß beendet.

<u>Anmerkung:</u>

Das Objekt fuhr sehr schnell durch sein Wohngebiet, obwohl die Geschwindigkeit auf 30 km/h begrenzt ist.

Leiter der Abteilung VIII — Referatsleiter

i. V.

Gützlaff — Bölz
Oberstleutnant — Major

Protokollausschnitt einer Observation

" A "

BSTU
0087

Objekt : " K a m e r a "
und Lebensgefährtin

Datum : 14.04.1988

Zeit : 11.30 Uhr

Sachverhalt :

Objekt nach Verlassen des Rates Hellersdorf und Treff mit seiner Lebensgefährtin

Bild 1

Bild 2

siehe Bild 1

siehe Bild 1

Observationsfotos

Observation auf dem Trödelmarkt

mit überhöhter Geschwindigkeit (70 km/h) durch das Wohngebiet fuhr. Alle Berichte waren durch Fotos untermauert. Sogar das Küsschenfoto fehlte nicht.

Am 28. November 1988 mussten wir erneut aufs Rathaus, wie immer ohne nähere Angaben. Auch diesmal war uns beklommen zumute, doch es konnte jetzt nur eine positive Nachricht sein. Und so war es auch, bereits am nächsten Tag sollten wir das Territorium der DDR verlassen. Diesen Tag hatten wir oft herbeigesehnt, doch jetzt erschraken wir. In der kurzen Zeit konnten wir uns von unseren engsten Verwandten und Freunden kaum verabschieden. Die DDR würde über uns sicherlich ein Einreiseverbot verhängen, wie uns viele Ausgereiste berichtet hatten. So stand also in den Sternen, wann wir wieder einmal die Menschen, die uns nahe standen, besuchen durften. Ich versuchte, noch ein oder zwei Tage herauszuhandeln. Vergebens, „Herr Schmidt" war unbarmherzig. Er meinte, dass wir doch gar nicht schnell genug in den Westen kommen könnten, da hätte er uns nur diesen sehnlichen Wunsch erfüllt. An Zynismus war das nicht mehr zu überbieten. Bis zur letzten Minute zeigte uns dieses Regime, wer hier das Sagen hatte. Dieser Staat machte es uns wahrlich nicht schwer, ihn zu verlassen. Aber es tat weh, die Menschen zurückzulassen.

Am nächsten Tag sollten wir um 9 Uhr im Rathaus erscheinen, um uns die DDR-Staatsbürgerschaft aberkennen zu lassen. Nun überschlugen sich die Ereignisse. Zum Glück hatten wir alles Wichtige erledigt, Raymondes Hausrat und Möbel verkauft, die Umzugskisten gepackt. Wir hatten in den letzten Tagen wie auf dem Campingplatz gehaust. Von anderen Ausgereisten wussten wir zwar, dass es am Ende sehr schnell gehen kann, aber so schnell?

Raymonde ließ sich noch am gleichen Tage von einem Kollegen nach Leipzig fahren, um sich von ihrer Mutter zu verabschieden. Ich konnte sie nicht fahren, weil ich mich von den mir wichtigen Menschen verabschieden wollte. Dazu machte ich eine Blitzrundreise zu meiner Tochter, meinem Bruder, meiner Mutter und einer Cousine. Natürlich auch zu Klaus, dem „Umzugsbeauftragten". Ich gab ihm alle nötigen Listen, Informationen und Schlüssel, damit er seine verantwortungsvolle Aufgabe problemlos lösen konnte.

Auch die Autoangelegenheiten hatte ich schon vor Wochen erledigt. Immerhin hatten meine Lebensgefährtin und ich noch jeweils eine Autoanmeldung, die wir nicht so einfach verfallen lassen wollten. Sie zu verschenken oder zu verkaufen machte keinen Sinn, da so eine Anmeldung nicht übertragbar war. Eine Autoanmeldung stellte in der DDR je nach Anmeldedatum einen erheblichen Vermögenswert dar, konnte durchaus 15.000,- bis 20.000,- Ostmark erreichen. Je älter die Anmeldung, desto größer der Wert. Für uns blieb aber nur die Möglichkeit, diesen Wert zu realisieren, indem wir auf unsere Anmeldungen jeweils ein Auto erstanden, um es gleich wieder zu verkaufen.

Dafür war der IFA-Vertrieb („IFA" - Industrieverband Fahrzeugbau, der Zusammenschuss aller Autofabriken in der DDR) als Teilbetrieb des Fahrzeug-Kombinats für Anmeldung, Zuteilung und Auslieferung der Autos verantwortlich. Für einen Lada reichten unsere Anmeldezeiten zwar nicht, aber Raymonde konnte für ihre 13 Jahre alte Anmeldung einen Trabant Kombi kaufen; ich für meine ein Jahr ältere Anmeldung einen Wartburg Kombi. Die Autos hatten wir bereits Ende August nach der Mitteilung über die genehmigte Ausreise bestellt. Einige Wochen später waren sie geliefert worden, so konnte ich mich rechtzeitig um den Verkauf kümmern. Der Mangel an Autos – egal ob neu oder gebraucht – ließ die Menschen hohe Preise zahlen. Gebrauchte Autos waren teurer als neue. Verkehrte DDR-Welt. In der DDR wurde selten ein Auto verschrottet. Selbst wenn nach einem Unfall nichts mehr vom Auto übrig blieb, so waren aber immer noch die Papiere vorhanden. Und die waren Gold wert, da sie berechtigten, den Wagen neu aufzubauen. Auch wenn das bei dem extremen Werkstatt- und Ersatzteilemangel ein äußerst mühseliges und langwieriges Unterfangen war, so war es immer noch besser als 15 Jahre auf ein neues Auto zu warten. Es gab Fahrzeugpapiere, zu denen die Autos im Laufe von Jahrzehnten zwei, drei Mal neu aufgebaut wurden.

Nun hatte ich gleich drei Autos zu verkaufen, meinen gebrauchten Lada und die beiden Neuen. Ich wollte die mögliche Preisspanne nicht austesten, zum einen aus Zeitmangel, zum andern, weil ich ahnte, man beobachtete mich, denn Verkäufe über dem Neuwert waren illegal und konnten geahndet werden. Ohne dass ich handeln musste, boten mir die Käufer unserer Autos sehr hohe Preise, teilweise sogar in DM West. Der Käufer des Trabant erklärte sich sogar bereit, mir den Wagen bis zur Ausreise zu überlassen, damit ich noch die notwendigen Erledigungen machen konnte. Klaus sollte ihm das Auto nach unserer Ausreise übergeben.

Auf diese drei völlig legalen Autoverkäufe bezog sich offenbar jene Glosse in der „Jungen Welt", die meinen Auftritt im „Kennzeichen D" des ZDF unter anderem mit dem wohl beobachteten „schwunghaften Autohandel" zu diskreditieren suchte. Ein Teil der Autoerlöse war in DM gezahlt worden und lag in West-Berlin für mich bereit. So verfügte ich über ein kleines Startkapital, das ich für den Neustart im Westen gut brauchen konnte.

Meine Abschiedsrundreise am Vorabend der Ausreise dauerte naturgemäß etwas länger, so dass ich erst nach Mitternacht in meiner alten Wohnung, die jetzt die Wohnung meiner Geschiedenen war, eintraf. Dort standen meine Umzugskisten, die zum Glück alle transportfertig waren. Aber ich musste noch meine Sachen packen, die ich am nächsten Tag als Handgepäck mitnehmen wollte. Zwei Riesenkoffer und eine große Reisetasche hatte ich mir dafür besorgt. Nachdem diese voll gestopft waren, schlief ich dort ein letztes Mal. Von Helga konnte ich mich nicht mehr verabschieden, da sie schon in ihrem Zimmer schlafen gegangen war und ich bereits in wenigen Stunden ganz früh wieder raus musste. Sie hatte mir aber eine sehr nette, fast poesievolle Abschiedsnachricht hingelegt. Ich schrieb ihr auch ein paar Zeilen. Etwas Wehmut kam in mir hoch, denn immerhin waren wir 22 Jahre zusammen gewesen und würden uns voraussichtlich auch nie mehr sehen in diesem zerrissenen Land.

Bereits der Abschiedsbesuch bei meiner Tochter und meinem sechs Monate alten Enkel zeigte mir, dass ich doch nicht so hart war wie ich dachte. Als ich ihre Wohnung verlassen hatte, kam mir auf der Treppe das große Heulen. So eine Ausreise bedeutete nicht selten einen Abschied für immer, einen radikalen Lebenseinschnitt. Ich konnte nicht ahnen, dass ein Jahr später die Mauer fiel.

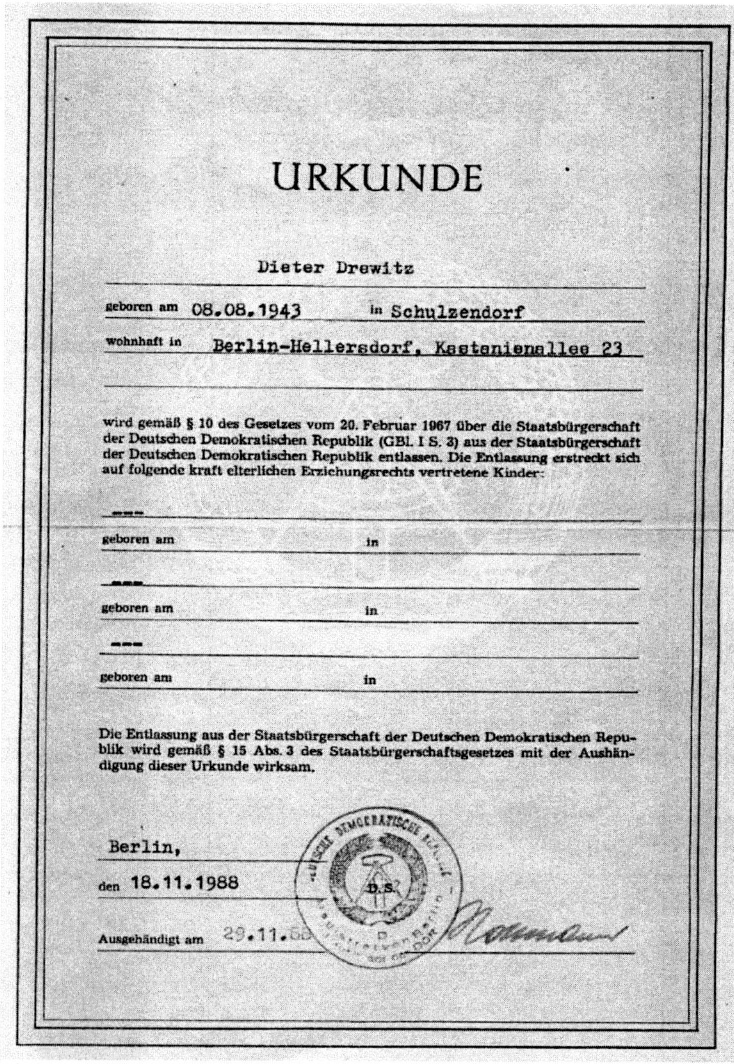

URKUNDE

Dieter Drewitz

geboren am 08.08.1943 in Schulzendorf

wohnhaft in Berlin-Hellersdorf, Kastanienallee 23

wird gemäß § 10 des Gesetzes vom 20. Februar 1967 über die Staatsbürgerschaft der Deutschen Demokratischen Republik (GBl. I S. 3) aus der Staatsbürgerschaft der Deutschen Demokratischen Republik entlassen. Die Entlassung erstreckt sich auf folgende kraft elterlichen Erziehungsrechts vertretene Kinder:

---

geboren am in

---

geboren am in

---

geboren am in

Die Entlassung aus der Staatsbürgerschaft der Deutschen Demokratischen Republik wird gemäß § 15 Abs. 3 des Staatsbürgerschaftsgesetzes mit der Aushändigung dieser Urkunde wirksam.

Berlin,

den 18.11.1988

D.S.

Ausgehändigt am 29.11.88

Meine Ausbürgerungsurkunde

Der Tag aller Tage – DDR adieu

Der 29. November 1988 war unser Schicksalstag – ein typischer Novembertag, kalt, grau und trüb, ab und zu ein Regenschauer. Aber das störte mich nicht. Mein Gemüt war alles andere als grau und trüb, ich war erwartungsvoll, aufgekratzt, glücklich. Ganz früh am Morgen – ich hatte trotz „Faustan" (das Valium der DDR) vor Aufregung kaum schlafen können – fuhr ich mit dem Trabant, den Koffern und der Reisetasche zu Raymonde. Von dort ging es zum letzten Termin aufs Rathaus um 9 Uhr. Wir mussten unsere Personalausweise abgeben und erhielten stattdessen Ausbürgerungsurkunden und Identitätsbescheinigungen. Dafür war gleich wieder eine Gebühr fällig. Aber ich habe keine amtliche Gebühr davor oder danach so gern bezahlt wie diese.

Am Vortag hatte ich bereits Freunde aus unserer Gruppe, die einige Monate vor uns ausreisen durften, in West-Berlin angerufen. Sie wollten uns um 12 Uhr auf dem Westbahnsteig des Bahnhofs Friedrichstraße erwarten. Auf unserem Weg zum Bahnhof holten wir meinen Freund Klaus ab. Dort trafen wir uns mit einem Ehepaar aus unserer Gruppe, das leider noch keine Nachricht über seine Ausreise erhalten hatte. Ihr Auto wurde gebraucht, da der Trabi nicht vier erwachsene Personen, sechs große Koffer und drei Reisetaschen aufnehmen konnte. So fuhren wir also mit zwei Autos und dem Gepäck in Richtung Tränenpalast. Hier sollte nun die Reise in die zweite Hälfte unseres Lebens beginnen.

Die Abfertigung verlief problemlos. Keinerlei Gepäckkontrolle. Zum Glück hatten wir auf Anraten unserer ausgereisten Freunde beim Packen des Handgepäcks Inhaltslisten für jedes Gepäckstück angefertigt. Prompt wurden sie auch verlangt. Keine offizielle Stelle hatte uns darauf hingewiesen, dass wir so etwas bräuchten. Wie gut, wenn man erfahrene Freunde hat. Die Grenzer überflogen die Listen nur flüchtig, dann durften wir passieren. Ich war erleichtert.

Eine Gepäckkontrolle hätte für mich ungeahnte Folgen haben können. Ich hatte alle schriftlichen Aufzeichnungen über meine Hafterlebnisse, andere Erlebnisse, Schikanen und das „Ausreisetagebuch" eingepackt. Natürlich standen diese Dinge nicht auf der Gepäckliste. Wochen zuvor hatte ich telefonisch alle ausgereisten

Freunde gefragt, ob ihr Gepäck kontrolliert wurde. Alle sagten übereinstimmend, sie seien zügig – ohne Gepäckkontrolle – abgefertigt worden. So wagte ich es, die brisanten Schriftstücke einzupacken. Ein Restrisiko blieb. Hätten sie die Aufzeichnungen gefunden, ich wäre wohl wieder wegen Nachrichtenübermittlung verhaftet worden.

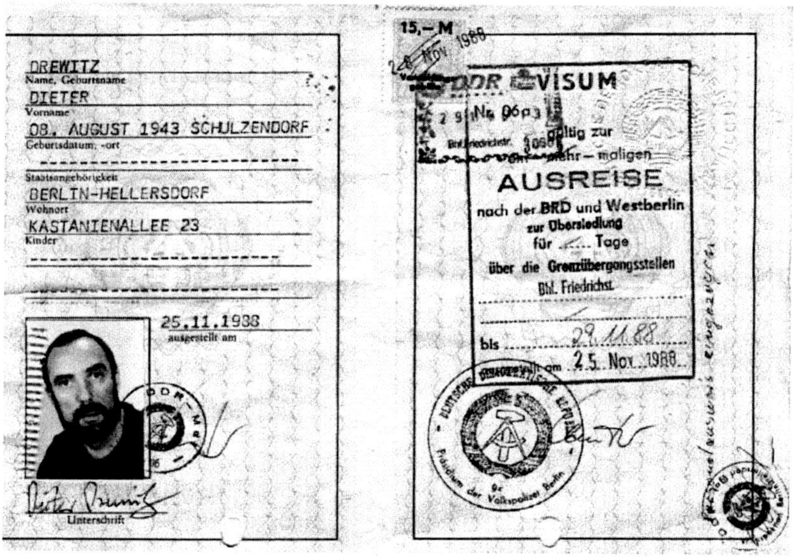
DREWITZ
Name, Geburtsname
DIETER
Vorname
08. AUGUST 1943 SCHULZENDORF
Geburtsdatum, -ort
Staatsangehörigkeit
BERLIN-HELLERSDORF
Wohnort
KASTANIENALLEE 23
Kinder
25.11.1988
ausgestellt am
Unterschrift

15,– M
DDR VISUM
gültig zur
AUSREISE
nach der BRD und Westberlin
zur Übersiedlung
für ...... Tage
über die Grenzübergangsstellen
Bhf. Friedrichst.
bis 29.11.88
25. Nov. 1988
Präsidium der Volkspolizei Berlin

Das Ausreisedokument

Das Gefühl war wieder so ähnlich wie bei meinem Besuch in West-Berlin Weihnachten vor zwei Jahren. Dieser Grenzübertritt zeigte sich aufs Neue so nüchtern und belanglos, dass ich es kaum fassen konnte. Das war schließlich die Erfüllung einer jahrelangen Sehnsucht. Ein Schritt, der einer Reise auf einen fernen Planeten gleichkam und drei Menschenleben von Grund auf umkrempelte. Ein wahrhaft gigantischer Moment. Ich meinte, dass jetzt Fanfaren ertönen müssten. Aber nichts dergleichen. Zwischen Rentnern eingekeilt wurden wir routinemäßig mit muffligem Gesicht abgefertigt, drei Personen unter vielen anderen. Ernüchternd und enttäuschend zugleich.

Endlich waren wir im Bereich der Westbahnsteige. Auch sie waren noch DDR-Territorium. „Sie" konnten uns immer noch zurückholen. Das taten sie aber nicht, dafür holten uns unsere Freunde ab. Die Freude kannte kein Ende. Sie hatten ihr Auto in der Nähe des unterirdischen S-Bahnhofs Anhalter Bahnhof abgestellt. Also fuhren wir mit der Tunnel-S-Bahn ohne Halt durch die Geisterbahnhöfe „Unter den Linden" (heute Brandenburger Tor) und „Potsdamer Platz" bis zum ersten Halt unter West-Berliner Territorium in der Stresemannstraße an der Restruine des Anhalter Bahnhofs.

Die S-Bahn im Westteil Berlins unterstand der DDR-Verwaltung, wie die Fernbahn auch. So war ich mir unsicher, ob ich schon im Westen war, als wir am Anhalter Bahnhof ausstiegen oder ob dieser Bahnhof noch irgendwie zu Ost-Berlin gehörte. So beschloss ich, die letzte Treppenstufe nach oben für mich als das Ende der DDR, das Ende der Unfreiheit, das Ende eines jahrzehntelangen Albtraums anzusehen. Heute weiß ich, dass ich bereits wenige Meter nach der Durchquerung des Bahnhofs Potsdamer Platz die DDR verlassen hatte.

Im Westen angekommen – nicht für jeden ein Erfolgserlebnis

Ich war im Westen angekommen, war zu Hause angekommen. Genauso fühlte ich mich: Zu Hause. Endlich! Und dieses Gefühl hat niemals aufgehört, bis heute nicht. Im Gegensatz zu vielen anderen Ausgereisten hatte ich von der ersten Minute an keinerlei Probleme mit dem Westen. Ich wusste genau, was ich von ihm zu erwarten hatte und was nicht. Durch jahrzehntelanges Radiohören, Fernsehen, Spiegel-Lesen, durch viele Gespräche mit Westfreunden und -verwandten fühlte ich mich bestens informiert.

Den „Spiegel" erhielt ich häufig von einem Freund aus Westdeutschland, der dann einige Jahre in West-Berlin wohnte, um dort auf dem Berlin-College sein Abitur nachzuholen. Fast wöchentlich kam er mich besuchen und brachte dabei fast immer den „Spiegel" mit. Ich verschlang ihn geradezu, las fast jeden Artikel, selbst wenn mich das Thema gar nicht so sehr interessierte. Allein das Lesen bereitete mir Vergnügen. Der spiegeltypische Schreibstil faszinierte mich.

Später ging der Freund dann zum Medizinstudium nach Heidelberg, so dass ich auf die gewohnte Lektüre verzichten musste. Ich verspürte tatsächlich so etwas wie Entzugserscheinungen. Wie schnell hatte ich mich an diesen „Luxus" gewöhnt. Später kam mein Freund wieder nach Berlin zurück und ich war glücklich, mich wieder häufiger meiner „Sucht" hingeben zu können. Der „Spiegel" vermittelte mir vor allem die Detailinformationen, die ich in den Medien Rundfunk und Fernsehen nicht bekam. So war ich also insgesamt recht gut informiert.

Ich kannte den Westen auch noch aus den Zeiten vor dem Mauerbau. Er hatte meine Haltung zur DDR geprägt. Ich machte mir jedenfalls keinerlei Illusionen über ein Leben im Überschwang und in Luxus, wie das vielleicht viele Uninformierte und Gleichgeschaltete taten, oftmals viel zu jung, um den Westen noch vor dem Mauerbau „live" erlebt zu haben, oder die im „Tal der Ahnungslosen"* eine idealisierte Vorstellung vom Westen entwickelt hatten und dann bitter enttäuscht wurden. Manche Ausgereiste hatten tatsächlich große Anpassungsprobleme. Sie mussten sich plötzlich selbst um ihr Leben kümmern, niemand nahm ihnen Entscheidungen ab, niemand sagte, wo es lang geht. Obwohl viele gerade deshalb in den Westen gingen, waren einige darauf nicht genügend vorbereitet. Sie mussten erst lernen, mit der Freiheit umzugehen.

Freiheit kann nicht nur angenehm sondern auch anstrengend sein. Das mussten die 16 Millionen DDR-Bürger feststellen, die sich mit der Friedlichen Revolution die Freiheit erkämpft hatten oder die auch nur zusahen, wie die Freiheit zu ihnen kam. Einige empfanden die plötzliche Freiheit als Belastung, manche gar als Bedrohung, brauchten lange, um die vielen Möglichkeiten, die Freiheit dem Einzelnen bietet, zu erkennen und zu genießen. Manche haben es allerdings bis heute nicht begriffen. Ob es damit zusammenhängt, dass der Mensch nicht selten das bevorzugt und an dem hängt, was ihn in seiner Kindheit, seiner Jugend geprägt hat? Kann derjenige, der Freiheit nie kennen gelernt hat, sie nicht schätzen, nicht genießen, nicht mit ihr umgehen? Viele konnten und können das anerzogene Diktaturdenken einfach nicht überwinden.

*DDR-Volksmund für Ostsachsen und Vorpommern, weil dort Westsender kaum zu empfangen waren. Das erste Programm „ARD" wurde auch als „außer Raum Dresden" gedeutet.

Nach dem Ende des „Dritten Reiches" gab es diese Situation schon einmal. Trotzdem unterschied sie sich fundamental von der jetzigen. Die Nazi-Diktatur dauerte nur zwölf Jahre, die der Kommunisten 40 Jahre. 1945 wussten noch viele, wie sich Freiheit und Demokratie anfühlen. Nach 40 Jahren DDR und 12 Jahren Naziherrschaft waren ganze Generationen herangewachsen, die weder das eine noch das andere kannten, die zu klassenbewusstem Hass, zu Unterwerfung und Duckmäusertum erzogen worden waren. Für die es selbstverständlich war, dass eine Mauer ihren Horizont begrenzte, die sich um nichts zu kümmern hatten, deren Leben von der Wiege bis zur Bahre vorbestimmt war, die sich um konträre Meinungen in der Gesellschaft keine Gedanken machen mussten, es gab nur eine einzige Meinung, die der Partei. Und die hatte schließlich immer Recht.

Ansonsten war es für viele schön gemütlich im Sozialismus. Wenn sie auch oft nach den einfachsten Dingen anstehen mussten, mussten sie doch nicht beim Arbeitsamt anstehen wie beim Klassenfeind. Und Freiheit: Was war das überhaupt? Die Partei sagte „Einsicht in die Notwendigkeit". Für die Schaffung des Paradieses auf Erden musste man eben erst einmal Opfer bringen, solange der imperialistische Feind eine freie Entfaltung des Sozialismus behinderte. Was war dabei? Schließlich predigten doch christliche Kirchen und andere Religionen Ähnliches.

In der DDR musste man auch keine Angst vor dem Alter haben, wenn man die extrem niedrigen Renten und die unhaltbaren Zustände in den Altersheimen ausklammert. Als Rentner konnte man endlich geheimste Träume, stets unterdrückte Sehnsüchte befriedigen. Man durfte nachschauen, was sich auf der anderen Seite des Angst einflößenden antifaschistischen Schutzwalls befand. Der Mensch ist neugierig. Aber sehr viel konnte es auf der anderen Seite der Mauer wohl nicht geben, wenn man Ost-Berliner Stadtplänen Glauben schenkte. Ein paar Bahnlinien, Flüsse und Seen in einem anscheinend unbebauten Gebiet. Nichts Aufregendes offenbar. Wenn da nur nicht immer die Schwärmereien derer waren, die rüber fahren konnten, Omas und Opas, Schwerbeschädigte, Ausgereiste, und in den achtziger Jahren immer mehr Normalbürger, die Westverwandte bei Familienfeiern besuchen durften. Natürlich ohne Ehepartner und Kind. So kamen sie wieder zurück und brachten mit ihren Erzählungen das eintrainierte, fest geformte Weltbild vieler gutgläubiger DDR-Bürger ins Wanken.

Manch einer dieser Westreisenden zeigte ein gerüttelt Maß an Kühnheit, indem er sich bei den Westbehörden einen bundesdeutschen Reisepass ausstellen ließ, auf den er als Deutscher, auch wenn er Bürger der DDR war, ein Recht hatte. Damit stand ihm die ganze Welt offen. Er konnte sogar in die USA reisen, dem Traumziel vieler Ostdeutscher. Aber meistens setzte die Reisekasse enge Grenzen, die Wunschziele blieben weiterhin Traumziele. Aber ein Kurztrip nach London oder Paris war schon mal drin, vorausgesetzt man bewegte sich innerhalb der von der DDR befristeten Reisezeit. Natürlich war es von DDR-Seite strengstens verboten, die nur für die Bundesrepublik oder nur für Berlin-West genehmigte Reise unzulässig auszuweiten. Aus diesem Grunde musste jeder der so unbotmäßig Handelnden auch das kleinste Corpus delicti, das sein Fehlverhalten beweisen würde, vor seiner Rückkehr in die DDR vernichten. Besonders die kleinen Fahrschein- oder Eintrittstickets verkrümelten sich schon mal leicht in irgendwelchen Ecken. Die DDR-Zöllner an der Grenze übersahen sie oftmals nicht, wenn es zur Kontrolle kam. Und dann wurde es sehr unangenehm. Ein stundenlanges Verhör durch die Stasi war das mindeste …

Die Erlebnisberichte aus dem Westen brachte manch einen der „DDR-Gläubigen" zur Überzeugung, dass das Paradies wohl offensichtlich irrtümlich die falsche Adresse erwischt haben musste, nämlich im Westen statt wie versprochen im Osten. Nach erfolgreichem Ausreiseantrag musste mancher Ausgereiste im Westen oftmals feststellen, dass ihm mehr abverlangt wurde, als er sich je vorgestellt hatte:

Arbeitgeber standen nicht Schlange, um ihm astronomische Gehälter anzubieten; leer stehende Luxuswohnungen mit Sozialmietpreisen waren nicht zu finden; tolle Geschäfte mit noch tolleren Sachen wollten Geld für ihre Ware. Langsam begriffen diese Leute, dass sie in einer Leistungsgesellschaft angekommen waren.

Sie mussten, ja sie wollten nun auch Leistung erbringen, stellten aber fest, dass ihre Leistung gar nicht so ohne weiteres gefragt war. Sie merkten, dass es nicht ausreichte, etwas zu können, sie mussten es auch verkaufen können, sie mussten sich verkaufen können. Das hatte im Osten keiner gelernt. Die Ernüchterung war manchmal groß. Sie stellten fest, dass Kollegen aus dem Westen, die mitunter nicht mehr konnten als sie selbst, trotzdem bessere Arbeit und mehr Gehalt bekamen. Nur weil die anderen es verstanden, beim Bewerbungsgespräch selbstbewusster aufzutreten, auch mal auf den Putz zu hauen, nicht an falscher Bescheidenheit litten. Gerade gelernte DDR-Bürger zeigten bei der Bewerbung oftmals zu viel Bescheidenheit, stellten ihr Licht unter den Scheffel, wollten nicht als Aufschneider gelten und vergaben dadurch vielleicht eine Chance.

Dann die Sache mit dem täglichen Miteinander. Die Nachbarn und Kollegen im Westen interessierten sich wenig für das Leben des „Neuen", schon gar nicht, wie es ihm in der DDR ergangen war. Jeder interessierte sich nur für sich selbst. Die Neubürger begriffen langsam, dass in dieser Gesellschaft im Prinzip jeder der Konkurrent des anderen ist. Sie vermissten den Zusammenhalt, die gegenseitige Hilfe, die Kollegialität, wie sie naturgemäß in der ostdeutschen Zwangsgesellschaft sehr ausgeprägt sein musste. In einer Leistungsgesellschaft, in der jeder seines Glückes Schmied ist, ist das kein so wichtiger Faktor mehr, schien dafür kein Platz und keine Zeit zu sein. Diese ernüchternden Erfahrungen führten oftmals zur Resignation und bereiteten den Boden für die immer mehr um sich greifende Ostalgie.

Vor allem war das bei vielen der Fall, die nicht ausgereist sind, sondern „übernommen" wurden. Einige stellten fest, wie vermeintlich schön und gemütlich es doch im Osten war. Viele vergaßen im Lauf der Jahre, wie die Behörden sie schikaniert hatten, dass es in diesem diktatorischen Regime keine Gewaltenteilung und damit keine unabhängigen Gerichte und kein unabhängiges Parlament gab. Auch keine freie Presse und keine Informationsfreiheit, keine Demonstrations-, Versammlungs-, Meinungs- und Reisefreiheit, keine freien Wahlen, kein Streikrecht, kein Recht, Parteien und Vereine zu gründen. Eine einzige Partei entschied alles allein, die zudem von sich behauptete, immer Recht zu haben. Da verfielen Städte, die Umwelt wurde geradezu verbrecherisch zerstört, ganz zu schweigen von Versorgungsmängeln, vom ständigen Schlange stehen, um dann ganz einfache Dinge doch nicht zu bekommen.

Nicht zu vergessen die allgegenwärtige Anwesenheit der Stasi. Stasichef Erich Mielke hat es in einer internen Veranstaltung vor seinen Getreuen einmal treffend formuliert: „Genossen, es darf keine Stelle geben, in der nicht wenigstens eines unserer Organe präsent ist". So war es dann auch. Kein Studenten- oder Arbeitskollektiv, keine Wohn- oder Sportgemeinschaft, kein Verein, keine Veranstaltung, keine Zusammenkunft ohne Anwesenheit eines Inoffiziellen Mitarbeiters, also eines Stasispitzels. Von denen gab es am Ende der DDR immerhin 180.000. Dazu kamen die 91.000 hauptamtlichen Mitarbeiter. Also mehr als 270.000 Menschen waren in der kleinen DDR für die Stasi tätig, das war Weltrekord, gemessen an der Einwohnerzahl von 16 Millionen. Selbst die Sowjetunion hatte in Bezug zur Einwohnerzahl eine geringere Geheimpolizeidichte.

Bei allem berechtigten Hass auf die Stasi darf eines nicht vergessen werden: Die Stasi war nicht Staat im Staate, die Stasi war „nur" Erfüllungsgehilfe der Staatspartei SED. Als „Schild und Schwert der Partei" sollte sie die Macht der SED sichern und sie vor Feinden schützen. Wer die Feinde waren, brachte Mielke knapp aber präzise auf einer Veranstaltung vor seinen Getreuen auf den Punkt: „Feind ist, wer anders denkt".

Allein um die Macht der SED zu erhalten, wurde dieser Terrorapparat betrieben. Während die Stasi seit dem Mauerfall als Buhmann der Nation gilt und folgerichtig sehr schnell aufgelöst wurde, existiert der Anstifter und Auftraggeber unter dem Namen „Die Linke" noch immer. Nach einigen Umbenennungen tarnt sich die SED unter neuem Namen als normale demokratische Partei im Rechtsstaat. Einige Linke aus dem Westen sollen vergessen machen, dass diese Linkspartei großenteils noch immer die alte SED ist. Wenn man sich die Struktur ihrer Mitglieder anschaut, ist das Bild noch überzeugender.

Kaum ein SED-Verantwortlicher oder Stasischerge musste sich für die Verbrechen der Stasi vor einem Gericht verantworten, geschweige denn, dass er verurteilt wurde. Das ist bitter, ganz besonders für die Opfer. Viele empfinden das als ungerecht. Die Bürgerrechtlerin Bärbel Bohley hat es nach der Friedlichen Revolution auf den Punkt gebracht, indem sie meinte: „Wir wollten Gerechtigkeit und bekamen den Rechtsstaat". Tatsächlich ist dieses scheinbare Unvermögen des Staates auch Ausdruck unseres rechtsstaatlichen Systems, das hohe Hürden setzt für die Verurteilung eines Täters. Das Rückwirkungsverbot, nachdem ein Täter nur nach den damals geltenden Gesetzen bestraft werden kann, macht es dem Rechtsstaat in dieser speziellen Sachlage allerdings fast unmöglich, solche staatlichen Verbrechen zu ahnden. Wenigstens hat man es aber geschafft, einige Verantwortliche für den Schießbefehl zu längeren Haftstrafen zu verurteilen. Egon Krenz, der diese Strafen als „Siegerjustiz" geißelte, hat von seinen sechs Jahren lediglich etwas mehr als die Hälfte absitzen müssen. Noch dazu im offenen Vollzug, das heißt, er hat nur im Gefängnis übernachtet. Was ist das schon für eine Strafe, gegenüber den Haftbedingungen, wie sie in der DDR vorherrschten? Siegerjustiz sähe wohl anders aus. Viele andere Ehemalige, die heute die „Siegerjustiz" kritisieren, verkennen auch, dass die meisten dieser Verfahren noch vom letzten, frei gewählten DDR-Parlament eingeleitet wurden.

In diesem so totalitär geführten Staat haben sich aber auch etliche Menschen wohl gefühlt. Nicht wenige sehnen sich sogar nach ihm zurück. Können Menschen so schnell vergessen? Natürlich spielt dabei auch die psychologische Eigenart eine Rolle, unangenehme Erinnerungen im Gedächtnis eher zu löschen als angenehme. Ein Schutzmechanismus, der aber in diesem Falle das gesamte Geschichtsbild eines Individuums verzerren kann.

Andererseits haben die DDR-Bürger natürlich auch ihr privates Glück erlebt, das die unangenehmen Erfahrungen in der Erinnerung irgendwann überlagerte. Das individuelle Glück, Ehe, Freundschaften, Kinder, aber auch der Kleingarten, das Hobby oder andere Nischen wurden in der DDR positiv erlebt. Aber eben nicht wegen der DDR, sondern trotz der DDR. In jeder Diktatur gibt es diese Glücksmomente, in jeder Diktatur können große Bevölkerungsteile ein ruhiges und relativ zufriedenes Leben führen, wenn sie nicht aufmucken, wenn sie angepasst leben, wenn sie den aufrechten Gang vermeiden. Genau das will jede Diktatur und genau das hat ein großer Teil der DDR-Bevölkerung getan. In dem Bewusstsein, nur ein Leben zu haben und nicht herauszukommen aus diesem Land, haben sich viele eingerichtet, Nischen gesucht, den Mund gehalten. Als Belohnung durften sie dann vielleicht eine bescheidene Karriere machen und sich kindisch freuen, wenn der Trabbi endlich nach 15 Jahren vor der Tür stand. Ich verurteile diese Menschen nicht, die sich mit Anpassung wohl fühlten und die ihr privates Glück genossen. Das alles ist normal und allzu menschlich.

Vielmehr verurteile ich die, für die heute die DDR kein totalitärer Staat und keine Diktatur gewesen sein soll. Allerdings müssen diese Menschen heute eines begreifen, selbst wenn sie davon angeblich nichts wussten und persönlich keine Repression wie ich und hunderttausend andere erleben mussten: Sie lebten ihr angenehmes Leben auf dem Rücken derer, die erpresst wurden, die in den Gefängnissen darbten, deren Existenz zerstört oder zersetzt wurde, die an Mauer und Stacheldraht ihr Leben ließen. Die unendlich vielen kleinen Repressionen hat ohnehin jeder DDR-Bürger jeden Tag erlebt, ob er wollte oder nicht. Der eine litt mehr darunter, der andere weniger. Diese kleinen Repressionen waren immer und ständig zu spüren. Wer sie leichter ertrug, hatte sich oft daran gewöhnt, er kannte es nicht anders.

Stasihaft, Strafvollzug und alle anderen Methoden der Unterdrükkung waren dank gleichgeschalteter Medien, aber auch im Theater und in der Kunst, tabu. So waren sie auch im Bewusstsein eines DDR-Bürgers kaum vorhanden. Es sei denn, es traf jemanden aus der Familie oder dem Freundeskreis.

So ist zu erklären, dass viele heute überhaupt nicht glauben wollen, dass es so etwas wie Psychofolter in der Stasihaft, Zwangsarbeit im Strafvollzug gab. Auch wenn im Gefängnis nicht arbeiten zu dürfen, eine besonders harte Strafe ist, ändert das nichts an der Tatsache, dass man zur Arbeit (in Cottbus allerdings auch zur Nichtarbeit) gezwungen wurde – etliche wollten gar nicht arbeiten, weil sie für den DDR-Staat keinen Nutzen bringen wollten. Vor allem, man konnte sich die Arbeit nicht aussuchen, und die dreifach überhöhten Normen wurden vorgeschrieben. Auch der Begriff „AE" („Arbeitserziehung") ist vielen bis heute unbekannt, ebenso dass es in der DDR eine Arbeitspflicht gab. Wer nicht arbeiten wollte, weil er keine Lust hatte, konnte wegen asozialen Verhaltens zu Arbeitserziehung von einem bis zu fünf Jahren Knast verurteilt werden. Besonders in den sechziger und siebziger Jahren machten DDR-Gerichte davon in großem Stil Gebrauch. Schätzungsweise jeder fünfte meiner Mitgefangenen im Lager „Schwarze Pumpe" war „AEer".

Der Ostalgiker glaubt das alles nicht, weil er zu DDR-Zeiten nie davon hörte. Deshalb meidet er Gedenkstätten, die genau diese Kenntnisse vermitteln wollen. Er meint es besser zu wissen, er hat doch in diesem Land sein ganzes Leben zugebracht. Hätte es das gegeben, müsste er es doch wissen. Er verbittet sich, dass ihm Wessis erklären wollen, wie die DDR funktioniert hat. Bis heute hat er nicht begriffen, dass er jahrelang für dumm verkauft wurde, dass außerhalb der Landesgrenzen, vor allem westlich von ihm, die Menschen sich viel besser über sein Land informieren konnten als er selbst, zumindest wenn er allein östlichen Medien vertraute.

Manche Diktatur-Leugner meinen, die DDR war keine Diktatur, weil nicht jeden Tag Schlägertrupps durch die Straßen marodierten und Menschen terrorisierten. Dieser Phase war die DDR seit den sechziger Jahren entwachsen; sie war nach dem Mauerbau eine subtil agierende Diktatur, die versuchte Bürger heranzuziehen, für die ein Leben ohne Mauer nicht mehr vorstellbar war, die fehlende Freiheiten kaum vermissten, weil sie sie nicht kannten, die genau wussten, wie weit sie gehen konnten und wo das System Grenzen setzte.

Diese Diktatur brauchte keinen offenen Terror, ihre Bürger konnten nicht mehr weglaufen, die allgegenwärtige Präsenz der Stasispitzel reichte aus, das Volk einzuschüchtern und zu disziplinieren. Und die paar, die dennoch aufmuckten und meinten, sich nicht damit abfinden zu können, wurden möglichst unauffällig zur „Klärung eines Sachverhalts" aufs Revier geladen, um dann häufig erst nach einigen Jahren Stasigastfreundschaft wieder aufzutauchen. So macht man das in einer entwickelten Diktatur. Der angepasste Normalbürger musste das nicht merken, aber er konnte es.

Die vielen Probleme, die etlichen ehemaligen DDR-Bürgern in der neuen Westgesellschaft anfangs zu schaffen machten, waren für mich nicht bedeutsam. Ich war vorbereitet und realistisch genug, meine Vorstellung vom Leben im Westen nicht zu hoch zu hängen. Aber natürlich erlebte auch ich im Westen etliche negative wie positive Überraschungen.

Vor allem merkte ich in vielen Bereichen, dass auch im Westen nur mit Wasser gekocht wurde, dass hinter vielen hochtrabenden Worten nur heiße Luft zum Vorschein kam. Gerade auch auf meinem Gebiet der Werbung war derart viel Dilettantismus verbreitet, wie ich es nie vermutet hätte.

An die im Westen in weit stärkerem Maße vorhandene Konfliktbereitschaft bei den späteren Kollegen musste ich mich erst gewöhnen. Ich musste lernen, dass es etwas Positives ist, konfliktfähig zu sein; dass man Konflikten nicht aus dem Wege gehen darf, sie manchmal sogar suchen muss, austrägt und bewältigt. Für das eigene Image ist es wichtig, Schlachten zu schlagen und vor allem, zu gewinnen. Durchsetzungsstärke ist gefragt, notfalls auch mit Hilfe der Ellenbogen. Streit und Intrigen waren etwas anderes, aber auch daran musste ich mich gewöhnen. So etwas kannte ich zumindest in diesen Dimensionen im Osten nicht. Aber im Osten gab es auch nicht diesen enormen Konkurrenzkampf der Kollegen untereinander.

Mit 45 bei Null – der Neubeginn

Nach unserer Ankunft im Westen fuhren unsere Freunde und mein Großcousin, der uns ebenfalls erwartete, mit uns ins legendäre Notaufnahmelager in Marienfelde. Dieses Lager, das Hunderttausenden von DDR-Bürgern ersten Aufenthalt im Westen bot, hatte seine Höhepunkte nach dem Volksaufstand am 17. Juni 1953 und in den letzten Monaten vor dem Mauerbau im August 1961, wo tagtäglich bis zu 2000 Flüchtlinge um Aufnahme baten. Logistische Meisterleistungen mussten von den Mitarbeitern erbracht werden. Im Kontrast dazu führte das Lager nach dem Mauerbau erst einmal ein Schattendasein, wurde dann im Laufe der Jahre zunehmend für Russlanddeutsche das Eingangstor zum Westen und schließlich ab den achtziger Jahren auch wieder zunehmend von DDR-Bürgern frequentiert, die jetzt immer häufiger Ausreiseanträge stellten und auch genehmigt bekamen. Genauso wie wir.

Das uns Dreien zugewiesene winzige Zimmer mit den Doppelstockbetten, das eher an eine Gefängniszelle als an einen Wohnraum erinnerte, konnte mich nicht schrecken. Auch darauf war ich vorbereitet. Ich wusste, dass der Aufenthalt hier nur wenige Tage dauerte. Die positiven Eindrücke überwogen dennoch. Mich überraschten am meisten die freundlichen und hilfsbereiten Behördenmitarbeiter. Dabei waren sie bei dem übervollen Lager – auch damals waren viele Russlanddeutsche und Polen im Lager – wahrscheinlich ständig überlastet. Das ließen uns die Mitarbeiter aber nicht spüren. Vielmehr vermittelten sie uns das Gefühl, wirklich willkommen zu sein. Wir konnten es kaum glauben. Diese warmherzige Atmosphäre war etwas völlig Neues für uns. In der DDR hatten wir Behörden stets nur kalt und unfreundlich erlebt, immer behandelten die Mitarbeiter uns nur als lästige Bittsteller.

Auch hier bekamen wir einen Laufzettel, den wir abzuarbeiten hatten. Immerhin mussten wir in ein bürokratisches Staatsgebilde eingefügt werden. Dazu mussten wir jede Menge Anträge stellen, aber glücklicherweise erleichterten Außenstellen der meisten Behörden direkt im Lager die Arbeit, es waren kurze Wege, so sparten wir viel Zeit.

Die Befragung durch die Geheimdienste blieb in Marienfelde keinem Übersiedler erspart. Auch hier wurden Raymonde und ich einzeln befragt. Bei den Alliierten, also den Briten, Amerikanern und Franzosen war das Routine, die Befragung dauerte jeweils kaum fünf Minuten. Anders war es beim BND. Hier nahm mich ein Mitarbeiter ganz schön in die Mangel: Ich dachte schon, bei der Stasi zu sein. Ihn wunderte, dass ich trotz meiner politischen Vorstrafe das Studium zu Ende führen konnte. Er konnte es sich nur so erklären: Ich müsse ein Stasispitzel sein. In der Tat war das recht ungewöhnlich, aber wieder einmal der Beweis dafür, dass es auch in der DDR keine Regel ohne Ausnahme gab.

Immerhin war ich stolz, dem einzigen Anwerbungsversuch der Stasi während meiner zweiten Haftzeit getrotzt zu haben. Ja, ich war glücklich, meine Zeit in der Diktatur ehrlich, aufrichtig und mit gutem Gewissen durchgestanden zu haben. Und da kommt dieser Schlapphut und behauptet, ich wäre ein Spitzel. Schließlich wurde ich wütend und beschimpfte ihn, sich wie ein Stasimann zu benehmen. Als ob er einen Schalter in sich umlegte, war er plötzlich sehr freundlich, beglückwünschte mich zu meinem neuen Leben und wünschte mir alles Gute.

Erst gut ein Jahr später, nachdem die Stasimachenschaften öffentlich wurden, verstand ich sein Verhalten. Die Stasi hatte im Laufe der Jahrzehnte unzählige Spitzel und Spione – meist als Flüchtlinge oder Übersiedler getarnt – in den Westen eingeschleust. Auch der spektakuläre Stasiagent Günter Guillaume, persönlicher Referent des Bundeskanzlers Willy Brandt, war als angeblicher Flüchtling 1956 in die Bundesrepublik gelangt. Da ist es schon verständlich, wenn der BND versucht, solche Leute herauszufiltern, gegebenenfalls auch wie bei mir zu bluffen. Aber ob man damit einen gut vorbereiteten und geschulten Stasispion hätte ermitteln können, ist doch sehr fraglich.

Diesem Negativerlebnis folgte dann einige Tage später ein eigentlich banales, für mich aber sehr aufregendes Ereignis: ich erhielt den Westpersonalausweis, der aufgrund des alliierten Status der Stadt „Behelfsmäßiger Personalausweis" hieß. Bei diesem bürokratischen Akt musste ich gegen Tränen der Freude und der Rührung ankämpfen. Für mich war es der stärkste Moment meiner Übersiedlung, sogar noch stärker als die Fahrt über die Grenze im geteilten Berlin. Mit diesem Dokument war ich endgültig angekommen und aufgenommen in der neuen Gesellschaft. Ich war endlich einer von „denen", die ich jahrzehntelang um ihre Freiheiten, ihre Möglichkeiten, ihre Weltläufigkeit beneidet hatte. Ich wollte aus dieser Chance unbedingt etwas machen, trotz meiner 45 Jahre, für Westverhältnisse fast schon jenseits aller Karrieremöglichkeiten. Es hieß ja im Westen, wer es bis 45 nicht geschafft habe, werde es nie schaffen. Aber auch hier keine Regel ohne Ausnahme, wie sich ein Jahr später herausstellte.

Zuerst einmal zogen wir nach einer Woche Aufenthalt in Marienfelde in ein DRK-Wohnheim in der Lassenstraße im exklusiven Wohnviertel Grunewald. Wir wurden eingewiesen in dieselbe Straße, in der Harald Juhnke damals wohnte. Eine große alte Villa war für vier Wochen unser Zuhause. Auch hier hausten wir zu dritt in einem Zimmer, aber es war im Gegensatz zu Marienfelde sehr geräumig und ohne Doppelstockbetten. Ab jetzt bemühten wir uns hartnäckig um eine Wohnung, zu jener Zeit herrschte noch Wohnungsnot in West-Berlin. Parallel dazu bewarben wir uns um einen Arbeitsplatz. Um alles zeitlich bewältigen zu können, nutzten wir das Angebot, uns krankschreiben zu lassen. Wer die Mühen und die damit verbundenen psychischen Belastungen eines Ausreiseantrags in der DDR hinter sich hatte, dem wurde in der Regel von jedem Arzt zugestanden, sich erst einmal von diesen Strapazen zu erholen und auf Kosten einer Krankenkasse, in die er noch nicht einen einzigen Pfennig eingezahlt hatte, behandelt zu werden.

Jeden Tag waren wir unterwegs und bemühten uns, die Probleme in der neuen Welt zu lösen. Wir hatten zunächst einmal freie Fahrt auf allen öffentlichen Verkehrsmitteln. Mich als leidenschaftlichen

Autofahrer befriedigte das nicht, so imponierend das öffentliche Nahverkehrssystem in West-Berlin auch war. Also kaufte ich von meinem Grundkapital einen zehn Jahre alten Mitsubishi Colt für 3000,- DM auf dem Gebrauchtwagenmarkt in der Beusselstraße. Mit dem Wagen war alles viel einfacher zu bewältigen. Wir stellten auch fest, dass im Westen offensichtlich für jedes Bedürfnis Menschen und Institutionen da waren, die Hilfe anboten, auch für soziale Belange. So besuchten wir viele Beratungsstellen, die uns Tipps zur Eingliederung gaben, die Listen und Telefonnummern von Neubauten mit Sozialwohnungen hatten, billige Möbel verteilten oder verschenkten. So ganz allein gelassen war man im Westen also doch nicht, es gab überraschend viele Hilfsangebote.

In der knappen Freizeit versuchten wir die Stadt kennen zu lernen, besuchten an vielen Stellen die Mauer. So langsam merkte ich, wie belastend diese Mauer auf die West-Berliner wirken musste. Seit 27 Jahren! Dabei waren sie frei und konnten die Mauer jederzeit über die Transitstrecken hinter sich lassen, dennoch tauchte das Monstrum bei den Wegen in der Halbstadt überall auf, egal in welche Richtung man fuhr. In West-Berlin war eben in jeder Richtung Osten.

Bald besaßen wir einen Wohnberechtigungsschein höchster Dringlichkeit. Aber den hatten viele andere auch. Nach vielen vergeblichen Versuchen fanden wir einen fast fertigen Neubau mit Sozialwohnungen in der Neuköllner Schinkestraße. Bei einer Besichtigung suchten wir uns die beste Wohnung aus. Vierte, oberste Etage, drei Zimmer, 80 qm, wunderbarer großer Eckbalkon mit Blick auf den Landwehrkanal. Leider war da noch eine ziemliche Hürde zu überwinden, das Mieterdarlehen, nicht zu verwechseln mit der Kaution. 12.000,- DM sollten wir bezahlen. Für uns eine böse Überraschung. Was hatte das mit Sozialwohnung zu tun, wenn man so viel Geld dafür bezahlen musste? Man klärte uns auf, dass wir dieses Darlehen abwohnen würden, denn die Miete verringerte sich dadurch um 50,- DM, so dass das Darlehen in 20 Jahren abgewohnt war. So ganz habe ich den Sinn bis heute nicht begriffen, außer dass die Wohnungsgesellschaft von uns ein zinsloses Darlehen bekam. Aber mir gelang es relativ leicht, vom Sozialamt ein ebenfalls zinsloses Darlehen zu erhalten, mit dem wir diese Zahlung leisten konnten. Es kam mir allerdings demütigend vor, das erste Mal bei einem Sozialamt als Bittsteller aufzutreten, obwohl ich wusste, dass wir einen Rechtsanspruch darauf hatten. Aber auch hier waren die Mitarbeiter sehr freundlich zu uns.

Eingezogen sind wir irgendwann im Januar 1989, ohne Möbel, ohne Hausrat, ohne alles, denn unser Umzugsgut war noch immer nicht da. So liehen wir uns Matratzen, Campingtische und -stühle und was man sonst noch so braucht. Eine Küche war eingebaut.

So ein Glück! Eine eigene Wohnung im Westen! Und was für eine! Das sollte eine Sozialwohnung sein? Für unsere ostgeprägte Vorstellung war es eine Luxuswohnung: Mit Eingangsdiele groß wie ein Zimmer, Fenstern fast bis zur Erde und gefliestem Bad. Bei nur vier Etagen hatte das Haus einen wunderschönen Fahrstuhl mit großem Spiegel. So eine tolle Neubauwohnung gab es in der gesamten DDR nicht! Zwei Wochen später kamen endlich die Möbel. Bis auf zwei Bücher hatten die DDR-Behörden alles genehmigt. Mein Freund Klaus hatte alles gut organisiert. Clever wie er war, schickte er sogar die beiden verbotenen Bücher mit, ohne dass es einer merkte. Um die Wohnung einigermaßen vollständig einzurichten, musste ich mein Startkapital ein zweites Mal anzapfen. Aber dafür war es ja gedacht.

Nun stand die nächste Hürde an: Arbeit finden. Wir ließen uns gesund schreiben und meldeten uns beim Arbeitsamt arbeitslos, um an Geld zu kommen. Das war meine erste Enttäuschung. Im Osten geisterte das Gerücht herum, man werde im Westen bei Arbeitslosigkeit genauso eingestuft wie ein Westkollege. Also etwa so, wie man es bei der Rentenberechnung macht. Diese Illusion musste ich begraben. Der Arbeitsamtssachbearbeiter sah aus meinem Sozialversicherungsausweis, dass ich in der DDR etwas über 1000,- Ostmark verdient hatte und berechnete daraus das Arbeitslosengeld West. Ich bekam also lediglich um die 700,- DM. Das war erst einmal ein Schock: Da kostete allein die Miete schon mehr. Raymonde bekam noch viel weniger.

Zum Sozialamt wollte ich aber nun nicht schon wieder, ein bisschen Stolz wollte ich mir bewahren. Ich war zudem von meinen Fähigkeiten derart überzeugt, dass ich damals überhaupt nicht auf die Idee kam, womöglich keine Arbeit zu finden – immerhin mit 45, und noch dazu in der Werbung. Mein Optimismus kannte keine

Grenzen, war inzwischen sehr viel größer als vor der Ausreise. Taxi fahren war weit in die Ferne gerückt.

Die unvermeidlichen Absagen auf die ersten Bewerbungen konnten mich auch nicht aus der Fassung bringen. Wenn ich eine Arbeit aufnehme, sollte es gleich die richtige sein, denn langsames Hochdienen von Job zu Job funktionierte in meinem Alter nicht mehr. Das war mir klar. Meine Arbeit, die ich zu finden hoffte, sollte der Kracher sein. So ist zu erklären, dass ich zwei, drei Stellen sogar ablehnte. Sie waren nicht das, was mir vorschwebte. Ganz schön riskant und großkotzig, aus heutiger Sicht aber trotzdem völlig richtig.

Um die Arbeitssuche in Ruhe anzugehen und nicht finanziellem Druck ausgesetzt zu sein und vielleicht doch eine mir nicht genehme Stelle annehmen zu müssen, nutzte ich eine Gelegenheit und arbeitete übergangsweise freiberuflich als Vertreter. Für den Schweizer Coron-Verlag verkaufte ich teure Faksimiledrucke alter Bibeln, Gebetsbücher, Atlanten und ein 20-bändiges Brockhaus-Lexikon. Das teuerste Stück war der äußerst aufwändige Nachdruck des mittelalterlichen Goldenen Evangelienbuches von Echternach mit echten Handvergoldungen. Es kostete mehr als 16.000,- DM. Das habe ich nur einmal verkauft, und es brachte mir eine gute Provision. Aber auch die ganz normalen monatlichen Honorare, die mir meine Verkäufe einbrachten, übertrafen bei weitem alle Vorstellungen, als ich noch im Osten vom Westen träumte.

Das Angenehme gegenüber einem üblichen Vertreter war, dass ich nicht Klinken putzen musste, sondern bei den Leuten angemeldet war, sie erwarteten mich. Ich bekam die Termine jede Woche vom Berliner Vertriebsleiter des Verlags. So schön der Verdienst auch war, aber dafür hatte ich nicht studiert, das war nicht mein Beruf, auf Dauer konnte mich das nicht befriedigen. Andererseits bot mir diese Tätigkeit auch Gelegenheit, den Westen kennenzulernen. Jeden Tag traf ich andere Menschen aus allen Schichten der Bevölkerung. Ich unterhielt mich mit ihnen, hörte mir an, was sie dachten, wie sie politisch tickten, wie sie finanziell dastanden. Sah mir sehr bewusst auch ihre Wohnungen an, wie sie eingerichtet waren. Dabei merkte ich, wie gewaltig auch da die Kluft zwischen Ost und West war. Nicht nur die Wohnungen waren größer als im Osten, vor allem die Zimmer. Qualität und Komfort selbst der Sozialwohnungen waren ungleich höher als in unserer Ost-Berliner Plattenbauwohnung in Hellersdorf. Ich kam in Wohnungen, wie ich sie noch nie gesehen hatte, wie ich sie nur aus Filmen kannte. Ich musste auch feststellen, dass der Wohlstand bei vielen immens war, die meisten waren durch jede Menge Lebensversicherungen für das Alter abgesichert. Auch wenn viele sehr kitschig eingerichtet waren, so beeindruckte mich die technische Ausstattung nachhaltig.

Ich besuchte auch Wohnungen, die direkt an der Mauer lagen. So war ich einmal in einer Wohnung in der Heidelberger Straße, bei der eine Straßenseite zu Neukölln im Westen, die andere zu Treptow im Osten gehörte. Die Bewohner konnten nur zu Fuß in ihre Häuser gelangen, weil direkt vor dem Bürgersteig die Mauer verlief. Von ihren Wohnzimmern und Balkonen blickten sie in den Todesstreifen, der die ganze Straße ausfüllte. Wie konnte man das nur aushalten? Solche Stellen gab es mehrfach in Berlin. Was taten die Kommunisten den Menschen bloß alles an? Bisher meinte ich immer, dass in der Hauptsache der Osten unter der Mauer litt. Aber je länger ich im Westen war, merkte ich, wie schmerzlich diese Grenze auch für die West-Berliner war. Schon allein die Transitfahrten ins Bundesgebiet waren stets Psychostress, wie ich selbst feststellen konnte.

Bei meinen Vertreterbesuchen erstaunte mich, wie verschieden die Menschen waren. Etliche ließen mich auflaufen, ließen sich in keiner Weise von meinen Worten beeinflussen. Andere dagegen waren wie Wachs in meinen Händen, ich merkte, welche Macht ich über sie hatte und konnte sie in meinem Sinne beeinflussen. Das war mir unangenehm, obwohl es ja gut für mich war. Solche Leute kauften mir alles ab, verschuldeten sich bis über beide Ohren, denn wir boten diese Kostbarkeiten auch mit langfristigen Finanzierungen an. Je häufiger ich solchen Menschen begegnete, umso mehr wuchsen meine Skrupel. Ich wusste, dass ich diese Arbeit nicht mehr lange machen konnte.

Mir wurde klar, wie wichtig es war, nicht nur viel Geld zu verdienen, sondern auch Befriedigung in der Arbeit zu finden. Schließlich wollte ich eine Arbeit machen, die nützlich und sinnvoll war, die nicht nur darin bestand, schwache Menschen zu überrumpeln. Aber war ich als Werbefachmann nicht ohnehin dazu ausgebildet worden, Menschen zu verleiten, etwas zu kaufen, was sie vielleicht gar nicht wollten? Gewiss, aber es waren ja immer noch Medien dazwischen geschaltet, beruhigte ich mich selbst. Der direkte Kontakt von Mensch zu Mensch, der meine Skrupel bei den Vertreterbesuchen ausgelöst hatte, war nicht gegeben. Vielleicht nur ein schäbiges Argument der Rechtfertigung.

Die Vertreterarbeit wurde mir mehr und mehr zuwider. Da traf es sich gut, dass ich nach einer Bewerbung zum Werbeleiter eine Einladung zu einem Gespräch bekam. Daraus wurden dann sogar zwei Gespräche, das erste mit einem externen Werbeberater der Firma. Er muss sich sehr positiv über mich geäußert haben, denn ich wurde zu einem weiteren Gespräch mit dem Geschäftsleiter Vertrieb eingeladen. Dieses Gespräch dauerte fünf Stunden und ich hatte den Job. Mit einem außertariflichen Arbeitsvertrag und einem traumhaften Jahresgehalt. Das war sogar noch höher als meine durchschnittlichen Vertreterprovisionen, und die waren schon passabel. Mein Glück kannte keine Grenzen. Ich war Werbe- und Marketingchef eines mittelständischen Industrieunternehmens mit rund 800 Mitarbeitern und Niederlassungen in ganz Deutschland und Europa, das sich bis zu meinem Ausscheiden 15 Jahre später zum Marktführer in Deutschland auf seinem Gebiet entwickelte. Dass auch ich einen kleinen Teil dazu beigetragen habe, nehme ich für mich in Anspruch.

Mein Arbeitsplatz in West-Berlin

Irgendwelche Skrupel musste ich bei meiner Arbeit auch nicht haben, da es sich um ein seriöses Unternehmen der Investitionsbranche handelt, das mit großer Innovationsfreude die deutsche Wirtschaftskraft weltweit mitbegründet. Hier wurde kein Kunde abgezockt. So hatten sich wider Erwarten alle Träume erfüllt. Der Westen hatte mich nicht enttäuscht.

Der Mauerfall – die Erfüllung eines Traums

Als ob das nicht schon mehr als genug war, erfüllte sich auch noch mein kühnster Traum. Einer, den ich für noch viel unwahrscheinlicher gehalten hatte, ja für unmöglich: Der Fall der Mauer. Drei Wochen bevor ich meine neue Arbeit aufnahm, fiel dieses verhasste Bauwerk in sich zusammen. Das Zusammentreffen einer fast beiläufigen Äußerung des Ost-Berliner SED-Chefs Günter Schabowski auf einer Pressekonferenz mit der angestauten Wut der Ost-Berliner nach 28 Jahren Mauer brachte den „antifaschistischen Schutzwall" zum Einsturz. Innerhalb weniger Monate war er fast restlos beseitigt. Dieser 9. November 1989 war der mit Abstand schönste Tag in meinem Leben, so wie der Tag des Mauerbaus am 13. August 1961 der schwärzeste Tag war. Eigentlich war es der 10. November, der mich die Weltgeschichte wie im Rausch erleben ließ, denn am Abend des 9. November hatte ich die Ereignisse nicht in dieser Tragweite mitbekommen, weil ich zeitig schlafen ging.

Ich kam an diesem Tag von einer einwöchigen Reise aus dem Bundesgebiet zurück. Auf der Transitfahrt durch die DDR geriet ich wie so oft in eine Radarfalle der Volkspolizei. Diesmal hatte ich dem eigentlich vorgebeugt, indem ich den Tempomat auf 100 km/h eingestellt hatte. Trotzdem wurde ich gestoppt. Man behauptete, ich sei durch eine 80 km/h-Zone mit 100 gefahren. An ein Schild mit 80 konnte ich mich nicht erinnern, war ziemlich erbost, sah das als üblen Trick der Vopos, ihren untergehenden Staat mit ein paar harten DM vielleicht doch noch vor dem Absturz zu retten. Sie wollten von mir „mindestens 115 DM" kassieren. Wegen dieser eigenartigen Formulierung fragte ich wütend, ob es vielleicht auch etwas mehr sein könnte, worauf die Polizisten grinsten. Ich weigerte mich jedenfalls, auch nur eine einzige Mark zu zahlen, bekam eine Zahlungsaufforderung überreicht, die ich unverzüglich zu Hause durch Überweisung begleichen sollte. Fest entschlossen, dies nicht zu tun, fuhr ich wutentbrannt weiter.

Das alles fiel mir ein, als ich am Morgen des 10. November zuerst das Radio und dann den Fernseher einschaltete. Mein erster Gedanke: Die 115 DM Strafe konnten die Genossen der Volkspolizei in den Wind schreiben. Es schien auf der ganzen Welt kein anderes Thema mehr zu geben als den Mauerfall und erst recht nicht in Deutschland. Ungläubig sah ich diese verrückten Bilder mit den tanzenden Menschen auf der Mauer am Brandenburger Tor und die unzähligen Berliner, die plötzlich angstfrei an den Grenzübergängen rittlings auf der Mauer sitzend sie mit Hämmern bearbeiteten. Alles schien so unwirklich, dass ich fast an meinem Verstand zweifelte. Sollte es tatsächlich wahr sein, was ich hier sah? Dieses 28 Jahre lang unüberwindbare Bollwerk, das so martialisch und fest für die Ewigkeit gebaut schien, dem Honecker noch wenige Monate zuvor bescheinigte, dass es auch in 100 Jahren noch stehen würde, sollte wie ein Kartenhaus zusammengebrochen sein? Etwas Verrückteres konnte es gar nicht geben. Mir dämmerte so langsam, dass Politik tatsächlich unvorhersehbar und unberechenbar ist. Nichts ist unmöglich. Das bis dahin Unmögliche war eingetreten.

Ich fuhr wie berauscht mit Raymonde zum Grenzübergang Heinrich-Heine-Straße und sah die unbeschreiblichen Szenen, die das Fernsehen zeigte, im Original. Massen von West-Berlinern empfingen die Trabis und Wartburgs mit frenetischem Beifall, trommelten mit Fäusten auf die Autodächer. Überall Tränen, Umarmungen von wildfremden Menschen, ein ganzes Volk im Taumel des Glücks. Mir war zu diesem Zeitpunkt klar, dass ich bei einem weltgeschichtlichen Ereignis dabei war, das für Jahrhunderte in den Geschichtsbüchern festgeschrieben steht. Vielleicht ist es sogar das größte positive Weltereignis der Deutschen im 20. Jahrhundert, einem Jahrhundert, das bisher fast nur mit negativen Geschichtssuperlativen aufwarten konnte.

Inmitten des ausgelassenen Trubels beobachtete ich eine Frau, die die ganze Zeit fast reglos in der Menge stand, mit einem großen selbst gemalten Schild in den Händen, auf dem zu lesen stand: „Endlich!" Ihre Augen waren voller Freudentränen. Ich habe ein Foto von ihr gemacht, das ich noch heute besitze. So wie ich natürlich auch noch alle anderen Fotos besitze, die ich an diesem und an den Folgetagen aufgenommen habe. Aus heutiger Sicht meine ich jedoch, noch viel zu wenig fotografiert zu haben angesichts der historischen Tragweite dieses Ereignisses.

Wir fuhren danach zum Grenzübergang Chausseestraße. Auch dort rittlings auf der Mauer sitzende Menschen, mit Hämmern auf die Mauerkrone einschlagend. Aber wir sahen auch, wie DDR-Grenzer hinter dem Fenster der Grenzbaracke unaufhörlich Fotos machten von den Menschen auf der Westseite. Es sah nicht so aus, als ob das Erinnerungsfotos anlässlich des freudigen Ereignisses werden sollten, eher kam es mir vor, dass hier Fotos zu Beweiszwecken gemacht werden sollten, falls die Mauer wieder geschlossen werden sollte. Man konnte ja schließlich nie wissen …

Zu guter Letzt besuchten wir auch den Checkpoint Charlie in der Friedrichstraße. Auch hier war alles aus den Fugen geraten. Über den Grenzübergang, der nur für Ausländer bestimmt war, stürmten jetzt unzählige Ost-Berliner mit und ohne fahrbaren Untersatz. Aber wir konnten auch erkennen, wie fast genauso viele West-Berliner unkontrolliert nach Ost-Berlin wechselten.

Aber nicht jeder war so glücklich wie ich an diesem Tag und der Zeit danach. Ich musste in der Folgezeit feststellen, dass vor allem DDR-Flüchtlinge und Übersiedler, die in den letzten Monaten und Jahren in den Westen gelangt waren, entsetzt auf den Mauerfall reagierten. Sie konnten nicht fassen, dass sie selbst mit großen Opfern, oft nach jahrelangen Schikanen, die Flüchtlinge sogar unter Einsatz ihres Lebens, die Grenze überwunden hatten und finanziell bei Null anfangen mussten, während all die anderen, die vorher keinen Mut hatten oder die lieber mit dem DDR-System faule Kompromisse eingegangen waren, vielleicht sogar als Spitzel für die Stasi arbeiteten, nun die gleichen Möglichkeiten hatten – ohne Risiko, ohne ihre vertraute Umgebung verlassen zu müssen. Sie brauchten nicht einmal Opfer zu bringen. Im Gegenteil, sie konnten ihr Vermögen bis 6000 DDR-Mark im Verhältnis 1:1, Summen darüber hinaus immerhin 1:2 umtauschen. Hausbesitzer konnten ihre Häuser und Grundstücke behalten, die über Nacht ein Vielfaches an Wert gewonnen hatten.

Für jene, die ihre Häuser und Grundstücke zu Spottpreisen anderen oder gar umsonst dem Staat oder der Stasi überlassen hatten, war der Mauerfall ein Albtraum. Viele waren entsetzt, dass nun all die, von denen sie früher schikaniert wurden und annahmen, sie hätten sie endgültig hinter sich gelassen, plötzlich wieder da waren. Bald stellten nicht wenige der Ausgereisten fest, dass eine ganze Reihe der alten Behördenmitarbeiter auch die neuen Behördenmitarbeiter waren, denen sie aufs Neue ausgeliefert waren.

Ich gehöre nicht zu denen, die den Mauerfall als Trauma erlebten, doch auch ich war nicht ganz frei vom Groll über die, die nun ohne eigenes Zutun und ohne Opfer Früchte ernten konnten, die andere gesät hatten. Ich sah vor allem die weltpolitische Bedeutung des Mauerfalls und hoffte, dass nun die deutsche Einheit als Option vor der Tür stand. Was bedeuteten bei diesen gewaltigen historischen Aussichten schon egoistische Befindlichkeiten einiger Ausgereister. Ich habe meine Ausreise niemals bereut, hätte wohl sonst nie diese tolle Arbeitsstelle gefunden. Im Gegenteil, ich hätte mich im Osten wohl eher in die Schar der Entlassenen aus den vielen abgewickelten Betrieben einreihen müssen. Auch mein letzter Ost-Berliner Betrieb musste ein, zwei Jahre später dran glauben. Als fast Fünfzigjähriger hätte ich dort keine Chance mehr gehabt, hätte wohl das Schicksal derer teilen müssen, die trotz bester Qualifikation von einer ABM-Maßnahme zur anderen rutschten, bis sie dann mit 60 Jahren und hohen Abschlägen eine mehr als schäbige Rente empfangen durften. Nein, ich finde, ich habe es richtig gemacht. Mit meinem Gehalt konnte ich sehr schnell meinen durch die Ausreise entstandenen finanziellen Rückstand ausgleichen.

Aber lange zuvor, Anfang 1990, kam nach dem Mauerfall ein weiteres Erlebnis hinzu, das mich bis heute beeinflusst. Ich las in der Zeitung, dass „meine" Potsdamer Stasi-U-Haftanstalt inzwischen leer stand und der Öffentlichkeit zur Besichtigung freigegeben wurde. Das wollte ich mir ansehen. Am 17. Februar war es soweit. Ich fuhr nach Potsdam zum „Tag der offenen Stasitür". In der Otto-Nuschke-Straße 54/55 (der heutigen Lindenstraße) stellte ich mich geduldig ans Ende einer etwa 100 Meter langen Besucherschlange, die sich vor dem Eingang gebildet hatte.

23 Jahre nach meinem Aufenthalt in diesem Hause wähnte ich mich gefestigt genug, eine Besichtigung ertragen zu können. Meine optimistische Stimmung hielt solange an, bis ich die Schwelle des ehemaligen Gefängnisses überschritt. Mir stieg der Geruch dieses

Hauses in die Nase, der noch genau derselbe war wie vor zwei Jahrzehnten. Vor wenigen Wochen erst war der letzte Gefangene entlassen worden. Deshalb war hier noch alles authentisch, auch der Geruch, der sich im Wesentlichen aus einem Gemisch von Bohnerwachs und Kohlsuppe zusammensetzte, genauso, wie ich ihn damals monatelang erlebte. Und ich hatte ihn, ohne mir dessen bewusst zu sein, über diese vielen Jahre gespeichert.

Als ich nun das Haus betrat und mir der Geruch entgegenschlug, schwappte urplötzlich eine Welle von Emotionen über mich hinweg. Darauf war ich nicht vorbereitet. Ohne dass ich mich dagegen wehren konnte, schossen die Tränen aus mir heraus. Ich heulte und heulte, konnte gar nicht mehr aufhören. Einige Besucher kümmerten sich rührend um mich, obwohl sie gar nicht wussten, was geschehen war, warum ich weinte. Ich erinnerte mich daran, dass es mir bei meinem damaligen Aufenthalt nie gelungen war, zu weinen, obwohl ich mir das damals so sehr gewünscht hatte. Nun, nach 23 Jahren brach endlich alles heraus, was offenbar so lange Zeit verschüttet war.

Heute führe ich Besuchergruppen durch dieses Gebäude, das als Gedenkstätte über das Leid unzähliger politischer Häftlinge beider deutscher Diktaturen informiert. Und jetzt kann ich ohne Tränen hindurch laufen, weil ich weiß, dass endlich wir, die ehemaligen Opfer, die Schlüsselgewalt über die Stasigefängnisse haben.

Nachwort

Die Lebenspartnerschaft mit Raymonde ging im Laufe des ersten Jahres im Westen in die Brüche. Einige Zeit später fand ich eine neue Partnerin, mit der ich inzwischen (2011) seit 21 Jahren zusammen und seit sechs Jahren verheiratet bin.

Meinen tollen Job gab ich mit 61 Jahren freiwillig auf, weil ich mir den zunehmenden Stress, der mit dieser Tätigkeit verbunden war, im fortgeschrittenen Alter nicht mehr antun wollte. Ich fühlte mich aber noch zu jung und zu aktiv, um mich aufs Altenteil zurückzuziehen. Deshalb widme ich mich nun dem Thema, das mir seit der Wiedervereinigung am meisten am Herzen liegt: Der Aufarbeitung der DDR-Diktatur.

Seit 2004 mache ich auch Führungen in der Gedenkstätte Berlin-Hohenschönhausen. Darüber hinaus werde ich zu Zeitzeugengesprächen in Schulen eingeladen und halte Vorträge über meine Erfahrungen mit der politischen Strafjustiz der DDR.

Als Darsteller in einem dokumentarischen Theaterstück des Potsdamer Hans-Otto-Theaters zur Problematik des Stasiterrors stehe ich zusammen mit 14 weiteren ehemaligen Stasihäftlingen seit zwei Jahren gelegentlich auf der Bühne. Das Stück hat nicht nur den Friedrich-Luft-Preis der Berliner Morgenpost bekommen, sondern wurde auch in 3-Sat und dem ZDF-Theaterkanal gesendet.

Auch das vorliegende Buch ist aus der Motivation heraus entstanden, einen zwar kleinen, dafür aber sehr persönlichen Beitrag zur Aufarbeitung jüngster deutscher Geschichte zu leisten.